지도자의 화법

지도자의 화법

박경현

역락

머리말

사람들이 믿고[信] 속이고[詐] 고마워하고[謝] 가르치고[訓] 자세히 알려주고[說] 저주하고[詛] 자랑하고[誇] 달래는[誘] 등의 마음과 행동은 결국 '말'[言]을 매개로 이루어진다. 따라서 말을 효과적으로 사용한다면 우리는 대인관계를 잘 맺을 수 있고 사회생활을 보람 있게 해나갈 수 있다. 말은 말하는 사람의 인격과 역량을 나타내는 표현도구이다. 말이 안 통하면 마음이 안 통하고, 마음이 안 통하면 사람과 사람 사이가 멀어진다. 그러면 희망이 없고 성공이 멀어진다.

화법 능력은 지도자가 반드시 갖추어야 하는 자질 가운데 하나이다. 그가 어떠한 말하기를 하느냐에 따라, 자신은 물론 그가 속해 있는 조직이나 단체가 영광을 누릴 수도 있고 모욕을 당할 수도 있다. 그런데 요즈음 한국 사회의 일부 지도자들은 구성원들이 기꺼이 받아들이기 쉽지 않은 화법을 구사하고 있다. 그래서 우리 사회는 엄청난 언어 비용(言語費用)을 치르고 있다. 일부 지도자들은 '막말'을 일삼아 설화(舌禍)를 자초하고 곤욕을 당하고 있다.

막말의 '막'은 '막과자, 막국수, 막소주, 막걸리' 등에서처럼 '거칠다, 품질이 낮다', '막일, 막벌이, 막노동' 등에서처럼 '준비를 안 하고 닥치는 대로 한다', '막가다, 막살다' 등에서처럼 '주저 없이, 함부로'라는 의미로 쓰인다. 따라서 막말은 거친 말이고 품위가 낮은 말이며 미리 준비하지 않고 생각나는 대로 하는 말이고 별생각 없이 함부로 지껄이는 말이다.

우리가 지도자들에게 바라는 언어 행위는 기본적으로 '말'보다는 '사람'에 중심을 두고 있다. 곧 말하는 이의 '사람됨'을 중요시한다. 그러므로 지도자의 언어 행위는 최소한의 품위나 품격이 담겨 있어야 한다. 말은 유창하게 '잘' 하는 것보다 '올바르게' 하려는 노력이 필요하다. 특히 공직에 있는 지도자들은 더욱 반듯하고 신중한 언어 행위를 해야 한다. 그들의 말 한마디가 때로는 사회의 안정과 국가 운명을 좌우할 정도로 영향력이 크기 때문이다.

우리에게는 서양의 의사소통 방법과는 다른 전통적인 언어 규범이 있다. 일부 지도자들이 이런 규범을 이미 알고 있으면서도 일부러 지키지 않는다면, 그것은 개인의 취향 탓으로 돌릴 수밖에 없다. 그러나 잘 몰라서 따르지 못하고 있다면, 그들에게는 반드시 학습할 기회를 주어야 한다.

이 책은 당초 특정 조직의 지도자가 될 대학생들에게 바람직한 우리의 말 문화를 심어 주고자 썼다. 그러나 오늘날 갈피를 못 잡는 언어 현실에서는 다른 분야의 지도자들에게도 다소 도움이 되었으면 한다.

이 책의 내용은 필자의 독자적 견해가 아니다. 여러 해 전에 나온 졸저 『리더의 화법』과 『리더와 말 말 말』을 바탕으로 스피치 관련 분야의 많은 연구물을 참조한 것이다.

이미 지도자 구실을 하고 있거나 장래의 지도자를 꿈꾸는 분들이 이 책을 자주 들추어 주었으면 한다.

2010년 8월
지은이 박 경 현

차 례

제 3 장 업무 관련 화법 유형 ┃ 279

제 1 장

지도자의 말

01 │ 지도자의 화법 능력

　모든 조직에는 지도자[1]가 필요하다. 지도자는 자기 나름의 리더십 (leadership)[2]을 발휘하여 조직을 관리하고 운영한다. 조직이란 정해 놓은 원칙대로만 움직이기가 어렵다. 조직 내의 구성원들도 일사불란하게 업무를 수행하기가 쉽지 않다. 이런 상황에서 조직의 역량을 최대한으로 증대하려면 리더십이 필요하다. 지도자가 갖추어야 할 리더십은 조직의 특성이나 연구자에 따라 여러 가지 덕목으로 설정한다. 이런 다

---

1) '지도자'라는 용어는 이른바 '리더(leader)'를 말한다. '통솔자, 지휘자, 선도자' 등이 라 하기도 한다. 최근 리더십 이론에서는 리더를 조직의 최상위 정점을 차지하는 '관리자, 통제자, 지배자'가 아니라 외부 환경과 조직 구성원의 '중재자(仲裁者, medium)', '촉진자(促進者, facilitator)'로 보는 경향이 있다(박재현, 2007).
2) '리더십'을 '지도력, 통솔력, 영향력, 감화력, 선도력' 등으로 번역해 사용할 수 있 다. 그러나 여기에서는 사람들에게 익숙한 '리더십'이라는 용어를 그대로 쓴다.

13

양한 리더십 덕목 중에 '의사소통 능력' 곧 '화법 능력'은 지도자가 반드시 갖추어야 하는 자질 가운데 하나이다.

현대 사회의 지도자는 구성원의 의사를 충분히 수용하여 상호 이해와 공감대를 형성할 수 있는 능력을 갖추어야 한다.[3] 단지 업무적인 수완만 가지고는 지도자의 구실을 제대로 하기 어렵다. 지도자의 성장 잠재력을 결정하는 가장 중요한 요소는 화법 능력이다. 처음 직장 생활을 시작할 때는 마치 전공 지식이 성공을 좌우하는 것처럼 보인다. 그러나 몇 명의 구성원을 거느리는 자리에 앉게 되면 전공지식보다 더 중요한 것이 생긴다. 바로 화법 능력이다.

리더십은 커뮤니케이션을 통해 발휘되며 커뮤니케이션은 리더십의 원천이다(오두범, 1994). 일본에서는 성공적인 지도자가 되기 위해서는 뛰어난 설득력이 있어야 한다고 하며 화법 교육[4]에 열중하고 있다. 우리나라에서도 오랜 경륜을 쌓은 정치인이 국회 개회사에서, "국회의원이란 상대방이 듣기 싫어하는 소리도 말로 꼼짝없이 듣게 만드는 기술을 터득한 사람이어야 한다."라고 하여 의원들에게 화법 능력을 갖춘 정치인이 되기를 당부하였다.

말은 발성기관을 움직이는 작은 운동에 지나지 않지만, 그 영향과 반응은 우리의 의식·사고·행동 더 나아가서 조직과 사회와 국가의 움직임을 좌우하는 무서운 힘을 가지고 있다. 단순히 '말' 때문에 개인과 개인, 조직과 조직 또는 국가와 국가 사이의 관계가 원만해질 수도 있고 불화와 오해의 늪에 빠질 수도 있다. 그래서 일찍이 훔볼트

---

3) 박경현(2006)은 현대 사회의 리더가 갖추어야 할 '관계[relationship]'는 'Leadership + Followership + Fellowership + Partnership + Membership'의 총화(總和)라고 설명하고 있다.
4) 어떤 직업의 장에서 업무수행을 효과적으로 수행할 수 있도록 의사소통하는 방법을 교육하는 것을 '직업 화법교육'이라고 한다(이주행 외, 2004). 이 교육은 해당 직업에서의 의사소통 특성에 대한 연구가 밑바탕이 되어야 한다.

(Humbolt)는 "말은 만들어진 것(ergon)이지만, 일단 만들어지고 나면 살아 움직이는 힘(energia)을 가진다."라고 하였다. 말은 인간이 인위적으로 만든 기호에 지나지 않지만, 사람들이 일단 사용하기 시작하면 살아 움직이는 생물과 같다. "말이 씨가 된다."는 속담은 이런 점을 잘 대변해 준다.

우리 사회에서 믿고[信] 속이고[詐] 고마워하고[謝] 가르치고[訓] 자세히 알려주고[說] 저주하고[詛] 자랑하고[誇] 달래는[誘] 등의 마음과 행동은 결국 '말'[言]을 매개로 이루어진다. 따라서 말을 효과적으로 사용한다면 우리는 대인관계를 잘 맺을 수 있고 사회생활을 보람 있게 해나갈 수 있다. 말은 말하는 사람의 인격과 역량을 나타내는 표현도구이다. 말이 안 통하면 마음이 안 통하고, 마음이 안 통하면 사람과 사람 사이가 멀어진다. 그러면 희망이 없고 성공이 멀어진다.

화법 능력은 지도자가 반드시 갖추어야 하는 자질 가운데 하나이다.[5] 그가 어떠한 말하기를 하느냐에 따라, 자신은 물론 그가 속해 있는 조직이나 단체가 영광을 누릴 수도 있고 모욕을 당할 수도 있다.[6] 그런데 요즈음 한국 사회의 일부 지도자들은 구성원들이 기꺼이 받아들이기 쉽지 않은 화법을 구사하고 있다.[7] 그래서 우리 사회는 엄청

---

5) 凡擇人之法有四 …… 二曰言 言辭辯正(범택인지법유사 …… 이왈언 언사변정[당서 선택지]).
6) 言行君子之樞機 樞機之發 榮辱之主也(언행군자지추기 추기지발 영욕지주야[주역]).
7) 이런 언어 행위를 각종 언론 매체에서는 '거짓말, 지나친 솔직 화법, 공격적 화법, 아리송 화법, 선문답식(禪問答式) 화법, 캐주얼(casual) 화법, 개그(gag) 화법, 직설적 구어체 화법, 맞고요 화법, 좌충우돌식 화법, 도전적 반어법, 현란한 비유법, 논지 이탈형 반문 어법, 통속적 표현의 직설법, 애매모호한 표현, 선동적이고 자극적인 표현, 단도직입적 표현, 이분법적 단순논리, 비틀고 꼬집기, 지나친 발언 횟수, 다혈질적인 언사, 되받아치기, 취중 망언, 충성메모, 여성비하 발언, 노인폄하 발언, 지역감정유발 언행, 말꼬리 잡기, 비아냥거리기, 맞장 답변' 등이라고 논평하고 있다 (박경현, 2007).

난 언어 비용(言語費用)을 치르고 있다. 일부 지도자들이 우리의 전통적인 언어 행위[8] 규범을 소홀히 하는 '막말'을 일삼고 있다. 막말의 '막'은 '막과자, 막국수, 막소주, 막걸리' 등에서처럼 '거칠다, 품질이 낮다', '막일, 막벌이, 막노동' 등에서처럼 '준비를 안 하고 닥치는 대로 한다', '막가다, 막살다' 등에서처럼 '주저 없이, 함부로'라는 의미로 쓰인다. 따라서 막말은 거친 말이고 품위가 낮은 말이며 미리 준비하지 않고 생각나는 대로 하는 말이고 별생각 없이 함부로 지껄이는 말이다. 일부 지도자들이 우리의 전통적인 언어 행위를 이미 알고 있으면서도 일부러 지키지 않는다면, 그것은 개인의 취향 탓으로 돌릴 수밖에 없다. 그러나 잘 몰라서 따르지 못하고 있다면, 그들에게는 반드시 학습할 기회를 주어야 한다.

우리가 지도자들에게 바라는 언어 행위는 기본적으로 '말'보다는 '사람'에 중심을 두고 있다. 곧 말하는 이의 '사람됨'을 중요시한다. 그러므로 지도자의 언어 행위는 최소한의 품위나 품격이 담겨 있어야 한다. 말을 유창하게 '잘' 하는 것보다 '올바르게' 하려는 노력이 필요하다. 특히 공직(公職)에 있는 지도자들은 더욱 반듯하고 신중한 언어 행위를 해야 한다. 그들의 말 한마디가 때로는 사회의 안정과 국가 운명을 좌우할 정도로 영향력이 크기 때문이다.

8) 여기에서 '언어 행위'란 의사소통 과정에 필요한 '언어적 요소'뿐 아니라 음조, 강세, 말의 빠르기, 목소리 크기, 억양 등과 같은 '준언어적 요소'와 몸짓, 손짓, 자세, 표정, 시선 등과 같은 '비언어적 요소'까지도 아우르는 용어로 사용한다.

02 의사소통할 때의 기본 태도

우리 사회에서는 전통적으로 지도자라면 '덕(德)'[9]을 갖추기를 바란다. 덕은 적으면서 높은 자리만 차지하고 있는 지도자나, 아는 것이 별로 없으면서 의욕만 큰 지도자는 화(禍)를 당하기 쉽다.[10] 우리가 어떤 일을 실패했을 때 그 원인을 분석하면서 능력이 부족하거나 운이 닿지 않은 탓이라고 하는 경우가 있다. 물론 그런 것이 실패의 원인이 될 수도 있다. 그러나 근원을 따져 보면 덕이 부족해서 어려움에 부닥치는 경우가 적지 않다. 지도자는 끊임없이 덕을 길러야 한다. 누구나 자기 몸을 닦아 훌륭한 덕성을 지니게 되면 자연히 그를 따르는 사람들이 생기게 된다. 그래서 덕을 지니고 있는 사람은 외롭지 않고 반드시 이웃이 있다.[11]

언어 행위는 덕의 표출이다. 덕스러운 화법은 구성원이 부담 없이 자연스럽게 받아들인다. 지도자에게는 덕을 갖추는 것이 말을 잘 하는 것보다 더 중요하다. 그만큼 우리 사회에서는 다소 어눌하더라도 덕을 지닌 지도자를 기대한다. 지도자가 단지 말솜씨로만 조직을 이끌어 가려고 하면 구성원에게 거부 반응을 일으키기 쉽다. 그런데 어찌된 일인지 요즈음에는 말 재주를 잘 부리는 사람을 주목하는 경향이 있다.

우리는 언어 행위는 바로 말하는 사람의 인격을 나타낸다고 여겨 왔다. 이런 점에서 지도자는 그가 한번 입을 떼고 입을 다무는 자질구

---

9) '덕'의 기본의미는 '德'의 옛글자가 '惪'인 것으로 보아 '곧은(直)＋마음(心)'이라 볼 수 있다. '얻다(得)＋마음(心)' 곧 '상대방의 마음을 얻다'로 풀이하는 이도 있다. 이런 의미가 확장되어 '덕'은 '너그럽다, 어질다, 착하다', '공정하고 포용성 있는 마음(품성, 기질, 성행), 인품, 품격, 본성, 덕택, 혜택, 어진 사람' 등의 뜻으로도 쓰인다. 덕을 '仁, 義, 禮, 智'를 통틀어 말하기도 한다.
10) 德微而位尊 智小而謀大 無禍者 鮮矣(덕미이위존 지소이모대 무화자 선의[주역])
11) 德不孤 必有隣(덕불고 필유린[논어])

레한 언어 행위라도 구성원 모두가 엿보고 살피고 의심하고 흠을 찾으려 한다는 점을 명심해야 한다. 특히 국가를 이끌어 가는 지도자의 말은 밀실에서든 사석(私席)에서든 어디에서 하든 온 나라에 거침없이 퍼진다.

지도자의 태도와 자세는 말과 행동에 의해 구체화된다. 남을 아끼고 존중하는 마음도 말과 행동으로 표현하고, 남에게 나를 이해시키는 것도 말과 행동을 통해서 수행하며, 남과 협력하는 태도 역시 말과 행동으로 보여 주어야 한다. 말을 유창하게 하여도 말하는 사람의 태도가 바르지 않으면 상대방의 공감을 얻기 쉽지 않다. 상대방을 존중하는 태도와 진실한 마음가짐이야말로 상대의 마음을 움직일 수 있는 최선의 무기이다.

지도자는 덕을 바탕으로 말하여야 한다. 지도자라고 해서 반드시 실력이 있고 인격이 고매한 것만은 아니다. 스스로 원하지 않아도 조직의 상황에 따라 윗자리에 앉게 되는 경우도 있다. 지도자는 자신의 부족함을 구성원에게 깔보이지 않으려고 억지를 쓰거나 고집을 부리고 건방진 말투를 쓰며 뽐내서는 안 된다. 그렇게 해서는 구성원과 마음이 통하는 인간관계를 맺을 수 없다. 구성원은 열린 마음으로 말을 하지 않게 되고, 더욱이 흉금을 털어 놓는 이야기를 할 수 없게 된다. 그 결과 업무도 제대로 수행하지 않게 된다.

여기에서는 여러 문헌에 나타난 지도자가 갖추어야 할 기본적인 화법을 찾아본다. 그리고 이를 바탕으로 현재 지도자의 자리에 있거나 앞으로 지도자가 되고자 하는 이들에게 우리 사회 문화에 어울리는 화법의 일반적 규범을 제시하고자 한다.[12]

---

12) 이와 관련 있는 선행 연구로는 이응백(1988), 박경현(1999), 이창덕 외(2000), 이주행(2002) 등이 보인다.

1) 사실에 부합하는 말하기

지도자는 사실에 부합(符合)하는 말을 하여야 한다. 아무리 정밀하게 그린 지도라 할지라도 현지를 그대로 나타낼 수는 없는 것처럼 언어가 표현하는 세계는 사실 그 자체 그대로는 아니다. 언어는 다만 사실세계를 대신 나타내 주는 기호에 지나지 않는다. 그러므로 언어세계와 사실세계를 구별하지 못하고 있을 때 사고의 혼란을 겪게 된다.

사실이 아닌 조작된 말, 과장된 말, 헐뜯는 말, 미사여구(美辭麗句)로 치장된 말, 정의를 가장(假裝)하고 도덕적 냄새까지 풍기며 유행하는 말 등을 듣고, 우리는 말 자체에만 반응하고 배후의 사실을 냉정하게 관찰하지 않는 경향이 있다. 이런 흐름은 남의 말을 걸고 넘어가기, 말꼬리를 잡기, 말투에 대해 트집 잡기 등과 같은 행동을 낳는다. 우리가 이렇게 사실과 유리된 언어 세계에만 집착하게 되면 사고와 판단의 오류를 범하기 쉽다. 또 이로 말미암아 뜻하지 않게 사람들 사이에 소외·불신·단절을 조장하는 불행한 결과를 불러들이게 된다. 그러므로 지도자는 어떤 말을 듣고 즉각적인 속단을 할 것이 아니라, 아직 사실을 알아보지 않았으니 '잠시 기다리십시오.'하는 정신훈련을 부단히 쌓아 나가야 한다.

2) 다각적 관점에서 말하기

지도자가 이분법적(二分法的 思考) 사고방식으로 말을 할 때 여러 가지 갈등을 일으킬 수 있다. '흑' 아니면 '백', '백' 아니면 '흑', '모' 아니면 '도', '평화'가 아니면 '전쟁', '동무'가 아니면 '반동'이라고 규정해 버리는 말투도 이분법적 사고의 결과이다.

　적지 않은 독재자들이 이분법적 논리를 이용하여 대중을 교묘히 농락하였고 일부 사이비 종교인들도 이런 논리로 설법을 한 바 있다. 상대방을 혹평하는 여야의 격돌, 반대를 위한 반대 등도 모두 이분법적 사고의 함정에서 헤어나지 못하는 예이다. 따라서 지도자는 다각적 사고(多角的 思考)에 바탕을 둔 언어 표현을 해야 한다. 이분법적 사고방식에 물든 지도자는 감정적이고 극단적인 말이나 행동에 흐르기 쉽다.

　어떤 일을 '좋다'와 '나쁘다' 두 가지로만 나누는 대신에, '아주 좋다', '상당히 좋다', '약간 좋다', '약간 나쁘다', '상당히 나쁘다', '아주 나쁘다' 등 정도의 차이로 나누어 생각하거나, 양자를 절충해서 "어떤 점에서는 좋다.", "어떤 점에서는 나쁘다"와 같이 평가하는 것이 다각적 사고방식이다. 이런 사고방식은 대상을 여러 각도에서 바라보고 여러 가지 척도를 가지고 판단하게 한다. 지도자는 사람을 평가할 때 여러 각도에서 여러 면으로 살피고 다각적인 판단을 내리도록 힘써야 한다.

　대체로 다각적 사고는 이분법적 사고와는 달리 부드럽고 원만한 삶을 이루는 바탕이 된다. 모든 문제를 다각도로 검토하여 상황에 알맞은 최선의 길을 찾기도 하며, 또 갖가지 문제점들을 제기하여 종합적으로 조정하여 충돌과 파국을 사전에 예방할 수 있기 때문이다. 다각적인 사고는 민주적인 사고방식의 바탕이 되기도 한다. 민주주의에서는 "이것 아니면 저것이다."라는 단순한 이분법적 처리 방식을 배격한다. 민주 사회의 지도자는 되도록이면 광범위하고 다양한 의견을 모으고 조정하여 종합하려고 한다. 나만이 옳은 것이 아니라 남도 옳을 수 있다는 것을 인정하고 다각적인 사고 훈련을 쌓아야 진정한 민주주의도 성장할 수 있고, 각 개인의 식견도 넓어지고 깊어지게 된다.

3) 단정적 표현 삼가기

지도자는 "어떻게 되어야 한다."는 자기 나름대로의 주관에 입각해 모든 사물을 보고 판단하고 평가하려는 사고방식은 버려야 한다. 있는 사실을 그대로 말하는 것은 '보고'이다. 이미 알고 있는 것을 바탕으로 추상·연상하여 아직 알려지지 않은 것에 관하여 말하는 것은 '추론'이다. 말하고 있는 사람이 대상에 대하여 가치 판단을 내리는 것은 '단정'이다. 단정은 사실을 객관적인 입장에서 말하는 것이 아니다. 즉, 사실과 반드시 일치하는 언어 표현이 아니다.

우리는 사실의 정체를 잘 알 수 없다. 알 수 있는 것은 사실의 일부일 뿐이다. 따라서 말을 할 경우, 항상 '나는 전부를 알고 있지 못하다'라는 겸허한 태도를 취해야 한다. 자기만의 잣대로 어떤 평가를 내려서 '절대로 이렇다'라고 단언을 하고, 자기 말이 절대로 옳다고 생각하는 것은 잘못이다. 사실의 세계는 유동적이다. 그러므로 우리는 '전부를 모른다'고 전제하고 '모르는 것을 알아보자'는 자세로 항상 사실에 눈을 돌려야 한다.

우리는 단지 몇 가지 사실만 알고 지레짐작해서 즉시 결론을 내리기 쉽다. 잠시 멈추고 시야를 넓혀 여러 가지 경우와 조건을 생각해야 한다. 개인적인 이야기를 할 때라면 몰라도 공식적인 상황에서는 추론을 삼가야 한다. 추론이 필요한 경우에는 잠깐 생각을 해 본 후에 여러 가지 관점으로 사실을 관찰하고, 관찰한 것을 기술하고, 그것들의 사실 기술에 바탕을 두고 신중한 판단을 내려야 한다.

4) 과잉 일반화 삼가기

지도자는 과잉 일반화(過剩 一般化)하는 표현을 삼가야 한다. 사물의 세계란 유사성이 있으면서도 차이가 있으며 항상 유동적이다. 따라서 같은 사물이라 하더라도 시간과 장소에 따라 달라지게 마련이다. 그런데 어떤 사물의 일부만 선택·추출하여 전체인 양, '모두, 다, 누구나, 언제나, 온통……' 등의 전체성을 나타내는 말을 함부로 사용해서는 안 된다.

우리는 "일부는 전부가 아니다."라는 것을 알아야 한다. 이 세상 모든 것은 항상 움직이고 있고 유사점과 차이점을 조금이라도 가지고 있다. 이런 점을 언어로 표현할 때 개별적인 차이나 상황을 무시하고 한쪽으로 몰아붙이는 식으로 하면, 사실을 제대로 파악하지 않거나 지나치게 일반화하는 것이다.

우리는 극단적이고 획일적인 사고방식에 젖는 수가 많다. 그 결과 사실과 어긋남은 물론 다른 이들에게도 나쁜 영향을 끼친다. 새로운 사람을 대할 때 어떤 유형에 속하는 사람들의 전형을 미리 추정하고 그것을 바탕으로 그 사람을 판단하려고 한다. 그러나 이런 전형화(典型化)는 선입관이나 편견을 토대로 한 것에 지나지 않는다.[13]

오늘의 언어 상황에는 사실을 사실대로 말하지 아니하고 과장하는 표현의 말이 난무하고 있다. 예를 들어, '최고(最高), 최고(最古), 초유(初有)……, 거장(巨匠), 귀재(鬼才), 국민 가수, 국민 배우, 천재, 충격, 쇼킹'

---

13) 우리 생활에 널리 퍼져 있는 전형화는, 혈액형에 따른 사람들의 성격 분류, 띠에 의한 분류, 지역에 따른 분류, 출신 학교에 따른 분류, 경제적 지위에 의한 분류, 직업에 따른 분류 등이 그 예라 할 수 있다. 의사소통에서 이런 전형화로 사물이나 사람을 판단하는 것은 대단히 위험한 일이다.

등은 광고 문안이나 일상 국어생활에서 흔히 대하는 말들이다. 대단치 않은 내용을 조금이라도 대중에게 관심을 끌기 위하여 과대 표현한다. 그러나 그것이 사실과 다를 때 범하는 의도는 일종의 범법 행위의 하나가 될 수 있다.

5) L-E-A-D-E-R

예나 지금이나 뛰어난 지도자, 관리자, 경영자, 스승, 상사, 부모들은 모두가 높은 수준의 화법 능력을 갖춘 분들이었다. 지도자는 상대방의 말을 주의 깊게 듣고 그들을 이해하고 감동시킬 수 있는 단순하고 명확한 말을 사용하는 사람이다.

말을 잘하는 방법에는 왕도(王道)나 속효약이 있는 것이 아니다. 다만 자신의 생각과 느낌을 상대방에게 이해시키는 데 기본적인 원리만이 있을 뿐이다. 기본 원리만을 알아서는 화법 능력을 발휘할 수는 없다. 마치 자전거 타는 법, 수영하는 법, 골프 치는 법에 대한 이론만 알고서는 그것들을 결코 잘 할 수 없는 것과 같다. 따라서 훌륭한 화법 능력을 체득하려면 기본 원리를 바탕으로 의도적인 노력을 해야 한다.

여기에서는 여러 화법 연구자들의 견해를 모아, 지도자로서 갖추어야 할 화법 능력을 기르는 데 필요한 기본 원리를 요약·정리해 본다. 편의상 '리더' L-E-A-D-E-R 여섯 자를 머리글자로 삼아, 'Listen & Read'(많이 듣고 읽기), 'Explain'(쉽게 설명하기), 'Assist'(근거 제시하기), 'Discuss'(합의 이끌어 내기), 'Evaluate'(자기 평가하기), 'Responsibility'(책임지기)로 나누어 생각해 본다.

(1) 많이 듣고 읽기(Listen & Read)

지도자는 남의 이야기를 많이 들어야 탁월한 화법 능력을 갖출 수 있다. 즉 "아는 것이 있어야 말할 거리가 있다." 이야깃거리는 여러 사람의 말을 직접 듣거나 그들이 쓴 글을 통해서 얻을 수 있다.

위대한 분들은 자신의 말을 하기 전에 먼저 여러 사람의 말을 들었다. 공자는 수레를 타고 천하를 누비면서 수많은 사람들의 이야기를 경청한 뒤 인간이 살아갈 도리를 어록으로 남겼다. 예수도 하늘의 소리와 만백성의 수없는 외침을 들은 후에 사랑의 말씀을 전했다. 한자의 성인 '성(聖)'자를 분해하면 '耳＋口＋王'이 되는데, 이는 순서대로 '먼저 남의 이야기를 귀[耳]로 듣고 나서, 그 다음 입[口]으로 말하는 사람 중의 으뜸[王]'이라고 풀이해도 될 것 같다. 이처럼 성인들은 자기 견해를 밝히기에 앞서 많은 사람들의 말을 먼저 들었다. 그런데 우리는 남의 말을 무시하거나 조금밖에 안 듣고 자신의 말을 더 많이 하려고 한다. 또 남의 이야기는 잘 들어 보지도 않고 먼저 자기 이야기만 하려고 한다.

남의 말을 잘 들을 줄 알아야 지도자가 되는 지름길을 걸을 수 있다. 우리는 '말 잘 듣는다'는 말을 좋은 뜻으로 사용하고 있지 않다. 고분고분 시키는 대로 맹종(盲從)하는 것을 '말 잘 듣는다'고 한다. 줏대 없이 남의 의견에 동조하거나 남의 유혹에 잘 넘어 가는 사람을 '말 잘 듣는 사람' 또는 '귀가 엷은 사람'이라고 한다. 그래서인지 '말 잘 듣는 아이, 말 잘 듣는 학생, 말 잘 듣는 부하' 등과 같은 표현은 자연스럽게 여겨져도 '말 잘 듣는 어른, 말 잘 듣는 선생, 말 잘 듣는 상사' 등과 같은 표현은 어딘가 어색하게 느껴진다. 언제나 말은 높고 힘센 쪽에서 하는 것이고, 낮고 약한 쪽은 그저 듣고만 있어야 하는 것으로 인식하고 있기 때문이다. 우리는 남의 이야기를 듣는 편보다 자기 주장을 강력하게 내세우는 편에서야, 잘난 사람이 되고 성공하는 사람이 되는 줄로 생각한다. 그러나 한쪽은 듣기만 하고 다른 한쪽은 말하기만 하는 상황에서는, 양쪽 사이에 높은 대화의 장벽이 생기기 쉽다. 어느 쪽에 있든 서로의 말을 잘 들어 주어야 쌍방이 오해나 불만 없이 원만한 관계를 맺을 수 있다.

　우리는 자기 말을 잘 들어 주는 사람에게 호감을 갖는다. 그저 자기 말만 지껄이고 남의 말을 들어 주지 않는 사람에게는 그다지 친근감이 가지 않는다. 남의 말을 경청하는 것은 상대방에게 관심을 보이는 것이다. 카운슬링(counseling)에서 상담자가 피상담자에게 어떤 해결책을 제시해 주려고 하는 것보다 그 사람의 고충을 묵묵히 들어 주는 것이 가장 효과적이라고 한다. 이처럼 상대방의 말을 열심히 듣다보면 그를 이해할 수 있게 되고, 상호 신뢰하게 되며 친밀해질 수 있다. 남의 말을 잘 들을 줄 아는 사람은 남의 입장을 잘 이해하는 사람이다. 그래서 그는 인간관계가 원만할 뿐 아니라 많은 사람한테서 사랑과 존경을 받는다. 사랑의 시작은 상대방에 대한 관심이다. 관심의 표시는 상대방의 말을 경청하는 데에서 비롯된다. 이렇듯 듣기 활동은 새로운 정보를 이해하고, 인간관계를 폭넓게 가지며, 남한테서 사랑과 존경을 받는 데 중요한 구실을 한다.

　말을 잘 하는 사람은 듣는 것도 잘 한다. 자기를 억제하고 참을성 있게 남의 이야기를 듣는다. 남의 이야기에 귀를 기울여 주는 것은 그 사람을 사랑하는 일이다. 남에게 만족감을 주는 것 중의 하나가 그 사람의 이야기를 정성껏 들어주는 태도이다. 좋은 친구를 많이 가지고 있는 사람은 예외 없이 남의 말을 경청하는 사람이다. 상대방의 말을 잘 들어 준다는 것은 원숙한 인간이 되는 길에 들어선다는 것을 의미

한다. 지도자가 되려면 체력 단련에만 치중하지 말고, 듣기 훈련도 게을리 하지 말아야 한다. 말하는 것은 본능이지만 경청하는 것은 훈련이기 때문이다.

다음 시를 참고하며 남의 말을 어떻게 들을까를 생각해 보자.

주여, 나로 하여금 / 이웃의 말과 행동을 /
잘 듣는 사람이 되게 하소서. / 내 하루의 작은 여정에서 /
내가 만나는 모든 이의 말과 행동을 / 건성으로 들어 치우거나 /
귀찮아하는 표정과 몸짓으로 / 가로막는 일이 없게 하소서.
이웃을 잘 듣는 것이 / 곧 사랑하는 길임을 /
내가 성숙하는 길임을 알게 하소서.
이기심의 포로가 되어 / 내가 듣고 싶은 말만 적당히 듣고 /
돌아서면 이내 잊어버리는 무심함에서 / 나를 구해 주소서.
나의 도움을 필요로 하는 이에게 / 못 들은 척 귀막아 버리고 /
그러면서도 '시간이 없으니까' /
'잘 몰랐으니까'하며 핑계를 둘러대는 /
적당한 편리주의, 얄미운 합리주의를 / 나무라게 하여 주소서.
주여, 나로 하여금 / 주어진 상황과 사건을 /
잘 듣는 사람이 되게 하소서. / 앉아야 할 자리에 앉고 /
서야 할 자리에 서고 / 울어야 할 때 울고 /
웃어야 할 때 웃을 수 있는 / 민감하게 듣고 순응하는 /
삶의 지혜를 깨우치게 하소서.
나를 잘 듣는 사람만이 / 남을 잘 들을 수 있음을 /
당신을 잘 들을 수 있음을 / 거듭 깨우치게 하소서.
선한 것을 지향하는 마음의 소리를 / 잘 듣기 위해 /

침묵과 고독 속에 / 자신을 조용히 숨길 줄도 알게 하소서.

나는 두 귀를 가졌지만 / 형편없는 귀머거리임을 몰랐습니다.

사람과 사물을 제대로 듣지도 않고 /

말만 많이 했음을 용서하소서.

들으려는 노력도 아니 하면서 / 당신과 이웃과 세상에 대해 /

멋대로 의심하고 불평했음을 / 지금은 뉘우칩니다.

매일 매일의 작은 여정에서 / 내 생애의 큰 여정에서 /

잘 듣고 잘 말하는 이가 되도록 / 밝고 큰 귀와 입을 갖고 싶습니다.

언제나 이웃을 위해 / 마음의 귀를 크게 열려 있는 /

성인들의 사랑을 본받고 싶습니다.

말소리만 커지는 현대의 소음과 / 언어의 공해 속에서도 /

얼굴을 찡그리지 않고 / 겸손히 듣고 또 듣는 /

들어서 지혜를 깨우치는 / 삶의 구도자가 되게 하소서.

↘ 이해인, '듣게 하소서'

(2) 쉽게 설명하기(Explain)

지도자는 상대방이 알아들을 수 있도록 명료하고 쉽게 말할 수 있어야 한다. 그렇게 하려면 먼저 어떤 상황에서 어떤 사람들에게 무엇을 말할 것인가 하는 이야기의 목적을 분명히 정한다. 그리고 거기에 걸맞은 진실하고도 적절한 내용을 선정하고 그 내용을 명쾌하고 간결하며 자연스럽게 전달해야 한다. "사람을 보고 법(法)을 설(說)하라."는 말은 듣는 사람의 처지나 수준에 맞추어 알아들을 수 있게 말씀을 전하라는 뜻일 것이다.

(3) 근거 제시하기(Assist)

지도자는 자기가 말할 내용의 합리적 근거를 제시할 줄 알아야 한다. 구성원을 말만으로 잠시 속일 수는 있을지 몰라도 영구히 속일 수는 없다. 우리 속담에 "말만 잘 하면 천 냥 빚도 갚는다."라는 말은 합리적인 근거를 대며 말하기보다는 둘러대고 알랑댄다는 기교적인 측면을 드러내는 듯하다. "말만으로는 부채를 변상할 수 없다."는 영국 속담도 곱씹어 볼 말이다.

(4) 합의를 이끌어 내기(Discuss)

지도자는 자기만의 주장을 내세우기보다 구성원 공통의 의사를 모을 수 있어야 한다. 그렇게 하려면 지도자와 구성원 쌍방 모두가 대등하고 수평적 관계로 '열린 마음'을 가져야 한다. 이제 "그저 내 말만 믿고 따르라."는 시대는 사라졌다. 우리 사회는 오랫동안 아랫사람은 윗사람의 말에 대꾸를 하거나 반대 의사를 펴는 것은 예의에 어긋나는 것이니 묵묵히 순종해야 한다는 생각이 지배적이었다. 그러므로 아랫사람은 옳고 그름을 따지지 말고 일방적으로 명령이나 지시를 받아 일 처리를 하기만 하면 된다고 생각해 왔다. 이러한 인습은 종적(縱的)인 관계를 형성하며 평등하고 독립적인 개인 사이의 자유로운 대화를 가능케 하는 상황을 이루지 못했다.

지도자는 자신의 생각만을 절대시(絶對視)하지 않고 구성원의 생각을 잘 정리할 줄 아는 사람이다. 집단 사고는 개인의 일방적인 사고가 낳을 수 있는 오류를 피할 수 있다. 그리고 다양성을 유발하여 새로운 것을 창조하는 데 이바지한다. "백지장도 맞들면 낫다."는 말이 있듯,

어떤 뛰어난 개인의 지혜가 여러 사람들이 짜낸 결론보다 훌륭하게 느껴지더라도 중지(衆智)를 선택하는 것이 최선의 방법임을 명심해야 한다.

(5) 자기 평가하기(Evaluate)

지도자는 자신의 말에 대한 상대방의 반응을 말하는 도중에 또는 다 끝난 뒤에 수시로 스스로 평가를 하여야 한다. 자신이 한 화법이 어떠하였는가를 점검해 보는 것은 대단히 중요한 일이다. 잘못된 화법을 고치고 더 나은 화법을 행하기 위한 토대가 되기 때문이다. 그러나 실제로 자신의 화법을 객관적으로 평가하기는 그리 쉬운 일이 아니다. 대체로 '① 자신의 말을 구성원들이 왜 믿어 주지 않는가? ② 구성원의 반응은 어떠했는가? ③ 왜 그런 반응이 나타났는가? ④ 잘못 말한 것은 없는가?' 등과 같은 질문에 답하는 형식으로 검토해 보는 것이 좋다.

(6) 책임지기(Responsibility)

지도자는 자신이 한 말에 대하여 책임을 질 줄 알아야 한다. 말은 입으로 하는 것이지만, 그 말의 내용과 형식은 인격 전체에서 우러나오는 것이다. 깊이 생각하고 신중하게 말하며, 일단 말한 것에 대해서는 책임을 지며, 실행해야 할 것을 반드시 실행하는 태도를 지녀야 한다. 구성원의 신뢰를 받는 지도자는 반드시 자기 언행에 책임을 지는 사람이다. 따라서 평소 언행이 일치하고, "말을 할 때는 실행에 옮길 수 있는가를 생각해 보고, 남의 요청을 허락할 때는 반드시 신중히 응하라."[14]는 자세를 견지하여야 한다.

　말은 한 번 입에서 떨어지면 되돌릴 수 없는 성질을 가졌다. 그러므로 한 번 입에서 떨어진 말은 그 특유의 창조적인 힘을 발휘한다. 말한 사람이 그 말을 취소하더라도 이미 입에서 떨어진 말과 그것을 취소한 말이 함께 객관적인 사실로서 남는 것이지 결코 이미 내뱉은 말이 사라지는 것은 아니다. 여기에서 우리는 말의 위험성을 인식하게 되고 또한 말하는 사람의 무거운 책임성을 깨닫게 된다. "지도자의 말 한마디는 천금과 같이 중요하다."[15]라는 말을 하는 까닭은 그 때문이다.

　자기가 한 말에 책임을 지려면, 지도자는 말하기에 앞서 화제에 대한 연구를 완벽하게 해야 한다. 화제에 대한 정확하고 풍부한 지식과 명석한 사고 능력을 갖추었을 때라야, 지도자가 자신 있게 말할 수 있고 그에 대한 책임도 질 수 있다. 그러므로 지도자는 폭넓은 자료를 수집하여, 말할 내용을 문장으로 써보고 효과적인 화법을 선택하고 내용에 대한 사후 책임을 신중하게 검토하여야 한다. 말이란 '브레이크 없는 페달(pedal)'과 같아 불쑥 튀어나오기 십상이다. 특히 취중에 불쑥 내뱉은 말은 치명적인 불이익을 가져오기 쉽다.

---

14) 出言必顧行 然諾必重應(출언필고행 연락필중응[명심보감]).
15) 丈夫一言重千金(장부일언중천금).

제 2 장

상생의 언어 행위

상대방도 좋고 나도 좋아서 서로를 살리는 언어 사용을 '상생(相生)의 언어 행위'라고 하고자 한다. 이런 원활하고 원만한 언어 행위는 일방적이 아니라 쌍방향적이고 다방향적(多方向的) 언어 소통이다.

01 | 먼저 듣고 나중 말하기

상대방이 하는 말을 제대로 이해할 줄 알아야 그의 '사람됨'을 알 수 있다.[1] 따라서 지도자는 구성원들이 하는 말 속에 스며있는 참뜻을 파악할 수 있어야 한다. 예컨대, 구성원에게서 한쪽으로 치우친 말을 들으면 그가 무엇을 감추고 있는가, 방탕한 말을 들으면 그가 어떤 상

---

1) 不知言 無以知人也(부지언 무이지인야 [논어]).

황에 빠져 있는가, 간사한 말을 들으면 그가 얼마나 정도(正道)를 벗어나고 있는가, 빠져나가려 꾸며대고 있는 말을 들으면 그가 무슨 목적으로 말하는가 알아내는 것이다.[2]

지도자는 자신이 말하기 전에 먼저 상대방의 말을 귀 기울여 들어야 한다. 조물주가 인간에게 입은 하나, 귀는 둘을 만들어 주고, 귀를 입보다 높은 위치에 달아 준 것은 무슨 의미일까도 생각해 볼 만하다. 그런데 우리 사회 지도자들은 상대방의 말을 경청하지 않는 경향이 있다. 이른바 '청문회(聽聞會)'라는 것은 글자 그대로 '들을 청(聽), 들을 (聞)', 듣기 위한 모임이다. 그러나 우리 국회는 청문 대상자의 말은 제대로 듣지도 않고 자신에게 배당된 시간이 부족하다는 핑계를 대면서 막무가내로 자기 주장만을 내세우는 장면을 심심찮게 보여준다. 우리는 상대방의 말을 무시하거나 조금밖에 안 듣고 자신의 말을 더 많이 하려고 한다. 또 상대방의 이야기는 잘 들어 보지도 않고 먼저 자기 이야기만 일방적으로 한다.

지도자는 조직 내의 의사소통을 활발히 하여 구성원의 의견을 충분히 수렴해야 한다. 그렇게 하려면 항상 구성원의 의견에 귀를 기울일 줄 알아야 한다. 권위의 힘만으로 위엄을 세워 구성원에게 무조건 충성을 강요해서는 안 된다. 사실 구성원들이 스스로 말하지 않거나 누군가가 말을 못하게 하면 조직의 여론을 제대로 들을 수 없다.[3] 지도자는 구성원들의 말을 많이 듣고 그 중에서 유용한 것을 가려 그것을 실천하여야 한다.[4] 모르는 바가 있으면 부끄러움 없이 누구에게나

---

2) 何謂知言 曰詖辭知其所蔽 淫辭知其所陷 邪辭知其所離 遁辭知其所窮(하위지언 왈피사지 기소폐 요사지기소함 사사지기소리 둔사지기소궁 [맹자]).
3) 下無言則上無聞(하무언칙상무문 [안자 춘추]).
4) 多聞擇其善者而從之(다문택기선자이종지 [논어]).

32

문고, 대단치 않게 오고가는 말도 소홀히 흘려보내지 않고 성실히 살펴야 한다. 또한 남의 단점을 들으면 애써 숨겨주고 장점을 들으면 적극적으로 널리 드러내 주어야 한다.[5]

지도자는 구성원의 말을 먼저 듣고 난 다음에 이야기하여야 한다. 구성원을 말을 잘 들으면, 서로 우호적인 관계를 맺을 수 있고 관심을 기울이게 되고 동질감과 유대감을 느끼게 된다. 음치를 교정할 땐 먼저 노래 듣는 법부터 배워야 하듯, 말을 잘 하는 법도 듣는 법을 배우는 데서 시작한다. "잘 듣는 사람이 성공한다.", "말을 잘 하려면 잘 들어야 한다."라고 하듯이, 성공적인 지도자는 구성원의 말을 우선 듣고 나서 자신의 말을 나중에 한다.

1) 효과적인 듣기

지도자는 구성원의 말을 들을 때 다음과 같은 점을 유의하면 효과적이다.

(1) 구성원의 말에 주의를 집중한다

지도자는 구성원의 말에 주의를 집중하고 들어야 한다. 상대방의 말을 건성건성 들어서는 안 되고 그가 전달하는 의미를 정확히 파악하면서 들어야 한다. 그렇게 해야 사물에 대한 인식이 분명하고 판단이 확실해진다.[6] 지도자는 구성원의 말을 마땅히 정신을 차리고 자세

---

5) 好問而好察邇言 隱惡而揚善(호문이호찰이언 은악이양선 [중용]).

히 들어야 한다. 느슨하고 희미하게 들어서 후회하는 일이 없도록 해
야 한다.[7] 남의 말을 평가하면서 듣고 그의 표정을 관찰하면서 겸허
한 태도로 경청하여야 한다.[8] 그리고 여러 사람들 속에서 혹 노련하
고 성숙한 말을 하는 이가 있거든, 그의 말은 반드시 존경스러운 마음
으로 공손하게 듣는다. 그리고 그 말이 다소 진부한 이야기일지라도
조롱하지 않는다.[9]

　구성원의 말이 좀 신통치 않은 것 같더라도 "그래도 나에게 유익
한 이야기가 있을 것이다."라고 생각하며 귀 기울이고 귀 담아 듣는
다. 그러면 쓸데없는 소음은 다 제거되고 유익한 것만을 골라 들을 수
있다.[10]

---

6) 聽思聰(청사총 [논어]).
7) 凡有所聽 宜留神諦聽 勿漫然糊塗 以取後悔 此聽之則也(범유소청 의류신체청 물만연호도 이취후회 차청지칙야 [어당집]).
8) 察言而觀色 慮以下人(찰언이관색 려이하인 [논어]).
9) 與人群居 人或有老成之言 必敬恭聽也 不可嘲之爲腐陳(여인군거 인혹유노성지언 필경공청 야 불가조지위부진 [사소절]).
10) 박경현(1980)은 다음과 같은 일화를 들어 이런 점을 강조하였다.
　"어느 대학의 심리학 교수가 그 학교에서 강의를 재미없게 하기로 정평이 나 있는
한 인류학 교수의 수업 시간을 대상으로 '적극적 듣기의 효과'에 관한 실험을 하
기로 결정했다. 그 인류학 교수에게는 이 사실을 철저히 비밀로 하고 그 강의를
수강하는 학생들에게만 사전에 다음의 몇 가지 주의 사항을 전달했다. 첫째, 교수
의 말 한마디 한마디에 주의를 집중하면서 열심히 들을 것. 둘째, 얼굴에는 약간
의 미소를 지으면서 눈을 반짝이며 고개를 끄덕이기도 하고, 간간이 질문도 하면
서 강의가 매우 재미있다는 반응을 겉으로 드러나게 나타낼 것. 한 학기 간 계속
된 이 실험의 결과는 매우 흥미로운 것이었다. 우선 그 재미없던 인류학 교수는
줄줄 읽어 나가던 강의 노트에서 드디어 눈을 떼고 학생들과 시선을 마주치기 시
작했고, 가끔씩은 한두 마디 유머를 섞은 농담을 던지기도 하더니 그 학기가 끝날
즈음엔 가장 열의 있게 강의하는 교수로 면모를 일신하게 되었다. 더욱더 놀라운
것은 학생들의 변화였다. 처음에는 단순히 실험 차원에서 재미 삼아 강의를 열심
히 듣는 척하던 학생들은 이 과정을 통해서 정말로 강의를 흥미롭게 듣게 되었고,
그 가운데는 소수이긴 하지만 아예 전공을 인류학으로 바꾸기로 결심하게 된 학
생들도 나오게 되었다."

의사소통을 원활하게 하려면 상대방의 삶을 인정해야 한다. 상대의 의견이나 생각을 그대로 받아들이지 못하고 본능적으로 '나'를 기준으로 판단하고 비판하여서는 의사소통의 장애가 일어난다. 상대를 인정하는 가장 좋은 방법은 공감적 듣기이다.

공감적 듣기는 상대방의 말을 분석하거나 판단하려는 데 목적이 있는 것이 아니라 감정이입의 차원에서 상대방의 생각이나 감정을 깊이 이해하려는 데 있다.

공감하며 들으려면 다음과 같은 점을 유념한다(임칠성 외, 2004 참조).

❶ 집중하기

상대방이 하는 말을 집중해서 듣는다. 상대방을 잘 바라볼 수 있는 편안한 자세 취한다. 자연스러우면서도 적절하게 상대와 눈맞춤한다. 미소를 지으면서 고개를 끄덕여주거나 어깨를 으쓱한다. '그래, 정말, 맞아, 그렇구나' 등과 같이 적절한 맞장구를 친다.

❷ 북돋우기

"좀 더 이야기 해 봐.", "더 자세히 말해 주겠니?"과 같은 격려를 하며 대화를 계속 이끌어 간다. 상대방의 말 중에 중요한 어휘나 표현들을 반복해 준다. 상대의 말 중 미진한 부분에 대해 질문을 한다. 질문은 '예/아니오'로 답변할 수 있는 닫혀진 유형보다는 "-에 대한 네 생각은 어떠니?"와 같이 열려진 유형으로 묻는다. 간혹 상대방에게 이야기할 기회를 더 많이 준다는 의미에서 듣는 이는 긴 침묵을 지켜보기도 한다.

❸ 반영하기

    상대방에게 들은 내용을 자신이 이해한 자신의 말로 바꿔 말해 본다. 이 방법을 활용하면 상대방이 한 말을 자신이 어느 정도 이해했는지 스스로 알아차리게도 된다.

    상대방의 말을 경청(傾聽, 敬聽)하면 사람의 마음을 얻을 수 있다[이청득심(以聽得心)].[11] 경청을 하면 듣는 사람은 정보를 얻을 수가 있고, 화자와 청자는 공감을 하게 되고 서로서로 상생하고 공존하는 관계를 맺을 수 있다. 바람직한 인간관계는 상대방의 이야기를 경청하려는 노력에서부터 시작된다. 그러므로 우리는 상대방의 말을 건성으로 듣거나 결함을 찾아내려고 하지 말고 귀 기울여 들어 그가 전달하려는 말의 의미를 완전히 파악하려고 노력해야 한다.

    귀를 기울여 듣는 것은 말의 내용을 파악하는 것은 물론, 상대방의 몸짓, 표정, 그리고 음성의 섬세한 변화를 간파하고 저변에 깔려 있는 메시지를 감지하여 그 사람이 말하지 못한 내용까지도 육감으로 직감하는 것을 의미한다.

    박경현(2000)은 '말 잘 듣는 경찰'에서 듣기의 효율성을 다음과 같이 이야기하고 있다.

---

11) '聽'이라는 한자는 '耳(귀) 十(열) 目(눈) 一(하나) 心(마음)'로 분해할 수 있다. 곧 '귀뿐 아니라 열 개의 눈으로 마음을 하나로 집중해서 열심히 들으라'는 뜻으로 풀이할 수도 있다.

우리 경찰은 스스로 '국민의 지팡이, 파수꾼, 이웃, 친구, 보호자'라고 하고 심지어는 '국민의 공복'이라는 봉건적인 용어까지 사용해 가며, 국민에게 서비스하고 국민을 만족시키는 '국민의 경찰'이 되고자 노력하고 있습니다. 우리 경찰의 캐릭터인 '포돌이'의 큰 귀는 국민의 소리를 빠짐없이 듣겠다는 뜻이며, 부릅뜬 커다란 눈은 단 한 건의 범죄도 용납하지 않겠다는 경찰의 의지를 담고 있습니다. 이런 점에서 우리 경찰은 그 누구보다도 국민의 '말을 잘 듣는 경찰'이 되어야 합니다.

　왜 입은 하나인데 귀는 두 개일까요? 그것은 남의 말은 두 배로 듣고 나의 말은 그것의 반만 하라는 뜻이 아닌가 합니다. 귀가 입보다 위쪽에 붙어 있는 것도, 아마 상대방의 말은 높게 받들고 내 말은 낮추어 말하라는 뜻이 아닐까 합니다. 부모 자식 사이의 사랑, 친구 사이의 우정, 사제 간의 사랑, 이웃 간의 사랑, 이성 간의 애정, 이 모든 사랑은 상대방의 말을 더 많이 그리고 잘 들어주는 데서 시작되는 것입니다. 또한 자기 말만 하고 남의 말을 듣지 않으면 아무런 정보를 얻을 수 없습니다. 하지만 남의 이야기를 많이 듣는 사람은 공짜로 많은 정보를 얻을 수 있습니다. 우리는 자기 말을 잘 들어주는 사람에게 호감이 갑니다. 그저 제 말만 지껄이고 남의 말을 들어주지 않는 사람에게는 그다지 친근감이 가지 않습니다. 남의 말을 경청하는 것은 상대방에게 관심을 보이는 것입니다. 상대방의 말을 열심히 듣다보면 그를 이해할 수 있게 되고 상호 신뢰하게 되고 친밀해질 수 있고 더 나아가 사랑의 감정이 싹트게 됩니다.

　경찰이 국민에게 신뢰받고 사랑받는 길은 국민의 말을 경청하는 것입니다. 말 잘 듣는 경찰은 국민과 눈맞춤을 하고 국민의 말에 맞장구쳐 가면서 귀담아 듣는 경찰입니다. 남의 말을 잘 들어주는 사람은 상대방의 처지와 기분을 이해하면서 맞장구를 잘 치는 사람입니다. 맞장구는 대화를 부드럽게 하는 윤활유 구실을 합니다. 맞장구는 말로 할 수도 있고 고개를 끄덕이거나 표정을 지어서 공감을 표시할 수도 있습니다. 맞장구를 치면서 들어주면 상대방은 더욱 열의를 가지고 하고 싶은 말을 다 털어놓게 됩니다. 이야기 도중에 시선을 엉뚱한 곳에 두거나 말허리를 꺾거나 건성으로 듣지 않고 참을성 있게 들어야 말 잘 듣는 경찰이 될 수 있습니다.

말 잘 듣는 경찰은 한쪽 말만 듣지 말고 양쪽 말을 다 듣는 경찰입니다. 귀는 왜 머리 양쪽에 가지런히 달려 있을까요? 이는 양쪽의 이야기를 골고루 들으라는 의미일 것입니다. 눈에는 눈꺼풀이 있어 마음대로 뜨고 감을 수 있는데, 왜 귀는 항시 열려 있는 것일까요? 아마 무슨 이야기든 거부하지 말고 있는 그대로 다 받아들이라는 뜻인지 모릅니다. 싫은 소리, 좋은 소리, 불쾌한 말, 달콤한 말 가리지 말고 골고루 다 들으라는 뜻입니다. 칭찬과 비난, 찬성과 반대 모두 다 들어야 합니다. 큰소리에만 현혹되지 말고 작은 소리도 귀 기울여 들어야 합니다. 피해자의 말도 충분히 듣고 가해자의 말도 진지하게 들어야 합니다.

잠시 생각해 봅시다. 그 동안 우리는 내가 하고 싶은 말만 하고 국민의 말은 적당히 듣지 않았습니까? 국민의 말을 듣는 것보다 자기 말을 먼저 하려고 하지 않았습니까? 진정 국민의 말을 경청해 본 적이 있었습니까? 달콤한 칭찬만 듣고 싶어 하고 쓰디쓴 충고는 마다하지 않았습니까? 듣기 훈련도 게을리 하지 말아야 할 것입니다. 말하는 것은 본능이지만 듣는 것은 훈련이기 때문입니다.

(2) 시선을 마주치면서 듣는다

지도자는 눈길을 피하지 말고 눈맞춤을 하며 구성원의 말을 적극적으로 듣는다. 그러나 우리나라에서는 너무 상대방을 빤히 쳐다보면서 말하는 것은 실례라고 생각하는 경향이 있다. 어쨌든 건성으로 듣지 말고 이 세상에서 가장 중요한 사람의 이야기를 듣는다고 생각하며 들어 준다.

눈은 거짓말 탐지기다. 눈맞춤을 하며 구성원의 말을 들으면 그 사람은 거짓말을 쉽게 하지 못한다. "그 사람 내 눈을 피하더라.", "내 눈을 똑바로 쳐다보고 말해봐."라고 하는 것은 눈맞춤의 중요성을 강조하는 말이다. 이처럼 남의 말에 주의를 기울여 듣는 습관이 몸에 배면 성숙한 사람이 될 수 있다.

공자(孔子)는 60세가 되어서야 비로소 '이순'(耳順), 곧 남의 말을 제대로 들을 수 있었다고 하였다. 이런 점으로 보아, 남의 이야기를 잘 듣는다는 것이 얼마나 높은 수준의 정신적 수련이 필요한가를 알게 해 준다.

박경현(2000)은 '눈맞춤의 신비'를 다음과 같이 살피고 있다.

육체의 모든 기관은 어떤 기능을 하든지 인간의 생각이나 느낌을 표현하지 않는 것이 없습니다. 입은 인간의 희로애락을 표현해 주는 중요한 기관의 하나이지만 그것은 결코 눈의 그것처럼 미묘한 것은 아닙니다. 말은 인간의 가장 정확한 감정 표현이 될 수도 있지만 그것은 결코 눈의 그것처럼 진실한 것은 못 됩니다. 웃으면서도 눈은 슬픔을 말해 주기도 하고 울면서도 눈은 즐거움을 말해 주기도 합니다. 또한 눈은 있는 그대로의 모습으로 무한한 의미를 표현하며 조그만 변화로 전혀 다른 의미를 나타내기도 합니다. 인간의 미묘한 감정을 표현해 주는 것은 눈뿐입니다.

우리는 회의를 하거나 결재를 하거나 표창을 할 때 상대방의 눈을 똑바로 보지 않는 경우가 있습니다. 동양문화에서 너무 상대방을 빤히 쳐다보면서 말하거나 듣는 것은 실례라고 생각하기 때문입니다. 그러나 눈맞춤[eye contact]을 하지 않고 대화를 하면 얻는 것보다 잃는 것이 더 많습니다. 회의를 할 때 참석자들이 서로 시선을 마주치지 않을 경우, 말 자체는 주고받을 수 있는지는 몰라도 마음과 마음은 교류되지 않습니다. 결재를 할 경우도 결재를 하는 사람과 받는 사람의 눈맞춤이 없을 경우, 문서상의 내용만을 전달할 뿐 그 속내를 파악하기는 어렵습니다. 표창을 할 때에도 제3자가 표창내용을 대독하고 눈의 마주침이 없을 경우, 표창장과 부상을 주고받을 뿐 진정한 축하의 뜻은 주고받을 수 없습니다.

눈을 마주치며 말을 하면 거짓말하기가 어렵습니다. 눈은 거짓말 탐지기입니다. 눈맞춤을 하며 상대방의 말을 들으면 그 사람은 거짓말을 쉽게 하지 못합니다. 흔히 '그 사람 내 눈을 피하더라.', '내 눈을 똑바로 쳐다보고 말해봐.'라고 하는 것은 눈맞춤의 진실성을 강조하는 말입니다. 눈맞춤은 서로의 신뢰감을 두텁게 합니다. '눈은 마음의 창이다.', '마음의 글자는 눈에 새겨져 있다.', '귀는 눈보다 믿을 게 못 된다.', '눈이 보배다' 등의 말은, 눈 마주치기가 신뢰성의 중요한 요소임을 말하는 것입니다. 먼 곳을 응시하면서 진실을 말하는 것보다 눈을 똑바로 바라보며 거짓말을 하는 것이 오히려 설득력이 있습니다.

눈 마주치기를 피하면 신뢰가 떨어집니다. 말하는 사람이 눈길을 주지 않으면 듣는 사람은 '나를 무시하는 것이 아닌가, 나를 우릴 우습게 보는 것이 아닌가, 뭔가 숨기고 있는 것이 아닌가' 하는 등의 오해를 하게 됩니다. 언제나 상대방과 눈맞춤을 하면서 말하고 들어야 진실을 주고받을 수 있습니다. 눈길을 피하지 말고 눈맞춤을 하며 적극적으로 들어야 합니다. 건성으로 듣지 말고 이 세상에서 가장 중요한 사람의 이야기를 듣는다고 생각하며 들어 주어야 합니다. 여러 사람 앞에서 말하는 경우에도, 말하는 사람이 시선을 내리깔고 원고를 읽어 내려가면 청중은 따분해 합니다. 청중과 눈을 마주치지 않기 때문입니다.

　말하는 사람은 청중에게 주목을 받는 입장에 있지만 청중은 그 사람의 주목을 받을 확률이 적습니다. 말하는 사람의 입장에서 보면 청중은 '여러 사람 가운데 한 명'에 불과합니다. 그러나 사람은 누구나 어떤 상황에서도 주목을 받고 싶어 하는 존재입니다. 주목을 받지 못하면 흥미도 적어집니다. 발렌타인 데이에 화려하게 초콜릿을 포장하는 이유는 상대방에게 주목받고 싶어서입니다.

　청중 한 사람 한 사람과 눈을 마주치면서 이야기를 하게 되면, 청중은 흥미를 가지고 열심히 듣게 됩니다. 청중의 집중력이 높아지면 이해도도 높아집니다. 눈맞춤은 말하는 사람과 듣는 사람 사이의 거리감을 좁히고, 청중으로 하여금 전달되는 내용에 귀를 기울이도록 하는 구실을 합니다. '말하는 이의 청중에 대한 주시율과 인물 평가의 관계'에 관한 연구에 의하면, 여러 사람 앞에서 말하는 이가 청중에 대한 주시율이 말 전체의 15% 이하라면, 그는 청중들에게 '냉정하다, 변명만 한다, 미숙하다' 등의 인상을 준다고 합니다. 그러나 주시율이 80% 정도라면 '자신이 있다, 성실하다, 친근하다, 능숙하다' 등의 인상을 준다고 합니다. 같은 내용을 말하더라도 청중의 눈을 보느냐 안 보느냐에 따라 전혀 다른 결과가 된다는 것입니다.

　그러나 수사관의 눈초리로 눈맞춤하는 것은 삼가야 할 것입니다. 하나의 눈은 총알을 재어 겨눈 총처럼 위협을 할 수도 있습니다. 꾸짖거나 걷어차는 것 같은 모욕을 줄 수도 있습니다. 그와 다른 환경 아래서는 친절의 표시로 상대방의 마음을 기쁨으로 뛰놀게 할 수도 있습니다. 이제부터 회의를 할 때 서로 서로 눈맞춤을 하면서 합시다. 윗사람은 눈맞춤을 하며 결재를 합시다. 눈맞춤을 하면서 표창장을 주고받읍시다. 눈맞춤을 하면서 훈시를 합시다. 부모들은 자녀들과 수시로 눈맞춤을 합시다. 부부 사이에도 입맞춤보다 눈맞춤을 자주 합시다. 입맞춤은 자주하면 신물이 나고 간혹 김치 냄새가 나기도 합니다. 하루에 세 번 이상 눈맞춤을 해봅시다. 출근할 때 눈을 맞추고 퇴근해서 눈을 맞추고 잠자리에 들 때 눈을 맞추어 봅시다. 눈맞춤이야말로 부부 사이의 마음과 마음을 주고받는 지름길입니다. 이렇게 하면 애정은 날로 달로 넘칠 것입니다.

(3) 맞장구치며 듣고 적절한 순간에 가끔 질문을 한다

반응이 없는 상대를 앞에 두고 이야기하는 것처럼 시시하고 섭섭한 것은 없다. 남의 말을 잘 들어 주는 사람은 상대방의 처지와 기분을 이해하면서 맞장구를 잘 치는 사람이다. 맞장구는 대화를 부드럽게 하는 윤활유 구실을 한다. '그랬어, 그래그래 맞아, 물론, 그래요, 정말……' 등으로 동의하고, '그래서, 그 다음은, 다음은 어땠어, 그렇다면요' 등과 같이 유도를 하고, '그건 그렇고, 그런데……' 등의 전환의 맞장구를 친다. 맞장구는 말로만 할 수 있는 것이 아니다. 고개를 끄덕이거나 표정을 지어 공감을 표시할 수도 있다. 이야기 도중에 적절히 맞장구를 치면서 들어 주면 구성원은 더욱 열의를 가지고 하고 싶은 말을 다 털어 놓게 된다.

(4) 긍정적인 태도로 듣는다

지도자는 구성원에 대한 부정적인 선입관이나 편견을 버리고 성실하고 진지한 태도로 경청한다. 설령, 지난번까지 별로 들을 것이 없었더라도 이번에는 반드시 얻을 것이 있을 것이라는 생각으로 느긋하게 듣는다. 구성원이 말하는 도중에 말허리를 꺾지 말고 그가 하고 싶은 말을 다하도록 참을성 있게 듣는다.

(5) 여러 사람의 말을 골고루 듣는다

지도자는 어느 한쪽 말만 듣지 말고 양쪽 말을 다 들어야 한다. 만약 한쪽의 말만 들으면 평소 가까운 사람이라도 자칫 멀어지기 쉽다.[12] 큰소리와 작은 소리, 칭찬과 비난, 찬성과 반대 등 모두 골고루 들어야 한다. 결코 큰소리에만 현혹되지 말고 작은 소리에도 귀를 기울여야 한다.

지도자가 일일이 구성원들의 말을 들어보지 않고서는 어리석은 자와 지혜로운 자를 분별하기 쉽지 않다.[13] 특히 측근의 말만을 그대로 다 듣지만 말고, 구성원들이 별것도 아닌 듯이 하는 이야기도 들어야 한다. 그들의 말 속에는 다 제 나름대로의 뜻이 있기 때문이다. 그리고 측근의 말이라도 전폭적으로 믿지 말고 충분한 근거나 타당성이 있는가를 살펴 들어야 한다.

우리는 목소리가 커야 경쟁에 이길 수 있다고 생각한다. 그러나 큰소리에는 진실보다 허풍이 끼어들기 쉽다. 오히려 나지막한 소리에 빛나는 진리가 숨 쉬고 있는 경우가 많다. "성인(聖人)은 어린 아이의 말에도 귀를 기울인다."라는 교훈을 깊이 되새겨 보는 것이 필요하다. 뛰어난 지도자는 아랫사람이 설사 말도 안 되는 소리를 하더라도 그

---

12) 若聽一面說 便見相離別(약청일면설 편견상이별[명심보감]).
13) 一聽則愚智不分 責下則人臣不參(일청즉우지불분 책하즉인신불참[한비자]).

황당한 의견에서 오히려 아이디어를 이끌어 낸다.

(6) 구성원의 말을 냉철하게 듣는다[14]

사물을 대할 때 선입관에 빠진다거나 욕심을 일으키거나 흥분하게 되면 올바른 판단을 하기 어렵다. 항상 냉철해야만 올바르게 참과 거짓을 가려내고 선과 악을 구별할 수 있다. 진실로 현명한 지도자는 남이 나를 속이지 않을까 미리 경계하지 않고, 남이 나의 말을 믿어주지 않을까 미리 의심하지 않으며, 그러면서도 어떤 일이 발생하면 곧 그 잘못된 점을 먼저 깨닫는 지도자이다.[15] 그리고 의심이 나는 사람은 애당초부터 아예 고용하지 말고 일단 채용했으면 반드시 믿어야 한다.[16] 아무리 믿지 못할 세상이라 할지라도 처음부터 남을 경계하거나 의심한다면 대인 관계가 원활치 못하게 된다.

(7) 말의 내용을 비판하며 듣는다

지도자는 상대방이 말하는 내용이 주제에 맞는가, 논리적으로 타당한가, 진실성이 있는가, 실현 가능한 것인가, 그보다 더 좋은 의견은 없는가를 따져 가며 들어야 한다. 상대방이 항상 새롭고 정확하고 알맞은 양의 정보를 제공하는 것도 아니다. 건설적이고 실현 가능한 의견을 개진하는 것도 아니다. 상대방에 따라서는 불확실한 정보, 필요 이상의 정보를 중언부언(重言復言) 쏟아 놓기도 하고, 검증도 거치지 않

---

14) 冷眼觀人 冷耳聽語 冷情當感 冷心思理(냉안관인 냉이청어 랭정당감 냉심사리[채근담]).
15) 不逆詐 不億不信 抑亦先覺者是賢乎(불역사 불억불신 억역선각자시현호[논어]).
16) 疑人莫用 用人勿疑(의인막용 용인물의[명심보감]).

은 소박한 생각이나 편향된 의견을 최선의 의견처럼 말하는 이도 있다. 그러므로 지도자는 그 내용을 선택적으로 때로는 비판적으로 수용할 줄 알아야 한다.

내용을 비판적으로 수용하는 태도와 습관은 다음과 같은 구체적인 방법으로 함양할 수 있다(박경현, 2000 참조).

❶ 평소에 안목을 키운다

접하는 사실과 사물을 다각적으로 관찰하고 깊이 있게 파고들며, 문제 해결을 위한 여러 가지 방도를 찾아본다. 폭넓은 독서, 깊이 생각하는 습관, 남의 의견을 수용하여 새로운 의견을 창출하려는 노력을 통해 배경지식과 안목을 넓혀야 한다.

❷ 화제에 관심을 기울이고 그것과 관련되는 자료를 수집한다

남의 이야기를 비판적으로 수용하려면, 지도자도 구성원 못지않은 정보와 지식을 수집하고 축적해야 하며 화제와 관련된 모든 사항을 정확하게 판단할 수 있는 능력을 갖추고 있어야 한다. 지도자가 구성원에 협력하는 듣기 태도는 지도자의 이런 준비 과정에서 자연스럽게 우러나올 수 있다.

❸ 일관된 주제를 놓치지 않고 듣는다

구성원이 생각한 것을 충실히 말하고 있는가, 주제와 관계있는 것만 말하는가, 주장하는 논지나 논거가 분명한가, 논의는 정확하고 충분한가, 이야기의 전개에 어떤 변화를 주고 있는가, 그 변화가 주제를 표현하는 데 유기적인 관련이 있는가, 주제를 드러내기 위해 사용하는 여러 가지 화제나 보조 자료는 적절한가, 이야기의 전개는 무난한가,

주제를 자주 반복 제시하는가 등을 유념하면서 듣는다.

❹ 사실과 추론을 구분해서 듣는다

　구성원이 사실을 보고하거나 설명하고 있는 것인가, 사실을 토대로 추론하고 있는 것인가, 아니면 구성원 나름의 추측을 말하고 있는 것인가 구별하며 들어야 한다. 사실의 보고일 때에는 그 정확도를 가늠해 보아야 하고, 사실을 바탕으로 한 추론을 말할 때에는 그 타당성을 따져 보아야 한다. 추측의 말이나 개연성을 말할 때에는 역시 그 진위 여부와 타당도를 검증해 보아야 한다. 구성원의 말과는 다르게 일이 진행되고 결말이 날 가능성이 얼마든지 있기 때문이다.

(8) 메모를 하면서 듣는다

　메모를 하면서 듣는 것은 경건히 배운다는 자세의 표시이기도 하다. 상대방의 표정을 살피면서 듣는 것은 '눈'으로 듣는 것이고, 상대방에게 질문을 하거나 맞장구를 치면서 듣는 것은 '입'으로 듣는 것이라 할 수 있다. 그리고 메모를 하면서 듣는 것이 '손'으로 듣는 것이 된다.

(9) 들은 것을 실천한다

　지도자는 들은 것을 체득하고 실행하여야 한다. 지도자의 배움이란 귀로 들은 것을 마음에 새겨서 온 몸으로 실천하는 것이다. 귀와 입 사이는 네 치밖에 안 된다고 귀로 들어온 것을 바로 입으로 내보낸다면, 일곱 자나 되는 몸의 품위를 갖출 수 없다.[17]

　지도자는 들은 것에 성급히 반응하지 않는다. 자신을 헐뜯는 소리를 들더라도 구성원을 미워하지 않아야 한다. 미워하면 자칫 그들의 분풀이 대상이 될 수 있다. 자신을 칭찬하는 말을 듣더라도 그들에게 성급하게 다가가지 않아야 한다. 자칫 잘못된 선택을 할지도 모른다.[18]

　지도자는 들은 사실을 철저히 검토하여야 한다. 눈으로 직접 본 일도 오히려 다 진실이 아닐 수도 있거늘 보이지 않은 곳에서 한 말은 확실하게 믿어서는 안 된다.[19] 보고 들은 사실들을 잘 검토하지 않으면 구성원들의 진심을 알 수 없다. 그들의 말을 들을 경우 중간에 문지기처럼 거쳐야 할 사람이 낀다면 그들의 진심은 막혀 버리고 만다.[20]

2) 여러 가지 경우의 듣기

(1) 칭찬을 들을 때

　자신이 잘한 일이 별로 없는데도 남의 칭찬을 받는 것보다는 악한 짓을 하지 않았어도 차라리 남에게 미움을 받는 것이 낫다.[21] 우리는 상대방의 칭찬을 들으면 감사하게 받아들이기보다는 '여러 모로 부족합니다, 송구스럽습니다, 부끄럽습니다, 별 말씀을 다하십니다, 당치 않은 말씀입니다' 등과 같이 겸손하게 말하는 경향이 있다. 그러나 지나칠 정도로 상대방의 칭찬에 미적지근하게 반응하거나 자신을 무턱

---

17) 君子之學也 入乎耳 著乎心 布乎四體 …… 口耳之間 則四寸耳 曷足以美七尺之軀哉(군자지학야 입호이 저호심 포호사체 …… 구이지간 즉사촌이 갈족이미칠척지구재[순자]).
18) 聞惡不可就惡 恐爲讒夫洩怒 聞善不可急親 恐引奸人進身(문악불가취악 공위참부설노 문선불가급친 공인간인진신[채근담]).
19) 經目之事 恐未皆眞 背後之言 豈足深信(경목지사 공미개진 배후지언 개족심신[명심보감]).
20) 觀聽不參 則誠不聞 聽有門戶 則臣壅塞(관청불참 즉성불문 청유문호 즉신옹색[한비자]).
21) 無善而致人者譽 不若無惡而致人毁(무선이치인자예 불약무악이치인훼[채근담]).

대고 낮추는 것은 바람직하다할 수 없다. 지도자는 적절한 수준을 고려하여, 자신에 대한 칭찬은 최소화하고 자신에 대한 비방을 극대화하는 것이 좋다.

(2) 충고를 들을 때

좋은 점을 말하여 주는 사람이 고마운 이 같지만 사실은 나를 해치는 사람이다. 오히려 나의 나쁜 점을 지적해 주는 이가 나를 가르치는 스승이나 다름없다.[22] 사람들은 대체로 자기를 칭찬하면 즐거워하고 비판하면 싫어한다. 그러나 남이 자기의 잘못을 지적해 주면 그것을 고칠 생각을 해야 한다. 남에게서 좋은 말 한마디 듣는 것이 황금 천 냥보다 낫다.[23]

요즈음에 일부 지도자들은 자기를 추어주고 아첨하는 이를 더 좋아한다. 잘못을 말해주는 이는 괘씸죄를 뒤집어 씌워 미워한다. 참으로 지도자답지 못한 행위이다. 항상 귀에 거슬리는 말을 기꺼이 듣고, 다소 마음에 거북스러워도 달게 받아들이는 자세는 덕행을 닦는 숫돌과 같은 것이다. 그러나 마음에 들게 해주는 것만 좇는다면, 이는 자신의 몸에 독극물을 묻히는 것과 같다.[24]

지도자는 충고의 참뜻을 바르게 이해하고 자신의 허물을 고쳐야 한다. 충고는 들은 다음에는 자신의 잘못을 고칠 줄 아는 것이 중요하다. 부드럽게 타이르는 말을 좋아하되 그 말의 참뜻을 찾는 것도 중요

---

22) 道吾善者 是吾賊 道吾惡者 是吾師(도오선자 시오적 도오악자 시오새[명심보감]).
23) 黃金千兩未爲貴 得人一語勝千金(황금천양미위귀 득인일어승천금[명심보감]).
24) 耳中常聞逆耳之言 心中常有拂心之事 纔是進德修行的砥石 若言言悅耳事事決心 便把此生 埋在鳩毒中矣(이중상문역이지언 심중상유불심지사 재시진덕수행적지석 약언언열이사 사결심 편파차생 매재짐독중의[채근담]).

하다. 기뻐하기만 하고 충고의 참뜻을 찾아내지 못하고, 그 뜻을 따르면서도 자기의 잘못을 고치지 않는다면 아무 소용이 없다.[25] 그리고 지도자는 남의 충고를 받거나 좋은 말을 들었을 때 감사할 줄 알아야 한다. 자신의 잘못을 알려주는 사람에게 고마움을 표시하는 것이 예의다.

우리나라 정치사에서 지도자가 독선과 오기를 부리고 쓴 소리를 듣지 못하고 달콤한 참모들의 말에 빠져 국가적 불행을 낳은 일이 적지 않다. 지도자는 쓴 소리를 용감히 하는 구성원의 말을 잘 들어주고 그런 사람을 용납하고 격려할 수 있는 의식을 지녀야 한다.

(3) 비난을 들을 때

지도자는 자신을 비난하는 소리를 들을 때 의연히 대처하여야 한다. 설령, 상대방이 옳거니 그르거니 종일 비난을 퍼붓더라도 대꾸하지 않으면 그 소리는 저절로 사라지고 만다.[26] 자신을 비방하는 소리를 두려워하지 않아야 한다. 나에게 아무런 잘못이 없는데도 남들이 나를 비방하고 헐뜯는다면 두려워할 것 없다. 그것은 마치 한 조각의 구름이 밝은 해를 가리는 것과 같으니 조금만 기다리면 자신의 처신이 온 누리에 명명백백해질 것이다. 그러나 면전에서 아양을 떨고 아첨하는 소인배는 극히 경계해야 한다. 그 해독은 마치 창틈에서 스며드는 찬바람 같아서 깨닫지 못하는 사이에 큰 손실을 입을 수 있다.[27]

---

25) 法語之言 能無從乎 改之爲貴 巽與之言 能無說乎 繹之爲貴 說而不繹 從而不改 吾未如之何也已矣(법어지언 능무종호 개지위귀 손여지언 능무설호 역지위귀 설이불역 종이불개 오미여지하야이의[논어]).

26) 是非終日有 不聽自然無(시비종일유 불청자연무 [명심보감]).

27) 讒夫毁士 如寸雲蔽日 不久自明 媚子阿人 似隙風侵肌 不覺其損(참부훼사 여촌운폐일 불구자명 미자아인 사극풍침기 불각기손 [채근담]).

지도자는 공연한 비난에는 대응하지 않아야 한다. 악의로 자신을 비난하는 소리에는 맞대응하지 않는다. 그러면 마음이 맑고 조용해진다. 그렇지만 비난하는 사람의 입은 뜨겁게 끓어오른다. 이는 마치 하늘을 향해 침을 뱉으면 도로 제 몸에 떨어지는 것과 같다.[28] 남에게 욕설을 듣더라도 거짓 귀먹은 체하고 말대꾸를 하지 않는 것이 좋다. 허공에서 타는 불은 끄지 않아도 저절로 사라질 뿐이다.[29]

지도자는 은연중에 남을 비방하는 말과 거짓말을 곧이곧대로 믿어서는 안 된다. 물이 배어드는 것처럼 은연중 남을 헐뜯는 말과 살갗의 상처를 참는 듯 아프게 호소하는 거짓말을 곧이들어서는 안 된다. 이런 말들을 잘 간파(看破)하여야 모든 일을 밝게 통찰할 수 있고 원대한 일까지 내다볼 수 있다.[30]

지도자는 자신을 비방하는 소리에 즉각적으로 반응하지 않아야 한다. 남에게서의 비방을 듣더라도 곧바로 성내지 말며 남에게서의 칭찬을 듣더라도 즉시 기뻐하지 않는다. 누가 다른 사람의 나쁜 점을 말하더라도 이에 부화뇌동(附和雷同)하며 듣지 않는다. 그러나 다른 사람의 좋은 점을 들으면 적극 호응하고 더 나아가 함께 기뻐한다.[31]

지도자는 남이 자신을 속이는 것을 알면서도 말로 나타내지 않고 남의 모욕을 받으면서도 표정에 나타내지 않아야 한다.[32] 남이 나를

---

28) 惡人罵善人 惣不對 不對心淸閑 罵者口熱沸 正如人唾天 還從己身墜(악인매선인 총불대 불대심청한 매자구열비 정여인타천 환종기신추 [명심보감]).
29) 我若被人罵 佯聾不分說 譬如火燒空 不救自然滅(아약피인매 양농불분설 비여화소공 불구자연멸 [명심보감]).
30) 浸潤之譖 膚受之愬不行焉 可謂明也已矣 浸潤之譖 膚受之愬不行焉 可謂遠也已矣(침윤지참 부수지소불행언 가위명야이의 침윤지참 부수지소불행언 가위원야이의 [논어]).
31) 聞人之謗 未嘗怒 聞人之譽 未嘗喜 聞人之惡 未嘗和 聞人之善 則就而和之 又從而喜之(문인지방 미상노 문인지예 미상희 문인지악 미상화 문인지선 칙취이화지 우종이희지 [명심보감]).
32) 覺人之詐 不形於言 受人之侮 不動於色 此中 有無窮意味 亦有無窮受用(각인지사 불형어

속이는 것을 알면서도 묵묵히 있으면 이미 속임을 당하는 것이 아니다. 남이 나를 모독하는 것을 알면서도 상대하지 않으면 이미 상대방을 자기보다 낮게 여기고 있는 것이다. 지도자는 모욕을 받아도 성내지 않고 안색을 평안히 가지는 것이 좋다. 물론 이것은 어려운 일이지만 마음의 여유를 가지고 이렇게 한다면 무한한 능력을 갖춘 지도자라고 할 수 있다. 지도자는 착한 것을 보거든 목마를 때 물 본 듯이 주저하지 말고 악한 것을 듣거든 귀머거리같이 하여야 한다.[33] 남의 말을 올바르게 듣는 방법 중의 하나는 반드시 그 사람의 행동거지를 보는 것이다. 그렇게 하면 말하는 자가 감히 허투루 말을 하지 않게 된다.[34]

(4) 명령을 들을 때

지도자는 그보다 더 위에 있는 사람에게 명령을 받았을 경우에는, 그 사람의 입장을 의식하며 명령을 수행하여야 한다. 예부터 명령을 따르면서 윗사람을 이롭게 하는 것을 '순종'이라 하였고, 명령을 따르면서 윗사람을 불리하게 하는 것을 '아첨'이라 하였고, 명령을 어기면서 윗사람을 이롭게 하는 것을 '충성'이라 하였다. 그리고 명령을 어기면서 윗사람을 불리하게 하는 것을 '찬탈(簒奪)'이라고 하였다. 명령을 수행하면서 윗사람이나 조직의 영욕을 염두에 두지 않고, 그저 영합하여 무사안일한 자세로 봉급만 타 먹는 자는 '나라의 도둑'이라고 하였다.[35]

언 수인지모 부동어색 차중 유무궁의미 역유무궁수용 [채근담]).

33) 見善如渴 聞惡如聾(견선여갈 문악여농 [명심보감]).

34) 聽言之道 必以事觀之 則言者不敢妄言(청언지도 필이사관지 칙언자불감망언[윤선거 혼정편록]).

　　지도자는 말을 하기 전에 무엇을 어떻게 말할까 준비하고 있어야 한다. 특히 공식적인 말하기[public speech]에서는 더욱 그렇다. 준비 없이 생각나는 대로 말해 놓고 '두서없이' 이야기했다고 양해를 구하는 것은 실례이다. 어떤 일이든 미리 튼튼한 바탕이 마련되어 있으면 성공적으로 이루어지지만, 미리 준비하지 않고 하면 실패하기 쉽다. 말도 성실하게 미리 준비하고 하면 실천되지 않는 일이 없다. 준비하지 않은 상태에서 함부로 지껄이거나 뇌까리면 자칫 설화(舌禍)를 저지르게 된다.[36)]

　　준비하고 말하면 말 실수를 예방할 수 있다. 말 실수는 엄청난 결과를 불러올 수도 있다. 요즈음 우리 사회의 지도자들이 심심치 않게 실언(失言)하고 심지어는 망언(妄言)을 하고 있는데, 이런 언어 행위는 개인은 물론 조직 전체에 치명적인 악영향을 끼친다. 지도자는 말 한마디로 지혜로워지기도 하고 그렇지 않게도 되니 말을 조심하지 않을 수 없다.[37)] 말 한마디로 나라를 흥하게 할 수도 있고 나라를 잃을 수도 있다.[38)] 더 나아가 말 한마디로 천지의 조화를 해칠 수 있다. 그러므로 마땅히 간절하게 경계해야 한다.[39)]

---

35) 從命而利君 謂之順 從命而不利君 謂之諂 逆命而利君 謂之忠 逆命而不利君 謂之篡 不恤君之榮辱 不恤國之臧否 偸合苟容 以持祿養交而已耳 謂之國賊(종명이리군 위지순 종명이불리군 위지첨 역명이리군 위지충 역명이불리군 위지찬 불술군지영욕 불술국지장부 투합구용 이지녹양교이이이 위지국적 [순자]).

36) 凡事豫則立 不豫則廢 言前定則不跲(범사예칙립 불예칙폐 언전정칙불겁 [중용]).

37) 君子一言以爲知 一言以爲不知 言不可不愼也(군자일언이위지 일언이위부지 언불가불신야 [논어]).

38) 一言而興邦 …… 一言而喪邦(일언이흥방 …… 일언이상방 [논어]).

39) 一言而傷天地之和 …… 最宜切戒(일언이상천지지화 …… 최의절계 [채근담]).

지도자의 언행은 그가 속한 조직 전체에 영향을 미치므로 삼가지 않을 수 없다.[40] 말은 재앙을 불러오는 수가 있다. 말을 잘못하면 그 결과는 말하는 이 자신에게 돌아오고 그가 평생 쌓아온 덕을 단숨에 무너뜨리기 쉽다. 그러므로 지도자는 그의 언어 행위를 신중히 하여야 한다.[41] 입과 혀는 화와 근심의 근본이며 몸을 망치는 도끼와 같은 것이다.[42] 말은 잘못하면 그 결과는 그대로 자기에게로 되돌아온다.[43] 반 마디라도 그릇된 말은 평생 쌓아온 덕을 허물어뜨린다.[44] 자신은 물론 집안까지 망신을 당하는 예는 헤아릴 수 없이 많다. 칼에는 두 개의 날이 있지만 사람의 입에는 백 개의 날이 있다. 지도자는 실언이나 망언 등을 늘 경계해야 한다. 실언이나 망언이란 것은 결국 마음속에 품어두었던 생각과 의식을 어느 순간에 밖으로 하는 것이다.

지도자는 보통 사람과 다른 세 가지가 있다. 멀리서 바라보면 근엄하고, 가까이 다가가면 기색(氣色)이 부드럽고, 말을 들으면 그 뜻이 도리에 어긋남이 없고 명확하다.[45] 말에는 말하는 이의 내면 감정이 그대로 표출된다. 기쁨과 노여움은 마음속에 있는 것이고 말은 입 밖으로 나가는 것이니 늘 신중하게 말하여야 한다.[46]

말을 신중히 하면 어떤 효용이 있는가를 생각해 본다.

---

40) 言行君子之所以動天地也 可不愼乎(언행군자지소이동천지야 가불신호 [주역]).
41) 言有禍也. …… 君子愼其所立乎(언유화야. …… 군자신기소립호 [순자]).
42) 口舌者 禍患之門 滅身之斧也(구설자 화환지문 멸신지부야 [명심보감]).
43) 言悖而出者 亦悖而入(언패이출자 역패이입 [대학]).
44) 半句非言 誤損平生之德(반구비언 오손평생지덕 [명심보감]).
45) 君子有三變 望之儼然 卽之也溫 聽其言也厲(군자유삼변 망지엄연 즉지야온 청기언야려 [논어]).
46) 喜怒在心 言出於口 不可不愼(희로재심 언출어구 불가불신 [명심보감]).

❶ 말을 신중히 하면 무슨 일을 하든 편안해진다

입은 사람을 상하게 하는 도끼이며 말은 혀를 베는 칼과 같다. 입을 막고 혀를 깊이 감추면 어느 곳에 있으나 편안하다.[47)]

❷ 언행을 신중히 하면 명예나 이익을 얻을 수 있다

그르치고 뉘우칠 언행을 하지 않으면 인격 수양은 물론 어떤 보상까지도 기대할 수 있다. 여러 사람의 말을 많이 들어서 의문을 없애고 말을 삼가면 허물이 적다. 많이 들어서 위태함을 적게 하고 행동을 삼가면 후회가 적다. 그러면 허물을 덜고 후회를 미리 막는 효과를 얻는다.[48)]

❸ 신중히 말하면 남을 다스릴 수 있는 자격을 갖출 수 있다

하나도 버릴 것 없는 말을 하는 사람은 세상을 다스리는 데 반드시 참여시켜야 한다.[49)]

지도자는 말을 하기 전에 다음과 같은 점을 신중히 고려해야 한다.

1) 상대방 의식하며 말하기

지도자는 늘 상대방을 염두에 두고 말하여야 한다. 말을 잘 한다는

---

47) 口是傷人斧 言是割舌刀 閉口深藏舌 安身處處牢(구시상인부 언시할설도 폐구심장설 안신처처뇌 [명심보감]).
48) 多聞闕疑 愼言其餘則寡尤 多見闕殆 愼行其餘則寡悔 祿在其中矣(다문궐의 신언기여칙과우 다견궐태 신행기여칙과회 록재기중의 [논어]).
49) 有無棄之言者 必參於天地也(유무기지언자 필참어천지야 [열자]).

것은 듣는 사람의 반응에 상관없이 혼자 떠드는 것이 아니다. 지도자는 질박하고 정직하여 의(義)를 좋아하며, 구성원이 하는 말을 잘 살피어 상황을 파악하는 사람이어야 한다.[50]

(1) 여러 사람의 의견을 적극적으로 청취한다

지도자는 많은 사람의 의견을 적극적으로 들어야 한다. 여론은 차단하기가 어렵다. 따라서 여론을 적극적으로 청취하는 것이 순리다. 차라리 밑 빠진 항아리를 막을지언정 코 아래 가로질린 입은 막지 못한다.[51]

지도자는 많은 사람들이 의심한다 하여 자신의 견해를 굽히지 말아야 한다. 그렇다고 자기의 의견만 지키며 남의 말을 무시해서는 안된다. 작은 이해관계에 이끌려 대국(大局)을 손상시키지 말고 여론을 이용해서 사사로운 감정을 풀어서는 안 된다.[52] 자신의 의견은 없고 세상의 여론에 끌려 다닌다거나 너무 자신의 의견만을 고집하여 다른 사람의 의견을 무시해서도 안 된다. 또한 사사로운 감정에 얽매여 대업을 망쳐서도 안 되며, 여론을 이용하여 자신의 이익을 지키기 위하여 남을 공격해서도 안 된다. 공사를 구별할 줄 알고 신념과 감정을 분별할 줄 알아야만 나라의 큰일을 맡을 수 있다.

---

50) 質直而好義 察言而觀色 慮以下人(질직이호의 찰언이관색 여이하인 [논어]).
51) 寧塞無底缸 難塞鼻下橫(영색무저항 난색비하횡 [명심보감]).
52) 毋因群疑而阻獨見 毋任己意而廢人言 毋私小惠而傷大體 毋借公論以快私情(무인군의이조독견 무임기의이폐인언 무사소혜이상대체 무차공론이쾌사정 [채근담]).

(2) 상대방이 이야기를 나눌 만한 대상인가를 알아본다

우리는 대화를 하면서 서로의 마음을 주고받는다. 그러나 대화할 만한 가치가 있는 사람이 있고 그렇지 못한 사람이 있다. 가치 있는 사람은 자신의 말을 알아듣고 받아들일 수 있는 사람이고, 그렇지 못한 사람은 말을 알아듣지도 못하고 거부감까지 지니고 있는 사람이다. 남의 말에 아예 귀를 막고 있는 사람에게는 천 마디 만 마디 이야기를 해봤자 말만 잃어버리는 결과를 낳기 쉽다. 이런 사람과의 대화는 아무런 도움도 얻을 수가 없고 시간과 정력만 낭비하게 된다. 함께 말할 만한 사람인데도 그와 말을 하지 않으면 '사람'을 잃는 것이요, 함께 말할 만한 사람이 못 되는데도 그와 말을 하게 되면 '말'을 잃는 것이다. 그러므로 지혜로운 지도자는 사람도 잃지 않고 또 말도 잃지 않는다.[53]

(3) 상대방의 수준을 고려하면서 말한다

지도자는 듣는 이의 수준에 걸맞은 말을 해야 한다. 공자(孔子)는 중인(中人) 이상은 높은 도(道)를 말해 주어도 괜찮으나 그 이하의 사람에게는 높은 도를 말할 것이 못 된다고 하였다.[54] 여기서 이상과 이하는 단순히 지식수준의 높낮이만이 아니라 도덕 수행에 필요한 모든 요소를 기준으로 삼은 것 같다. 공자 자신은 누구에게나 도를 전해 주고 싶지만 질이 낮은 사람에게는 도를 전해 주어도 알아듣지 못하니

---

53) 可與言而不與之言 失人 不可與言而與之言 失言 知者不失人 亦不失言(가여언이불여지언 실인 불가여언이여지언 실언 지자불실인 역불실언 [논어]).
54) 中人以上 可以語上也 中人以下 不可以語上也(중인이상 가이어상야 중인이하 불가이어상야 [논어]).

효과가 없다고 하였다. 공자는 조정에 나가 아랫사람과 말할 때는 화평하고 즐거운 듯하였고, 윗사람과 말할 때는 존경하는 의미에서 온순한 태도를 취하였다. 그러나 옳고 그름을 따질 때는 조금도 양보 없이 명백하고 거침없이 말했다.[55]

(4) 상대방의 태도에 따라 적절히 응대한다

지도자는 상대방의 태도를 잘 살피면서 말하여야 한다. 예로부터 악한 것을 묻는 자에게는 대답하지 말고, 악한 말을 하는 자에게는 묻지 말며, 악한 이야기를 하는 자의 말은 듣지 말고, 다투는 기가 있는 자와는 말씨름을 하지 말라고 하였다. 함께 이야기해서는 안 될 때 이야기하는 것을 '시끄러움[傲]'이라 하고, 함께 이야기할 만할 때 이야기하지 않는 것을 '숨김[隱]'이라 하고, 기색을 살펴보지도 않고 이야기하는 것을 '장님[瞽]'이라고 하였다. 이와 같이 지도자는 시끄럽지 않고 숨기지 않고 눈멀지 않고 신중하게 상대방에 따라 순리대로 언행을 하여야 한다.[56] 또한 지도자는 음흉한 태도로 말을 하지 않고 있는 사람에게 허심탄회하게 이야기한다거나 자신의 약점을 털어놓지 말아야 한다. 또 잘난 체 떠드는 사람들 앞에서는 입을 다무는 것이 좋다.[57]

---

55) 朝 與下大夫言 侃侃如也 與上大夫言 誾誾如也(조 여하대부언 간간여야 여상대부언 은은여야 [논어]).
56) 君子不傲 不隱 不瞽 謹順其身(군자불오 불은 불고 근순기신 [순자]).
57) 遇沈沈不語之士 且莫輸心見悻悻自好之人 應須防口(우침침불어지사 차막윤심견행행자호지인 응수방구 [채근담]).

2) 상황에 어울리게 말하기

지도자는 상황에 어울리게 말하여야 한다. 가장 효과적인 언어 행위는 때와 곳에 잘 적응하는 것이다. 말은 그 기회를 맞추지 못하면 한마디 말이라도 많은 법이다.[58]

상황에 어울리게 말하려면 다음과 같은 점을 지킨다.

① 자신이 말할 때가 아닌데 조급하게 먼저 말하지 않는다.
② 자신이 말할 차례일 경우 말하지 않아서는 안 된다.
③ 상대방의 표정을 보면서 말한다.
④ 상대방이 묻지도 않았는데 말해서는 안 된다.

예부터 아직 말할 때가 아닌데 말을 먼저 꺼내는 것은 '조급함[躁]'이라 하고, 말을 해야 할 차례인데도 하지 않으면 '숨김[隱]'이라 하고, 상대방의 표정을 보지 않으면서 일방적으로 말하는 것은 '눈치가 없는 것[瞽]'이라고 하였다.[59]

지도자는 말을 해야 할 상황에서는 반드시 말해야 한다. 말하지 않아야 할 때 말하는 것은 말로 욕망을 충족시키려는 것이고, 정작 말을 해야 할 때 말하지 않는 것도 말을 하지 않음으로써 욕망을 달성시키려는 것이다. 이는 다 담구멍을 뚫거나 담을 넘어가는 도둑의 무리와 같다.[60]

---

58) 話不投機一句多(화불투기일구다 [명심보감]).
59) 待於君子有三愆 言未及之而言 謂之躁 言及之而不言 謂之隱 未見顔色而言 謂之瞽(대어 군자유삼건 언미급지이언 위지조 언급지이불언 위지은 미견안색이언 위지고 [논어]).
60) 士未可以言而言 是以言餂 可以言而不言 是以不言餂之也 是皆穿窬之類也(사미가이언이 언 시이언첨 가이언이불언 시이불언첨지야 시개천유지류야 [맹자]).

3) 일관성 유지하며 말하기

수시로 말을 바꾸는 지도자가 적지 않다. 이는 말에 대한 책임감이 없기 때문이다.[61] 자신이 한 말에 대하여 책임을 질 줄 알아야 한다. 말은 입으로 하는 것이지만, 그 말의 내용과 형식은 인격 전체에서 우러나오는 것이다. 지도자는 깊이 생각한 다음 말하고, 일단 말한 것에 대해서는 책임지고 실행하는 태도를 지녀야 한다.

지도자는 조리에 맞게 말하여야 한다.[62] 이치에 맞지 않는 말을 하느니 차라리 말하지 않는 것이 더 낫다.[63] 우리 사회에는 구렁이 담 넘어가는 식으로 말의 내용을 모호하게 해 놓고 은근슬쩍 넘어가는 경우가 적지 않다. 세상은 어쩌면 조리에 맞지 않는 말이 기승을 부리는 듯도 보인다. 그러나 옳지 않은 말은 언젠가는 그 말의 참과 거짓이 드러나게 마련이다. 옳은 말도 못다 하는 세상에 불합리한 말을 지껄여서야 안 된다.

지도자는 자기만의 단골 이야기를 할 때에는 상대방이 그것을 이미 들은 적이 있는가를 파악하여야 한다. 이야기하는 도중에 상대방이 들은 것 같으면 이야기를 계속하는 사유를 덧붙인다. 그리고 무작정 이야기를 끌고 나가지 않도록 한다. 상대방에게 버릇처럼 자주하는 말을 잊어버리고 또 다시 반복해서 하면 사람들은 의아하게 여기거나 듣기 싫어한다. 이런 언어 행위는 스스로 부족하고 경솔함을 드러내는 것이다.[64]

---

61) 人之易其言也 無責耳矣(인지역기언야 무책이의 [맹자]).
62) 夫人不言 言必有中(부인불언 언필유중 [논어]).
63) 言不中理 不如不言(언부중리 불여불언 [명심보감]).
64) 慣習一種話頭 對人戲言 後又對其人 忘前所言 而又復道之 如此屢效 則其人必厭聽焉 訝其重複 此雖聰明 不足之致 亦復心氣粗率之病也(관습일종화두 대인희언 후우대기인 망전소언 이우복도지 여차루효 칙기인필염청언 아기중복 차수총명 부족지치 역복심기조솔지

4) 말을 아끼기

　　지도자는 함부로 말하지 말고 별로 유익하지 않은 말은 삼가야 한다. 입을 병(甁)과 같이 지켜서 그 속에 든 것을 함부로 밖으로 내보내서는 안 된다.[65] 한번 입 밖으로 나간 말은 마치 엎질러진 물처럼 수습하기 어렵다. 입을 함부로 놀리지 말고 조심하여야 한다. 더욱이 나라가 평화로울 때는 말도 행동도 마음 내키는 대로 대담하게 할 수는 있다. 그러나 나라가 어지러울 때는 행동은 절조를 지켜 깔끔하게 해야 하고 말은 부드럽게 하는 것이 좋다.[66] 이는 부드럽게 표현하여 어지러운 세상에 자극을 주지 않기 위해서이다.

　　지도자는 말을 아껴 필요한 말만 하여야 한다. 당장 하지 않아도 좋은 쓸데없는 말,[67] 그리고 유익하지 않은 말은 삼간다.[68] 많은 말을 하면 열에 하나쯤 또는 백에 하나쯤은 옳은 말이라고 믿어 줄 것이라 생각하지 말고, 한마디 말이라도 신중히 해야 한다.[69] 구성원들을 많이 거느리는 지도자일수록 말을 아껴야 한다. 말은 많이 할수록 가벼워진다. 말 많은 사람의 속은 빤히 들여다보이기 때문이다. 반면에 말이 적은 사람은 앞으로 어떤 식으로 나올지 모르기 때문에 두려워하고 함부로 대하지 못한다. 말을 적게 하면서 실수하는 사람은 드물다.[70] 말을 많이 하면 상대방이 듣기를 소홀히 하게 된다. 한 말 또하고 또 하면, 그 말이 중첩되어서 마치 바람이 귓전을 스쳐가듯 상대

병야 [사소절]).
65) 守口如甁(수구여병 [명심보감]).
66) 邦有道 危言危行 邦無道 危行言孫(방유도 위언위행 방무도 위행언손 [논어]).
67) 無用之辯 不急之察 棄而勿治(무용지변 불급지찰 기이물치 [명심보감]).
68) 無益之言 莫妄說(무익지언 막망설 [명심보감]).
69) 一言不中 千語無用(일언불중 천어무용 [명심보감]).
70) 以約失之者 鮮矣(이약실지자 선의 [논어]).

방이 귀 기울이지 않기 때문이다.

말을 많이 해서 입을 수 있는 폐단은 크다.[71] 세상 인심이란 열 마디 말 중에서 아홉 마디가 적중하여도 칭찬하지 않는다. 그러나 한마디 말만 어긋나도 사방에서 비난이 빗발치듯한다. 그러므로 지도자는 차라리 침묵을 지킬지언정 사람들 앞에서 떠들지 않아야 한다.[72] 달변보다는 눌변이 오히려 진실할 수가 있다.[73] 어진 지도자는 말이 좀 뜬 경우도 있다.[74]

지도자는 자기가 할 말을 상세히 조리 있게 정리하고, 줄거리를 간단명료하게 말해야 한다. 그래야 듣는 사람이 싫증도 내지 않고 전달하는 내용을 충분히 알아듣고 어떤 일을 처리할 수 있다.[75] 지도자는 구성원들에게 필요한 만큼의 정보를 제공하고 그 이상의 불필요한 정보는 삼가는 것이 좋다. 말을 번거롭고 경솔하게 하는 것은 마음의 밑바닥이 안정되지 않았기 때문이다. 따라서 '삼감[愼]'과 '간결함[簡]'을 말하기의 요결로 삼아야 한다.[76] 지도자가 말을 간결하게 하면 그 자신의 마음도 안정된다.[77]

필요할 때 조리 있는 말을 무게 있게 하기 위하여 보통 때는 침묵을 지키는 것이 효과적이다. 침묵이란 말할 것이 없어서가 아니라 부

---

71) 多言多慮 最害心術(다언다려 최해심술 [격몽요결]).
72) 十語九中 未必稱奇 一語不中 則愆尤騈集 …… 君子所以寧默毋躁(십어구중 미필칭기 일어부중 칙건우병집 …… 군자소이영묵무조 [채근담]).
73) 剛毅木訥近仁(강의목눌근인 [논어]).
74) 仁者其言也訒(論語)(인자기언야인 [논어]).
75) 凡對人言多則聽稀何也 以其重重疊疊 若風過耳也 不若詳其理 擧其槪 簡言之也 然則所聽之人 不厭于耳 盡其所授而行之也(범대인언다즉청희하야 이기중중첩첩 약풍과이야 불약상기리 거기개 간언지야 연즉소청지인 불염우이 진기소수이행지야 [청장관전서]).
76) 言語煩率 心無底定也 愼簡二字 爲口業要訣(언어번솔 심무저정야 신간이자 위구업요결 [청장관전서]).
77) 君子言簡而心靜(군자언간이심정 [청장관전서]).

질없는 말을 삼가는 것이다. 침묵을 해보아야 침묵의 중요함을 깨닫게 된다.[78] 말이란 제동 장치가 없다. 특히 취중에 불쑥 내뱉은 말이 치명적인 불이익을 불러오기 쉽다. 술에 취했을 때 말을 늘어놓지 않는 사람이 참다운 지도자이다.[79]

5) 질의 응답하며 말하기

지도자는 구성원과 질의 응답을 주고받는 언어 행위를 습관화하여야 한다. 질문은 상대방을 이해하고 의견 차이를 좁힐 수 있는 의사 소통의 수단이다. 질문을 통해 평가하고 정보를 제공받고 오해를 풀 수가 있다. 어떠한 질문이든 상대방의 반응을 살피면서 해야 한다. 자기의 목적을 달성하기 위해서 일방적으로 밀어붙이는 식의 질문은 원하는 정보를 얻을 수 없다.[80]

지도자는 구성원에게 항상 질문을 던지는 기술이 필요하다(최요한 역, 2006). 어떤 대답을 얻느냐는 어떤 질문을 했느냐에 달려 있다고 한

---

78) 養默而後 知多言之爲躁(양묵이후 지다언지위조 [채근담]).
79) 酒中不言 眞君子(주중불언 진군자 [명심보감]).
80) 송길원(2007)은 질문의 요령을 다음과 같이 말하고 있다.
　① 모든 질문에는 답이 있다. 질문을 두려워 말라.
　② 평범하기보다 역발상의 질문을 던져라. 반대의 질문을 던져라.
　③ 상상을 자극하는 질문을 던져라.
　④ 부정보다 긍정의 질문을 던져라.
　⑤ 수사관이 되지 말고 어머니의 물음이 되라.
　⑥ 과거보다 미래에 초점을 맞추어라.
　⑦ 남에게가 아니라 나에게 질문을 던지라.
　⑧ 건성이 아니라 진실한 질문을 던지라.
　⑨ 적절한 타이밍을 맞춰 질문하라.
　⑩ 말하기 위해서가 아니라 듣기 위해 질문하라.

다. 바른 질문만이 바른 답을 가져온다. 질문을 하면서 말을 하면 다음과 같은 이점을 얻을 수 있다(Dorothy Leeds, 2002).

① 질문을 하면 답이 나온다.
② 질문은 생각을 자극한다.
③ 질문을 하면 정보를 얻는다.
④ 질문을 하면 통제가 된다.
⑤ 질문은 마음을 열게 한다.
⑥ 질문은 귀를 기울이게 한다.
⑦ 질문에 답하면 스스로 설득이 된다.

회의에서도 질문은 회의의 생명이다. 질문 없이는 회의의 진행이 무미건조하다. 모든 참석자가 주어진 과제에 대하여 생각할 수 있는 것을 질문함으로써 그들의 지식과 경험을 이끌어낼 수 있도록 해야 한다. 토의·회의·토론에서는 사회자와 참석자 또는 참석자 간의 질의 응답이 핵을 이룬다. 질문을 세련되게 하는 것은 매우 중요한 의사 전달의 수단이 된다.

03 | 논리적으로 말하기

지도자는 논리적으로 생각하고 비판적으로 사고하면서 언어 행위를 하는 데 익숙하여야 한다. 논리적 사고는 사고의 전개에서 앞뒤의 관계가 일치하고 있는가를 살피는 정신 과정이다. 엄밀히 말하면 주장과 그 주장을 뒷받침하는 근거나 이유가 일치하고 있는가를 살피는 사고이다.[81] 비판적 사고는 사람들이 어떤 논증·추론·증거·가치를 표현한 사례(주로 '무엇이 옳다'거나 '무엇이 그래야 한다'고 나타내는 주장)를 타당한 것으로 수용할 것인가, 아니면 불합리한 것으로 거절할 것인가에 관한 결정을 내릴 때 일어나는 일련의 정신 과정 또는 지적 조작이다. 여기에서 무엇이 타당하거나 불합리하다고 판단하는 기준은 진실, 지식이나 올바른 인식의 방법이다. 사실과 부합하는 정확하고 논리적인 판단은 합리적인 비판 정신에서 비롯된다.

우리 사회의 많은 불의(不義)와 부정(不正)은 사람들이 특정 신념이나 기준을 무비판적으로 수용하는 데에서 비롯된다. 옛사람의 지혜, 독단적인 권위, 맹목적인 신앙 등에 기초를 둔 신념들은 때때로 자연현상이나 우리 인간에 관하여 잘못된 판단을 내리게 할 수 있다. 이러한 경우에 그러한 신념들의 허구성을 탐색하기 위하여 증거를 살펴보는 일은 비판적 사고의 유익한 기능이 될 수 있다.

민주사회에서 논리적·비판적 사고의 증진은 매우 중요하다. 국가의 장래가 국민의 뜻에 따라 결정되는 사회에서는 국민들이 지도층의 정책이나 정치 프로그램을 비판적으로 분석할 수 있어야 한다. 논리적·비판적 사고력이 발달된 지도자들은 오늘날과 같이 각종 정보가 홍수처럼 범람하는 상황에서 심각하고 중요한 정보, 정당한 근거가 있는 정보, 가치 있는 정보를 판단할 수 있는 능력을 높일 수 있다. 논리적·비판적 사고력의 훈련은 여러 가지 대안에 대한 식견을 높여주고 과학적인 지식을 많이 활용할 수 있도록 자극한다. 논리적·비판

---

81) 논리적 사고는 사실적으로 옳으냐에 관계없이 사고의 과정에서 어떤 전제를 세웠으면, 그것으로부터 도출되는 후속적(後續的) 정신 과정이 일관성을 가지고 있느냐에 관심을 기울이는 것이다. 따라서 사실과 사실, 문장과 문장, 주장과 주장 사이에 관계가 어떻게 맺어져 있는가를 따지는 것이 논리적 사고의 기본 성격이다.

적 사고의 궁극적인 가치는 사람들로 하여금 그들의 개인 생활과 사회생활을 평가하도록 돕는 데 있다.

논리적·비판적 사고의 기능을 구성하는 요소로는 언어의 사용, 증거의 사용, 논리의 사용을 들 수 있다. 언어를 정확하고 명료하게 사용한다는 것은 논리적·비판적 사고의 중요한 요소이다. 애매하게 쓰인 말, 의미가 불분명한 말, 감정이 담긴 말, 상투적인 말 등을 의식하고 이러한 말을 사용하지 않는다면, 대화와 추론 등 일상적인 언어생활의 상호 이해의 질(質)을 향상시킬 수 있다.

1) 용어의 사용

지도자는 사용하고자 하는 용어의 개념을 분명히 밝히고 말하여야 한다. 사물의 개념을 정확하고 간결하게 정의(定義)할 수 있는 능력은 지도자에게 반드시 필요하다.

지도자는 조직이 나아가야 할 이상과 목표를 간결하고 감동적인 표현으로 압축하여 설정할 수 있어야 하며 반복적으로 고취하여야 한다. 부정확한 말, 모호한 말, 상투적인 말을 하여 조직 구성원이 아무 감동을 느끼지 못하는 것도 바람직하지 못하다. 따라서 지도자는 정확한 언어 표현 능력을 갖추어야 한다. 이러한 능력을 향상시키기 위해서는 끊임없는 노력을 하여야 한다.

어떤 단어는 정의하는 사람의 가치관이나 인생관 등에 따라 그 나름대로 뜻매김을 달리 할 수가 있다. 발음이 같고 표기가 동일하다 하여 그 뜻이 같은 것은 아니다. 가령, '민주주의'라는 단어는 대한민국에서의 정의와 북한에서의 정의가 엄청나게 다르다. '민주주의'라는 단어를 대한민국에서는 '국민이 권력을 소유하고, 그 권력을 스스로 행사하는 경우를 이름. 고대 그리스(Greece)의 도시국가에서 처음으로 시행되고 근세에 이르러 시민혁명을 일으킨 영국, 프랑스, 미국 등의 나라에서 발전함. 기본적 인권, 자유권, 평등권 또는 다수결 원리가 그 주된 속성임.'이라고 정의한다. 반면에, 북한에서는 '근로인민대중의 의사를 집대성한 정치. 곧 국가가 로동자, 농민을 비롯한 근로인민들의 의사에 따라 정책을 세우고 인민대중의 리익에 맞게 그것을 관철하며 근로인민대중에게 참다운 자유와 권리, 행복한 생활을 실질적으로 보장하여주는 사회제도 또는 그러한 사회제도를 실현하려는 사상을 말한다.'라고 정의한다. 따라서 발음과 표기가 같다 하여 그 뜻도 같다고 보면 큰 오산이다.[82] 지도자는 학술 용어나 전문 용어 중 의미 변별을

---

82) 남북한에서 사용하는 단어 중 표기는 같으나 뜻매김이 다른 예를 들어 보자.
- 경관(警官)
  (南) 경찰 공무원의 총칭
  (北) 자본주의사회에서 <착취계급의 리익을 옹호하고, 인민을 감시, 탄압하는 경찰기관에 근무하는 관리>를 통털어 이르는 말.
- 공산주의
  (南) 사유재산을 부정하고 재산을 공유하는 주의, 사상. 생산 수단의 사회적 공유를 토대로 하여, 계급 없는 사회를 실현코자 지향하며, 자본주의 사회를 비판하고, 계급투쟁으로써 프롤레타리아 혁명을 주장하는 학설 및 그 운동
  (北) 경제와 문화, 사상과 도덕의 모든 분야가 전문적으로 발전되었으며 지덕체를 갖춘 다방면적으로 발전된 새형의 인간들의 자연과 사회의 주인이 되여 자주적이며 창조적인 생활, 참으로 문명하고 유족한 생활을 마음껏 누리는 인류의 최고 리상사회 또는 그러한 사회를 실현하려는 사상
- 교회
  (南) 종교 신앙을 같이 하는 사람들의 조직체. 종교 신앙의 가르침을 선포하며 의식을 행하는 건물, 주로 기독교에서 쓰는 말
  (北) 예수교에서 낡은 사회에서 반동통치계급의 정치적 비호 밑에 근로자들의 계급의식을 마비시키고 예수교의 교리와 사상을 선전하고 퍼뜨리는 거점으로서 신자를 모아놓고 례배를 보게 하며 여러가지 종교의식을 하는 곳. 오늘 교회는 제국주의 침략들의 반동적인 사상문화침투의 중요한 수단으로 리용되고 있다.

분명히 해야 할 것을 주의하여야 한다. 예컨대, '가압류, 가처분, 가집행'은 모두 종국적인 집행에 앞서 행하는 집행절차이나, '가압류'란 주로 금전채권에서 채무자의 재산이 은폐 또는 매각에 의하여 없어질 우려가 있는 경우 강제집행을 보전하기 위하여 그 재산을 임시로 차압하는 법원의 처분을 말한다. '가처분'이란 금전채권 이외의 특정물의 급부 또는 인도를 목적으로 하는 채권에 있어서 소송지연 또는 재산은닉 등으로 권리의 실현이 어려워질 경우 그 집행보전을 위하여 분쟁해결까지 잠정적으로 행하여지는 처분을 말한다. '가집행'이란 재판이 확정되기 전에 종국판결에서 확정된 것과 같이 집행력을 부여하는 재판을 말한다. 가압류나 가처분처럼 집행보전을 목적으로 하는 제도가 아니다. 이런 의미 차이를 변별하여 사용해야 한다.[83]

• 자본주의
 (南) 생산 수단을 자본으로서 소유한 자본가가 이윤 획득을 위하여 생산 활동을 하도록 보장하는 사회 경제 체제.
 (北) 생산수단이 자본가계급에게 속하는 자본에 의한 고용로동의 착취에 기초하고 있는 착취사회 또는 그러한 사회제도. 자본주의는 이미 자기 시대를 가 살 썩고 멸망한 사회이다. 자본주의의 길은 착취와 압박, 예속과 몰락의 길이다.
• 종교
 (南) 초인간적인 숭고함이나 위대한 것을 외경하는 정의에 의거, 이것을 인격화하고 신앙기원 및 예배함으로써 안심 입명(安心立命), 축복, 해탈 및 구제를 얻기 위한 봉사의 생활을 영위할 때의 그 관계를 말함
 (北) <신>, <하나님> 등과 같은 자연과 사람을 지배하는 그 어떤 초자연적이고 초인간적인 존재나 힘이 있다고 하면서 그것을 맹목적으로 믿고 그에 의지하여 살게 하며 이른바 저승에서의 <행복한> 생활을 꿈꿀 것을 설교하는 반동적인 세계관 그러한 조직. 종교는 인민대중의 혁명의식을 마비시키며 착취와 억압에 무조건 굴종하는 무저항주의를 고취하는 아편이다.
83) 박경현(2008)에서는 법집행자는 다음의 용어들은 분명히 구별해 써야 한다고 하였다.
 • 가등기 · 예고등기
 • 간인 · 계인 · 할인
 • 거소 · 주소 · 주거 · 거주지
 • 게시 · 공시 · 고시 · 공고
 • 가영치 · 가유치
 • 감정 · 검증 · 검색
 • 검시 · 검시 · 행정검시
 • 결재 · 전결 · 대결 · 후열

- 기수 · 미수 · 예비 · 음모
- 공범 · 교사범
- 기소 · 불기소 · 준기소
- 구치 · 인치 · 유치 · 보호
- 급부 · 이행 · 변제 · 납부
- 기간 · 기한 · 기일 · 시기 · 시효`
- 누범 · 재범 · 경합범 · 상습범
- 등기 · 등록
- 미아 · 기아 · 가출인
- 보수 · 급여 · 급료 · 봉급 · 금
- 사망진단서 · 사체검안서
- 소환 · 출석명령 · 출석요구
- 수배해제 · 지명수배 · 지명통보
- 승급 · 승진
- 시행법 · 시행령 · 시행규칙
- 위법 · 불법 · 부당 · 탈법
- 의결 · 재결 · 표결 · 평결
- 임의수사 · 강제수사 · 함정수사
- 전략 · 전술
- 재무관 · 지출관
- 주행거리 · 공주거리
- 연대보증 · 공동보증 · 보증연대
- 직무질문 · 동행요구 · 불심검문
- 집행유예 · 선고유예 · 집행정지 · 가석방
- 직위 · 직급 · 직렬 · 직군
- 친고죄 · 반의사불벌죄
- 폭행 · 협박 · 상해 · 공갈
- 허가 · 인가 · 면허 · 특허
- 고소 · 고발 · 진정 · 탄원 · 이의신청 · 청원
- 교도소 · 구치소 · 유치장 · 대용감방 · 보호실
- 공소 · 소추 · 제소 · 항소 · 상고 · 상소
- 구속 · 구금 · 구인 · 구류 · 금고 · 징역
- 부본 · 복본 · 등본 · 사본 · 초본 · 정본 · 원본
- 직무명령 · 협의의 훈령 · 지시 · 예규 · 일일명령
- 수법수사 · 추적수사 · 장물수사 · 탐문수사
- 아동 · 소년 · 성년자 · 미성년자 · 연소자 · 청소년
- 이상 · 이하 · 초과 · 미만 · 과반수 · 정족수

- 겸임 · 겸직 · 직무대행
- 공보 · 홍보
- 과료 · 과태료 · 범칙금 · 벌금
- 권리 · 권능 · 권한 · 권원
- 기각 · 각하
- 기획 · 계획 · 정책
- 대리 · 대표 · 대행 · 서리
- 묵비권 · 진술거부권
- 발전 · 발달
- 보전 · 보존
- 손해배상 · 손실보상
- 수사 · 수색
- 신문 · 심문 · 책문
- 악의 · 고의
- 신고 · 신청 · 신청주의
- 음료 · 음료수
- 인지 · 인증 · 공증
- 자백 · 자수 · 자복 · 자인
- 정당행위 · 정당방위
- 재판 · 판결 · 결정 · 명령
- 전직 · 전보
- 지양 · 지향 · 지향
- 친족 · 혈족 · 인척
- 철회 · 취소 · 무효
- 파면 · 해임 · 강임 · 면직 · 직위해제
- 행정기관 · 행정관청 · 행정청 · 행정관서

2) 증거의 사용[84]

　논리적·비판적 사고에서 증거의 사용이 중요하다. 증거가 제시되었다고 해서 모든 주장의 타당성이 보장되는 것은 아니다. 증거 자체가 과연 올바르며 믿을 만한 것인가가 문제될 뿐만 아니라 그것이 주장을 지지하는 정도가 다를 수 있기 때문이다. 따라서 주장에 대한 올바른 평가를 위해서는 그 증거에 대한 검토가 선행되어야 한다.

3) 논리의 사용

　논리적 사고의 전형은 논리의 사용 곧 논증(論證)과 추론(推論)이다. 올바른 논리적 사고의 구성은 기본적으로 논증의 양식을 취하며, 복잡성과 변형의 정도에 따라 몇 가지 구분이 있다. 따라서 논증의 의미에 대한 이해와 그 구조와 기본 원리를 파악하는 것은 논리적 사고의 이해와 함께 비판적 사고의 향상을 위해서 매우 중요하다.
　논증은 논쟁이라는 의미와 추론의 과정이라는 의미를 가지고 있다. 논증은 추론의 과정을 통하여 명백히 주장하는 바가 있고 그것을 뒷받침하는 이유(근거)가 제시되는 일련의 진술이다. 여기서 중요하게 작

　• 불기소처분 · 기소유예 · 혐의없음 · 죄가안됨 · 공소권없음 · 공소보류
　• 범죄통계원표 · 범죄발생 · 검거율 · 암수
　• 비행소년 · 범죄소년 · 촉법소년 · 우범소년
　• 정식재판 · 약식명령 · 간이공판절차 · 통고처분 · 즉결심판
　• 사법경찰관리 · 사법경찰관 · 사법경찰리 · 특별사법경찰관리
　• 알선 · 중개 · 중재 · 조정 · 긴급조정
84) 박경현(2005)은 다음 네 가지 측면을 검토해야 한다고 하였다.
　① 적합성 ② 신뢰성 ③ 충분성 ④ 반증 가능성

69

용하는 것이 추론이다. 추론은 어떤 사실 또는 명제의 이유(근거)를 추적해 나가는 것을 의미하는데, 논증은 그러한 이유들을 체계적으로 제시하여 어떤 결론에 이르는 과정 또는 결과가 된다. 논증을 확인하고 평가하기 위해서는 올바른 논증의 조건을 알고 있어야 한다.

논증은 타당성(妥當性)과 건전성(健全性)을 갖추어야 한다. 타당성은 논증의 형식에 관한 것으로 논리의 규칙에 부합되는가의 문제이고, 건전성은 형식에서 타당할 뿐만 아니라 내용적으로도 사실과 부합되는 논증을 말한다.

논증은 크게 연역적 논증과 귀납적 논증으로 구별된다. 이 두 가지 논증은 각각 적용되는 논리의 규칙이 다르다[제2장 9. 설득하기 참조].

(1) 연역적 논증

이 논증은 전제가 결론의 결정적인 근거가 되며, 특히 전제가 참이면서 결론이 거짓일 수 없는 논증이다. 학자에 따라 연역적 논증을 논리적 논증이라고 명명하는 사람도 있다. 연역적 논증의 정형은 삼단논법으로서 두 개의 전제와 한 개의 결론으로 구성된다.

(2) 귀납적 논증

이 논증은 개별적 사실들로부터 일반적인 원리 혹은 원칙을 끌어내는 방법이다. 따라서 귀납적 논증에는 전제가 결론에 대한 결정적인 근거가 되지 못한다. 결론의 개연성(蓋然性)에 대한 잠정적, 확률적인 근거가 될 뿐이다. 귀납적 논증은 귀납적 추론을 사용한다. 귀납적 추론의 방법에는 주로 유추, 인과적 추론, 통계적 추론을 많이 사용한다.

비판적 사고를 기르려면 다음과 같은 태도가 필요하다.

❶ 고정관념을 벗어나야 한다

잘못된 선입견이나 고정관념을 깨는 것이 비판적 사고를 기르는 첫걸음이다. 고정관념이나 선입견들이 잘못되었다는 것을 알기 위해서는 기존의 주장이나 관념에 대해 무조건적 수용을 거부하는 태도 즉 주변의 사물이나 현상들에 대해 의문을 가져야 한다. 요컨대 주변의 것들에 대해 끊임없이 궁금해 하고 그에 관련된 자료나 지식을 들춰보는 것이야말로 창의적이고 비판적인 생각을 만들어 내는 기본기(基本技)라 할 것이다.

❷ 정확한 근거를 찾는다

어떤 생각이 떠올랐을 때 그 생각이 옳은 것인가를 검증할 바탕을 찾아야 한다. 모든 주장에는 반드시 그것을 입증할 만한 근거가 제시되어야 한다. 다른 사람에게 내 주장의 정당성을 인식시키기 위해서는 그 정당성을 뒷받침할 만한 자료를 제시하는 것이 마땅하다. 또 남의 생각이나 주장에 대해서도 그것이 옳은 것인가 아닌가를 판단하기 위해서는 그와 관련된 근거를 찾는 것이 필수적이다. 이를 위해서는 다음과 같은 것들이 필요하다.

▌관련 자료를 충분히 섭렵한다

근거 찾기의 방법으로 가장 쉽게 활용할 수 있는 것은 관련 자료를 충분히 찾아보는 것이다. 근거 찾기는 논리적이고 학문적인 분야에서만 가능한 것이 아니다. 우리가 일상생활에서 접하는 것들은 학문적인 것이 아니라 일상적인 것이므로 그 근거 역시 일상적인 생활에서 찾아내는 것이 합리적이다. 주변에 조금만 신경을 쓰면 관심을 가지는 것들에 대해 충분한 관련 지식과 자료를 구할 수 있다. 컴퓨터를 활용하려면 컴퓨터에 많은 자료가 입력되어 있어야 한다. 아무 자료도 입력되어 있지 않으면 제아무리 고성능 컴퓨터라도 무용지물(無用之物)이다.

▌세밀히 들여다본다

근거 찾기의 또 한 방법은 대상을 세밀히 들여다보는 것이다. 우리의 눈이나 기억도 믿을 수 없는 경우가 많고, 또 놓치는 것들이 있기 때문이다. 비판적 사고는 대상이나 현상을 세밀히 들여다보고 확인할 때 가능하다. 비판하기 위해서는 대상에 대해 잘 알아야 하는데, 이는 대상이나 현상을 세밀히 들여다봄으로써만 얻어지기 때문이다. 정확하게 잘 알지 못하면 기존의 사고에 대해 아무런 이의를 제기할 수 없다. 세밀히 들여다보라는 것은 집중해서 보라는 것과 통하는 말이다. 이는 연습으로 체질화(體質化)할 수 있다.

❸ 정확한 지식을 가진다

정확한 지식은 올바른 사고와 비판적 사고의 바탕이 된다. 우리는 주변에 있는 사물이나 현상에 대하여 막연하게 알고 있는 경우가 많다. 이와 같은 막연한 지식은 주로 남에게서 얻은 것이기 때문에 나의 것으로 활용되기는 어려운 점이 많다. 또 잘못 이용되는 경우도 많다. 불확실한 것을 가지고 비판하게 되면 그 비판 역시 불확실한 것이 되기 때문이다. 정확히 아는 것이야말로 비판적 사고를 형성하는 밑거름이다.

❹ 내용과 현상을 분석하고 종합한다

　주어진 자료의 내용을 분석하고, 밖으로 드러난 현상들을 분석한다. 내용 분석으로 문제점을 발견하고 그 문제를 해결할 방안을 제시한다. 현상들을 분석하여 현상들 사이에 숨어 있는 본질을 발견하고 그 해결책을 찾아본다.

　우리는 '비판한다'는 것에 대해 부정적인 시각(視角)을 가지는 수가 있다. 기존의 정책이나 질서에 대해서 비판하는 것을 금기시(禁忌視)하는 사회 풍토에서 장려되지 않는 것이다. '비판을 위한 비판', '아무런 근거도 없는 비난'은 올바른 비판이 아니다. 감성적 대응은 올바른 비판 정신을 흐리게 한다. 합리성이 결여된 것은 이미 비판이 아니다. 억지나 고집이나 궤변이다. 비판 정신이란 올바른 근거 자료를 바탕으로 잘못된 점을 지적하거나 관점 또는 기준의 차이에 따른 해석이나 분석의 차이를 제시하는 것을 말한다.

　비판적 사고는 '반대하는 것'과 동일한 것이 아니다. 의견의 불일치가 생기는 것은 비판적 사고 때문에 생기는 것이 아니다. 준거 체제나 견해가 다르면 사람들은 의견과 주장에 입장을 달리 할 수 있고, 상대방의 주장을 반대하거나 논박할 수 있다. 비판적 사고는 상대방을 모욕하거나 굴복시켜 지배하기 위한 목적을 갖지 않는다. 비판적 사고력은 사람들에게 어떤 능력을 갖추게 한다. 그 능력은 우리의 신념을 뒷받침하는 근거를 심층적으로 검토 분석하여 합당하게 하여, 당면한 문제를 현명하게 해결할 수 있도록 도움으로써 우리들의 삶을 더욱 의미 있게 하는 능력이다.

　비판적 사고력은 바로 올바른 지식, 진실, 근거 있는 신념으로부터 나오는 것이다. 비판적으로 사고하는 사람들은 그들 자신의 신념의 정당성을 합당할 수 있는 근거에 기초를 두고 있다. 그들은 그들의 주장을 바로 그 합당한 근거를 바탕으로 주장하고 반론에 대해서 자신의 입장을 견지할 수 있다. 따라서 비판적으로 사고할 수 있는 사람은 그의 생각이 옳다는 것을 합당한 근거에 두고 있는 사람이다. 그러므로 타인을 경멸하거나 지배하려는 자세로 상대방의 주장이나 의견에 관심을 기울이지 않는 태도는 비판적 사고와 거리가 멀다.

비판적 사고는 지엽적이고 시시콜콜한 문제를 트집 잡고 물고 늘어지는 것이 아니라, 문제의 핵심을 중요한 대상으로 삼는다. 제기된 주장에 어떤 오류나 잘못이 있는가를 찾아내기 위하여 지엽적인 부분을 확대하여 문제로 삼는 그러한 태도와 사고방식과는 거리가 멀다. 오히려 중심적인 요소의 정당성을 분석하고 평가하는 데에 관심의 초점을 둔다. 비록 비판적 사고의 과정에서 지엽적인 것처럼 보이는 작은 문제 예컨대 언어의 정의, 증거의 신뢰 등에 관한 미세한 사안에 대해서 그 합당성을 의심할 경우가 있다. 그러나 그것은 비록 작은 문제이지만 문제 전체에 심각한 영향을 줄 수 있는 핵심 사항이 된다. 그것은 지적(知的)으로 고난도(高難度)의 작업이다. 그러나 시시콜콜한 것과 심각한 것, 주제로부터 합당한 것과 부적절한 것을 구별하는 훈련이 바로 비판적 사고 기능의 학습을 통해서 가능해질 수 있는 것이다. 비판적 사고는 타인의 신념과 입장에 대해서뿐만 아니라 자신에 대해서도 마찬가지로 적용되는 사고이다. 우리는 비판한다고 하면서 자신의 신념이나 입장을 예외로 할 수는 없다. 비판적 사고는 무엇보다 우리 자신의 입장과 신념이 합당성을 갖추고 있는지를 점검하는 데서부터 출발한다.

04 진실하게 말하기

진심에서 우러나온 말이 진실한 말이다. 말이 진실해야 남에게 신뢰를 얻을 수 있다.[85] 사리가 밝고 논조가 분명한 말을 하더라도 진실하지 않으면 그것은 헛된 말이다.[86]

진실하게 말하는 지도자는 어디에서든 그가 지향하는 목표를 달성할 수 있다. 더 나아가 다른 조직에서도 그를 알아준다. 말을 충실하고 믿음성 있게 하며 행동이 돈독하여 공경스러우면, 비록 적대적(敵對的)인 관계라도 수긍한다. 그러나 말이 신실하지 아니하며 행동이 돈후하지 아니하면 비록 가까운 관계라도 인정하지 않는다.[87]

진실한 말은 당장의 목표 달성에는 효과가 적을지 모른다. 그러나 평소의 언행이 진실하면 구성원은 지도자에게 높은 신뢰감을 느끼게 된다. 구성원은 평소 신뢰하고 있는 지도자가 하는 말은 증거가 없어도 믿게 되며, 평소에 신뢰하지 않는 지도자가 하는 말은 아무리 강력한 증거를 제시해도 믿지 않는다. 따라서 장기적으로 볼 때는 진실한 말이 가장 효과적인 언어 행위이다.

1) 꾸며대지 않기

지나치게 꾸미는 말은 진실성이 없다.[88] 요즈음 사람들은 부지불

---

85) 言思忠(언사충 [논어]).
86) 言語辨 聽之說 不度於義 謂之窕言(언어변 청지설 불도어의 위지조언 [한비자]).
87) 言忠信 行篤敬 雖蠻貊之邦行矣. 言不忠信 行不篤敬 雖州里 行乎哉(언충신 행독경 수리만맥지방행의. 언불충신 행불독경 수주리 행호재 [논어]).
88) 凡言語 勿先作假辭(범언어 물선작가사 [사소절]).

식간에 교묘하게 꾸며대어 상대방을 설득하면 말을 잘한다고 여긴다. 아무리 아름답게 꾸민 말이라 할지라도 본래의 뜻을 제대로 나타내지 못하였다면 그 말은 벌써 '말'로서의 의미를 상실하고 있는 것이라 하겠다.[89) 의사 표현할 때는 지나치게 수식을 덧붙여 미사여구를 구사하는 것보다는, 자신의 뜻을 명확하게 나타내는 것이 중요하다.

말이란 요점을 들어서 하면 되는 것이다.[90) 말을 번드르르하게 하면 요점이 적중되지 않는다.[91) 믿음직스러운 말은 아름답지 않고 아름다운 말은 믿음직스럽지 못하다. 선량한 말은 매끄럽지 못하고 매끄러운 말은 선량하지 못하다.[92)

지도자는 욕망을 솔직히 드러내지 않고 말로 꾸며대는 것을 삼가야 한다.[93) 교묘하게 꾸며낸 말은 진실하지 못하다. 아부나 아첨하는 말도 진실성이 없다. 자신을 돋보이게 하려는 화려한 미사여구보다 한마디 진심이 담긴 말이 우리를 감동시킨다. 진짜 말을 잘하는 사람은 허세를 부리지 않고 자신을 솔직하게 드러내 보여 남의 감동을 불러일으킨다.

예로부터 마음에도 없이 교언영색(巧言令色)하는 사람을 가엾게 여겼다.[94) 상대방이 그냥 웃는 얼굴로 대해 주고 또 듣기 좋은 말로 추켜 주면, 우리는 흔히 무조건 상대방을 좋게 볼 때가 많다. 진심이 아닌 거짓으로 말과 낯빛을 꾸미는 사람은 아름다운 독버섯과 같은 존재로 여러 사람 해치기 쉽다. 복잡한 현대사회에서는 현란한 말보다는

---

89) 辭達而已矣(사달이이의 [논어]).
90) 言語要而已(언어요이이 [청장관전서])
91) 言之淋漓 豈中也哉(언지임리 개중야재 [청장관전서]).
92) 信言不美 美言不信 善者不辯 辯者不善(신언불미 미언불신 선자불변 변자불선 [도덕경]).
93) 君子疾夫舍曰欲之 而必爲之辭(군자질부사왈욕지 이필위지사 [논어]).
94) 巧言令色足恭 …… 恥之(교언령색족공 …… 치지 [논어]).

오히려 소박하고 진심 어린 말이 상대방에게 감동을 줄 수 있다.

　진실성이 없는 말을 하게 되면 덕을 어지럽힌다.[95] 교묘하게 꾸며 대는 말은 자기 자신의 품성을 해칠 뿐만 아니라 듣는 사람의 시비 판단도 흐트러뜨린다. 말로 아첨하거나, 보기 좋은 안색을 지어 아양을 떠는 것은 진실과는 거리가 멀다. 남의 비위나 맞추려는 가식적인 행위는 필경 위선이 될 수밖에 없다. 그런 언어 행위를 하는 지도자에게는 어진 마음이 깃들 수가 없다.

　진실성이 없는 말을 하게 되면 구성원들을 교화하기 어렵다.[96] 지도자가 덕을 갖추고 있으면 굳이 명령을 내리지 않아도 구성원들이 스스로 따라 교화된다. 이것이 다스림의 근본적인 뿌리이다.[97]

2) 부풀리지 않기

　사실을 부풀려 이야기하면 신뢰를 받을 수 없다. 우리는 될 수 있는 한 과장해서 실제보다 더 크고 우람하게 보여서 상대방을 압도하는 것이 유능하다고 착각하는 경향이 있다. 그러나 실천이 따르지 못하는 허언(虛言)은 곧 남에게 싫증과 실망을 주게 되고 말하는 이 스스로도 실수를 저지르고 만다. 말은 마음속에서 우러나와야지 혀만 굴려서는 안 되는 것이기 때문이다. 마음속에서 우러나온 진실한 말은 남을 감동시키지만 혀로 나불거리는 빈말은 남의 귀를 간지럽게 하는 데 지나지 않는다. 마음속에서 우러나오는 말은 그 사람의 인격이 실

---

95) 巧言亂德(교언란덕 [논어]).
96) 巧言令色 鮮矣仁(교언령색 선의인 [논어]).
97) 聲色之於以化民 末也(성색지어이화민 말야 [중용]).

려 있기 때문에 무게가 있고 진실이 있지만, 혀끝에서 새어나오는 말
은 알맹이가 없어 바람과 같이 가볍다.

그런데도 오늘의 언어 상황에는 사실을 사실대로 말하지 아니하고
과대 포장한 표현의 말이 난무하고 있다. 대단치 않은 내용을 조금이
라도 대중에게 관심을 끌기 위하여 과대 표현한다. 그러나 그것이 사
실과 다를 때는 일종의 범법 행위가 될 수 있다. 말이란 우선 사실에
맞아야 한다. 과대 선전, 자기 과신, 자기 자랑을 늘어놓으며, 걸핏하
면 '세계 제일', '최첨단', '동양 제일'을 찾는다. 실제 사물을 직접 접
해 보는 것이 말로만 듣는 것보다 낫다. 지도자는 이러한 사실 제일주
의, 검증 제일주의 사고를 바탕으로 사실에 부합되는 말을 하여야 한다.

3) 거짓말하지 않기

거짓말을 자주 하면 진실성을 의심받는다. 박경현(2000)은 이런 점
을 다음과 같이 말하고 있다.

> 우리는 어려서부터 거짓말을 해서는 안 된다고 늘 배워 왔다. 성경
> 이나 불경 같은 경전에서도 '거짓말하지 말라.'는 꼭 지켜야 할 계율
> 중에 하나이다. 그러나 살다보면 이런 가르침은 참으로 무모한 설교에
> 지나지 않는다는 것을 알게 된다. 한 번도 거짓말을 안 한 사람이 없기
> 때문이다. 현실적으로 한마디 거짓말도 하지 않고 살기란 여간 힘든 일
> 이 아니다. 그래서 "사람들이 거짓말할 때마다 이가 하나씩 빠진다면,
> 이 세상에는 이가 성한 사람은 하나도 없을 것이다."라는 우스갯소리도

있다.

거짓말은 사전의 뜻풀이대로 '사실이 아닌 것을 사실인 것처럼 꾸며하는 말'만이 아니다. 우리는 진실을 잘못 전달하는 말도 거짓말이라고 한다. 비밀을 털어놓지 않는 말도 거짓말이라고 한다. 자신이 사실이기를 바라는 것을 사실처럼 전달하는 말도 거짓말이라고 한다. 진실이 너무나 빨리 변하기 때문에 진실이라고 전달한 말이 금방 거짓이 되어버리는 말도 거짓말이라고 한다. 잘못 알고 있는 사실을 전달하는 말도 거짓말이라고 한다. 그러고 보면 우리는 입만 뻥끗하면 의도적이건 아니건 거짓말을 하게 되는 셈이다.

거짓말하는 사람이 많은 사회에 사는 사람들은 서로를 두려워하게 된다. 바로 이 비슷한 증세가 우리 사회에 널리 퍼져있다. 사회적으로 물의를 빚은 사건에 대한 청문회나 각종 수사기관의 조사에서 밝혀진 사실이 무엇이었던가를 우리는 잘 알고 있다. 사건에 연루된 지도층 인사들이 너나 할 것 없이 모두 거짓말을 천연덕스럽게 늘어놓는다는 사실이다. 심지어는 하나님을 섬긴다고 자처하는 사람조차도 성경에 손을 얹고 거짓말을 밥 먹듯이 하고 있다.

공직자의 한마디 거짓말은 엄청난 결과를 불러올 수 있다. 가령, 건축담당 일선공무원이 자신이 집행한 공무의 결과에 대해서 책임을 회피하기 위해 거짓 보고를 하게 되면 자칫 그 결과는 아파트가 무너지거나 다리가 내려앉는 비극의 원인이 될 수도 있다. 단 한 마리의 파리가 한 접시의 요리를 못 먹게 망치고 미세한 바이러스가 건강한 사람을 죽게 만들듯, 한마디의 거짓말만으로도 세계의 평화는 깨질 수 있다. 모든 죄악의 싹은 거짓말에서부터 돋아난다. 누구든 습관성 거짓말쟁이로 일단 낙인이 찍히게 되면 그가 아무리 진실을 말한다 해도 사람들이 믿어주지 않는 양치기 소년 신세가 된다. 한번 추락한 신용을 다시 찾기 위해서는 몇 배의 노력이 필요하다. 과장된 말은 인플레 같고, 약속을 실천하지 못하는 말은 부도수표와 같고, 의식적인 거짓말은 위조지폐와 같은 것이다. 그러므로 말은 신용이 있어야 하고 특히 공직자의 말은 보증수표와 같이 정확해야 한다.

거짓말은 감추면 감출수록 새끼를 친다. 이미 해버린 거짓말을 계속 정당화하기 위해서는 또 거짓말을 해야 하기 때문이다. 그래서 한 가지 거짓말을 참말처럼 만들기 위해서는 항상 스무 개의 거짓말을 지어내야 한다. 그러나 거짓말은 결국 꼬리가 잡히고 만다. 아무리 머리가 좋은 천재라 하더라도 거짓말을 계속 이어 맞출 수는 없기 때문이다. 거짓말 잘 하는 조직에 소속되어 있는 사람들은 자기도 모르게 노련한 '거짓말 제조기'가 되어야 살아남을 수 있게 된다.

우리는 곤란한 처지에 빠졌을 때 간단하게 벗어나가기 위해 거짓말을 한다. 다른 사람에게 욕을 당하지 않으려고 거짓말을 하기도 한다. 어떤 상대에게 연민의 정을 느꼈을 때 부득이 거짓말을 하기도 한다. 어느 때는 자기의 활발한 공상을 만족시키고자 하는 마음에서 거짓말을 한다. 그러나 부당하게 이익을 얻기 위해 남을 속이는 새빨갛거나 시커먼 거짓말은 신용을 추락시키고 사회까지 어지럽힌다. 진실을 말할 용기가 없는 사람들이 거짓말쟁이가 되기 쉽다. 딱 부러지게 말하지 못하고 애매하게 얼버무리는 사람이 거짓말쟁이다. 거짓말쟁이는 성을 잘 내고 쉽게 화를 낸다. 흥분도 잘 한다. 논리가 박약하기 때문이다. 거짓말을 잘 하는 사람들은 맹세나 다짐을 자주 한다. 가만히 있으면 정서적으로 불안해져 결의대회니 촉구대회 같은 것을 심심치 않게 연다. 우리는 누군가가 거짓말을 하고 있다고 의심이 가면 믿는 체하는 것이 좋다. 그러면 거짓말쟁이는 점점 더 대담해져서 훨씬 심한 거짓말을 하게 되고 결국에는 정체가 드러나게 된다.

진실하지 못한 말을 하면 상대방의 신뢰를 얻지 못한다. 불확실한 사실이나 허위로 날조된 사실을 바탕으로 이야기한다면 머지않아 그 진실이 드러나게 되고, 상대방의 비난을 면치 못할 것이다. 무슨 수를 써서라도 상대방을 반드시 설득하고야 말겠다는 마음으로 우선 상대를 설득해 놓고 보자는 생각에서 거짓 증거를 들이대거나 마음에도 없는 말을 하다가는 언젠가 그 거짓됨이 탄로 나게 되고, 더 이상 상대방의 신뢰를 얻지 못한다. 사람의 말에 신용이 있어야 하고, 특히 지도자는 자기 조직의 구성원들에게 신용이 있어야 한다. 윗사람이 거짓말을 하면 아랫사람들은 따르지 않는다. 따라서 지도자는 진실한 정보만을 제공하도록 노력하고, 거짓이라고 생각되는 말을 삼가고, 증거가 불충분한 것은 말하지 말아야 한다.

공무를 수행하다 보면 국익을 위해 거짓말을 해야 할 경우도 있다. 중요한 정책을 맡고 있는 공무원은 직무상 알게 된 비밀을 유지하기 위하여 불가피하게 거짓말을 할 수밖에 없다. 공무상 거짓말도 국민의 기본권과 국가이익을 해칠 경우에는 그 정당성을 인정받지 못한다. 국가이익과 기본권 사이에 충돌이 있을 경우 어떤 선을 기준으로 할 것인지는 아직도 연구와 논란의 대상이 되고 있다.

4) 언행일치

말과 행동이 일치해야 진실한 말이 된다. 지도자는 말로는 할 수 있으나 실천할 수 없는 것은 말하지 않아야 한다.[98] 언행일치를 강조하는 것은 말에 대한 책임감이 따라야 하기 때문이다.

지도자는 말보다 실천을 우선으로 하여야 한다. 먼저 실행하고 그

---

98) 可言也 不可行 君子弗言也(가언야 불가행 군자불언야 [예기]).

말은 뒤에 따라야 한다. 말은 실천을 전제로 해야 한다. 말만 해 놓고 행동이 따르지 않는다면 빈말이 된다. 거짓말을 하는 것이다. 그렇기 때문에 지각 있는 지도자는 말을 함부로 하지 않는다. 실천하지 못할 경우를 두려워하는 것이다. 바람직한 지도자란 말을 앞세우지 않고 항상 언행이 일치하는 지도자이다.

말이란 생각을 전하는 것이다. 말과 생각이 따로 논다면 흉측한 일이다.[99] 말이 행동과 일치해야 한다는 것은 당연하기도 하고 쉬울 것 같기도 하지만, 사실 쉽지 않아서 여러 가지 큰 문제의 근원되기도 하다.

말이라는 것은 행동의 표현이고 행동은 말의 실상이다.[100] 일상생활에서 말을 항상 삼가고 언행에 일치되도록 노력해야 한다. 말은 반드시 충실하고 신뢰할 수 있어야 하고, 말한 내용을 반드시 실천할 수 있는가를 돌아보아야 한다.[101] 아무리 좋은 말과 훌륭한 생각을 가지고 있다 하더라도 그것을 실행에 옮기지 않으면 아무 소용이 없게 된다. 마찬가지로 남에게 좋은 말을 들었다 하더라도 그 뜻을 되새겨 보며 실행에 옮겨야 빛이 나는 것이다.[102]

지도자는 말 잘한다는 점만 고려하여 사람을 천거해서는 안 된다. 또 사람이 좀 시원치 않다고 여겨 그가 하는 말까지도 묵살해서는 안 된다.[103] 사람을 판단하는 데는 그 사람의 말만 믿어서는 안 된다. 반드시 그 사람의 행실을 잘 살펴보아야 한다. 그리고 그가 정말 말과 행동을 함께 하고 있는가를 알아야 한다.[104]

---

99) 言者以諭意也 言者相離, 凶也(언자이유의야 언자상리, 흉야 [여씨춘추]).
100) 言者 行之表 行者 言之實(언자 행지표 행자 언지실 [논어 집주]).
101) 凡語 必忠信 … 出言 必顧行(범어 필충신 … 출언 필고행 [명심보감]).
102) 有聞 未知能行 唯恐有聞(유문 미지능행 유공유문 [논어]).
103) 君子不以言擧人 不以人廢言(군자불이언거인 불이인폐언 [논어]).
104) 始吾於人也 聽其言而信其行 今吾於人也 聽其言而觀其行(시오어인야 청기언이신기행 금오어인야 청기언이관기행 [논어]).

예로부터 말을 잘 하고 몸소 그것을 실행하는 사람은 '나라의 보배[國寶]'이고, 말을 잘 하지는 못하지만 몸소 그것을 실행하는 사람은 '나라의 그릇[國器]'이고, 말은 잘 하나 몸소 그것을 실행하지 못하는 사람은 '나라의 쓰임[國用]'이고, 입으로는 선한 것을 말하나 자신은 악한 짓을 행하는 자는 '나라의 요물[國妖]'이라 하였다. 그래서 나라를 다스리는 지도자는 국보를 공경하고 국기를 아끼며 국용에게 임무를 주되, 나라의 요물은 제거해 버려야 한다고 하였다.[105] 이와 같이 실천력이 있는 사람, 말을 잘 하는 사람, 말도 잘 하고 실천도 잘 하는 사람은 적절히 우대하고 등용해야 한다. 그리고 말도 못하고 실천도 못하는 사람은 훈련을 시켜 채용할 수 있다. 그렇지만 말로는 착한 체하고 행동은 악한 짓을 하는 사람은 철저히 가려내야 한다.

또한 말과 행동이 어긋나는 구성원들은 용서 없이 벌을 내려야 한다고 하였다.[106] 설사 말보다 더 크고 훌륭한 일을 하였다 하더라도 처벌해야 한다고 하였다. 그것은 말과 행동이 부합되지 않았기 때문이다.

지도자는 말보다 실천을 우선으로 하여야 한다. 먼저 실행하고 그 말은 뒤에 따라야 한다.[107] 말은 실천을 전제로 해야 한다. 말만 해 놓고 행동이 따르지 않는다면 빈말이 된다. 거짓말을 하는 것이다. 그렇기 때문에 지각 있는 사람은 말을 함부로 하지 않는다. 실천하지 못할 경우를 두려워하는 것이다. 바람직한 사람이란 말을 앞세우지 않고 항상 언행이 일치하는 사람일 것이다. 그렇기 때문에 말이란 조심해서

---

105) 口能言之 身能行之 國寶也 口不能言 身能行之 國器也 口能言之 身不能行 國用也 口言善 身行惡 國妖也 治國者 敬其寶 愛其器 任其用 除其妖(구능언지 신능행지 국보야 구불능언 신능행지 국기야 구능언지 신불능행 국용야 구언선 신행악 국요야 치국자 경기보 애기기 임기용 제기요 [순자]).
106) 功當其事 事當其言 則賞 功不當其事 事不當其言 則罰(공당기사 사당기언 칙상 공부당기사 사부당기언 칙벌 [한비자]).
107) 先行其言 而後從之(선행기언 이후종지 [논어]).

하지 않으면 안 되고, 또 말을 하기 전에는 모든 것을 잘 고려해 보아야 한다.

지도자들의 말은 무게가 있고 신빙성이 있어야 한다.[108] 행동이 따르지 못하는 말을 입 밖에 내서는 안 된다. 큰소리를 쳐 놓고, 그 말에 실천이 따르지 못해도 부끄러워할 줄 모르는 사람은 자기 말에 대한 실천이 따르기 어렵다. 그러므로 말은 꼭 실천 가능할 때 하는 것이다.[109] 지도자는 말을 반드시 미덥게 하며 그 말을 실천할 때는 반드시 무식한 사람들이 하듯이 밀어붙여야 한다.[110] 그리고 실천을 잘하려면 말하기 전에 철저히 준비를 한다.[111]

지도자는 말로 충분히 표현하기를 어렵다는 것을 알고 행동에 더욱 치중해야 한다.[112] 말은 행동을 돌아보고 행동은 말을 돌아보아야 한다.[113] 지도자는 말은 삼가고 실천은 민첩하게 한다. 말보다 실천을 먼저 하려면 말이 다소 뜨더라도 행동에서는 민첩하여야 한다. 어떤 일을 하는 데 말이 무겁고 행동이 민첩하고 빈틈이 없어야 한다.[114] 지도자는 말은 더듬거리듯 신중하게 하지만 행동은 민첩하게 하고자 하여야 한다.[115]

지도자가 하루 종일 하찮은 잡담이나 재담을 즐기는 것은 바람직하지 못하다.[116] 진실한 말은 대의구현(大義具現)을 위하여 주고받는 말이

---

108) 古者言之不出 恥躬之不逮也(고자언지불출 치궁지불체야 [논어]).
109) 其言之不怍 卽爲之也難(기언지부작 즉위지야난 [논어]).
110) 言必信 行必果 硬硬然小人哉(언필신 행필과 경경연소인재 [논어]).
111) 言前定則不跲(언전정즉불겁 [중용]).
112) 君子恥其言而過其行(군자치기언이과기행 [논어]).
113) 言顧行 行顧言(언고행 행고언 [중용]).
114) 君子欲訥於言 而敏於行(군자욕눌어언 이민어행 [논어]).
115) 敏於事而愼於言(민어사이신어언 [논어]).
116) 群居終日 言不及義 …… 難矣哉(군거종일 언불급의 …… 난의재 [논어]).

다. 지나가면서 아무렇게나 하는 말들, 혹은 부담 없이 이야기하는 담화라고 할지라도 우러러 하늘에 부끄러움이 없는 내용이어야 한다. 은밀히 속삭이는 밀어 가운데도 상대방을 속이는 내용은 누군가가 환히 들여다보고 있다. 사람의 사사로운 말도 하늘은 우레와 같이 듣고, 어두운 방에서 속이는 마음이라도 귀신은 번개와도 같은 눈으로 본다.[117]

05 | 북돋우는 말하기

칭찬, 격려, 충고, 질책, 간언(諫言) 등은 상대방을 북돋워 주는 말이다. 반면에 비방, 비난, 폭로, 중상(中傷), 음해(陰害), 악담, 험담 등은 상대방을 해치는 말이다. 지도자는 칭찬에 인색해서는 안 된다. 많은 말 중에서 가장 귀하고 아름다운 말은 격려의 말이다. 그래서 사람들은 격려의 말을 예술이라고 표현하는 데 주저하지 않는다. 요즈음 많은 사람들은 격려와 칭찬과 긍정적인 말에 목말라 하고 있다. 그러나 지도자는 구성원들을 칭찬하여 격려하되 너무 지나치지 않게 한다.[118] 지도자는 다른 사람에 대한 비방을 최소화하고 칭찬을 극대화하여 상대방과의 관계를 유지해 나가야 한다.

사람을 이롭게 하는 말은 일언반구라도 천금보다 값지다. 한마디의 말로 어려운 처지에 있는 사람들을 위로하고 격려한다면, 마치 극심한 추위에 떨던 이가 두둑한 솜바지 저고리로 언 몸을 녹이는 것과도 같다. 그러나 남을 상하게 하는 말은 가시에 찔리는 것 같이 따갑고 칼로 베이는 것 같이 아프다.[119]

---

117) 人間私語 天聽若雷 暗室欺神目如電(인간사어 천청약뢰 암실기신목여전 [명심보감]).
118) 教人以善毋過高(교인이선무과고 [채근담]).

85

지도자는 구성원을 북돋워 주는 말을 아끼지 말아야 한다. 그렇게 하려면 먼저 지도자 자신이 귀감이 되어야 한다. 지도자는 선한 일이라면 자신이 먼저 그것을 이룩한 뒤에라야 남들에게도 선해지기를 바라야 한다. 악한 일이라면 자신이 먼저 그것을 없앤 뒤에라야 남의 악함을 꾸짖어야 한다.[120]

1) 칭찬하기

지도자는 칭찬에 인색해서는 안 된다. 우리 사회는 칭찬보다 비난하고 비판하는 데 익숙하다. 그래서인지 각종 매스컴에서 '칭찬합시다' 캠페인을 유행처럼 벌이고 있다.

칭찬은 좋은 점을 잘 한다고 추어주는 것이다. 사람은 잔소리를 들으며 일하는 것보다 칭찬을 들으며 일하기를 좋아한다. 끊임없이 칭찬을 해주고 격려를 해준다면 능력이 가장 잘 발휘된다. 능력은 비난 속에 시들고 말지만 격려 가운데서는 꽃을 피우는 법이다.

칭찬처럼 상대방을 격려하고, 인정해주는 것만큼 그 사람과 가까워지는 것은 없다. 그런데 우리 사회에는 윗사람, 남편, 시부모, 심지어는 은사까지 헐뜯고 중상모략하고 깎아내리는 풍조가 팽배해 있다. 통학길의 버스나 전철 속에서 학생들의 화젯거리는 무엇인가? 포장마차에서 누구를 안주 삼아 씹고 있는가? 이를 스트레스 발산책이라고

---

119) 利人之言 煖和綿絮 傷人之語 利如荊棘 一言半句 重値千金 一語傷人 痛如刀割(이인지언 난화면서 상인지어 이여형극 일언반구 중치천금 일어상인 통여도할 [명심보감]).

120) 君子有諸己而后 求諸人 無諸己而后 非諸人(군자유저기이후 구저인 무저기이후 비저인 [대학]).

만 할 수 있는가? 아니다. 칭찬을 아끼지 말아야 원만한 관계를 유지하고 활력소를 얻는다.

칭찬에 인색하지 않고 칭찬을 효과적으로 잘 할 줄 아는 사람은 남에게서 사랑과 존경을 받는다. 카네기(Dale Carnegie)의 '효과적인 대화와 인간관계'[How to win friends & influence people(1937)]라는 책에서, "비판하거나 비난하거나 불평하지 말라. 이해하려고 노력하라. 그러면 동정과 관용과 우애가 길러진다. 솔직하고 진지하게 칭찬하라."라고 갈파한 바 있다.

(1) 칭찬의 효용

"칭찬보다 더 큰 가르침은 없다.", "칭찬은 고래도 춤 추게 한다."라는 말이 여러 사람의 입에 오르내리듯, 칭찬은 가치 있는 언어 행위다.

❶ 칭찬을 아끼지 않으면 원만한 인간관계를 유지하고 생활의 활력을 얻는다

상대방에게 기대 수준을 한 차원 높이 두고 불가능한 점을 지적하고 있는 동안은 그 사람의 장점이 보이지 않는 법이다. 상대방이 가지고 있는 장점을 찾아 일단 입 밖으로 내보내면 지향하는 방향이 확실해진다.

❷ 칭찬은 받는 사람에게는 자신을 갖게 하고 의욕을 북돋워 그의 성장을 도울 수 있다

칭찬하는 사람에게는 남의 장점이나 본받을 점을 보는 안목이 생기고 도량이 넓어진다. 칭찬처럼 상대방을 격려하고 인정해주는 것만큼 서로 가까워지는 방법은 없다. 금전은 순간의 기쁨을 주지만 칭찬

은 평생의 기쁨을 준다.

❸ 칭찬은 자신을 기쁘게 하고 상대방을 행복하게 하여 상생(相生)의 길을 터준다

칭찬에 인색하지 않고 칭찬을 효과적으로 잘 할 줄 아는 지도자는 남에게서 사랑과 존경을 받는다. 구성원들에게서 아홉 가지의 잘못을 찾아 꾸짖는 것보다는 단 한 가지의 잘한 일을 발견하여 칭찬해 주는 것이 그 사람을 올바르게 인도하는 데 큰 힘이 될 수 있다.

❹ 칭찬은 부정적이고 소극적인 마음을 긍정적이고 적극적인 사고로 바꿔준다

칭찬을 주고받다 보면 네가 내가 되고 내가 네가 되어 모두가 하나가 된다. 칭찬은 사랑하는 마음의 결정체이고, 비난은 원망하는 마음의 결정체이다. 한 방울의 꿀은 많은 벌을 끌어 모으지만, 1만 톤의 가시는 벌을 모을 수 없다. 칭찬만큼 인간관계에 좋은 보약은 없다.

❺ 칭찬은 조직의 고품격 문화를 형성하는 지름길이다

칭찬은 조직 내 인적 자원의 시너지(synergy) 효과를 일으키는 효율적인 투자이며 인간 중심 조직 문화의 시작이다. 칭찬은 직장 분위기를 신바람 나게 일할 수 있게 하고, 조직의 기를 살리는 고농축 비타민이다.

(2) 칭찬거리 찾기

마음에 들지 않는 사람, 까다로운 사람에게도 마음의 문을 열고 보면 칭찬거리를 찾을 수 있다. 좋은 사람이라고 모든 면이 다 좋은 것이 아니고, 나쁜 사람이라고 해서 모든 것이 다 나쁜 것은 아니다. 상대방의 행위나 생각, 태도 중에서 감동적이거나, 훌륭하다고 생각되는 것을 칭찬한다. 그러면 틀림없이 지금까지와는 다른 인간관계가 열리게 될 것이다.

다음과 같은 내용이 칭찬거리가 될 수 있다.

① 당연한 일이라도 칭찬한다.

당연한 일이지만 그것을 제대로 하지 못하는 사람이 적지 않다. 기본적인 것을 확실히 할 수 있는 사람이야말로 훌륭한 사람이다.

② 사소한 일이라도 인정하며 칭찬한다.

아무리 작은 일을 했더라도 그것을 칭찬받으면 사람들은 즐거워하는 법이다.

③ 열심히 한 사실이나 그 과정을 칭찬한다.

결과적으로 실패한 때에도 그 과정을 칭찬한다. 결과를 칭찬하는 것보다 과정을 칭찬하는 것이 더욱 좋다.

④ 칭찬하는 말을 인사로 사용한다.

"정말 고맙네, 자네 힘이 컸어."라는 것도 인사의 하나이다.

⑤ 소속(회사, 단체, 집단 등)을 칭찬한다.

⑥ 이름을 칭찬한다.

⑦ 출신지나 출신 학교를 칭찬한다.

⑧ 결점을 칭찬한다.

본인이 결점이라고 생각하고 있어도 관점을 바꾸면 장점이 되는 경우가 적지 않다.

⑨ 베풀어주고 생각해 준 것을 칭찬한다.

(3) 효과적인 칭찬 방법

① 진심에서 우러나오는 칭찬을 한다.

사람은 누구나 칭찬받기를 좋아한다. 그러나 말하는 이의 진심이 들어 있지 않은 칭찬은 상대방을 기쁘게 하기는커녕 불쾌하게 할 수도 있다. 건성으로 말하지 말고 상대방의 마음에 닿도록 진실하게 칭찬한다. 무턱대고 칭찬하거나 어지럽게 비행기 태우는 것은 간혹 이성 간에 또는 아랫사람에게는 약간의 효과를 얻을 수 있을지 모르나 다른 이들에게는 별 효과가 없다.

덮어놓고 무턱대고 비행기만 태우는 칭찬을 어린이나 아랫사람에게 자주 남용하면 귀엽고 아끼는 이들을 '응석받이'로 만드는 결과를 낳을 수도 있다. 아랫사람에게는 오른손으로 벌하고 왼손으로 안아주는 포용성과 엄격성이 필요하다.

② 구체적으로 어떤 점이 훌륭한지 확실하게 말한다.

그래야만 상대방이 진정으로 자신을 알고 칭찬해 주는 것이라고 여기게 된다.

③ 당사자의 면전에서 직접 하는 것보다는 다른 사람을 통하여 간접적으로 칭찬하는 것이 효과적이다.

④ 여러 사람 앞에서 칭찬하는 것이 효과적이다.

⑤ 조그만 칭찬거리라도 지체 없이 때를 놓치지 말고 한다.

⑥ 똑같은 일에 대한 것이라도 자주 반복 칭찬한다.

2) 격려하기

상대방의 용기나 의욕을 북돋워 힘을 실어주어야 할 때가 있다. 이때 가장 중요한 것이 상대방의 입장이 되어 생각해 보아야 한다는 것이다. 이는 화자가 좋은 말이라고 생각한 것이라도 청자에게는 상처를 줄 수 있기 때문이다.

상대방의 처지를 잘 생각해서 가능한 대책을 제안하거나, 자신의 경험을 되살려서, 혹은 비슷한 처지의 다른 사람들이 어려움을 극복한 이야기를 들려주면서 동질감이나 친밀감을 느끼게 하여 용기를 얻고 위안을 느끼게 하는 것이 좋다. 이를테면, 입시나 사업에 실패해 실의에 빠져 있는 경우에는 성급하게 실패의 원인을 언급하거나 상대를 무시하지 말고 위로의 말로 마음을 안정시킨다. "누구나 새로운 기회가 오는 법이야.", "칠전팔기라는 말도 있으니 다시 한번 해봐.", "최선을 다했다고 생각하네." 등과 같은 말로 격려하는 것이 바람직할 것이다.

격려의 말을 할 때에는 다음과 같은 점을 참고한다.

① 상대방의 처지를 이해한다.
② 상대방의 처지를 바탕으로 대책을 제시하고, 상대방의 능력과 장점 등을 들어 어떤 일이든 노력하면 충분히 성취할 수 있음을 말한다.
③ 역사상 훌륭한 인물 또는 주위 사람들 중에서 실패를 성공으로 이끈 실화를 인용하여 들려준다.

3) 옳은말 하기

　여기에서의 '옳은말'이란 윗사람에게 옳지 못하거나 잘못된 일을 고치도록 직언·건의·충언·간언(諫言) 등을 이른다. 지도자는 옳은말을 하는 자세를 갖추어야 한다.

　옳은말을 할 때는 다음과 같은 점을 유념한다.

❶ 신임을 받은 뒤에 간(諫)한다

　우선 윗사람의 신임을 받은 뒤에 간한다. 평소에 신임을 얻은 후에 잘못을 간하면 진심에서 하는 간이라고 인정을 받겠으나, 그렇지 못하고 신임을 받기도 전에 간하기만 한다면 윗사람은 도리어 자기를 비방하는 것이라 생각하게 된다.[121]

❷ 사실을 사실대로 간한다

　사실을 속이지 말고 사실을 사실대로 이실직고(以實直告)한다. 윗사람의 잘못을 지적한다면 그가 좋아할 리가 없다. 도리어 그 간언으로 말미암아 미움을 받기가 쉽다. 그래서 간혹 윗사람이 하는 일에 그릇됨이 있다는 것을 알지만 그의 비위를 건드리는 것이 두려워서 말을 하지 못하는 예가 적지 않다. 속이지 말고 얼굴을 대놓고 간하여야 한다.[122]

❸ 정당한 소신을 피력한다

　자신의 소신이 받아들여지지 않을 때에는 깨끗이 그 자리를 그만

---

121) 信而後諫　未信則以爲謗己也(신이후간 미신칙이위방기야 [논어]).
122) 勿欺也 而犯之(물기야 이범지 [논어]).

두어야 한다. 특히 관직에 있는 사람이 직무를 소신껏 수행할 수 없으면 그 자리를 그만 두어야 한다. 보좌하는 사람으로서 자신의 말이 받아들여지지 않으면 또한 그 자리를 떠나야 한다.[123] 옛날에는 임금의 비리(非理)를 바로잡기 위해서라면 설령 서슬이 푸른 도끼가 내려지더라도 간할 것은 간하였다. 설령 끓는 가마에 삶아지더라도 할 말을 다하였다. 이런 사람을 충신이라고 하였다.[124] 오늘날에도 윗사람에게 견디기 어려운 고초를 무릅쓰고라도 바른 대로 간하는 것이 진정한 조직의 구성원일 것이다.

❹ 자주 간하지 않는다

상대방이 역겨울 정도로 자주 간하지 않는다. 아무리 좋은 이야기라도 상대방이 잘 받아들여야 효과를 얻을 수 있다. 상대방이 역겹게 느낄 정도로 자주 간언이나 충고를 하면 소기의 목적을 달성하기 어렵고 도리어 부작용이 날 우려가 있다. 옛 시대에는 임금을 섬기는데 자주 간하면 욕을 보고, 친구에게 자주 충고를 하면 사이가 멀어진다고 하였다.[125]

❺ 이미 끝난 일은 간하지 않는다

이미 이루어진 일에 대하여서는 말하지 않는다. 끝을 맺은 일이라면 윗사람이나 남에게 간하지 않는다. 그리고 이미 지나간 일은 그 허물을 탓하지 않는다.[126]

---

123) 有官守者 不得其職則去 有言責者 不得其言則去(유관수자 부득기직칙거 유언책자 부득기언칙거 [맹자]).
124) 迎斧鉞而正諫 據鼎鑊而盡言 此謂忠臣也(영부월이정간 거정확이진언 차위충신야 [명심보감]).
125) 事君數 斯辱矣 朋友數 斯疎矣(사군삭 사욕의 붕우삭 사소의 [논어]).

4) 꾸짖기

요즈음 우리 사회에는 꾸짖을 줄 모르는 상사가 늘고 있다. 꾸짖음이란 현상을 부정하고 개선하도록 하는 것이 목적이다. 그러므로 부정을 당한 상대방은 실망하고 반발을 하게 마련이다. 반발을 당하고 싶지 않은 기분이 꾸짖을 줄 모르는 상사를 만든다.

박경현(2001)은 꾸짖음의 필요성을 다음과 같이 강조하고 있다.

우리 사회는 점점 '젊은이들의 천국'이 되어 가는 것 같습니다. 지하도나 육교의 계단을 오르내리다가 아이와 어른이 서로 마주치면 어른이 비켜 주고, 젊은 사람과 노인이 마주치게 되면 노인 쪽에서 비켜 주어야 하는 실정입니다. 젊은이들과 어른들이 마주쳐 지나칠 때도 나이 많은 쪽에서 머뭇머뭇하다 양보하고, 나이 적은 쪽은 거리낌 없이 앞길을 가로질러 지나가기 일쑵니다.

버스나 전철 칸에서 빈자리가 생길 경우, 사람들 틈을 재빨리 비집고 나와 먼저 자리를 차지하는 아이들을 심심치 않게 봅니다. 노약자석은 '노'련하고 '약'삭빠른 '자'가 앉는 자리라는 우스갯소리를 증명이라도 하듯, 엘리베이터를 함께 타고 가다 1층에서 내릴 때가 되면 얼른 앞으로 와서 먼저 내리는 청춘 남녀들이 점점 늘어나고 있으며, 어른들이 문을 열면 기다렸다는 듯이 먼저 튀어나오거나 들어가는 젊은이들이 하나 둘이 아닙니다.

가족이나 친지 등 아는 사람인 경우는 비교적 예의를 지키지만, 모르는 사람에게는 이렇듯 철저하게 제멋대로인 젊은이들이 적지 않은

---

126) 成事不說 遂事不諫 旣往不咎(성사불설 수사불간 기왕불구 [논어]).

것입니다. 그리고 일부 젊은이들은 이런 행위는 당연하고 자연스러운 예삿일이라 생각하고 있으며, 오히려 생존 경쟁을 위해서 어쩔 수 없다고 자기를 합리화하기도 합니다.

그러나 문제는 이 사회의 버팀목인 어른들의 생각입니다. '고얀 놈들', '몰상식한 녀석들' 등등 현장에서 준엄하게 꾸짖는 분들이 있는가 하면, '아, 이제 만인 평등의 사회요 민주화됐는데, 뭘'하며 지나치게 너그러운 분들이 있는가 하면, '웃음거리나 됩니다. 맞아죽을지도 모릅니다. 못 본 걸로 합시다.'하며 더러워서가 아니라 무서워서 피하겠다는 분들도 있습니다.

그런데 혹 '그러니까, 애들 아니오', '난, 우리집 애들을 허물없는 친구처럼 대해 주고 있어요'하는 서구적이며 선진 문화적인 듯한 교육관을 자랑스럽게 피력하시는 분들이 계실까 걱정입니다. 그러나 무엇이 선진화이고 서구적입니까? 사실을 어설프게 알고 있는 것입니다. 독일이나 영국 같은 나라에서는 1시간 이상의 장거리여행이 아니면 버스나 기차에서 빈자리가 있어도 젊은이들은 앉지 않는 것이 관례처럼 되어 있고, 프랑스에서도 자리가 비면 앉되 어른들을 세워 놓은 채 앉는 법은 드물다고 합니다. 태국에서는 지금도 어른이 앉아 있는 앞을 지나가지 못한다고 합니다. 영국의 아버지들은 두 팔로 턱을 괴고 앉아 있는 아들에게 팔꿈치로 사정없이 한방 먹이는 것이 상식이며 부모가 외출했다가 귀가할 때까지 아이들은 잠을 자지 않습니다. 독일에서는 모든 아이들의 반 정도가 하루에 한번쯤 어른들에게 꿀밤을 맞는다는 말이 있을 만큼 엄하다 하지 않습니까.

요즈음 도시의 젊은 부부들 중에는 자녀를 자식이라기보다는 숫제 상전이나 콧대 높은 애인을 다루듯 하는 이들이 많습니다. 아이들이 마음대로 지껄이고 멋대로 정해진 사회규범이나 질서를 흐트러뜨려도 극진한 관용과 온정만을 베풀 뿐, 꾸중을 하거나 교정을 해주는 데는 인색한 것 같습니다. 지극히 떠받들어지고 정성스럽게 섬김을 받은 아이들은 집 안에서는 못할 일이 없는 무뢰한이 될 수 있고, 더 나아가 사회성 훈련의 부재와 질서의식과 규범의식 훈련의 결여로 무례하고 몰염치하고 몰상식한 사람으로 살아가기 쉽다고 심리학자들은 힘주어 말합니다.

우리 사회가 젊은이들 멋대로의 사회가 되고 어른들이 스스로 눈 감고 귀막고 입 다무는 사회로 굳어진다면, 동방예의지국으로서의 질서와 교양과 윤리와 상식은 허물어지는 것입니다.

부모들이여! 어른들이여!

아이들의 장래, 우리 사회의 미래를 위하여 용기 있는 꾸중과 호통을 다시 찾읍시다. 남의 자식 꾸짖기 전에 내 자식 먼저 꾸짖고, 남의 자식 버르장머리 나무라기 전에 내 자식 먼저 '제멋대로' 의식에서 구제합시다.

꾸짖을 때는 의연한 태도로 그리고 상대방에게 애정을 가지고 있다는 기분을 가지고 꾸짖어야 한다. 설사 상대방이 지금까지 해왔던 잘못을 생각하고 꾸짖었다 해도, 어느 정도의 손상을 주게 되는 것이 꾸짖음이다. 그러므로 꾸짖을 때에는 그 사람의 상황이나 성격을 잘 생각하고 꾸짖지 않으면 역효과가 된다. 분노를 폭발시키는 것보다 가벼운 주의를 반복함으로써 상대방이 은근히 알아차리도록 하는 것이 최선의 꾸짖음이다.

질책을 하여도 괜찮은 때가 있고 그렇지 않은 때가 있다.

다음과 같은 경우에는 꾸짖어도 좋을 듯하다.

① 상대방이 질책을 받고 앞으로 성장 가능한 경우
② 잠깐 충격을 받더라도 회복 능력이 있는 경우
③ 내용이 화급을 요할 경우
④ 내용이 다른 사람에게 영향을 끼칠 우려가 있는 경우

그러나 다음과 같은 경우에는 꾸짖지 않는 것이 나을 듯하다.

① 상대가 스스로 알아차리고 반성하고 있는 경우
② 반발이 강하고 받아들일 소지가 없는 상대일 경우
③ 약점을 이용하여 꾸짖고자 할 경우
④ 사실을 확인하기 어려운 경우
⑤ 꾸짖는 사람의 기분이 좋지 않은 경우

지도자는 질책을 할 때 다음과 같은 자세를 지녀야 한다.

(1) 먼저 남을 평가할 자격이 있는가를 생각해 본다

남을 헐뜯어 해치는 말은 도리어 저 자신을 해치는 것이다. 가령 피를 머금어 남에게 뿜으려고 들면 남을 더럽히기 이전에 먼저 제 입부터가 더러워지는 법이다.[127]

지도자는 남을 꾸짖는 마음으로 자신을 꾸짖는다. 사람은 누구나 남을 꾸짖기는 잘 하나 자신을 책망하기는 쉽지 않다. 남을 꾸짖는 마음으로 자기를 꾸짖고, 자기를 용서하는 마음으로 남을 용서하면 훌륭

---

127) 欲量他人 先須自量 傷人之語 還是自傷 含血噴人 先汚其口(욕량타인 선수자량 상인지어 환시자상 함혈분인 선오기구 [명심보감]).

한 지도자가 된다.[128]

지도자는 남을 꾸짖기는 가볍게 하고 자신을 꾸짖기는 엄하게 한다. 상대방을 지나치게 꾸짖으면 원한을 사기 쉽다. 대개의 사람은 자기 자신에게는 너그러이 하고 남에게는 엄격하게 한다. 그러나 이것은 남에게 저항감을 일으키게 한다.

지도자는 사람을 사귈 때 자기 허물을 모르고 남의 허물만을 말하다가는 실패한다. 자신을 꾸짖기는 엄하게 하고, 남의 잘못을 가볍게 책망하면 남의 원망하는 소리를 멀리 할 수 있다.[129] 남을 책망하기만 하는 이는 사귐을 온전히 하지 못하고, 스스로를 용서하기만 하는 이는 허물을 고치지 못한다.[130]

(2) 남의 단점·결점·약점·비밀·과오 등만을 말하지 않는다

사람은 남의 잘못을 보고 말하고 듣기 좋아한다. 이것이 인간성의 결점이다. 이 결점을 극복하여야 지도자라고 할 수 있다. 지도자는 남의 허물을 보고 듣고 말하기를 좋아해서는 안 된다. 귀로는 남의 그릇됨을 듣지 아니하고 눈으로는 남의 단점을 보지 아니하고 입으로는 남의 허물을 말하지 않아야 지도자로서의 최소한의 자질을 갖추는 것이다.[131] 눈을 경계하여 다른 사람의 그릇됨을 보지 말고, 입은 경계하

---

128) 人雖至愚 責人則明 雖有聰明 恕己則昏 爾曹 但當以責人之心 責己 恕己之心 恕人則不患不到聖賢地位也(인수지우 책인즉명 수유총명 서기즉혼 이조 단당이책인지심 책기 서기지심 서인즉불환불도성현지위야 [명심보감]).
129) 躬自厚而薄責於人則遠怨矣(궁자후이박책어인즉원원의 [논어]).
130) 責人者不全交 自恕者不改過(책인자부전교 자서자불개과 [명심보감]).
131) 耳不聞人之非 目不視人之短 口不言人之過 庶幾君子(이불문인지비 목불시인지단 구불언인지과 서기군자 [명심보감]).

여 다른 사람의 결점을 말하지 말아야 한다.[132] 남의 조그만 허물을 책하지 말고, 남의 비밀을 들추어내지 말며, 남의 지난 날 잘못을 새겨 두지 말아야 한다. 이 세 가지를 하지 않으면 덕을 기를 수 있고 해로운 일을 멀리 할 수 있다.[133]

사람은 누구에게나 단점은 있기 마련이다. 그러므로 지도자는 단점을 감싸줄 수 있는 아량이 있어야 한다. 만일 남의 단점을 들추어내어 세상에 알린다면, 자신의 단점을 가지고 남의 단점을 공격하는 것과 같다.[134] 자신에게는 더 큰 허물이 있음에도 불구하고 남의 조그만 허물을 비난하고, 또 자신은 애써 숨기려 하는 비밀이 있음에도 불구하고 다른 사람의 사소한 비밀까지도 들추어내기 좋아하는 지도자는 남에게서 존경받을 수 없다. 또 다른 사람의 좋은 점이 있어 사귐에도 불구하고 그 사람의 과거 잘못을 끄집어내어 비아냥거린다면 그 사귐이 오래 갈 수 없다.

(3) 근거 없는 말을 지어내서 남을 속이고 헐뜯어서는 안 된다

상대방을 속여서 없는 것을 있는 것 같이 하고 작은 것을 큰 것 같이 하고, 앞에서는 옳다 하고 뒤에서는 그르다 하며 남의 사사로운 비밀이나 터무니없는 사실을 폭로하거나 남의 묵은 잘못을 이야기하기를 기뻐하는 일이 있어서는 안 된다.[135]

---

132) 戒眼莫看他非 戒口莫談他短(계안막간타비 계구막담타단 [명심보감]).
133) 不責人小過 不發人陰私 不念人舊惡 三者可以養德 亦可以遠害(불책인소과 불발인음사 불념인구악 삼자가이양덕 역가이원해 [채근담]).
134) 人之短處 要曲爲彌縫 如暴而揚之 是以短攻短(인지단처 요곡위미봉 여폭이양지 시이단공단 [채근담]).
135) 造言誣毁 詆人過惡 以無爲有 以小爲大 面是背非 …… 發揚人之私隱 無狀可求及喜談 人之舊過(조언무훼 무인과악 이무위유 이소위대 면시배비 …… 발양인지사은은 무상가구

(4) 중상모략이나 음해 행위를 삼간다

남을 헐뜯으면 남도 나를 헐뜯는다.[136) 후환을 당할 수도 있다.[137) 그런 사람에게는 큰일을 맡기지 않는다.[138) 우리 사회에서는 중상모략이나 음해 행위가 적지 않게 자행되고 있다. 중상모략은 멀리 떨어진 사람조차 파멸시킬 수 있다. 말은 전해갈수록 그 내용이 과장되고 보태어지는 법이다. 음해 행위는 경쟁 상대를 뿌리칠 필요나 시기심에서 비롯된다. 조직의 구성원 사이의 음해 행위는 자신의 출세 길을 넓히려는 사악한 이기심에서 나오므로 조직의 힘을 약화시키고 급기야는 붕괴시킨다.

(5) 먼저 나서서 질책하지 않는다

옳거니 그르거니 말썽을 일으키는 사람이 따로 있지 않다. 나에게 스스로 찾아와서 누가 옳거니 누가 그르거니 말하는 사람, 이러한 사람이 곧 말썽을 일으키는 사람이다.[139) 그러므로 지도자는 자진해서 남의 시비를 왈가왈부하지 말고, 또 나에게 자진해서 다른 사람의 시비를 알려주는 사람도 경계해야 한다.

급희담인지구과 [주자증손여씨향약]).

136) 有惡 惡稱人之惡者 惡居下流而訕上者 …… 惡訐以爲直者(유악 악칭인지악자 악거하류이산상자 …… 악알이위직자 [논어]).
137) 言人之不善 當如後患何(언인지불선 당여후환하 [맹자]).
138) 訾毁之人 勿與任大(자위지인 물여임대 [열자]).
139) 來說是非者 便是是非人(내설시비자 편시시비인 [명심보감]).

(6) 잘못된 결과에 대하여만 꾸짖지 않는다. 과정을 알아본다

사람이 모든 일에 완벽할 수는 없다. 그러므로 어찌 보면 실수란 당연한 것일지도 모른다. 그렇다면 남의 잘못을 엄하게 다스릴 수는 없다. 오히려 그 사람의 잘못된 일 중에서 잘한 것을 찾아내고 관대히 대해 준다면 필시 그 사람도 자신의 잘못을 스스로 깨닫게 될 것이다. 또한 자신의 잘못을 반성할 때에는 스스로 엄하게 한다면 덕이 자란다.[140]

(7) 남의 잘못을 다른 사람에게 전달하지 않는다

남의 허물을 듣게 되거든 부모님 성함을 들은 것 같이 하여, 귀로는 들었을지언정 입으로는 말하지 말고 소중히 간직한다.[141]

(8) 상대방이 감당할 수 있는 능력이 있는가를 생각하며 꾸짖는다

상대방의 나쁜 점을 지적하고 꾸짖을 때, 너무 엄하다면 오히려 반감을 사기 쉽다.[142] 그러므로 그 사람이 들어서 자신의 잘못을 뉘우치고 행실을 고칠 수 있기를 고려해야 한다. 또 사람에게 좋은 일을 가르칠 때도 지나치게 강요하지 말고 그 사람이 배워서 이해하고 행할 수 있는 정도에 맞추어야만 한다. 꾸짖을 때나 가르칠 때 지나침은 약이 되지 못하고 오히려 해가 된다. 지도자는 다른 사람에 대한 비방을 최

---

140) 責人者 原無過於有過之中 則情平 責己者 求有過於無過之內 則德進(책인자 원무과어유과지중 즉정평 책기자 구유과어무과지내 즉덕진 [채근담]).

141) 聞人之過失 如聞父母之名 耳可得聞 口不可言也(문인지과실 여문부모지명 이가득문 구불가언야 [명심보감]).

142) 攻人之惡毋太嚴 要思其堪受(공인지악무태엄 요사기감수 [채근담]).

소화하고 칭찬을 극대화하여 상대방과의 관계를 유지해 나가야 한다.

질책의 효과를 거두려면 다음과 같은 점을 염두에 둔다.

① 감정을 절제하고 꾸짖는다.

감정을 가지고 화난 상태에서 꾸짖거나 나무라서는 안 된다. 분노해 있을 때 가르칠 수는 없다. 순간적으로 위협을 느낄 뿐이지, 반감이나 원한만 사기 쉽다. 책임감을 가지고 꾸짖는다. 감정적으로 대하는 것이 아니라 꾸짖은 결과에 책임을 갖고 있다는 것을 이성적으로 알게 한다. 벌컥 울화가 치민 상태에서 말하지 않는 것이 꾸짖음의 최대 핵심이다.

② 상황을 보아가며 천천히 한다.

본인이 스스로 뉘우쳤을 때는 꾸짖기보다 칭찬하는 쪽으로 방향을 바꾸어간다. 뉘우쳤음을 칭찬하면 더욱 효과적이다. 절대로 흥분하지 말고 마음을 침착하게 한다. 강요가 아니라 자발적으로 잘못을 자각하도록 한다.

③ 원인이나 사실 확인 뒤에 꾸짖는다.

꾸짖기 전에 잘못한 사람의 사유를 들은 뒤에 꾸짖을 필요가 있다고 판단될 경우에 한하여 질책하여야 한다. 충고하는 자신이 확실하게 문제를 파악한 뒤가 아니면 함부로 꾸짖지 않는다. 밖으로 드러난 행동만 보지 말고 그런 잘못이 일어나게 된 원인을 탐구한다.

④ 상대방이 알 수 있도록 확실하게 지적한다.

애매한 표현은 설득력을 약화시킨다. 무엇이 잘못되었는지 구체적으로 지적한다. 그리고 잘못을 보고 어떻게 느꼈는지를 전달한다.

⑤ 상대방의 입장이 되어 깊이 생각해 본 뒤에 질책한다. 스스로 알아차릴 시간을 준다.

⑥ 1 : 1로 있을 때에 조용히 꾸짖어야 한다. 제3자가 없는 곳에서
당사자와 단둘이 있을 때 조용히 꾸짖는다.

⑦ 명령이나 지시보다는 의견을 구하는 방법을 택한다.
'하지 말라'보다는 '어떨까' 하거나, '이렇게 해서는 안 돼, 절대
로 이렇게 해야만 돼, 이런 것도 모르나'보다 '이렇게 하면 어떨
까, 이렇게 하면 잘 될까, 이런 것이 아닐까'하는 시정 방법을 가
르쳐 준다. 상대방의 결점을 지적하는 데 그쳐서는 안 된다. 구체
적인 방법을 제시하여, 오해하지 않고 건설적으로 받아들이도록
하는 것이 중요하다.

⑧ 잘못된 일은 즉각적으로 시정해 주어야 한다.
잘못한 일을 차곡차곡 쌓아두었다가 어느 날 하루 전부 들추어
내서는 안 된다. 그 때 꾸짖고 있는 내용에만 한정한다. 이것저것
을 함께 꾸짖을 것이 아니라 한 번에 한 건만을 택한다.

⑨ 처음에는 부드러운 태도로 꾸지람을 하되, 그렇게 해서도 잘못을
뉘우치지않으면 점점 강도 높은 수단을 사용한다. 마지막까지 인
내의 자세를 가진다. 도중에 귀찮거나 지쳐 타협해서는 안 된다.
특히 상대방의 반발이 아무리 강하더라도 지탱해야 한다.

⑩ 먼저 상대방을 칭찬해 주고 잘못을 지적한다.
잘한 일은 모두 무시하고 잘못한 일만 들추지 않는다. 꾸짖는 사
람과 거리감을 느끼지 않도록 자유스러운 분위기를 조성한다.

⑪ 질책은 칭찬보다 간단명료하고, 그 길이가 짧아야 한다.
질책의 양태는 변덕스럽거나 편파적이어서는 안 된다.

⑫ 간접적으로 완곡하게 주의를 준다.
무엇을 훈계할 경우 지금 훈계하고 있다는 인상을 남기지 않는다.
가령, '금연'이라고 써 붙인 사무실에서 몇몇 직원이 버젓이 담배
피는 장면을 보고, "자네들 저 글자 읽을 줄 몰라!" 보다, 가까이
다가가서 "일이 잘 안 풀려?"라고 물으며, 담배 한 대씩 권하면서

"자, 모두 밖에 나가서 한 대씩 태우고 오지."라고 하여 체면을 세워 주며 스스로 실내 흡연의 잘못을 자각하도록 하는 것이다.

5) 충고하기

남을 도와준다는 것은 물질적인 것만이 진정한 도움이 아니다. 다른 사람보다 많이 깨우치고 있는 지도자는 물질로써 남을 구제하지 못하더라도 어리석은 사람이 곤란할 때 한마디 말로써 그를 깨우쳐 주고, 위급한 사람을 만났을 때 한마디 말로써 그를 구해준다면 이 또한 끝없는 공덕이 된다.[143]

지도자는 상대방이 자신의 충고를 잘 받아들이지 않으면 즉시 삼간다. 그렇지 않으면 언젠가는 욕을 당하게 될지도 모른다.[144] 지도자는 동료에게 충고할 때 지나치게 자주 하지 않도록 한다.[145] 좋은 말도 자꾸 되풀이하면 싫증이 난다. 하물며 좋지 못한 말을 많이 하는 사람은 아무도 좋아하지 않는다.[146]

---

143) 士君子 貧不能濟物者 遇人痴迷處 出一提醒之 遇人急難處 出一言解救之 亦是無量功德 (사군자 빈불능제물자 우인치미처 출일제성지 우인급난처 출일언해구지 역시무량공덕 [채근담]).

144) 忠告而善導之 不可則止 無自辱焉(충고이선도지 불가즉지 무자욕언[논어]).

145) 朋友數 斯疏矣(붕우삭 사소의 [논어]).

146) 善言之支離 聽之者尙厭之 況惡言之多者乎(선언지지리 청지자상염지 황악언지다자호 [사소절]).

|품위 있게 말하기

지도자는 품위 있게 말하여 '지도자다움'을 지켜야 한다. 대화에 참여한 사람들은 서로의 인격을 존중하고 예의를 갖추어야 성공적인 의사소통을 할 수 있다. 이를 위해서 정중어법을 지켜야 한다. 정중어법(鄭重語法)이란 '상대방에게 정중하지 않은 표현은 최소화하고 정중한 표현은 최대화하라'는 것이다(Leech, 1983).

상대방을 어떻게 대접하느냐 하는 것은 자신의 교양을 나타내는 척도가 된다. 공손의 원리에 따라 정중어법으로 상대방에게 올바른 대화 예절을 갖추는 것은 자신의 인격을 나타내 보이는 방법이 되기도 하지만 자신의 인격을 연마해 나가는 좋은 방법이 될 수도 있다. 요즘 우리 사회에는 불순하고 예의를 갖추지 못한 언어 행위가 거리낌 없이 퍼져 있다. 이러한 현상은 젊은이들뿐 아니라 정치·경제·문화·학계 등의 지도자들에게도 나타난다는 점이 큰 문제이다.

우리는 남과 더불어 살아가면서 수직적·수평적 순서의 인간관계를 맺고 있다. 이러한 순서는 개인이 자신의 편리에 따라 정하는 것이 아니라 함께 살아가는 사람들이 약속해서 정하는 것이다. 이런 순서의 질서가 예의(禮儀)이다. 예의가 바르게 서 있을 때 그 사회는 평화롭고 사회 구성원들은 상호 존중의 미덕을 발휘할 수 있다.

예의는 타인을 존중하는 마음이다. 따라서 모든 덕행의 시작이다. 대대로 사람이 사람다운 것은 예의가 있기 때문이다, 예의의 시초는 얼굴과 몸을 바르게 하고, 낯빛을 온화하게 하며, 말소리를 순하게 하는 데에 있다.[147] 예의는 자신을 억제하는 마음에서 시작된다. 자신을

---

147) 禮儀之始 在於正容體 齊顏色順辭令(예의지시 재어정용체 제안색순사령 [소학]).

극복하지 않고서는 진정한 예의에 이를 수 없다. 감정이 격화되어 말을 함부로 하거나, 사소한 이익 앞에서 자신만을 생각한 채 행동하는 것 등은 모두 극기(克己)하지 못하는 것이다.[148]

지도자는 예절에 어긋나는 말은 듣지도 말고 하지도 말아야 한다. 말을 예절에 맞게 바로 하면 억지 논리나 야비한 표현을 멀리 할 수 있다.[149] 예로부터 우리는 다음과 같은 언어 예절을 중히 여겨 왔다.

❶ 여럿이 모여 앉아 있는 자리에서 특정인끼리만 통하는 화제는 삼간다

공적인 모임에서 옆 사람 귀에다 입을 댈 정도로 귓속말을 주고받아서는 안 된다. 다른 사람들에게 마치 무슨 모의를 하는 것 같아 그들에게 몹시 불쾌감을 주기 쉽다.[150]

❷ 상대방과 관련 있는 말을 할 경우 그의 바로 앞에서 직접 한다

당사자가 없는 데서 말하는 것은 좋지 않은 일이다. 남 몰래 허점을 찌르는 짓이다. 어떤 사람이 이야기하는 것을 들으면서 그 속에서 조그만 흠이라도 찾고 있다가, 그가 자리를 뜨면 비웃는 것은 불여우가 모래를 머금고 사람에게 쏘아 해치는 것 같다.[151]

❸ 웃어른과 문답할 때에는 더욱 예절을 지켜야 한다

웃어른이 앞에서 무엇을 묻는 경우 앉아 있을 때는 일어나서 대답

---

148) 김태훈, 덕 교육론, p.63.
149) 出辭氣 斯遠鄙倍矣(출사기 사원비배의 [논어]).
150) 稠坐中 勿與人附耳偶語(조좌중 물여인부이우어 [사소절]).
151) 對人言 先點檢其小暇 待其去 卽嘲之者 號曰狐蠱之倫(대인언 선점검기소하 대기거 즉조지자 호왈호역지윤 [청장관전서]).

하고, 서 있을 때는 조금 앞으로 나아가 두 손을 올려 가슴 앞에 겹치고 온화한 얼굴로 공손하고 찬찬하게 구체적으로 대답한다. 난폭하거나 떠들어서는 안 된다.[152]

우리 사회는 용모나 말씨에 법도가 있음을 귀하게 여겨왔다. 그 까닭은 그것을 통해 마음을 다스릴 수 있기 때문이다. 용모나 말씨를 온화하고 신중하게 가꾸면 마음 또한 그렇게 된다. 그런데 요즘 우리 사회에는 불순하고 예의를 갖추지 못한 언어 행위가 거리낌 없이 퍼져 있다. 이러한 현상은 젊은이들뿐 아니라 정치, 경제, 문화, 학계 등의 지도자들에게도 나타난다는 점이 큰 문제이다.

지도자는 거친 말을 삼가야 한다. 국가, 사회, 가정 등 조직의 구성원 사이에 말이 순조롭게 오갈 때, 부드럽고 밝은 분위기 속에서 모든 일이 무리 없이 진행된다. 명분이 바르지 않으면 말이 순조롭지 못하고, 말이 거칠어지면 모든 일이 제대로 될 리 없다.[153]

❶ 목소리는 조용조용 부드럽게 내야 한다

목소리나 음색은 마음의 상태를 드러내는 것이다. 그것을 가다듬으면 마음도 가다듬을 수 있다.

❷ 입은 다물고 소리는 조용히 낸다[154]

'소리를 조용히 낸다'는 것은 다음과 같이 하는 것이다. 첫째, 표정

---

152) 尊長之前 凡有所問 坐則起答 立則稍進 拱手和顏 恂恂綏言 具實以對 毋暴毋喧(존장지전 범유소문 좌칙기답 입칙초진 공수화안 순순완언 구실이대 무폭무훤 [동자습]).
153) 長者有問 徐思而答 對以實言 毋証毋雜(장자유문 서사이답 대이실언 무광무잡 [동자습]).
154) 口容止 聲容靜(구용지 성용정 [예기]).

을 가다듬고 캑캑 기침을 하는 등 잡소리를 내지 않는다.[155] 둘째, 목소리를 안정감 있게 정중하게 내고, 거칠고 사납게 내지 않는다.[156] 셋째, 부드럽고 온순하며 거칠고 거세지 않게 한다. 낮지도 작지도 말 것이며 그렇다고 높이 소리치거나 시끄럽게 떠들지 않는다.[157] 그런데 일부 종교계의 지도자들은 아직도 쉰 목소리로 고래고래 소리 지르며 설교하고 있다. 첨단 음향시설을 이용하여 청아한 목소리로 설교할 수도 있을 터인데 무슨 까닭으로 그러는지 이해하기 어렵다.

❸ 가볍고 빠르지 않게 묵직하고 천천히 말한다

마음이 안정된 사람은 말을 묵직하고 천천히 한다. 그렇지 않은 사람은 말을 가볍고 빠르게 한다.[158] 재주는 있으나 덕이 적어 재승덕박(才勝德薄)하거나 머리가 명민(明敏)하여 잘 돌아가는 사람은 대체로 말이 빠른 편이다. 그러나 같은 사람이라도 경쾌한 기분 또는 노기(怒氣)가 폭발했을 때는 대체로 빠르게 하고 점잖은 좌석이나 신중을 기해야 할 때는 대체로 느리게 하는 경향이 있다.[159]

❹ 말은 우물우물하지도, 조잘조잘하지도 않는다

산만하지 않게 하며 너무 느려터지지 않게 한다. 얼크러지지 않으며 토막토막 떨어지지 않게 한다. 무기력하지 말 것이며 지나치게 급하지도 않게 한다.[160]

---

155) 當整攝形氣 不可出欬咳等雜聲(당정섭형기 불가출해해등잡성 [격몽요결]).
156) 欲其聲必安重 不粗暴也(욕기성필안중 불조폭야 [순암집]).
157) 和順而不麤厲也 勿低 勿微 勿高叫 勿喧囂 此聲之則也(화순이불추려야 물저 물미 물고규 물훤효 차성지칙야 [어당집]).
158) 心定者 其言重而徐 不定者 其言輕而疾(심정자 기언중이서 부정자 기언경이질 [근사록]).
159) 이응백, 속 국어교육사연구, p.15.

❺ 말과 웃음은 간결하고 무게 있게 한다

시끄럽게 하여 절도를 지나치는 일이 있어서는 안 된다.[161]

1) 친교적인 대화하기

말은 항상 어떤 뚜렷한 뜻이 있는 내용만을 전달하기 위해서만 사용되는 것이 아니다. 말하는 이나 듣는 이가 서로 마음의 문을 활짝 열고 간단한 말을 나눔으로써 서로 공감대를 형성하고 친밀감을 자아내게 하는 구실을 하기도 한다. 이런 목적의 대화를 친교적 대화라고 한다.

우리는 대인관계에서 우호적 국면을 조성하기 위해 흔히 날씨 이야기, 인사말, 농담, 재치 있는 말, 달콤하나 별 뜻이 없는 말 등을 주고받는다. 가령, "안녕하십니까?"라는 인사말은 정말 안녕 여부를 묻는 것이 아니라 그런 말을 함으로써 정감(情感)을 표시하는 것이다. 남의 나라에 가서 그 나라에 대한 첫 인상을 물을 때면 으레 'wonderful!' 이라고 외교적인 말로 답하는 것도 친밀감을 나타내는 것이다. 음식을 상다리가 부러지게 차려 놓고는 "차린 것은 없으나 많이 드시지요."하는 주인의 겸사(謙辭)도 친교적인 말이다.

이런 말들은 대화의 공간을 메우고 앞으로 이어질 본격적인 대화의 윤활유 구실을 한다. 또한 친교적인 대화는 의사소통에 참여한 사

---

160) 言語不可呢喃 不可啁啾 不可散漫 不可遲滯 不可綿纏 不可絶落 不可低殘 不可暴急(언어불가니남 불가조추 불가산만 불가지체 불가면전 불가절락 불가저잔 불가폭급 [사소절]).
161) 言笑當簡重 不可喧譁以過其節(언소당간중 불가훤화이과기절 [격몽요결]).

람들끼리 서로 쓰다듬어 사회 집단의 응집력을 가져온다. 이처럼 말은 그 내용 자체보다 단순히 말한다는 사실 자체가 중요한 경우가 있다. 그러므로 지도자는 공적인 생활에서 침묵이나 퉁명스러움을 잠재우고 단순히 친교를 목적으로 하는 간단한 말이라도 아끼지 말아야 한다.

우리는 일상생활에서 공식적이건 비공식적이건 인사·소개·위로·격려·축하 등을 하게 되는 여러 가지 상황에 놓이게 된다. 지도자는 이러한 상황에 알맞은 말을 할 줄 알아야 인간관계를 원만히 유지할 수 있다.

인사는 사람과 사람을 이어주는 고리이자 윤활유라 할 수 있다. 마주치는 사람들과 주고받는 밝은 인사 한마디는 우리가 하나의 공동체 속에 살고 있음을 느끼게 해 준다.

대체로 외국인들은 낯선 사람끼리 길거리에서 마주쳐도 간단하고 밝은 인사를 주고받는다. 우리도 마주치는 사람끼리 밝은 표정으로 정겨운 인사를 나누는 습관을 기르는 것이 필요하다. 좋은 일이 있을 때 기쁨을 함께 나누는 인사말을 하고, 걱정스러운 일이 있을 때 위로하고 격려하는 일은 사회를 윤택하게 하는 우리의 미풍양속(美風良俗)이다. 인사말은 말의 뜻 그대로를 나타내는 것이 아니라, 상대방에 대한 관심과 사랑의 표현이다.

일본의 유치원에서 가장 먼저 가르치는 것 중의 하나가 '오아시스'라고 한다. "오하이오 고자이마스"(아침 인사), "아리가토 고자이마스"(고맙습니다), "시쓰레 시마스"(실례합니다), "스미마셍"(미안합니다)의 머리글자를 따서 오아시스라고 한다는 것이다. 오아시스는 기본예절에 대한 핵심 어구이다. 제대로 인사할 줄 알고 고마워하며 남에게 폐를 끼치지 않는 생활 습관을 몸에 지니게 되면 사람 사는 세상이 오아시스가 된다는 의미가 아닐까 한다.

여기에서는 잘못 사용하기 쉬운 인사말과 호칭·지칭어를 알아본다.

(1) 직장에서 다른 사람보다 먼저 퇴근하면서 하는 인사말

윗사람에게 "수고하십시오."는 절대로 써서는 안 될 말이다. '수고'라는 단어는 '受苦(고통을 받다)'라는 뜻으로 들릴 수도 있다. "실례합니다."와는 다르게 듣는 사람의 기분을 상하게 할 수 있으므로 쓰지 않도록 한다. 그러나 동년배나 아랫사람에게는 "먼저 가네, 수고하게."처럼 '수고'를 쓸 수도 있다.

(2) 직장에 남아 있는 사람이 퇴근하는 사람에게 하는 인사말

"안녕히 가십시오."하고 인사한다. 이때도 윗사람에게는 역시 "수고하셨습니다."라고 할 수 없다. 그러나 아랫사람에게는 "잘 가게, 수고했네."와 같이 인사를 할 수 있다.

(3) 관공서, 회사 등에서 손님을 맞을 때의 인사말

바른 말, 고운말과 예의바른 자세는 누구에게나 요구되는 덕목이지만, 대민 업무를 담당하는 공무원에게는 의무이다. 인사말은 기계적·형식적인 말보다는 친절하고 공손한 마음가짐이 담긴 말이어야 한다.

관공서, 회사 등에서 손님을 맞을 때는 "어서 오십시오. 어떻게 오셨습니까?"라고 한다. "어서 오십시오."를 빼고 "어떻게 오셨습니까?"

라고만 하면 불친절하고 사무적인 느낌이 든다. "실례지만, 어떻게 오셨습니까?"라고 말하는 경우가 있는데, '실례지만'은 필요 없는 말이니 쓰지 않는 것이 좋다. 간혹 "무엇을 도와드릴까요?"라고도 하는데, 이는 영어 인사말을 직역한 말 같아 자연스럽지 못하다.

(4) 고마움을 나타낼 때의 인사말

"감사합니다."라는 어휘를 사용하는 경향이 널리 퍼져 있는데 "고맙습니다."가 더 좋은 말이다. "고맙다."는 말을 젊은이들이 어른에게 쓰기에는 건방진 말로 여기는 경향이 있는데 이는 잘못된 생각이다. "감사하다."보다는 "고맙다."라는 고유어를 살려 쓰는 것이 좋다. 더욱이 "감사드린다."는 말은 글 쓸 경우가 아니라면 좋지 않다. 굳이 "고맙다." 대신에 쓰고자 한다면 "감사하다."로 족하다.

(5) 세배할 때의 인사말

요사이 젊은 층에서는 세배를 할 때 절하겠다는 의사 표시로 어른에게 "절 받으세요.", "앉으세요."하는 버릇이 있다. 이런 말은 불필요한 말이고 좋지 않은 말이다. 이런 명령조의 말을 하는 것은 어른에 대한 예(禮)가 아니며 절 받는 어른의 기분을 상하게 한다. 말 없이 그냥 절을 하는 것이 공손하다. 다만 나이 차가 크지 않은 어른이 절 받기를 사양할 때 권하는 의미로 "절 받으세요."나 "앉으세요."하고 말하는 것은 괜찮다.

세배를 한 뒤에 어른의 덕담이 곧이어 나오지 않을 때나 덕담이 있은 뒤에 어른께 말로 인사를 할 수도 있다. 이 때 "과세 안녕하십니까?” 정도가 좋고, 이 밖에 상대방의 처지에 맞게, 이를테면 “올해는 두루두루 여행 많이 다니세요.”나 “올해는 테니스 많이 치세요.”와 같은 바람을 담은 인사말을 할 수 있다.

요즈음 건강에 대한 관심이 높아져서 윗사람에게 건강을 비는 인사를 많이 하는데 이 때 듣는 이의 기분을 해치지 않도록 조심한다. 건강을 비는 말이 오히려 듣는 이에게 “내가 벌써 건강을 걱정해야 할 만큼 늙었나?”하는 느낌을 가지게 할 수 있기 때문이다. 특히 “만수무강하십시오.”나 “오래오래 사세요.” 같은 인사말은 말하는 사람의 의도와는 달리 어른에게 서글픔을 느끼게 할 수 있으므로 안 쓰는 것이 좋다.

(6) 생일 날의 인사말

‘생일’의 높임말이 ‘생신’(生辰)인 것은 누구나 아는 사실이나, 요즘 젊은 층에서는 점차 안 쓰이고 있는 형편이다. 그러나 이 말은 살려야 할 말이다. 손위 사람의 생일에 대해서는 생신이라고 해야 하고 따라서 부모는 물론 형님에 대해서도 생신이라고 해야 한다. 또 ‘생일 잔치’의 높임말은 ‘생신 잔치’가 된다. 마찬가지로 ‘생일 날’의 높임말은 ‘생신 날’이다.

어떠한 경우든 생일 때의 인사말은 “축하합니다.”, “생신 축하합니다.”가 좋다. 그 밖에 “더욱 건강하시기 바랍니다.”나 “더욱 강녕하시기 바랍니다.”도 괜찮다. 그러나 “축하드립니다.”나 “생신 축하드립니다.”와 같이 “축하를 드리다.”는 말은 옳지 않다. ‘말씀’은 드릴 수 있지만 ‘감사’나 ‘축하’는 ‘드린다’는 말이 어법상 맞지 않는 불필요한 공대이기 때문이다.

이 밖에 "건강하십시오."라고 흔히 말하지만, 이 말 역시 좋지 않다. 왜냐하면 '건강하다'는 형용사인데 형용사는 명령문을 만들 수 없을 뿐더러, 어른에게 하는 인사말로 명령형 문장은 될 수 있으면 피해야 하기 때문이다. 그밖에 "오래 사십시오."나 "만수무강하십시오."와 같은 말도 돌 때의 "명 길어라."처럼 오늘날에는 적당하지 않은 말로 지적되고 있다. 더욱이 "여생을 건강하게 사십시오."나 "백세까지 사십시오." 같은 말은 생일을 맞는 이의 기분을 언짢게 할 수도 있는 불필요한 군더더기 말이다.

(7) 문상할 때의 인사말

어떤 경우의 문상에서나 아무 말도 하지 않는 것이 가장 좋다. 문상을 가서 고인에게 재배하거나 묵념하고 상주에게 절한 후 아무 말도 하지 않고 물러나오는 것이 일반적이며 예의에 맞다. 상을 당한 사람을 가장 극진히 위로해야 할 자리이지만, 그 어떤 말도 상을 당한 사람에게는 위로가 될 수 없는 것이다. 오히려 아무 말도 안 하는 것이 더욱 더 깊은 조의를 표하는 것이 된다.

그러나 굳이 말을 해야 할 상황이라면, "삼가 조의를 표합니다.", "얼마나 슬프십니까?" 또는 "뭐라 드릴 말씀이 없습니다." 정도가 좋다. 이런 말을 할 경우라도 분명하게 말하지 않고 뒤를 흐리는 것이 예의라고 하는 견해도 있다. 상을 당하여서는 문상하는 사람도 슬퍼서 말을 제대로 할 수 없는 것이다.

문상을 가서 "호상(好喪)입니다."라는 말은 혹 문상객끼리라면 몰라도, 상주에게는 써서는 안 될 말이다. 아무리 돌아가신 분이 천수(天壽)를 다했더라도 잘 돌아가셨다고 하는 것은 상주에 대한 예가 아니다.

문상을 하는 사람이 말로써 문상을 하지 않는 것이 가장 모범이듯이, 문상을 받는 상주 역시 문상객에게 아무 말도 하지 않는 것이 좋다. 상주는 죄인이므로 말을 해서는 안 된다는 것이다. 굳이 말을 한다면 "고맙습니다." 또는 "드릴(올릴) 말씀이 없습니다."하여 문상을 와 준 사람에게 고마움을 표하면 된다.

(8) 직장에서 윗사람을 그보다 윗사람에게 지칭하는 경우

'○○ 과장님께서'는 곤란하여도 '○○ 과장님이'하고 주체를 높이는 '-시-'를 넣어 "○○ 과장님이 이 일을 하셨습니다."처럼 높여 말하는 것이 우리의 언어 예절이다. "○○ 과장이 이 일을 했습니다."로 말해야 한다고 교육 받은 사람들도 실제로는 직속 상관이나 상사를 낮추어 말하는 것이 어려워 어물어물 넘기는 경우가 많은 것은 바로 우리의 전통 언어 예절과 일본의 언어 예절이 뒤섞여 생기는 혼란이라고 할 수 있다.

(9) 식당 등 영업소의 종업원을 부를 때

남자 종업원을 부를 때와 당사자에게 지칭할 때는 '아저씨', '젊은이', '총각'을 상황에 따라 적절히 쓴다. 일반적으로 어느 경우에나 '여보세요'를 쓸 수도 있다. 다른 사람에게 지칭할 때는 '(남자) 종업원'을 쓴다.

여자 종업원을 부를 때와 당사자에게 지칭할 때는 '아주머니', '아가씨'를 쓴다. '아줌마'는 상대방을 높이는 느낌이 들지 않으므로 말하는 사람보다 나이가 아주 적거나 친근한 경우가 아니면 삼간다. 연세가 드신 분들이 나이 어린 여자 종업원을 '언니'라고 부르는 경우가 있는데 쓰지 않아야 될 말이다. 물론 어린이는 '언니'라고 부를 수 있다. 다른 사람에게 지칭할 때는 '(여자) 종업원'을 쓴다.

(10) 전혀 안면이 없는 사람을 만나서 부르고 가리킬 경우

그 사람이 아주 나이가 많은 사람이라면 '어르신(네)', '선생님'이라고 하고 '할아버지'는 삼간다. 동년배이면 '선생(님)'을 쓴다. 만난 사람이 여자일 경우 아주 나이 많은 윗사람에게는 '어르신(네)', '할머니(님)', '아주머니(님)'를 쓰고 동년배끼리는 경우에 따라 '할머니', '아주머니'를 쓴다. 이런 점에서, '야', '당신', '어이 이봐', '여보', '여보쇼', '나 좀 봅시다'라는 호칭이나 지칭은 삼가야 할 말이다.

2) 반말 삼가기

지도자는 공적이건 사적이건 습관적으로 반말을 사용해서는 품위를 잃기 쉽다. 오늘의 우리 사회에는 관념적으로 모두가 평등하다는 생각이 뿌리를 내렸지만, 강한 자와 약한 자 사이에 힘의 불균형 관계는 엄연한 현실로 남아 있다. 반말은 말하는 사람이 듣는 사람을 높이고자 하는 뜻이 없을 때 사용하는 덜 공손한 말이다. 반말은 서로 친하고 허물없는 사이에, 듣는 사람을 높일 것인가 낮출 것인가를 결정짓지 못했을 경우 적당히 어물어물 지나치기 위해서, 신분상 윗사람이 아랫사람에게 일방적이고 위협조의 명령이나 지시를 내릴 경우에 사용한다. 어떤 경우에든 말하는 쪽이 듣는 쪽을 높일 의사가 없을 때 반말을 한다. 그러므로 반말은 말하는 사람과 듣는 사람이 필연적인 상하 관계에 있거나, 각별히 가까운 관계를 맺고 있을 경우에는 자연스럽게 사용할 수 있다. 그러나 말하는 사람과 듣는 사람이 그러한 관계에 있지 않을 때 함부로 상대방을 낮추는 반말을 하게 되면, 듣는 쪽은 말하는 쪽에 대하여 불쾌한 반응을 나타내게 된다. 대인 관계가 강자와 약자 사이의 관계로 나타날 때 이들 사이에 계급의식이 생기고 언어 계층의 구분이 생기게 된다. 그리하여 강자는 약자에게 반말을 쓰게 되고, 약자는 강자에게 높임말을 써야 하는 상황이 생기게 된다.

이런 점에서 공무를 수행하는 경찰관은 국민에 대하여 반말을 사용해서는 안 된다. 국민의 공복으로서의 경찰관이 그 주인인 국민에게 고압적이고 강압적인 반말을 하게 되면 봉사 경찰상을 흐리게 하는 결과를 초래하게 될 것이다. 혹 공익과 질서를 위해서라든가 수사 기술상의 필요에 의해 반말을 불가피하게 사용하지 않을 수 없는 경우가 있다는 변명만을 늘어놓는다면, 이는 국민의 생각이나 기대를 외면하는 일이 될 것이다. 그래서 피의자나 참고인에게 '습관적으로 쓰는' 반말은 관료주의적 횡포의 가장 적나라한 모습을 보여 주는 것이라고 국민 전체로부터 지적을 받아온 바 있다.

최근 우리 사회에는 존댓말을 파괴하려는 듯한 풍조가 나타나 '반말 문화'가 확산되고 있다. 예의바른 사람보다는 개성 있는 사람을 존중하고, 권위보다는 평등을 강조하는 사회 분위기가 깔려 있다. 최근 '반말 쓰기'에 대한 다음과 같은 견해가 보인다.

젊은 부모들은 대부분 자녀들과 반말로 대화를 나누고 부부 사이에도 존댓말을 사용하지 않는다. 평등한 부부관계를 상징하는 도구로 남편과 반말로 대화를 나눈다는 사실을 내세운다. 대학 사회에서는 평등한 선후배 관계를 위한 '반말 쓰기' 운동이 벌어져왔다. 선후배를 구별하지 않고 평등하게 대화하는 것이 참된 동료관계의 시작이라고 생각했기 때문이라고 밝혔다. 학번이 높은 이에게 무조건 존댓말을 쓰도록 하는 문화는 불필요한 권력관계와 위계질서를 만드는 '구악(舊惡)'이라는 것이다. 진정한 선배의 권위는 후배에게 존댓말을 쓰게 하는 데서 생기는 것이 아니라 삶의 모습에서 자연스레 배어 나오는 것이라며 서로 반말을 하면서부터 선후배 사이의 토론과 의사소통이 자유로워졌고, 인간관계도 더 돈독해졌다고 말했다. 존댓말은 어색한 사이, 공적인 관계에서 예외적으로 사용하기에 적합한 말일 뿐이라는 것이다. 우리 사회에서 퍼져나가고 있는 이 같은 반말 문화는 사람을 만나면 무조건 '위아래'를 따져 '선배님, 형님, 후배, 아우'로 관계를 정리해야 편안해지는 우리의 전통적 서열 문화에 비추어볼 때 의미 있는 변화라는 평이 적지 않다. 그러나 이러한 현상에 대해 우려하는 목소리도 적지않다. 우리의 존댓말은 원래 서로를 존중하는 것에서 출발한 어법이었다. 존댓말이 없는 서구 문화가 급속히 유입되고 컴퓨터 통신 언어가 일상화되면서 우리 전통이 파괴되고 있는 것은 심각한 문제라고 하는 이도 있다. 앞으로 '-하오, -하게'와 같은 다양한 하대체를 되살려 평등하면서도 윗사람에 대한 존중 의식이 살아 있는 우리말 어법을 만들어내야 한다. 존댓말이 무조건 구시대의 악습인 것처럼 비쳐지는 것은 적절치 않다. 나이가 많다는 이유로 한쪽은 하대를 하고 다른 한쪽은 극존칭을 써야 하는 것이 문제인 것이라며 평등하고 서로 존중하는 관계를 위해서는 두 당사자 사이에 반말을 쓰기보다는 서로 존대를 하는 어법을 사용하는 편이 더욱 적절할 것이라고 지적하는 이도 있다.

3) 욕설 삼가기

　우리 사회 지도자 중에 아직도 욕설이나 상소리로 구성원을 다스리려는 이가 적지 않다. 남의 인격을 무시하거나 남을 저주할 목적으로 내뱉는 말을 욕설이다. 이런 천하고 속된 말을 상소리 또는 비속어라고도 한다. 우리 사회에는 상스러운 말과 욕설들이 어지럽게 오가고 있다. 특히 청소년들의 일상어는 대부분 상소리와 욕설로 물들어 있다. 말은 그것을 사용하는 사람들의 의식이 비속하거나 그들이 처한 환경이 열악하면 비속화된다. 저질적인 사고방식이 저속한 말씨를 퍼뜨리고 그것이 역작용으로 행동을 부채질하고, 그러고도 양심에 아무런 거리낌 없게 되면 말은 점차 품위를 잃어갈 수밖에 없는 것이다. 사회가 밝고 정의가 서 있지 않으면 '고운말 쓰기'를 아무리 강조하더라도 실효를 거두기가 어렵다. 상스러운 말의 사용 문제는 결코 '말'만의 것은 아니다. 조직이나 사회가 비속하고 천한 방향으로 흘러가고 있기 때문이다.

　오늘날 우리의 말씨가 거세고 거칠어 가는 것이 문제이다. 이런 현상은 단순히 발음교육이 받지 못했기 때문에 생기는 개인적인 문제에 있는 것만이 아니라, 전 국민적인 생활 풍토와 민족 감정의 메마르고 거세진 결과로 볼 수 있다. 이처럼 말씨가 거세고 거칠어 가는 것은 우리 사회의 격렬한 모습을 보이는 동시에 스스로의 마음을 자극하여 더 세게 더 되게 하는 쪽으로 몰고 가기도 한다.

　공적인 입장에서는 같은 말을 하더라도 듣는 사람의 감정을 상하게 하는 자극적인 말, 빈정대는 말 등을 삼가고 부드러운 말을 선택해야 할 것이다. 과격한 표현, 거친 표현, 감정이 절제되지 않은 표현, 욕설 등은 말하고 있는 내용이 합리적이지 못하거나 근거가 박약하다는 것을 뜻한다. 그러므로 지도자는 사회가 정화되기를 우두커니 기다리지만 말고 우선 말부터라도 부드럽고 나직하게 주고받는 선도자가 되어야 한다. 국가·사회·가정 등 조직의 구성원 사이에 말이 순조롭게 오갈 때, 부드럽고 밝은 분위기 속에서 모든 일이 무리 없이 진행된다.

욕설은 일정한 단어를 가리키는 것이 아니라, 사용자가 상대방에게 추잡하고 비루한 느낌을 주거나 모욕감을 갖게 하려는 의도에서 하는 말의 총칭이다. 같은 말이라도 야유조, 비아냥거리는 투로 사용하면 욕설이 될 수 있다. 욕설은 난폭한 행동 대신에 위기에 대처하는 안전판 구실도 한다. 욕설은 순수한 감정의 표현이다. 그래서 우리말에 욕설이 있는 것 자체를 부정시할 것은 아니다. 화나고 분한 감정을 욕설로 해소할 수 있는 것은 오히려 고마운 일이기도 하다. 욕설은 필요악이라고 해도 좋을 것이다. 그러나 욕설이 필요악이라고 해도 욕설을 권장할 것은 아니며, 화가 치밀어 오르더라도 참을 수 있는 것이 수양하는 길이 됨은 두말할 필요도 없는 것이다.

욕설이란 본디 고상함이나 교양과는 거리가 먼 것이다. 악한 감정으로 흥분된 상태에서 내뱉게 되는 것이다. 그러므로 욕설을 할 때 바른 말이나 표준어를 써주기를 기대할 수는 없다. 그 반대로 혐오도가 높은 욕설을 구사하려는 심리는 비표준어를 쓰게 되고 천박한 표현의 말을 골라 쓰게 된다.

욕설은 부정적인 면을 지니고 있지만 진솔한 감정의 표현이다. 그런 까닭에 욕설은 감정 전달이 용이한 말을 골라 쓰게 된다. 그러한 현상은 욕설에는 한자어보다 고유어가 많다는 점에서 잘 나타나 있다. 희로애락의 표현은 외래어인 한자어보다 우리의 정감이 어려 있는 고유어가 감정을 더 진솔하게 표현해 주기 때문이다. 공용어인 표준어보다 비표준어를 쓰는 것도 이와 상통한다.

이상으로 보건대, 비속어나 욕설은 한 사회의 의식을 표출하는 필연적 존재이다. 그러나 이런 말들이 인간성의 비속화와 사회의 비속화를 가져오는 독소임에는 틀림없다. 그것이 독소임을 인정하는 바에야 그 끊임없는 제거하려고 노력해야 할 것이다. 그것은 마치 사회 있는 곳에 범죄가 있어서 이를 다스려 마지않는 일과 같은 이치일 것이다.

특히 공직자가 욕을 퍼부어 국민의 인권을 침해하는 언행은 삼갈 일이다.[162] 그리고 공직자 가운데 공무를 수행하면서 욕을 하지 않으면 언어 소통에 지장을 초래할 정도까지 중독된 사람들이 있다면 정말 큰 문제일 것이다.

4) 중립적 언어 사용하기

지도자는 차별적이고 비중립적(非中立的)인 언어 사용도 삼가야 한다.[163] 다음의 예와 같은 단어는 사용하지 않아야 한다.

---

162) 욕설의 유형은 크게 다음과 같이 정리할 수 있다(박경현, 언어 폭력 예방을 위한 국어 교육의 방향, 경대 논문집 제21집, 2001).
　(1) "네 성격은 구제 불능이야!"(성격 비난)
　(2) "능력 없는 백수 주제에"(능력 비방)
　(3) "상놈의 집안 자식 같으니라구"(배경 비난)
　(4) "뭐처럼 생긴 놈이"(외모 비방)
　(5) "넌 언젠가 벼락맞아 죽을 거야"(저주, 악담)
　(6) "야, 웃어봐. 쫀쫀하게 굴지 말고"(희롱)
　(7) "칠칠맞은 놈이 뭘 해"(비아냥, 조롱)
　(8) "불지 않으면 반쯤 죽일 거야"(협박)
　(9) "넌 인간도 아냐"(모욕, 비하, 무시)
163) '국립국어원(2010), 이런 말에 그런 뜻이' 참조

(1) 성 차별 표현

'미혼모', '미망인', '여순경', '여교수', '처녀작', '처녀 출전', '시집 가다', '바깥어른', '집사람', '학부형', '여편네', '마누라', '여시' 등은 어느 한쪽 성에 대한 부당한 성 차별의 편견을 보이는 언어 표현이다.[164]

164) 여성을 차별하는 표현의 예로는 다음과 같은 것을 들 수 있다.
   (1) "-년. -같은 년아……"(욕설)
   (2) "뭐처럼 생긴 놈이"(외모 비방)
   (3) "넌 내거야.", "쟤 내거야.", "넌 어떤 걸 원하냐?"(소유물화)
   (4) "여자 앉은 자세가 그게 뭐니?", "여자가 벌리고 앉냐?"(자세)
   (5) "여편네. 마누라. 가시나. 계집애. 문둥이 가시나……"(비하어)
   (6) "여자가 무슨 공부야.", "여자는 많이 배우면 못써."(교육 제한)
   (7) "여자애 방이 왜 이리 더럽냐?", "여자들 교실이 왜 이래?"(청결)
   (8) "계집애는 아무짝에도 쓸데없어. 여자는 시집가면 끝이야."(무용화)
   (9) "여자는 아무 대학이나 나와서 시집이나 잘 가면 돼."(결혼 지상주의)
   (10) "남자도 아닌 게 뭘 한다고.", "여자가 무슨.", "가시나 주제에."(무능)
   (11) "예부터 여필종부라 했다. 남자가 하라면 하지 무슨 말이 많아."(복종)
   (12) "너는 여자니까 빠져.", "여자는 듣지 마.", "여자는 상관하지 마."(소외)
   (13) "여자가 빨빨거리고 쏘다닌다.", "여편네가 왜 그리 싸다녀?"(외출 제한)
   (14) "암탉이 울면 집안이 망한다.", "여자가 웃음소리가 그게 뭐니?"(침묵 강요)
   (15) "여자 옷이 그게 뭐냐?", "여자애가 하고 다니는 꼴이 그게 뭐야?"(외모)
   (16) "여자니까.", "여자란 건.", "여자잖아.", "여자들은 할 수 없어."(편협, 요물화)
   (17) "몸매 죽여준다.", "못생긴 여자는 용서해도 뚱뚱한 여자는 용서 못해."(미모)
   (18) "여자는 집에서 밥하고 애나 봐.", "여자는 살림만 잘하면 돼."(가사 전념 요구)
   (19) "집에서 밥만 하지 말고 신문 좀 읽어라.", "여자가 저리 무식하냐."(무식 비방)
   (20) "여자가 무슨 운전이야.", "여자까지 차 끌고 나와 길이 더 복잡하네."(운전 비방)
   (21) "이놈아 너는 우리 집 기둥이야.", "집안에 항상 아들이 있어야지."(남아 존중)
   (22) "여자가 그것도 못하냐.", "밥(요리, 설거지)도 못하냐?"(역할 고정과 열등감 조장)
   (23) "여자가 집안일도 못하면서 무슨 직장이야.", "여자가 무슨 정치야?"(사회 활동 제한)
   (24) "돈 많은 남자 만나면 여자는 성공한 거야.", "남자는 여자하기에 달렸다"(남성 의존)
   (25) "미스 ㅇ, 커피 한잔.", "커피는 여자가 만들어야지.", "여자가 따라야 술맛이 좋다."(시중 강요)

(26) "여자와 북어는 사흘에 한 번 패야 한다.", "여자는 맞아야 정신 차린다"(남성 지배 정당화)

(27) "여자다운 맛이 있어야지.", "다 큰 처녀가 뭐 하는 짓이야?", "여자가 뭐 그리 당당하냐?", "여자가 밥을 두 번씩이나 먹니?", "여자가 무슨 힘이 그리 세."(태도)

(28) "화냥기가 있는 년. 냄비 같은 여자. 색녀. 걸레. 앉아서 오줌 싸는 것들이. 수염도 안 나는 게. 군대도 안 가는 게……"(악담)

남성을 차별하는 표현으로는 다음과 같은 예를 들 수 있다.

(1) "개××. 건달. 호모. 식충이. 곰……"(비하어, 욕설, 악담, 동물 비유)

(2) "계집애처럼 그게 뭐야?", "남자가 여자처럼 그게 뭐냐?"(여성성 혐오)

(3) "남자가 그렇게 용기가 없냐?", "남자가 그리 겁이 많냐?"(용감성 기대)

(4) "배가 올챙이배 같애", "땅딸보는 싫어", "앉아 있는 거야 서 있는 거야?"(용모 혐오)

(5) "남자가 왜 이리 입이 가벼워.", "남자가 왜 그리 수다스러워.", "남자는 입이 무거워야 해.", "남자가 한 입으로 두 말하냐?"(과묵과 언행일치 강조)

(6) "남자는 다 똑같아.", "남자란 것들은 다 저래.", "요즘 남자들.", "꼴에 남자라구.", "남자면 다냐?", "남자가 자신 밖에 몰라."(여성들의 남성 비난)

(7) "남자가 어떻게 부엌에 들어가.", "남자가 왜 부엌에 얼쩡거려.", "남자가 부엌에 들어가면 뭐 떨어진다.", "남자가 무슨 설거지야."(부엌 접근 금지)

(8) "남자답지 못하게 질질 짜고 난리야.", "남자가 그런 걸로 울어?", "남자는 태어나서 세 번 우는 거야.", "사내자식이 눈물을 보이면 안돼."(울음 금지)

(9) "사내자식이.", "남자가 그것쯤 가지고.", "사나이라면.", "사내대장부가 뭐 그래.", "너 남자 맞아?", "남자가 쩨쩨하게.", "남자가 쫀쫀하게."(대범성 기대)

(10) "남자니까 줏대가 있어 봐라.", "남자가 배알도 없냐?", "남자가 그리 우유부단하냐?", "무슨 남자가 배짱이 없어.", "남자놈이 숫기가 없어."(줏대와 배짱 기대)

(11) "남자가 그것도 못하냐?", "남자가 능력도 없고", "인물은 훤한데 백수야.", "사내로 태어나서 큰일을 하나 해야지.", "역시 남자는 뭔가 달라도 달라."(능력 기대)

(12) "남자가 든든한 맛이 있어야지.", "남자는 어딘가 터프한 데가 있어야지.", "무슨 남자가 매너가 없어.", "남자가 싸울 줄 몰라.", "남자가 운동하나 못해."(박력 기대)

(13) "네가 여자냐 애나 보게.", "남자가 무슨 화장이냐?", "남자가 무슨 미용사야.", "남자가 무슨 디자인과를 가냐?", "남자가 뭐 그런 일을 하냐?"(육아, 화장 관련 금지)

고, 강력한 남성이나 매력 있는 여성의 환상에 집착하여 왜곡된 이성관을 가진다. 언어 표현에 자신감이 결여되고, 모순적·양면적·이중적 생활 태도를 지니며, 자신감의 결여로 사회 적응을 두려워하게 된다고 한다.

(2) 신체적 특성 관련 차별 표현

'맹인', '귀머거리', '벙어리', '언청이', '절름발이 인재', '벙어리 냉가슴', '꿀 먹은 벙어리', '장님 코끼리 더듬기', '말라깽이', '뚱보', '얼짱', 'S라인', '꽃미남' 등

(3) 인종, 국적 및 지역 관련 차별 표현

'유색 인종', '혼혈아', '코시안' 등은 특정 인종을 비하하거나 차별하는 표현들이다.

(4) 직업 및 사회적 지위 관련 차별 표현

'월급쟁이', '환쟁이', '철밥통' 등은 특정한 직업 및 사회적 지위를 비하하는 표현이다. 법률적으로 존재하지 않은데도 사용해 사회적 낙인을 찍어버리는 '신용불량자', 조금 일찍 태어난 아기들을 모자라다고 여기는 '미숙아', 한 인간으로서 정당한 대우를 하지 않는 '사생아' 등도 고쳐야 할 표현이다.

'일류', '명문', '진보', '보수', '고급', '고위' 등은 가치 판단의 기

준에 따라 자의적으로 사용하기 쉬운 표현이다. 음악의 장르라고 보기에는 모호하고 그것을 즐기는 계층도 사실상 다양한 '성인가요', 병역 의무를 수행하는 사람을 비양심적으로 만들어 버리는 '양심적 병역 거부', 그 범위가 확실치 않고 대학 졸업자 중심적인 사고에서 나온 '386세대' 등도 그 예이다.

(5) 인권침해적 언어 삼가기

'인권침해적인 언어'란 국민이 '상대방의 말을 들으면서 그 내용이 자신의 긍정적인 자아 개념(self-concept)을 손상당한다고 느끼는 언어 표현'을 뜻한다.[165] '사람이면 누구나 마땅히 누려야 할 권리'를 '인권'이라고 한다. 따라서 모든 국민에게 인권이 있다. 그런데 이 권리가 여러 가지 원인으로 침해당하는 일이 있다. 그 원인 중에 하나로 인권침해적 언어의 사용을 들 수 있다. 우리 사회에 언어로 인권을 침해하는 일은 구치소, 검찰, 법원, 군대, 경찰 심지어는 종교계 등 각계 각층에서 적지 않게 발생하고 있다.

이를 예방하기 위하여 여러 기관에서는 그 나름의 대책을 마련하고 있다. 2001년에 대법원이 하급 법원에 내려 보낸 형사 재판 실무 편람에는 '검사가 반말, 강압조의 말을 하면 제지하되 가급적 법정 외에서 적절한 주의를 주라'는 내용이 포함돼 있다. 그러나 참고 사항이 어서인지 판사들이 그에 따르고 있다는 이야기는 들리지 않는다[사법개혁국민연대, 2004.06.10.].

2003년 4월 검찰 총장이 피조사자에게 반말하지 말라는 지시를 내

---

165) 박경현, 언어폭력 예방을 위한 국어 교육의 방향, 2001.

렸으나 상황은 바뀌지 않고 있다. 검찰과 법원 관계자들은 '사건은 많고 시간은 부족하기 때문'이라고 말한다. 그러면서도 '반말'은 없어져야 한다는 데는 모두 공감했다[사법개혁국민연대, 2004.06.10.].

검찰 개혁 자문 위원회는 수사 과정에서의 반말, 욕설 사용이나 자백을 강요하는 듯한 위압적 수사 태도 등은 아직도 문제가 되고 있느니만큼 수사 과정에서 인권이 존중되도록 수사 제도와 관행을 개선해 나가는 보다 구체적이고 실무적인 방안을 마련하여 지속적으로 시행해 나가는 것이 중요하다는 데 의견을 모았다[대검찰청 보도자료 2004.07. 06.].

2004년 7월 대검 감찰부는 검사나 수사관이 조사 과정에서 피의자 등에게 욕설이나 반말을 하다 적발되는 사례가 두 번 이상 되면 정식으로 징계하는 방안을 적극 검토 중이라고 밝혔다. 감찰 부장은 "욕설·반말 등을 한 사실이 드러나면 처음엔 주의나 경고를 주겠지만 두 번 이상 같은 사안으로 적발될 경우에는 징계를 검토하고 있다"고 말했다. 검찰은 두 번 이상 적발된 검사나 수사관의 경우 인사 기록에 징계 내용을 남겨 인사 상 불이익을 주기로 했다[문화일보, 2004.07.13.].

육군은 잇따른 병영 내 사고를 방지하기 위해 건전한 언어 문화를 정착시키기 위한 대책을 세워 시행중이다. 장병들이 병영에서 상대방의 인격을 모독하는 언어 폭력이나 상스러운 비속어 등을 사용하다 적발되면 형사 입건되거나 징계 처분을 받게 된다[서울=연합뉴스, 2003.08. 17.]. 장병들의 자존심과 인격에 치명적인 상처를 주는 폭언과 욕설, 인격 모독성 발언도 예외 없이 금지된다. 개인 능력을 무시하거나 신체적 약점을 비화하는 등의 언어 폭력[166]을 사용하다 적발되면 1

---

166) 그 예의 일부를 보면 다음과 같다.
　　"너! 도무지 할 줄 아는 게 뭐냐", "키는 짜리몽땅해서 하는 일이 그게 뭐냐"
　　"네 자식이 너 닮을까 걱정된다", "초등학교는 제대로 나왔냐"

년 이하의 징역형을 받도록 규정했다 자라나는 청소년의 언어생활에 최대 악영향을 끼치는 것으로 지적되어 온 기존의 병영 내 언어 문화를 건전한 방향으로 개선하기 위한 노력의 일환으로 저속어와 은어, 군인답지 않은 비어 등의 사용도[167] 더 이상 허용되지 않는다.

경찰에서도 언어에 의한 인권 침해를 예방하고자 하는 대책을 공표하고 있다. 수사 과정 중 항상 공손한 언행을 유지하며 절대로 반말·욕설을 하지 않을 것이며, 조사관이 반말·욕설을 하였을 경우 이에 대한 피해금으로 5,000원 상당을 지급하도록 하겠다는 경찰서도 있다[서울 수서 경찰서 홈페이지]. 또한 각종 사건 조사 장소나 유치장에서 반말, 욕설, 구타, 진술강요 등 시민의 인권보호를 위해 잘못된 점을 시정한다고 다짐하고 있다.[168]

"이등병만도 못한 놈" 등
167) 그 예의 일부를 보면 다음과 같다.
'병아리, 신삥, 쫄따구, 얼라, 잔챙이'(신병 지칭),
'말호봉, 갈참, 왕고, 투고'(전역 임박 병사), '개구리'(전역병 예비군 마크)
'쏘가리, 쏘탬, 중빵, 중댐, 사장님'(직속상관들과 관련된 말)
'말똥'(영관 계급장), '밥풀'(위관 계급장), '호박씨'(준사관 계급장),
'부시맨'(부연대장), '돌팔이'(군의관), '딸랑이'(전속부관), '주둥이'(주임상사)
'짱박히다'(숨다), '깨지다'(혼나다), '빡세다'(힘들다), '쏘다'(한턱내다),
'이빨까다'(잡담하다), '쪼개다'(웃다), '구라치다'(거짓말하다), '짱보다'(망보다),
'개목걸이'(군번줄), '어둠의 자식'(현역 입영자), '신의 아들'(병역 면제자) 등
168) <줄임> 경찰을 진정 혁신할 수 있는 길은 언어의 변화에서 시작하여야 한다고 생각해 왔습니다. 경찰의 모습을 업그레이드시킬 수 있는 품위 있고 고급스러운 언어의 사용이야말로 경찰을 혁신시킬 수 있는 가장 빠르고 경제적인 방법이라고 생각하고 있었습니다. <줄임> 고급스런 언어를 사용하는 조직은 고급스런 사고를 할 수 있는 조직이 됩니다. 경찰이 사용하는 말이 향상된다면 경찰 조직 자체가 업그레이드되지 않겠습니까. 외적으로 나타나는 개혁과 혁신 변화의 배경에 품위 있고 고급스런 언어를 사용하면서 대민 접촉을 하고 엄정한 법집행을 한다면 국민들이 달라진 경찰을 실감할 수 있을 거라고 생각합니다. <줄임> 그러면 어떻게 경찰이 사용하는 언어를 바꿀 것인가 하고 생각해 보았습니다. 저는 상하급자 간의 경어의 사용이 첫걸음이라고 생각합니다. <줄임> 대접받고 싶은 사람은 먼저 대접해야 하며 자기를 낮추는 자세야 말로 스스로 위상을 높일 수 있을

07 | 표준어로 말하기

지도자는 공식적인 자리에서 표준어를 사용해야 한다.

1) 표준어

표준어는 교양 있는 사람들이 두루 쓰는 현대 서울말로 나라의 공식어, 공용어, 통용어이며, 방언은 어떤 특정 지역에서만 통용되는 말이다. 동일한 언어 사회에 사는 사람들이 서로 다른 말을 사용하면 다른 지방 사람들이 알아듣기 어려우므로 어느 나라에서나 표준어를 정하여 쓰고 있다.

통속적으로 쓰이는 저속한 속어, 점잖지 못하고 천한 비어, 특수한 집단의 사람들끼리만 쓰는 은어, 일정 기간 동안 여러 사람의 입에 오

것입니다. 기분이 좋다가도 상급자의 반말 지시에 하루 종일 기분은 물론 업무까지 망치거나 스트레스를 받아 사고를 치게 되는 경우를 많이 보아왔으며 스스로도 그런 경험이 있습니다. <줄임> 조직 내에서 경어사용이 일상화된다면 일선에서 대하는 국민에게는 자연스럽게 경어를 잘 사용하게 될 것입니다. <줄임> 상하급자의 경어의 사용이 조직 내에서 일상화 되고 국민과의 대화에서 언어가 향상된다면 양질 전화되어 경찰 조직을 향상시키고 국민들도 좋은 이미지를 갖게 될 것입니다. 지휘관이나 상관은 항상 부하 직원에게 경어를 사용하여야 합니다. 그럴 때만이 부하 직원도 존경하는 마음이 있을 것이며 국민에게 봉사하는 자세가 정립될 것입니다. 법규를 위반한 사람이나 범법자와의 대화에서도 반말보다는 무게 실린 존댓말이 훨씬 설득력 있다고 생각합니다. 강한 것은 부드럽고 부드러운 것만이 진정 강할 수 있다는 것입니다. <줄임> 사적인 대화는 반말도 할 수 있겠지만 공적인 의사전달은 반드시 경어로 이루어져야 합니다. 사회 예절 중에서도 가장 으뜸이 되는 것은 언어생활을 얼마나 잘하는가에 달려있다고 생각하며 조직 생활 직장 생활에서도 예외가 되지 않는다고 생각합니다. 그런 의미에서 조직 내 상하 간 경어 사용 운동을 경찰 혁신의 과제로 조심스럽게 제안해 봅니다."(한상대, 경대게시판, 2004.09.07)

르내리는 유행어 등도 표준어가 아니다. 이러한 비표준어는 특별히 표현의 효과를 높이기 위한 경우 외에는 쓰지 말아야 한다.

어느 나라에서든 표준어는 '배우기 쉽고 쓰기 쉬운 말'(efficiency), '많은 사람들이 사용하여 의사 전달을 잘 해 줄 수 있는 말'(adequacy), '여러 사람이 받아들일 수 있는 말'(acceptability)로 정한다.

표준어는 다음과 같은 기능을 한다.

① 방언을 쓸 때 원활하지 못한 의사소통을 가능하게 한다.
② 한 개인이나 소수 집단을 그보다 더 큰 집단과 이어주는 구실을 한다.
③ 통일된 말을 씀으로써 다른 나라, 다른 민족과 구별되는 주체성, 소속감을 더 강하게 해 준다.
④ 표준어를 유창하게 구사함으로써 사회적으로 우위(優位)에 있다는 자부심을 느끼게 한다.
⑤ 표준어를 어느 정도 정확히 구사하느냐에 따라 그 사람이 한 사회가 정해 놓은 규범에 얼마나 잘 순응했는가를 재는 구실을 한다.

따라서 사회적으로 표준어는 여러 모로 긍정적인 면을 지니고 있다. 개인적으로는 공식적인 자리에서 표준어를 씀으로써 자신을 바르고 고운말을 쓰는 사람으로 인식시킬 수도 있다. 물론 고향에서 방언을 쓰는 것은 별 문제가 없을 수 있으나, 공식적인 자리에서는 그러한 방언이 절대로 바르고 고운말이 될 수 없다. 스스로의 인격과 품위를 위해서는 표준어를 쓰는 것이 꼭 필요하다.

어느 조직에서이든 지도자는 가능한 한 표준어를 유창하게 구사하여야 한다. 지도자가 알아듣기 쉽지 않은 비표준어를 사용하면 구성원은 '덜 친근함'이나 위화감을 느끼게 된다. 우리나라는 지역 갈등이 적지 않은 만큼 표준어 교육은 강화해야 한다는 견해가 널리 받아들여지고 있다. 앞으로 남북 분단의 후유증으로 이질화된 언어를 극복하려면 한 세대를 두고 강력한 표준어 정책을 준비할 것을 요구하고 있다. 표준어는 정부가 의지를 가지고, 부모와 교사들이 동기 부여를 하고 학생 본인이 조금만 노력하면 익히기 어렵지 않다.

박경현(2000)은 '정겨운 사투리 정갈한 표준어'에서 표준어 사용의 중요성을 강조하고 있다.

공직자는 표준어를 써야 한다. 공무를 수행하면서 비표준어를 공공연히 쓰는 것은 좋지 않다. 방언은 그 지방의 고유한 특성을 나타내므로 긍정적인 점이 많기도 하지만, 서로 다른 지역 사람들이 만났을 때 방언을 사용하면 알아듣기도 어렵거니와 심리적 거리감을 느낄 수도 있으므로 주의하여야 한다. 특히 공식적인 자리에서는 표준어를 사용하여야 한다.

방언은 어느 한 지방에서만 쓰이는 말로 표준어가 아닌 말이다. 표준어는 한 나라 안에서 지역적, 계층적, 집단적 차이를 초월하여, 가장 바람직한 의사 전달의 수단으로서 통일되고 규범화된 말이다. 사투리가 다듬어지지 않은 원목 그대로의 언어라면, 표준어는 어느 특정지역의 말이 아니라 국민 모두가 공통으로 쓸 수 있도록 정갈하게 다듬어 놓은 공통분모의 말이다. 따라서 표준어는 한 나라의 공식어·공용어·통용어다. 어느 나라든 표준어는 나라에서 정한다. 국민들이 배우기 쉽고 쓰기 쉬운 말, 의사소통을 막힘없이 해줄 수 있는 말, 여러 사람이 좋아하고 잘 따를 수 있는 말을 표준어로 정한다.

사람들은 어떤 사투리를 들으면 '듣기 좋다, 상냥하다, 씩씩하다, 배움직하다, 믿음직스럽다, 점잖다'라는 긍정적 반응을 나타내기도 하지만, '듣기 싫다, 촌스럽다, 무뚝뚝하다, 간사하다'라는 부정적인 반응을 나타내기도 한다. 언어학자들의 연구에 따르면, 사람들은 자기 자신이 쓰는 사투리에 대해서 남자들은 대체로 긍정적인 반응을 보이는 반면에 여자들은 부정적인 반응을 보인다. 표준어에 대한 느낌은 대부분 '배우고 싶다, 세련되었다' 등의 긍정적인 태도를 보인다. 그러나 자기가 쓰는 말과 다른 사투리에 대한 느낌은 대단히 부정적이다. 몇몇 지역 사람들은 어떤 특정 사투리에 대하여 놀랍도록 강한 편견을 가지고 있다. 자기와는 다른 사투리를 쓰는 사람에게 위화감이나 덜 친근함을 느끼고 있으며, 심지어는 어느 지역 사투리를 쓰는가에 따라 그 사람의 성격까지도 짐작할 수 있다는 엄청난 선입관에 사로잡혀 있다. 각종 영상매체에서는 천박하거나 무식한 계층의 사람은 으레 어느 특정 지역의 사투리를 쓰는 것으로 묘사하기도 한다. 그리고 '했어예, 했심더, 했어라우, 했이유, 했수다, 했어랑께' 등의 말투를 우스갯감으로 삼기도 한다. 그리하여 특정 사투리를 사용하는 사람들에게 '사투리 콤플렉스'를 심어 주거나 그들의 향토 문화에 대한 열등의식을 가지게 하는 수도 있다. 사투리는 사투리대로 그 지역의 특성과 문화를 반영하고 있으므로 훌륭한 가치를 지닌다. 사투리는 동향인끼리 서로를 이어주는 끈끈한 고리 구실을 하기도 한다. 같은 말을 쓴다는 이유만으로도 남다른 유대감과 친근감을 느끼게 되고 고향에 대한 긍지와 애착을 갖게 될 수 있다. 그러나 한 사회의 원활한 의사소통을 위해서는 모든 사람들이 약속한 공통된 말이 필요하다.

　신문, 잡지, 책들을 각 지역의 사투리로 쓴다면 어떻게 될까? 각 지방 방송이 그 지역 방언만으로 방송한다면 어떨까? 동향인끼리 정겨운 사투리를 쓰는 것은 자연스럽다. 그러나 공식적인 상황에서는 사투리가 아닌 표준어를 써야 한다. 스피치 연구자 이정숙 씨는 "땅덩어리가 우리보다 40배가 넘는 미국에는 많은 사투리가 있다. 그러나 지방 사투리를 그대로 사용하는 공직자는 별로 없다. 지방출신의 대통령들은 지방 고유의 발음을 고치기 위해 노력을 아끼지 않는다. 정치가나 변호사 같은 전문인으로 성공하고 싶은 미국인은 지방 특유의 발음을 교정하기 위해 피나는 노력을 기울인다. 미국 전역에 발음 교정과 발성훈련으로 목소리를 바꿔주는 교육기관이 성업 중인 것도 그 때문이다. 고급인력을 길러내는 미국 사립 중고등학교와 대학에서는 표준어를 정확하게 말하는 교육에 중점을 둔다. 정치가가 되고 싶은 사람은 당연히 어린 시절부터 표준 악센트로 정확하게 말하는 교육을 받아야 한다. 그리고 정치에 입문한 뒤에도 전문가를 두고 수시로 자문을 구한다."라고 전하고 있다. 프랑스에서는 표준어의 구사 능력을 공무원 임용 기준의 하나로 삼고 있다. 영국만 해도 표준 발음을 제대로 하지 못하는 사람은 좋은 회사에 취직을 못한다. 어쩌다 취직이 되었더라도 회사의 체면을 위해 표준 발음을 교육받도록 한다. 북한에서는 표준어가 아니라 '문화어'라고 하여 철저히 교육시키고 있다. 함경도나 평안도나 어디서나 이 문화어를 사용한다. 언어란 '혁명의 무기'이자 '건설의 도구'이므로, 말이 통일되어 있지 않으면 사회주의의 이념을 여러 사람들에게 전달할 수 없으니 철저히 교육시키는 것이다. 그러나 우리의 현실은 이것과는 거리가 멀다 하겠다. 우리도 공직자가 왜 표준어를 사용하여야 하는가를 곰곰이 생각하여야 할 것이다.

공직자는 공무를 수행할 경우 반드시 표준어를 사용해야 한다. 표준어를 물 흐르듯 사용하면 여러 가지 이로운 점이 있다. 한 나라 사람들이 서로 다른 사투리를 쓰면 다른 지역의 사람들은 제대로 알아듣기 어려울 것이다. 그러나 표준어로 말을 주고받으면 의사소통을 원활히 할 수 있다. 표준어를 쓰는 사람은 사회적으로 남보다 좀 나은 생활을 하고 있다는 느낌을 가진다. 따라서 자신의 품위를 생각하여 격식 있는 자리 등에서 함부로 사투리로 말하지 않는 것이 일반적이다. 표준어라는 규범을 지킴으로써 더불어 준법정신을 기를 수 있다. 표준어로 서술된 똑같은 교과서를 영남에선 그곳 사투리로 호남에선 또 그곳 사투리로 충청지역에서도 그곳 사투리로 제주지역에서도 또 그곳 사투리로 가르치는 일이 있다면, 사회적으로 여러 가지 부작용이 일어날 것이다. 공직자는 표준어를 써서 국민에게 자신의 업무를 알려야 하며, 선생님들은 학생들에게 표준어로 모범을 보이고 표준어를 가르칠 의무가 있다.

특히 자기 자식을 큰 인물로 키우고 싶어 모든 것을 아끼지 않는 분들은 가정에서 학교에서 자녀들을 위하여 제일 먼저 해야 할 일이 무엇인가? 첫째, 부모가 자신의 투박한 사투리를 자식에게 유산으로 남겨주는 것을 자랑으로만 여기지 않는 것이다. 둘째, 어머니는 자녀들이 어려서부터 표준어를 익히도록 하여 일상 국어생활에 부담을 주지 않도록 하는 것이다. 모국어를 'Mother Tongue'(어머니의 혀)라고 한다. 말 때문에 아이들이 콤플렉스를 갖게 하지 말아야 한다. 말 때문에 보이지 않는 불이익을 당하게 하지 말아야 한다. 이제 "갱주를 강간 도시로 학대하겠습니다."는 식으로 놀림감이 되어서는 안 된다. "경주를 관광 도시로 확대하겠습니다."라고 해서 국민 모두가 거부감을 느끼지 않게 말해야 한다.

죽을 때까지 사투리를 고칠 수 없다고 체념하는 이들도 있다. 외국어를 배울 때 BBC 영어니 NHK 일본어니 북경 중국어 하면서 본토발음을 열심히 배우려고 애쓰는 만큼, 우리말 표준어 학습에는 노력을 아끼지 않으면 된다. 각 방송국의 뉴스 앵커들은 표준어를 정확히 사용하는 사람들이다. 표준어를 배우려면 그 사람들의 발음을 잘 살피면 된다. 특히 사투리를 심하게 사용하시는 분들은 가능하면 천천히 또박또박 말하는 버릇을 들이면 표준어를 익히기 쉽다. 끝으로 한 가지 덧붙는 지역 차나 개인차를 극복한 철저히 통일된 언어란 에덴동산 이후에는 존재한 적이 없기 때문이다. 일부 학자들이 지방색 타파와 같은 정치적 동기로 표준어 교육을 강조하고 있는데 이것도 문제가 있다. 표준어가 우상화되고 사투리의 말살이나 멸시를 조장하게 된다면, '쇠뿔 바로잡으려다 소 죽이는' 잘못을 저지르기 쉽고 더 큰 지역 갈등을 조장할 수 있기 때문이다. 그러므로 지방색 타파 운운하는 동기에서의 표준어 보급은 아예 언급하지 않는 것이 좋다. 우리의 지역 갈등은 마음의 문제이지 말의 문제가 아니기 때문이다. 공직자는 우선 표준어를 익혀야 기본 자격을 갖추는 것이다. 가장 좋은 국어생활은 팔도 사투리를 다 익혀 상대방에 따라 자유자재로 의사소통을 할 수 있는 것일 것이다. 그러나 공적인 자리에서 자기만의 특유한 사투리를 사용해서는 '얻는 것보다 잃는 것'이 더 많다는 사실을 스스로 깨달아야 할 것이다.

표준어는 정하는 데 의미가 있는 것이 아니다. 실용화하여야 한다. 우선 공직자들에게 표준어 사용의 당위성과 실용성을 인식시켜야 한다. 이를 위해서는 학교교육이나 사회 교육을 강화하여야 한다. 이때도 물론 표준어는 좋은 것이고 방언은 나쁜 것이라는 인식을 불어넣거나 방언을 낮잡아 보려는 태도는 지양해야 한다. 필요에 따라 이중 방언(二重方言)을 구사하는 것이 바람직하다는 쪽으로 지도하여야 한다. 표준어는 교양인이 공적인 자리에서 마땅히 써야 하는 것이라는 인식을 철저히 심어 주어야 한다. 개화기 한글을 보급할 때도 그러하였듯이 언론 매체가 적극적 동참하도록 권유하여야 한다. 그리고 '조선어문 학습사용 상벌실시 규정'까지 만들어 조선어 사용을 독려하고 있는 동북 삼성의 민족어 정책의 정신에서 우리는 큰 깨달음을 받도록 하여야 할 것이다.

2) 표준 발음

국어에는 규범화된 표준 발음법이 있다. 이는 표준어의 실제 발음을 따르되 국어의 전통성과 합리성을 고려하여 정한 것이다. 이에 따라 발음이 불명료한 사람은 발성 연습을 통해서 제대로 발음할 수 있도록 노력하여야 한다. 표준 발음을 익히는 데는 방송의 아나운서나 앵커의 발음을 유의하여 들어보는 것이 효과적이다.

특히 다음과 같은 사항의 발음을 충분히 익혀야 한다.

(1) 모음의 발음

❶ '긔'의 발음

첫째, 단어 첫 음절의 '의'는 [긔] 그대로 발음하여야 한다.

[이]나 [으]로 발음하는 사람들이 있는데 이는 잘못이다. 가령, '의견, 의상, 의원, 의회'를 [이견], [이상], [이원], [이회]로 발음해서는 안된다. 또한 '의논, 의리, 의사, 의심'을 [으논], [으리], [으사], [으심]으로 발음해서도 안 된다.

둘째, '주의, 협의, 의의' 등과 같이 단어의 첫음절 이외의 '의'도 [긔]로 발음하는 것이 원칙이나, [ㅣ]로 발음하는 것도 허용한다. 따라서 '[주의/주이], [협의/협이], [의의/의이]'로 발음하여야 한다.

셋째, '희망, 유희, 무늬, 희어, 띄어쓰기' 등과 같이 자음을 첫소리로 가지고 있는 음절의 '긔'는 [ㅣ]로 발음한다. '[히망], [유히], [무니], [히어], [띠어쓰기]'와 같이 발음하여야 한다.

넷째, 조사의 '의'는 [긔]로 발음하는 것이 원칙이나, [ㅔ]로 발음하는 것도 허용한다. 따라서, '우리의, 강의의, 마음의' 등은 [우리의/우리에], [강의의/강의에], [마음의/마음에]와 같이 발음하여도 된다. 그래서 '나의, 우리의'를 [나으], [우리으]로 발음하면 표준 발음법에 어긋난다.

❷ 'ㅐ'와 'ㅔ'의 발음

'ㅐ'는 'ㅔ'보다 혀의 위치가 낮고 입을 더 크게 벌려 발음해야 한다. '가리개, 덮개, 맵다'를 '[가리게], [덥께], [멥따]'로 발음하는 것은 잘못이다. '해치다'를 '[헤치다]'로 발음한다면 전혀 다른 의미가 되어 버린다.

❸ 'ㅚ'와 'ㅙ'와 'ㅞ'의 발음

'외국'을 '[웨국], [에국]'으로, '내리쬐다'를 '[내리쮀다]'로 발음하는 것은 잘못된 것이다. '왜, 횃불'을 '[와], [핫불]'로 '웬일'을 '[엔일]'로 발음하는 것도 잘못이다.

❹ 'ㅡ'와 'ㅓ'의 발음

'ㅡ'와 'ㅓ'는 발음 위치가 가깝기 때문에 흔히 혼동하기 쉽다. 이는 경상 방언이나 함경 방언에 나타나는 현상이다. 입을 조금 더 벌리면 정확히 'ㅓ'를 발음할 수 있다. '글, 그릇, 승격, 구름'을 '[걸], [거럭], [성격], [구럼]'으로 발음하는 것이나, '어른, 서다, 더럽다, 거짓말'을 '[으른], [스다], [드럽다], [그짓말]'이라고 발음하는 것도 다 올바른 발음이 아니다.

❺ '**ㅟ, ㅚ, ㅞ**'의 발음

일부 방언에서 '쥐, 위장, 관광, 과자, 광고, 국화, 꿩, 권고'를 '[지], [이장], [간강], [가자], [강고], [구카], [꽁], [건고]'로 발음하는 일이 있는데, 이는 잘못된 발음이다.

❻ '**ㅑ, ㅕ, ㅛ, ㅠ**'의 발음

일부 방언에서 '변화, 경제, 표, 면도'를 '[벤하], [갱제], [포], [멘도]'로 발음하는 일이 있는데 이는 잘못된 발음이다.

❼ 기타

'뜨겁다, 밉다'를 '[뜨거웁다], [미웁따]'와 같이 쓸데없이 'ㅜ'를 첨가하여 발음하는 것은 올바르지 못하다.

(2) 자음의 발음

자음을 잘못 발음하면 말의 의미가 달라진다. 자음의 조음법을 익혀서 정확히 발음하여야 한다.

❶ 겹받침의 발음

겹받침 '리, ㄿ, ㄿ'은 '닭, 삶'과 같이 어말(語末) 또는 '닭과, 삶다, 읊지'와 같이 자음 앞에서 각각 [ㄱ, ㅁ, ㅂ]으로 발음하는 것이 원칙이다. 따라서 앞에서 든 말들은 '[닥], [삼], [닥꽈], [삼따], [읍찌]'와 같이 발음하여야 한다. 다만, '읽고, 읽기, 얽거나, 밝게' 등과 같이 '리' 다음에 'ㄱ'이 연결될 경우, '[일꼬], [일끼], [얼꺼나], [발께]'와 같이 발음하여야 한다.

'ㄳ, ㄵ, ㄼ, ㄾ, ㅄ'은 '넋, 외곬, 값'과 같이 어말에 쓰인 경우 또는 '샀도, 앉고, 넓다, 핥지, 없다'와 같이 자음 앞에서 각각 [ㄱ, ㄴ, ㄹ, ㅂ]으로 발음하는 것이 원칙이다. 따라서, 앞의 예들은 '[넉], [외골], [갑]', '[삭또], [안꼬], [널따], [할찌], [업따]'와 같이 발음하여야 한다. 그런데 '밟'은 자음 앞에 [밥]으로 발음한다. 가령, '밟다[밥:따], 밟지[밥:찌], 밟고[밥:꼬]' 등으로 발음하여야 한다. '넓'은 '넓죽하다[넙쭈카다], 넓둥글다[넙뚱글다]'인 경우에 [넙]으로 발음한다.

'닭이, 삶에, 읊어, 샀이, 앉으니, 엷어서, 핥아, 값이' 등과 같이, 겹받침이 모음으로 시작되는 조사나 어미, 접미사와 결합되는 경우는 뒤의 것만을 뒤 음절 첫소리로 연이어 발음한다. 따라서 앞의 예는 '[달기], [살메], [을퍼], [삭시], [안즈니], [열버서], [할타], [갑시]'로 발음하여야 한다. 흔히 [다기], [통다글], [흐게서]로 잘못 발음하는 일이 있는데 조심하여야 한다.

'값어치, 꽃잎, 샀일'과 같이 겹받침이 모음으로 시작되는 뜻이 있는 말, 곧 실사(實辭)와 결합되는 경우는 대표음으로 발음한다. '[가버치], [꼰닙], [상닐]'로 발음하는 것이 그 보기이다. 그러나 '값을, 꽃에, 샀이'와 같이 뜻이 없는 말, 곧 허사(虛辭)의 모음이 연결될 경우에는 '[갑쓸], [꼬체], [삭시]'로 발음하여야 한다.

❷ 예삿소리와 된소리 발음

불필요한 된소리를 내는 경우가 흔하다. 특히 '과[꽈], 가시[까시], 소주[쏘주], 작다[작따], 자르다[짜르다]'와 같이 말의 첫머리에서 'ㄱ, ㄷ, ㅂ, ㅅ, ㅈ'을 된소리로 발음하는 경우가 많은데 매우 귀에 거슬리는 발음이다. 말의 첫머리가 아닌 경우에도 불필요하게 된소리를 발음하는 경우로 '창구[창꾸], 등기[등끼]' 등을 들 수 있다. 일부 방언에서 '쌀, 싸우다'를 '[살], [사우다]'로 발음하는 일이 있는데 이는 표준 발음법에 어긋나는 것이다.

❸ 자음 첨가와 동화

불필요하게 자음을 덧붙여 발음하는 경우가 가끔 있다. '고르다, 기르다, 모르다, 빠르다'에 'ㄹ'을 덧붙여 '[골르다], [길르다], [몰르다], [빨르다]'라고 하는 것은 잘못이다.

'6·25[유기오], 3·1절[사밀쩔], 송별연[송:벼련], 등용문[등용문]'과 같은 단어는 'ㄴ(ㄹ)'소리를 첨가하여 발음하지 않는다.

또 '신문, 옷감, 젖먹이'는 각각 '[신문], [온깜], [전머기]'로 발음하여야 하는데, 첫음절의 받침 소리가 다음 첫소리에 동화하여 '[심문], [옥깜], [점머기]'로 발음하는 것은 잘못이다.

❹ 받침의 발음

'ㅈ, ㅊ, ㅋ, ㅌ, ㅍ' 받침 다음에 모음이 이어지면 제 소리를 내야 하는데, 이를 잘못 발음하는 경우가 있다. '빛이, 꽃에, 부엌을, 잎에, 무릎이'는 '[비지], [꼬체], [부어클], [이페], [무르피]'로 발음하여야 한다.

❺ 기타

일부 방언에서 '필요, 절약, 활용'을 '[필+요], [절+약], [활+용]'이라고 발음하는 일이 있는데, 이는 '[피료], [저략], [화룡]'이라고 발음하여야 한다.

(3) 소리의 길이

모음을 발음할 때는 소리의 길고 짧음을 구별하여야 한다. 단어의 첫 음절에서만 긴소리가 나타나는 것을 원칙으로 한다. 이를테면, '눈보라[눈:보라], 말씨[말:씨], 밤나무[밤:나무], 많다[만:타], 멀리[멀:리], 벌리다[벌:리다]'와 같이 '눈, 말, 밤, 많, 멀, 벌'은 첫 음절에서는 길게 발음하지만, '첫눈[천눈], 참말[참말], 쌍동밤[쌍동밤], 수많이[수:마니], 눈멀다[눈멀다], 떠벌리다[떠벌리다]'와 같이 첫 음절이 아닌 경우에는 짧게 발음한다.

'감다[감:다], 알다[알:다], 끌다[끌:다], 없다[없:다]'에서와 같이 단음절의 용언 어간 '감, 알, 끌, 없'은 모두 길게 발음한다. 그러나 모음으로 시작되는 어미와 결합하거나 어간에 피사동 접미사가 결합될 경우에는 차이가 있다. '끌다, 없다'의 경우에는 '[끌:어], [끌:리다], [없:으니], [없:애다]'처럼 길게 발음하는 반면에, '감다, 알다'의 경우는 '[가므니], [감기다], [아라], [알리다]'처럼 짧게 발음하여야 한다. 이러한 것을 자동적으로 알 수 있는 원리는 없으므로 국어 발음사전을 참고하거나 평소에 훈련을 통하여 하나하나 익히는 수밖에 없다.

국어의 낱말 가운데에는 소리의 길이에 따라 의미가 달라지는 어휘가 많다. 다음과 같은 동음이의어(同音異意語)의 경우 특히 길이를 분명히 하여야 한다.

- 눈[眼]－눈:[雪] ·말[馬]－말:[言]
- 발[足]－발:[簾] ·밤[夜]－밤:[栗]
- 벌[原]－벌:[蜂] ·솔[松]－솔:[刷子]

- 가장(家長) - 가:장(假裝)
- 방화(防火) - 방:화(放火)
- 사고(思考) - 사:고(事故)
- 회의(懷疑) - 회:의(會議)
- 구조(構造) - 구:조(救助)
- 실패(失敗) - 실:패(실 감는 기구)
- 장인(匠人) - 장:인(丈人)
- 정(丁) - 정:(鄭)

이러한 소리의 길이는 혼동하여 발음하는 경우가 적지 않으므로 평소에 정확한 발음을 익혀야 한다.

(4) 소리의 크기

소리의 크기는 말하는 상황에 알맞게 조절하여야 한다. 상대방이 편안하게 느낄 수 있는 크기로 말하는 것이 좋다.

청중이 운동장 같이 넓은 장소에 수백 명이 모여 있는데, 너무 작게 말하면 목소리가 제대로 들리지 않아 전달하는 내용을 청중들이 알아듣지 못한다. 극장이나 도서관같이 좁은 장소에서 지나치게 큰 소리로 말을 하면 청자들은 내용보다도 화자의 목소리에 신경을 더 쓰게 되어 내용을 정확히 이해하지 못하게 된다. 계속 크게만 말하면 청자는 지루해 한다. 오히려 낮은 목소리가 강조의 효과를 주어 설득력을 발휘할 수 있다. 특별한 까닭도 없이 큰 소리로 말하는 것은 언어 예절에 어긋난다. 짐짓 호기롭게 보이기 위해서 크게 말하는 사람들이 있는데 귀에 거슬리기 쉬우니 주의해야 한다.

(5) 소리의 속도

내용에 알맞은 속도로 말하여야 청자가 그 내용을 쉽고 정확하게 이해할 수 있다. 무엇인가에 쫓기듯이 속사포로 하거나 지나치게 느리게 말하지 말아야 한다. 말의 속도는 사람에 따라 차이가 있으나 1분에 100단어 정도를 말하는 것이 적절하다. 이는 200자 원고지 2장 정도의 분량이다. 이런 기준보다 많이 말하면 속도가 빠른 것이고 적게 말하면 속도가 느린 것이다. 일반적으로 아이들이 어른들보다, 여성이 남성보다, 젊은이가 나이 든 분보다 말의 속도가 빠르다.

말의 속도는 청중의 구성을 보아 조절하여야 한다. 아이들이나 나이 든 분을 상대로 말을 할 때에는 평균 속도보다 느리게, 젊은이나 지적 수준이 높은 사람을 상대로 할 때에는 평균 속도보다 빠르게 한다.

말의 속도는 이야기의 흐름에 따라 변화를 주어야 한다. 한결같은 속도로 이야기하면 청중은 지루해 한다. 지나치게 빠르거나 느린 말은 상대방이 알아듣기 힘들다.

❶ 빠른 속도로 말해야 할 경우

다음과 같은 내용일 때에는 속도를 빠르게 하는 것이 효과적이다.

ㄱ 쉬운 내용일 때
ㄴ 사건을 단순히 나열할 때
ㄷ 인과관계로 구성된 내용일 때
ㄹ 누구나 알고 있는 사실을 말할 때
ㅁ 별로 중요하지 않은 내용일 때
ㅂ 청중이 잘 이해하는 듯한 내용일 때

❷ 느린 속도로 말해야 할 경우

다음과 같은 내용일 때에는 느린 속도로 말하는 것이 좋다.

- ㉠ 어려운 내용일 때
- ㉡ 숫자, 인명, 지명, 연대 등을 말할 때
- ㉢ 결과를 먼저 말하고 원인을 나중에 말할 때
- ㉣ 현재로부터 과거로 거슬러 올라가며 이야기할 때
- ㉤ 분명한 사실을 말할 때
- ㉥ 추리 과정이 필요한 이야기를 할 때
- ㉦ 감정을 억제할 때
- ㉧ 의혹을 일으킬 만한 내용을 말할 때
- ㉨ 강조하고 싶은 내용일 때

❸ 중간에 쉼을 두어야 할 경우

다음과 같은 경우에는 빠르게 말하다가 극적인 쉼을 두는 것이 효과적이다.

- ㉠ 손에 땀을 쥐게 하는 이야기의 절정 부분을 말할 때
- ㉡ 감정을 자연스럽게 전개할 때
- ㉢ 청중의 반응을 불러일으킬 만한 내용일 때

(6) 소리의 가락

소리의 가락은 어조(語調)를 말한다. 어조도 크기나 속도와 같이 내용 전달에 중요한 기능을 한다. 내용에 어울리는 어조로 말하여야 청

중에게 효과적으로 전달할 수 있다.

어조는 밝고 부드러워야 하며 상황에 따라 엄숙하거나 명랑하여야
한다. 밝은 어조로 말하면 상대방에게 편안함과 즐거움을 주고 자신도
그렇게 느낀다. 물론 문상, 문병 등 상황에 따라서 말은 엄숙하고 정
중하게 하여야 한다.

어조는 억양, 화자와 청중의 심리상태 등과 밀접한 관계를 맺고 있
다. 또, 어조에 영향을 미치는 요인으로는 화자의 생리적인 변화, 말할
내용의 성격 등을 들 수 있다. 따라서 화자는 이러한 요인들을 미리
파악해 두는 것이 좋다.

(7) 억양

억양은 말의 높낮이, 강약, 긴장, 이완 등을 모두 통틀어 말하는 것
이다. 억양은 문장의 뜻이나 화자의 감정을 나타낸다.

국어에서 문장의 끝에서 쓰이는 억양은 그 문장의 종류를 나타낸
다. 예컨대, 의문문은 문장 끝의 억양을 올리고 평서문은 낮추게 된다.
그런데 간혹 화자에 따라 이와 같은 기본원칙을 제대로 지키지 않는
경우가 있다.

문장 안의 높낮이, 강약 등으로 자신의 감정을 나타내는 경우가 많
다. 그러나 코미디에서 종종 보듯 일상적인 억양과 다른 이상스러운
억양을 사용하지 않도록 주의하여야 한다. 내용에 알맞은 억양으로 말
하는 것은, 교향곡을 듣는 것과 같다. 말을 할 때에는 전할 내용에 적
절한 억양으로 말할 수 있도록 힘써야 한다.

(8) 말투

말은 말하는 이의 감정이나 태도를 나타내는 환정적(喚情的) 기능을 가진다. 사람은 누구나 말을 통해 기쁨, 즐거움, 노여움, 슬픔, 미움, 두려움, 놀람 등과 같은 감정이나 태도를 나타낼 수 있다. 이런 말의 기능은 개인적인 측면에서 상황에 어울리게 자신의 감정과 태도를 분명히 드러낼 수 있다는 점에서는 효과적일는지 모르나, 공적인 측면에서는 청자에게 심리적 불안감을 주어 시비의 발단이 될 수 있다. 감정이 절제되지 않은 말은 청자가 이성을 잃고 불안해하거나 격분해서 전달되는 내용을 정확히 파악하지 못할 가능성이 있다.

과격한 표현, 거친 표현, 감정이 절제되지 않은 퉁명스러운 말투 등은 말하고 있는 내용이 합리적이지 못하거나 근거가 박약하다는 것을 뜻한다. 그러므로 공직자는 공적인 입장에서는 같은 말을 하더라도 듣는 사람의 감정을 상하게 하는 자극적인 말, 빈정대는 말 등을 삼가고 부드러운 말을 선택해야 할 것이다.

08 참신하게 말하기

지도자는 변화 있는 표현, 참신한 비유, 유머(humor) 활용, 신체 언어 활용, 보조 자료의 사용 등으로 자신의 의견을 명료하게 전달할 줄 알아야 한다.

1) 상투어와 무의미어 삼가기

상투어란 자주 사용되어 신선한 느낌을 잃어버린 말을 뜻한다. 의미를 명확하게 전달하고 말을 참신하게 하기 위해서는 상투어를 새로운 표현으로 바꾸려는 노력이 필요하다.

무의미어란 별 의미 없이 길게 늘어놓은 말을 이른다. 그 중에는 관용적으로 사용되는 어구도 있고, 화자가 필요 이상으로 말을 길게 늘여 생겨난 말도 있다. 이와 같은 무의미어를 사용하면 말이 멋있어 보이기는 하지만 실상 아무런 의미도 전달하지 않으며 거추장스럽기만 할 뿐이다.

다음의 예들은 되도록 신선한 표현으로 바꾸어 쓰는 것이 좋다.

- 말석을 더럽혀
- 빌어 마지 않습니다
- 쥐 죽은 듯이
- 염천에도 불구하고 왕림하시어
- 길일을 맞이하여
- 확신해 마지 않습니다

또한 "마……, 에……, 음……, 에또……, 저……, ……말이야, ……말이죠, ……갖다가, ……있잖아요, 저 뭐냐……, 너무 너무, ……거 있지, 그래설라무니, 그러니까두루……, 말하자면……, 말입니다, 거시기, 그래 가지고," 등 따위의 불필요한 군더더기 말도 삼가야 한다.

이런 군더더기 말을 습관적으로 사용하면 깔끔하지 못한 인상을 주기 쉽다. 신경이 쓰여 말의 내용에는 관심을 기울이지 못하게 되는 경우도 있다.

이런 말들은 앞뒷말을 이어 주고 화자의 호흡을 조절하며 발성을 부드럽게 한다. 한편 연설 내용을 잠깐 잊어버렸을 때 위기를 모면하게 하는데 유용하다는 견해도 있다. 그러나 지나치게 습관적으로 사용하면 청중의 귀에 거슬리는 말들이다.

특히, 요즈음 자주 사용하는 '것 같아요.'라는 무의미어는 화자의 의견을 모호하게 하고 의견에 대한 책임을 회피하는 듯한 인상을 주므로 사용을 피하도록 한다.

2) 변화 있는 문장 표현

문법적으로 정확한 문장 표현이더라도 불필요한 말이 들어 있거나 복잡한 구조로 짜여 있으면 뜻하는 바를 효과적으로 전달할 수 없다. 효과적인 문장 표현은 문법적으로 정확하면서도 청자가 쉽게 이해할 수 있게 한 것이다.

(1) 간결한 문장

말을 할 때에는 전달하려는 내용에 필요한 만큼의 단어를 사용하여 간결하게 표현하는 것이 좋다. 다음과 같은 경우에는 화자의 의도를 효과적으로 전달하는 데 문제가 있으므로 좋은 문장 표현이 되기 어렵다.

　　ㄱ 강조할 뜻이 없는 데도 같은 말을 되풀이하여 쓴 문장
　　ㄴ 간결하게 표현해도 될 것을 길게 풀어서 쓴 문장
　　ㄷ 꼭 필요하지도 않은 단어를 사용한 문장

   © 공연히 에둘러 표현한 문장

   © 필요 없이 복잡한 구문을 사용한 문장

 아래 문장에서 ①과 ②는 불필요한 단어를 장황하게 늘어놓거나, 반복해서 사용하여 뜻이 모호해진 말을 간결하게 고친 것이다. 또한, ③은 에둘러 말한 것이고, ④는 지나치게 복잡한 구문으로 표현된 것을 간결하게 고친 것이다.

> ① 나는 그를 믿어 의심치 않는다고 감히 주장하고자 합니다.
>
> → 나는 그를 믿습니다.
>
> ② 모든 경기는 시간에 틀림없이 맞추어 진행되어야 합니다.
>
> → 모든 경기는 시간에 맞추어 진행되어야 합니다.
>
> ③ 글짓기에 비할 때 글읽기는 덜 힘이 듭니다.
>
> → 글읽기는 글짓기보다 덜 힘듭니다.
>
> ④ 나는 축구를 하고 있는 동안 나는 내가 체육관에 수영하러 갈 것을 마음먹었습니다.
>
> → 나는 축구를 하면서 체육관으로 수영하러 갈 생각을 하였습니다.

(2) 변화 있는 문장

 변화가 없는 문장으로 이루어진 말은 청자에게 단조롭고 지루한 느낌을 준다. 문장의 변화를 주기 위해서는 다음과 같은 점을 고려하는 것이 좋다.

❶ 문장의 길이

문장의 구조와 길이는 청자가 쉽게 듣는 데 영향을 미친다. 구조가 지나치게 복잡하고 길이가 긴 문장은 이해하기가 어렵다. 그러므로 청자가 이해하기 쉽도록 하기 위해서는 문장의 구조가 복잡하지 않고, 길이가 짧은 문장을 사용해서 말해야 한다.

짧은 문장은 간결하고 명쾌한 느낌을 주는 장점이 있는 반면에, 문장이 건조해지고 의미가 단절되기 쉬운 단점이 있다. 긴 문장은 유창하고 부드러운 느낌을 주나, 말 뜻을 모호하게 하고 청자가 듣기에도 힘이 든다. 따라서, 상황·대상·내용에 알맞게 문장을 구성해야 한다.

❷ 반복의 회피

반복을 피할 수 없거나 뜻을 강조할 때가 아니면 동일한 단어, 구절, 조사, 어미 등을 되풀이하여 사용하지 않도록 한다. 하나의 문장 안에 이러한 것들이 중복되면 문장의 의미가 산만해지고 논리적인 짜임이 깨지게 된다.

❸ 다양한 문장

다양한 문장을 써서 말을 하면 청자들에게 생동감을 줄 수 있다. 구조와 길이가 같은 문장으로 말을 하는 것보다 그 구조와 길이가 다른 문장을 적절히 배열하여 말하는 것이 더욱 효과적이다. 말은 대개 평서형 어미 '다'로 끝나지만, 때로는 평서문뿐 아니라 의문문·명령문·청유문·감탄문 등을 필요한 상황에 알맞게 써서 말의 효과를 높일 수 있다.

다음의 평서문을 의문형 어미를 사용하여 문맥에 맞게 고쳐 쓰면

149

문장에 변화를 주게 된다.

> 사람들은 자기가 행복하기를 원하는 것보다 남에게 행복해 보이려고 더 애씁니다. 남에게 행복하게 보이려고 애쓰지만 않는다면, 스스로 만족하기란 그리 힘든 일이 아닙니다.
> → 우리는 스스로 행복해지기를 원합니까? 아니면 남에게 행복하게 보이려고 더 애씁니까? 남에게 행복하게 보이려고 애쓰지만 않는다면, 스스로 만족하기란 그리 힘든 일이 아닙니다.

(3) 강조하는 문장

어느 한 문장을 특별히 강조하려면 같거나 비슷한 말이나 구절을 되풀이하거나 늘어놓는 방법을 쓸 수 있다. 그러나 이런 방법은 말의 뜻을 강하게 전달하는 효과가 있는 반면에, 지나치게 사용할 경우 과장된 표현을 할 수 있다.

말을 할 때에 문장 성분을 똑같은 순서로 배열하면 청자에게 지루한 느낌을 주므로, 문법을 어기지 않는 범위 내에서 어순을 바꾸어 표현하는 것도 문장을 강조하는 한 방법이다. 이 방법은 문장에 다양성을 주는 동시에 특수한 단어나 어구를 강조할 수 있다.

다음 예의 ①에서는 '수영'을 둘러싼 단어들과 '싫어했다'를 결합하여 반복함으로써, 수영에 대한 혐오감을 강조했다. ②에서는 가락이 비슷한 '많은 사람들의 개탄 속에서'와 '빠른 시간의 흐름 속에서'를 늘어놓아 생전의 권력, 재산, 명성의 무상함을 강조했다.

① 나는 물을 싫어했고, 수영 코치를 싫어했으며, 요 몇 해 동안은 전혀 수영을 하지 않고 있습니다.
② 그가 세상을 뜨자, 많은 사람들의 개탄 속에서, 또한 너무나 빠른 시간의 흐름 속에서 그의 모든 권세와 재산과 명성이 사라져 가고 말았습니다.

(4) 참신한 문장

말이 참신해야 청자가 감동한다. 이제껏 아무도 사용한 적이 없는 비유적인 언어를 구사하면 청자에게 생동감을 준다. "지금은 천고마비의 계절입니다.", "칠흙같이 어두운 밤이었습니다." 등과 같은 상투어는 듣는 이에게 참신한 느낌을 주지 못한다. 그런데 "아가의 웃음은 푸르디 푸른 가을 하늘입니다.", "내 마음은 시원하게 뚫린 고속도로입니다." 등은 새로운 표현이기 때문에 듣는 이에게 생동감을 준다.
다음과 같은 상투적인 표현도 참신하게 바꾸어 말해야 생동감을 준다.

• 인사에 갈음합니다.
• 많은 지도 편달을 바랍니다.
• 만장하신 신사 숙녀 여러분
• 양어깨에 걸머지고
• 이는 분에 넘치는 영광입니다.
• 공사 다망하신데도 불구하고
• 소감의 일단을 피력해 두는 바입니다.

3) 적절한 비유

지도자가 적절한 비유를 사용하여 말하면 자신의 생각과 느낌을 상대방에게 참신하게 전달할 수 있다. 비유는 하나의 대상을 다른 대상에 빗대어 생동감 있고 효과적으로 표현하는 방법이다. 적절한 비유는 어려운 내용을 쉽고 단순하게 표현한다. 웃음과 재미를 주어 지루하거나 진부하지 않게 한다. 비유는 말에 힘이 붙어 설득력을 높인다.

다양한 표현 기법을 사용하면 생동감 있게 표현할 수 있다. 가령, 다음과 같은 표현은 직설적인 표현보다 청자에게 산뜻한 느낌을 줄 수 있다.

- "두렵기 때문에 협상하지는 맙시다. 그러나 협상하기를 두려워하지는 맙시다."
- "다시 되풀이해 강조합니다. 정이 넘쳐야 화기애애하게 되고, 화기애애해야 흥미를 느끼게 되고, 흥미를 가져야 능률이 오릅니다."
- "여러분은 오거스트 빌머가 일찍이 말했듯이, 솔로몬의 지혜와 다윗의 용기와 삼손의 체력 그리고 나사렛 예수의 관용을 가져야 합니다. 그래야만 이 나라의 선택받은 젊은이로서 선택받지 못한 사람들의 성실한 심부름꾼이 될 것입니다."
- "영원한 좌절이란 있을 수 없습니다. 영원한 절망도 있을 수 없습니다. 오직 일곱 번 넘어져도 여덟 번째 일어나는 새로운 전진을 꾀해야 합니다, 역사에는 영광도 있고 치욕도 있고, 긍정도 있고 부정도 있으며, 승리도 있고 패배도 있고, 기쁨도 있고 슬픔도 있습니다."

- "지역 감정의 해결책은 결코 멀리 있는 것이 아닙니다. 그것은 나 자신의 편견을 버리는 데서 시작되는 것입니다. 내가 앞장서서 편견을 버리면 내 부모, 내 형제, 내 자식도 편견을 갖지 않게 됩니다. 내 가정이 편견을 버리면 내 이웃이 편견으로부터 벗어나게 되며, 내 이웃이 편견을 갖지 않으면 결국 우리 사회 전체가 편견에 오염되지 않습니다."

비유의 목적은 화자는 알고 있으나 청자가 잘 알지 못하는 것을 보다 쉽게 이해시키거나, 화자의 감정이나 기분을 청자에게 그대로 전달하는 데 있다. 그러므로 비유하기 위해 끌어다 쓰는 보조 관념은 청자에게 잘 알려져 있거나 쉽게 상상할 수 있는 것이어야 한다.

일상으로 늘 보아 오던 사물도 비유를 사용함으로써 전혀 낯설고 새로운 모습으로 태어난다. 비유의 구실을 시인 정지용은 "비유는 절름발이다. 하지만 그 절름발이가 장자(長子) 노릇을 하게 된다."라고 말한 바 있다. 비유는 논리의 세계나 관점에서 보면 거짓부렁에 불과하다. 그러나 서정의 세계 속에서는 비유를 통해서 '나'가 '돌', '새' 또는 '임금'도 될 수 있다.

이와 같은 비유법은 강렬한 인상을 줄 수 있도록 개성적이어야 효과가 있다. 또한 비유의 성패는 적절성과 참신성에 달려 있다. 너무 흔하게 사용해서 도무지 비유라고 느낄 수 없는 '죽은 비유'나 '상투적인 비유'는 별 도움이 안 된다.

4) 유머 활용

유머(humor)는 기분 좋은 웃음을 자아내는 방법이다. 웃음은 인간만의 특권이다. "유머가 없는 스피치는 새가 없는 정원과 같다."라고 말한다. 그만큼 분위기가 답답하거나 가라앉았을 때 유머는 청량제 구실을 하며 유머러스한 말은 좌중을 휘어잡게 된다. 유머는 청중의 긴장과 경계심을 완화시켜 새로운 주의력을 이끌어 줄 수 있다. 또한 화자의 능력을 평가하는 요소 중의 하나가 되기도 한다.[169] 웃음은 연쇄반응을 일으키는 효과가 있으며, 부드러운 분위기를 조성하고 대화에 참여한 사람들을 정신적·신체적으로 잠시 휴식할 수 있는 기회를 줄 수 있다.

유머는 어려운 내용을 쉽게 인상적으로 이해시키는 수단의 하나이다. "사람이란 무엇인가 재미있는 이야기를 듣고 일단 웃으면 서로 친해지게 마련이다."라는 말이 있는 것처럼 언쟁을 예방하고 격의를 없애주는 부수적인 효과를 거둘 수 있다.

지도자는 유머를 활용하여 조직의 분위기를 탈권위주의적(脫權威主義的)으로 이끌어 갈 수 있다. 최근 우리 사회에서는 전통적인 권위나

---

169) 벌린(Berlyne)은 유머는 '갈등, 우월, 이완', 이 3가지 원리가 적용되어 발생하는 것이라고 본다(임칠성, 2004).
   ① 갈등 : 이야기 전개 과정에서 긴장과 기대가 아무 것도 아닌 것이나 전혀 엉뚱한 방향으로 급전될 때 듣는 사람은 긴장과 기대가 허무하게 무너지는 경험을 하면서 웃게 된다.
   ② 우월 : 웃음의 대상이 되는 사람이 터무니없는 행동을 하거나 상황과 전혀 어울리지 않는 엉뚱한 행동을 하여 듣는 사람이 어이없게 만들러 웃음을 촉발한다.
   ③ 이완 : 이야기 전개 과정에서 긴장, 초조를 유발한 다음에 그 다음이 너무나 허무하게 끝나버림으로써 웃음을 촉발한다.

위엄보다는 재미있고 상대방과 평등하고 친밀한 관계를 유지하면서 업무처리를 하는 지도자를 선호한다. 유머는 따분하고 건조한 생활에 신선함과 여유로움을 준다. 유머를 잘 활용하면 불필요한 논쟁을 피할 수 있고, 서먹서먹한 분위기를 친근한 분위기로 바꿀 수 있으며 불평과 불만에 가득 찬 사람의 마음을 감싸고 그 마음을 자신의 편으로 돌려놓는 데 큰 효과가 있다(임칠성 외, 2004).

유머는 무조건 남을 웃기는 것이 목적이기보다는 인간관계를 부드럽게 하거나 친밀하게 하는 데 도움이 된다는 점에서 상황에 어울리게 적절하게 사용하여야 한다. 시간과 장소, 대상을 제대로 파악하지 않고 사용하다가는 역효과를 내는 경우도 있다. 유머는 단순 웃음 유발 장치이기보다는 사회적 인간 상호작용에서 섬세하고도 전략적으로 사용해야 좋은 결과를 얻을 수 있는 대화 방식이다.

그러나 유머가 서툴면 경솔하다는 인상을 줄 위험 부담이 크다. 서툰 재담(才談), 격이 떨어지는 농담은 곤란하며, 지나치면 알맹이 없는 내용이 되어 화자가 평가 절하되거나 저질이라는 인상을 줄 수도 있다.

유머를 할 때에는 다음과 같은 점에 유의하면 효과적일 수 있다.

① 유머는 주제와 관련이 있는 것이어야 한다.
② 특정인이나 특정 계층에게 심리적 고통을 주지 않는 것이라야 한다.
③ 유머를 시작하기 전에 약간의 휴지를 둔 다음 느닷없이 말한다.
④ 똑같은 이야기를 되풀이하지 않는다.
⑤ 내용은 짧고 명확해야 한다. 길게 말하는 것은 흥미를 잃게 하기 쉽다.
⑥ 말을 천천히 한다.
⑦ 연사 자신이 먼저 웃어서는 효과가 반감된다.
⑧ 뒷맛이 쓴 유머는 안 하느니 못하다.

⑨ 청중의 시비를 불러일으킬 여지가 없는 것이어야 한다.

⑩ 눈살을 찌푸릴 정도의 속어나 비어를 남발해서는 안 된다.

⑪ 앞 선전을 삼간다. "이것은 재미있는 얘긴데……", "제가 우스운 이야기 하나 하겠습니다."와 같은 말을 앞세우지 않는다.

유머를 자아내려면 다음과 같은 방법을 사용한다.[170]

(1) 자기 실수나 실패담을 이야기한다

사람들은 남이 저지른 실수나 실패담을 들으면 잘 웃는다. 이러한 실패담은 청중에게 우월감을 주고 긴장감을 풀게 한다. 가장 효과적인 방법 중의 하나는 자기 실패담을 바보스럽게 말하는 것이다.

(2) 과장된 표현을 한다

학교에서 구두쇠로 소문난 큰돌, 중돌, 소돌이가 서로 자신이 더 구두쇠라고 자랑하고 있다.

큰돌 : "난 세숫물에 잉크를 섞어 펜에 묻혀 글씨를 써."

---

170) 이도영(1999)은 웃음 유발 장치로 다음과 같은 것을 들고 있다.
- 언어적 웃음 유발장치 : ① 발음 활용하기 ② 단어나 어구의 중의성 활용하기 ③ 단어나 어구 파괴하기 ④ 사투리 활용하기 ⑤ 받침 활용하기 ⑥ 음성연상 활용하기 ⑦ 대구 활용하기
- 비언어적 웃음 유발 장치 : ① 동문서답하기 ② 되받아치기 ③ 고정관념 이용하기 ④ 특징 찾아 핵심 찌르기 ⑤ 정곡 찌르기 ⑥ 우스운 상황 연출하기 ⑦ 함정 만들기 ⑧ 배경지식 충돌시키기 ⑨ 패러디하기 ⑩ 과장하기 ⑪ 형태에 의미 부여하기

중돌 : "그게 자랑거리냐? 난 시계 바늘이 닳을까봐 시계를 정지시켰어."

소돌 : "너도 멀었어. 난 계속 만화방에서 공짜로 만화책 읽다가 요
즈음 안경알이 닳을까봐 그만뒀어."

(3) 동음이의어(同音異意語)나 축약어를 활용한다

- 남존여비 : (남)자가 (존)재하는 한 (여)자는 (비)참하다.
- 스님이 목욕탕에서 옆에 있는 까까머리 학생에게 "학생, 등 좀 밀
어주라."

  학생 : "몇 학년인데 반말해요."

  스님 : "난 중이오."

  학생 : "야, 난 중 3야."
- 데이트 : (데)리고 (이)리저리 다니다가 (트)집잡아 보내지 않는 것

(4) 권위나 위엄에 대해 빈정거린다

파출소 앞에 선거 포스터가 죽 붙어 있었다.

술 취한 사람이 파출소장에게 물었다.

"아저씨, 이 옆에 붙어 있는 놈들은 도대체 무슨 나쁜 짓을 한 놈들
입니까?"

"여보세요. 그건 선거 포스터예요. 현상 수배범 사진은 이쪽 게시판
에 붙어 있잖소."

그러자 술 취한 사람이 말했다.

"아하, 앞으로 나쁜 짓 할 놈들이군."

(5) 우스꽝스러운 일을 진지하게, 진지한 일을 우스꽝스럽게 말한다

어느 기자가 도둑과 인터뷰를 했다.

"왜 도둑질을 하십니까?"

"그거야 빈부 차이를 없애기 위해서죠."

"실례지만, 혼자 일하십니까?"

"세상에 믿을 놈 있습니까?"

"어제는 얼마나 훔쳤습니까?"

"계산은 신문 기자가 더 잘 하죠."

"도둑도 휴가를 갑니까?"

"잡히는 날이 휴가 날이죠."

"댁의 아들 학적부 아버지 직업란에 뭐라고 씌어 있습니까?"

"귀금속 이동 판매 센터."

"가장 슬펐던 일은?"

"훔친 다이아 집사람이 팔러 가다가 소매치기 당했을 때."

"그때의 심정은?"

"죽일 놈이라고 생각했죠."

"아들을 어떻게 키울 생각이죠?"

"들키지 않게 요리조리 데리고 다니며 과외지도 시킬겁니다."

"마지막으로 하고 싶은 말은?"

"직업에 귀천없다."

(6) 이야기의 전개를 갑작스럽게 바꾼다

말하고 있는 것을 청중이 정상적이라고 믿게 한 다음, 갑자기 예상치도 않았던 것으로 끝을 맺는다.

• 진찰실에 두 사람이 들어왔다.
  "골프공이 목에 걸렸어요"라고 한 사람이 의사에게 말했다.
  의사가 물었다.
  "같이 오신 분은 보호자이십니까?"
  그러자 다른 한 사람이
  "아니예요. 전 골프공 주인인데요."

• 일요일 아침 명수가 아버지와 함께 교회에 가다가 아버지에게 물었다.
  명 수 : "아버지, 사람들은 하나님을 왜 하나님 아버지라고 부르나요?"
  아버지 : "인간은 모두 하나님의 아들이기 때문이란다. 알겠니?"
  명 수 : "예! 형님."

(7) 방언, 속어, 유행어를 적절히 활용한다

• 통행에 불편을 드려서 죄송합니다.
  → 싸게싸게 못가서 어떡한다요 잉.
    댕기기 옹색혀서 어쩌야 쓰것쓰라우.

- 이 콩깍지가 깐 콩깍지냐 안 깐 콩깍지냐?
  → 깐겨 안 깐겨.

- 목욕탕에서 뜨거운 물에 잘못 들어갔다가 외치는 소리를 지역에 따라
  서   울 : "아이, 뜨거워!"
  경상도 : "음메, 떠버라!"
  전라도 : "아따, 껍딱 벗어지것네!"
  충청도 : "어허, 진작 말을 하제!"

- 이게 뭡니까?, 잘났어 정말, 잘 돼야 될 텐데.

(8) 특정인의 말투를 흉내낸다

- 믿어 주세요.
- 학실히 갱제를 살립시다.
- 갱주를 강간도시로 학대합시다.
- 이제 막 가자는 거지요.
- 계급장 떼고 말합시다.

(9) 역설적인 표현을 한다

언뜻 듣기에는 모순되거나 불합리한 것 같지만 실제로는 진리인

말을 한다.

- 건강을 유지하는 방법은 먹고 싶지 않은 것을 먹고
  마시고 싶지 않은 것을 마시며
  절대로 하고 싶지 않은 것을 하는 것, 다만 그것뿐이다.

- 한 사람을 죽인 자는 '살인자', 세 사람을 죽인 자는 '살인마',
  수백 명을 죽인 자는 '영웅'.

(10) 동문서답을 한다. 상식에 벗어나거나 어이없는 이야기를 한다

- 과속으로 달리던 승용차가 교통경찰에게 적발되었다.
  경   찰 : "과속입니다. 속도가 200킬로나 넘었습니다."
  운전자 : "죄송합니다. 술에 취해 속도감이 없어졌나 봅니다."
  경   찰 : "과속에 음주운전까지 하다니요."
  부   인 : "한 번만 봐주세요. 이 이는 무면허라서 술을 마시지 않으
              면 운전을 못해요."
  경   찰 : "아니, 거기다 무면허까지."
  어머니 : "애야, 거봐라. 훔친 차로는 절대 못 간다고 내가 말리지
              않았니."

- 달마가 동쪽으로 간 까닭은? 다른 길이 없었기 때문에.

- 초등학교 산수 시간.
  선생님 : "윤수야, 사과 5개에서 3개를 먹으면 몇 개 남지?"
  윤 수 : "3개요."
  선생님 : "뭐라고, 아니 왜 그렇지?"
  윤 수 : "우리 엄마가 먹는 게 남는 거라고 했거든요."

이 밖에도 우스꽝스러운 표정이나 제스처를 적절히 활용하거나, 상황에 따라서는 불쾌감을 주지 않는 비속어나 음담패설을 적절히 구사해 분위기를 화기애애하게 만든다.

재치[Wit, 기지]를 부리는 것도 한 방법이다. 참신하고도 간접적으로 점잖고 경박하지 않게 임기응변으로, 또는 번뜩이는 재치로 반격 또는 수용하면, 궁지를 모면하고 작은 미소를 자아낼 수 있다. 재치는 사교나 처세의 유효한 무기가 되고 대화를 활성화하는 자극제로 권태감을 해소시킨다.

유머는 그 기초 원리를 이해하고, 생활 속에서 실제 사용하는 훈련을 꾸준히 쌓아가지 않으면 재미있게 말하는 능력이 향상되지 않는다.

5) 신체 언어의 활용

신체 언어[body language]란 눈·코·입·어깨·가슴·팔·손·엉덩이·발 등 신체의 일부분으로 화자의 생각을 나타내는 표정이나 몸짓, 자세 등을 일컫는다. 이것을 '몸말' 또는 '제스처'(gesture)라고도 한다.

"몸은 입보다 더 많은 말을 한다."는 이야기가 있듯이 신체 언어는 음성 언어와 함께 화법의 매체로서 중요한 기능을 한다. '이심전심'(以心傳心)이라는 말이 있듯이 우리는 간혹 말 한마디도 주고받지 않고 상대방의 표정만으로 상대방이 전달하고자 하는 바를 이해하는 경우가 있다. 상대방이 전달하자고 하는 사상과 감정을 신체 언어로 표현하기 때문이다. 다양한 목적, 대상, 상황 등에 알맞게 말을 잘하는 사람이 되려면, 평소에 음성 언어와 신체 언어를 효과적으로 구사할 수 있도록 힘써야 한다.

음성 언어는 청각에 전달되는 매체이고, 신체 언어는 시각을 자극하는 매체이다. 사람은 대개 청각보다 시각에 더 민감하다. 음성 언어로는 거짓말을 쉽게 할 수 있으나, 신체 언어로는 그렇게 하기가 쉽지 않다. 화자가 즐거운 표정을 지으면서 "기분이 좋지 않다."고 말할 경우, 상대방은 그 말을 그대로 믿지 않는다. 왜냐하면 청자는 음성 언어보다는 신체 언어인 즐거운 표정을 더욱 신뢰하기 때문이다. 그러나 복잡하고 추상적이거나 많은 분량의 내용을 표현할 때에는 신체 언어보다 음성 언어를 사용하는 것이 더 효과적이다.

신체 언어를 효과적으로 사용하면, 청자는 화자의 말에 대하여 신체 언어로써 반응을 보이기도 한다. 예를 들면, 청자가 화자의 말에 동의할 경우에는 고개를 끄덕이고, 반감을 나타낼 때에는 불쾌한 표정을 지으며, 가치 없는 것으로 간주할 때에는 하품을 하거나 지루한 표정을 짓는다. 이렇듯 신체 언어는 음성 언어에 못지않게 의사소통의 매체로 중요한 기능을 한다.

(1) 신체 언어를 사용할 때의 유의점

모든 움직임에는 목적이 있어야 한다. 공연한 움직임은 청중의 시선을 흐트리기 쉽다.

　신체 언어를 구사할 때에 유의할 점은 다음과 같다.

❶ 표현하려는 내용에 걸맞게 사용해야 한다

　내용에 알맞은 신체 언어와 음성 언어로 표현하면 상대방이 그 내용을 더욱 쉽게 이해하게 된다.

❷ 자연스럽게 사용해야 한다

　신체 언어를 인위적으로 과장하여 구사하면 의사소통에 역효과를 가져온다. 이야기의 내용이 시간적으로 일치해야 하며, 이야기가 끝남과 동시에 움직임도 끝내야 한다.

❸ 불필요하게 몸을 움직여서는 안 된다

　긴장을 해소하거나, 요점을 강조하거나, 사고의 진행 과정을 지시하거나, 자신의 개성을 드러내려고 할 경우에만 움직여야 한다. 아무 이유 없이 움직이면 의사소통에 방해가 된다.

❹ 다양하게 구사해야 한다

　일정한 표정이나 손짓만을 하면 청중의 주의가 산만해진다. 내용에 따라 여러 가지 신체 언어를 구사해야 말의 효과를 가져온다.

(2) 신체 언어의 효과적 사용법

　신체 언어의 효과적인 사용 방법은 다음과 같다.

❶ 동작

손, 머리, 어깨 등을 이용한 동작을 할 때에는 다음과 같이 하는 것이 효과적이다.

▍손의 사용

손짓은 말을 시작해서 1/3이나 반쯤 지난 후 사용한다. 말의 내용과 관계 없이 습관적으로 손짓이나 손가락짓을 하면 경박하게 보이기 쉽다.

"그 괴물이 이만했어요."라는 표현을 할 때에는 두 손을 양쪽으로 벌린다. "세 가지 알아두셔야 할 점이 있습니다."라고 할 때에는 손가락 세 개를 세운다. "키가 훤칠했습니다."라고 말할 경우에는 한쪽 손을 머리 위로 번쩍 들어 키의 높이를 나타낸다. '무조건 졌어'라고 할 경우에는 두 손을 어깨 높이 위로 번쩍 든다.

▍머리의 사용

의심스러울 때에는 머리를 갸우뚱한다. 부정하는 뜻을 나타낼 때에는 머리를 좌우로 흔든다. 그리고 수긍할 때에는 머리를 위아래로 끄덕거린다.

▍어깨의 사용

놀라움을 표시할 때에는 어깨를 위로 치켜올린다. 피로나 비관을 표현할 때에는 어깨를 아래로 떨군다. 으스대는 모습을 지을 때에는 양 어깨를 번갈아 내민다.

다음과 같은 동작은 피하는 것이 좋다.

㉠ 말 한마디에 여러 번 손을 흔들지 않는다. 경박한 인상을 준다.

　　㉡ 손짓은 어깨 위까지 올라가는 동작을 하지 않는다. 지나친 과장을 하는 것 같아 신빙성이 없어 보인다.

　　㉢ 손짓을 할 때 상대방을 향해 손바닥을 내보이지 않는다. 상대방의 말을 제지하거나 중단하는 것 같다.

　　㉣ 발을 구르거나 흔들지 않는다. 침착성이 없는 인상을 준다.

❷ 표정

얼굴 표정이나 시선을 효과적으로 사용하려면 다음과 같은 점에 유의한다.

▎얼굴 표정

기쁜 내용일 경우에는 기쁜 표정을 짓고, 슬픈 내용을 표현할 경우에는 슬픈 표정을 지어야 한다.

▎시선

"눈은 혀만큼이나 많은 말을 한다.", "눈으로도 말을 한다."는 말이 있듯이, 효과적인 말하기를 위해서 눈을 활용하는 것이 좋다. 시선은 화자와 청자 사이의 거리감을 좁히고, 청중으로 하여금 전달되는 내용에 귀를 기울이도록 하는 구실을 한다.

　　㉠ 언제나 상대방과 시선을 맞추면서 말해야 한다.
　　　천장이나 창밖을 보며 이야기한다든지, 눈을 내리깐다든지 연설대를 내려다본다든지, 원고에만 눈길을 보낸다든지, 슬라이드 화면만 본다든지 하는 것은 가장 좋지 못한 모습이다. 화자는 청자와 눈맞춤을 하면서 이야기하는 것이 좋다.

    ⓛ 청중에게 골고루 시선을 준다.

특정한 청자만 주시하지 말고 한 사람 한 사람과 골고루 시선을 나눈다는 느낌으로 말하는 것이 좋다. 단 눈동자를 좌우로 뻔질 나게 움직이는 것은 피하여야 한다. 모든 청중이 자기를 위해서 이야기하는 것이라고 느낄 수 있게, 시선을 한 곳에 고정시키거나 허공에 두지 말고 청중 전체에 고루고루 미치도록 한다. 그렇다고 쉴 새 없이 이리저리 옮겨서도 안 된다. '중앙 → 좌 → 우 → 전후' 등으로 불규칙적으로 이동한다. 전신 또는 적어도 얼굴만 움직여야 하며 눈만 움직이는 것은 좋지 않다. 특히 안경 너머로 청중을 바라보는 것은 금물이다.

❸ 자세

자세는 연사의 정신적 준비 상태와 침착성을 반영한다. 연사의 기본자세는 두 발을 어깨 넓이로 벌리고 체중을 양발에 고르게 준 상태에서 허리와 어깨를 곧게 펴고 머리를 똑바로 든 자세이다.

자세는 다음과 같이 취하는 것이 효과적이다.

    ㉠ 바르고 편안한 자세를 취한다.

다만, 딱딱해 보이거나 기운이 없어 보이지 않도록 주의해야 한다. 청자가 위엄, 안도감, 활력, 충실함 등을 느끼게 점잖고 유연하고 엄숙한 자세를 취해야 한다. 말을 잘하는 사람은 언제나 자세가 좋으며, 필요할 때 움직이고, 의미 있는 동작과 내용에 알맞은 표정을 짓는다.

    ⓛ 자세를 갑자기 바꾸지 않는다.

몸의 위치는 화자 자신이 긴장을 풀고자 할 경우, 청중의 주의를 끌거나 청중에게 여유를 주고자 할 때, 어느 장소의 청중을 특별히 보고자 할 때, 이야기의 내용이 다음 단계로 넘어감을 알릴 때, 갑자기 청중의 반응을 불러일으키고자 할 때 등일 경우에만 바꾼다.

ⓒ 두 다리를 너무 넓게 벌리지 않는다.

15cm 정도로 벌리는 것이 적당하다. 몸의 체중을 한쪽 다리에 싣지 않고 양쪽 발에 무게를 싣는다.

ⓔ 뒷짐을 지거나 팔짱을 끼지 않는다. 주머니에 손을 넣거나 옷자락 따위를 만지작거리지 않는다.

ⓜ 공연히 좌우로 왔다 갔다 하지 않는다. 몸을 굽혔다 폈다 한다든지 뒤로 물러섰다 앞으로 나왔다 하지 않는다.

ⓗ 양손으로 연설대를 잡고 상체를 조금 앞으로 굽히고, 발은 약간 내딛는 것이 좋다.

ⓢ 지시봉을 사용한 경우에는 오른손잡이는 스크린 왼쪽에 서는 것이 좋다. 오른쪽에 서게 되면 지시봉을 사용하기 위해 몸을 움직이는 각도가 커지며 청중에게 등을 많이 보이게 되기 때문이다.

ⓞ 지시봉이나 레이저포인터를 사용할 때는 가리킬 곳을 명확히 지시해야 한다. 빙빙 휘두르는 것은 좋지 않다. 보통 문장의 마지막 부분을 가볍게 가리켜 어느 부분을 이야기하는지 인식시킨 뒤, 지시봉을 접고 자연스러운 자세로 청중을 보며 이야기한다.

6) 보조 자료의 활용

화자가 말만으로는 청자에게 강한 인상을 남기기 어려운 경우가 많다. 이 때 보조 자료를 함께 활용하면 효과적이다. 보조 자료는 화자가 말할 때에 청자의 시각과 청각에 호소하여 의사소통이 더욱 효

과적으로 이루어질 수 있도록 하기 위하여 이용하는 자료이다. 괘도·
그림·사진·지도·도표·실물·모형·표본·필름과 슬라이드 등은
시각 자료이고, 라디오·녹음기 등은 청각 자료이며, TV, VTR, OHP
(overhead projector) 등은 시청각 자료이다.

보조 자료를 활용하면서 말하면 다음과 같은 이점이 있다.

① 다양한 감각에 호소하여 청중들이 화제에 흥미를 갖게 한다.
② 언어로 설명하기 곤란한 내용을 쉽게 이해할 수 있도록 도와준다.
③ 화자가 자료를 기억하는 것을 도와주며 과도한 긴장을 해소시켜
   준다.
④ 의사전달 시간을 줄 수 있다.

(1) 보조 자료 사용할 때 유의점

미리 잘 준비된 보조 자료는 소기의 목적을 달성하는 데 많은 도움
을 주지만, 그렇지 않을 경우에는 사용하지 않은 것보다 더 나쁜 결과
를 가져온다. 그래서 화자는 사전에 계획과 준비를 철저히 해야 한다.
보조 자료를 이용할 때에는 다음에 유의하여야 한다.

① 모든 청중이 볼 수 있게 한다.
   사전에 청중들이 모두 볼 수 있는지를 확인한다. 시각 보조 자료
   를 빛을 너무 많이 반사하는 벽면에 설치하면 청중들이 보기가
   어렵다. 또한 눈높이보다 낮게 설치하면 뒤에 있는 청중들은 잘
   볼 수가 없다.
② 앞뒤로 돌려 보지 않게 한다.
   자료를 돌리는 동안 청중들이 잡담을 하거나 시선을 집중하지 않

을 우려가 있다.

③ 설명할 때만 보여준다.

자료는 의사 전달에 효과가 있을 경우에만 사용한다. 설명이 다 끝난 뒤까지 더 이상 쓸모가 없는 자료를 장기간 방치해 두면 청중들을 혼란하게 할 우려가 있다.

④ 자료를 설명할 때 연사는 청중을 향하고 있어야 한다.

청중을 등지고 자료만 보면서 설명하면 곤란하다.

⑤ 자료를 사용할 장소의 환경을 면밀히 조사한다.

장소의 음향 상태, 조명 시설, 준비된 장비, 벽지와 커튼의 색, 반사광과 그 원인, 전기 코드의 수와 위치 등을 미리 알아 본다.

⑥ 조작이 필요한 자료는 사전에 화자가 직접 작동해 보아야 한다.

⑦ 자료를 사용할 때에는 화자가 그 후면이나 측면에 선다. 화자가 왼손잡이면 왼쪽에 서고, 오른손잡이면 오른쪽에 선다. 지시봉은 자료에 가까운 손으로 잡고 가능한 한 청중을 바라본다.

⑧ 자료의 사용에 따른 위험을 예상하고 안전대책을 강구한다.

(2) 보조 자료 제작할 때 유의점

보조 자료를 제작할 때에는 다음과 같은 점을 유의한다.

① 자료에 너무 많은 생각과 세부 사항을 포함시키지 않는다.

② 청중이 식별하기 쉽게 단순하고 크게 만든다.

③ 괘도는 강조할 어휘와 어구를 선명하게 만든다.

④ 통계표는 비교가 쉽도록 막대 그래프나 선 그래프 또는 원 그래프로 나타내는 것이 좋다.

⑤ 비교를 위한 자료는 흰 바탕에 흑색과 적색, 검은 바탕에 황색과 녹색을 사용하여 그 대조를 두드러지게 한다.

⑥ 슬라이드, 비디오 테이프, 사진, 녹음 테이프, 모형 등을 활용할 때에는 확대와 축소를 자유롭게 조작할 수 있게 한다. 필요한 경우에는 화자나 청자가 시범적으로 실연해 볼 수 있도록 기자재를 비치한다.

⑦ 마이크를 사용할 때에는 공연히 '확확' 불거나 '톡톡' 건드리지 않도록 한다.

지도자는 각종 기기를 활용하여 자신이 말하고자 하는 바를 분명하고 정확하게 말할 수 있어야 한다. 이를 위하여 활용하는 수단 중의 하나가 프레젠테이션이다. 프레젠테이션은 문자나 영상 자료 등 시청각 자료를 활용하여 전달하고자 하는 정보를 상대방에게 전달하거나 설득하는 화법이다. 지도자는 효과적인 프레젠테이션을 하기 위해 내용, 구성, 언어적 요소와 비언어적 요소, 시청각 기기 조작법 등에 대하여 연구하고 연습할 필요가 있다. 언어적 요소로는 '발음, 말의 속도, 말의 높낮이와 크기, 말투' 등을, 비언어적 요소로는 '어조, 표정, 시선, 자세, 손동작, 발표 태도, 복장' 등을 고려해야 한다.

09 | 설득하기

설득이란 언어[說]로 화자가 자신의 주장을 펴서 상대방이 납득[得]하게 하는 것이다. 설득의 목적은 화자가 상대방의 생각과 행동을 자기 뜻대로 변화시키는 데 있다. 기관장의 훈화, 각종 선거에서 입후보자들의 유세, 판촉 사원의 상품 선전 등이 설득의 예이다. 설득은 청중의 마음을 움직이는 것이 최대의 목표이므로 내용과 조직, 표현법 등에서 청중에게 가장 호소력이 큰 방법을 사용해야 한다.

　남을 설득한다는 것은 대단히 어려운 일이다. 자기 자식을 설득하는 것조차 용이한 일이 아닌데, 하물며 자기 나름대로 배경 지식과 경험을 가지고 성장한 상대방을 설득시킨다는 것은 결코 쉬운 일이 아니다. 그러나 오늘날의 지도자는 설득력을 갖추어야 한다. 극단적으로 말해, 다른 사람을 지도하는 자리에 있는 사람은 '설득업'(說得業)에 종사하고 있는 것이라고 할 수 있는 것이다. 상사는 부하를 효과적이고 강력하게 설득할 수 있어야 하고, 경영자는 직원은 물론 주주, 거래처 그리고 소비자까지 설득할 수 있는 능력을 갖추어야 한다.

　지도자는 공직을 수행하면서 국민은 물론 동료·상사·부하 등을 설득해야 할 장면에 처할 수 있다. 지도자는 구성원을 설득할 때 실제 활용할 수 있는 구체적인 방법을 학습하여야 한다.[171]

---

171) 박경현(2000)은 다음과 같이 열거하고 있다.
　① 신뢰감 형성
　② 일관성 있는 행동
　③ 자유로운 분위기 조성
　④ 일체감과 유대감의 형성
　⑤ 공감적 경청
　⑥ 점진적 접근
　⑦ 필요한 근거의 충분한 제공
　⑧ 호감 유발
　⑨ 단계적 설득
　⑩ 보상과 징벌의 병행
　⑪ 정서적 호소
　⑫ 비밀의 공유
　⑬ 체면의식 이용
　⑭ 절실한 욕구의 적극 공략
　⑮ 이해하기 쉽고 품위 있는 언어 표현

1) 설득의 바탕

(1) 자발적 변화

설득하는 데는 동정을 구하거나 속임수를 쓰거나 위협을 하는 등 여러 가지 수단이 동원될 수 있다. 그러나 이러한 방법으로 설득하는 것은 부정직한 것이어서 정상적인 사회에서는 용인될 수 없는 것이다. 물리적인 제재를 가해 억지로 자신의 의사를 수용하도록 강요하는 것은 일단 설득이라는 언어 행위의 범위를 벗어나는 것이다. 이제는 가정에서의 매, 학교에서의 체벌, 군대에서의 얼차려, 회사에서의 명령과 권한만으로 납득시키는 시대가 아니다. "고분고분 맹종하라.", "그저 나를 따르라."라는 말만으로는 상대를 설득시킬 수 없다. 설득이란 강요가 아니라 상대방으로 하여금 스스로 호응하게 하는 것이다.

설득에 의한 변화는 자발적이어야 한다. 설득당하는 사람이 설득자의 의견이나 주장을 받아들일 것이냐 거절할 것이냐는 그 자신이 자유롭게 결정할 수 있도록 하여야 한다. 폭력이나 권력 같은 강압적인 수단을 빌리거나 사술(詐術), 협잡 등 음흉한 속셈으로 상대방에게 맹종을 강요하는 것은 진정한 설득이라고 할 수 없다. 가치 있는 설득은 속임수가 아니라, 올바르게 진실을 전달하며 대립된 감정을 해소하고 상대방의 행동을 더 좋은 방향으로 유도하는 것이다. 곧 설득이란 상대방과 말싸움을 하는 것이 아니라 상대방의 인간적 협력을 얻어내는 수단이다.

설득에는 직접 행동을 지시하지 않고 필요한 정보를 주어서 설득자가 바라는 행동을 끌어내는 정보적 설득, "이렇게 하시오." 하는 강제적 설득, 그리고 "이렇게 하지 않겠습니까?" 하는 의뢰적 설득 등이 있다. 강제와 의뢰는 상대방의 자발성을 존중하지 않고 밀어붙이는 인상을 주어 반발을 사기 쉽다. 설득은 화자가 청자에게 동의를 구하고 확신을 심어 준 다음, 마침내 행동을 촉구하는 것이다. 그러므로 우선 화자와 청자가 서로 정보를 공유하는 것이 필요하다.

(2) 청자의 이해

어떤 유형의 설득이건, 설득자는 청자에 대하여 많은 것을 이해하고 있어야 자신의 목적을 효과적으로 달성할 수 있다. 다양한 청자 모두를 개별적으로 알 수는 없을지라도, 소집단별로라도 그들이 어떤 문제에 관심을 기울이고 있는지 또 어느 정도 알고 있는지, 그들이 지금까지 지니고 있는 의견이나 태도가 어떠한지, 그들에게 영향을 크게 줄 수 있는 것이 무엇인지 등에 대해 어느 정도는 추정하고 있어야 한다. 지도자는 구성원에 대한 주의 깊은 관찰과 이해는 그들을 설득하는 데 필수적인 것이다.

지도자는 구성원을 효율적으로 설득하려면 최소한 다음과 같은 기본적인 사항을 유념해야 한다.

❶ 설득하려는 대상을 예상한다

누구를 설득하려고 하는가? 설득의 대상을 미리 알아둠으로써 자신의 주장을 효과적으로 전달할 수 있다.

❷ 구성원과 일체감을 가지도록 한다

구성원의 눈높이에 맞추어 그들의 현재 입장, 어떤 문제를 보는 시각 등을 이해함으로써 그들의 생각을 변화시킬 수 있다.

❸ 말투에 유의한다

설득자의 말투는 구성원과 친근감을 긴밀히 하는 데 도움이 된다. 거리감을 느끼게 하는 말투는 반드시 피해야 한다.

❹ 필요한 근거를 충분히 제공한다

자신의 주장을 수용하도록 하는 데 필요한 근거를 구성원에게 충분히 제공하여야 한다. 구성원을 존중한다면 근거 없는 주장을 강요할 수는 없다. 설득은 상대방의 마음에 호소하여 행동에 변화를 일으키게 해야 하므로, 지적(知的)인 설득만으로는 효과를 얻기가 힘들다. 그러므로 효과적인 설득을 위해서는, 남이 나의 생각에 동의하고 행동에 옮길 수 있을 만한 충분한 근거를 보여야 한다.

❺ 구성원이 이해하기 쉬운 표현을 하여야 한다

구성원이 자기 주장에 동의하게 하려면 되도록 알아듣기 쉽게 표현하여야 한다. 복잡한 표현, 지나친 전문 용어, 복잡한 통계 등의 사용은 설득을 어렵게 만들 수도 있다.

구성원이 알아듣기 쉽게 하는 표현의 한 방법으로, 말의 내포적(內包的) 의미를 이용하는 것도 좋다. 내포적인 의미는 정서적·문화적·역사적 공감을 더할 수 있게 하기도 하는데, 이 공감성이 구성원에게 작용해서 설득의 효과를 높여 준다.

까다로운 개념이나 이치를 말할 때, 비유를 사용하는 것도 효과적이다. 비유는 뜻을 풍요롭게 하고 구체성을 부여하는 구실을 한다. 그러나 비유는 그 다의성을 통해 쉽게 전달되는 효과가 있는 반면에 그 의미가 추상적인 것으로 되어 버리는 약점도 있다. 비유란 원래 유사성을 이용해서 서로 다른 사물을 견주는 방법이지만, 그 바탕에는 유사성 못지않게 이질성(異質性)이 전제되고 있다. 따라서, 논리적인 엄격성을 요구하는 말에서 비유적 표현을 많이 사용하게 되면 논리성이 약해지게 된다. 광고나 호소문처럼 정서적 공감을 통한 설득을 목적으로 할 때 효과를 발휘할 수 있지만, 그것은 제한적으로 사용되어야 한다. 만약 지나치게 되면 허황한 구호로 떨어질 우려가 있다.

(3) 진실과 성실

설득은 세 치의 혀로 엮어내는 말재주가 아니라, 전인격적(全人格的)인 진실과 성실을 바탕으로 이루어져야 한다. 그럴 때 비로소 참된 힘이 발휘된다. 설득의 원천은 화자의 인격, 청자에게 좋은 감정 유발, 때와 곳 그리고 분위기에 어울리는 말을 하는 것이다.

설득을 효과적으로 하기 위해서는 지도자가 인격이나 학식 등 여러 면에서 신뢰할 만한 사람이어야 하고, 정확하고 충분한 정보를 가지고 있어야 하며, 구성원의 처지를 고려하는 아량이 있어야 한다. 설득할 때, 눈 앞의 결과에 연연하여 거짓 정보를 주거나 중요한 사실을 의도적으로 감추어서는 안 되며, 구성원의 일시적인 충동을 자극하거나, 강압적인 자세로 자신의 생각을 강요하는 것은 금물이다. 이와 같은 방법은 일시적으로 효과가 있을 수는 있어도, 시간이 지나면 반드시 역효과를 초래하여 정상적인 의사 소통을 가로막는 원인이 된다.

2) 설득의 수단

일반적으로 설득의 수단은 다음 세 가지로 나누어 생각해 볼 수 있다.

① 상대방의 신뢰를 바탕으로 한다. 이를 권위적(權威的) 호소라고 한다.
② 상대방의 정서에 호소한다. 이를 정서적(情緖的) 호소라고 한다.
③ 논증의 논리를 통해 상대방을 확신시킨다. 이를 논리적(論理的) 호소라고 한다.

이 세 가지 수단은 별개의 것이 아니다. 말이나 글에서는 실제 상호보완적으로 이용된다. 논리적으로 설득한다 해도 거기에는 공감성(共感性)이 있어야 하고, 정서적으로 설득하는 경우에도 합당한 논리와 증거가 있어야 하기 때문이다.

다음의 예는 동일한 화제인 "점성술은 비과학적이다."에 대하여 세 가지 방법으로 호소한 것이다.

첫째, 권위적 호소의 예이다.

> 모든 분야에서 고도의 교육을 받은 사람들은 타당한 지식으로 점성술을 거부하는 경향이 있습니다. 많은 교회들은 밀교와 긴밀한 연계로 점성술을 공공연히 비난합니다. 점성술에 얽힌 나의 악몽 같은 경험에 비추어 보아, 밀교에 사로잡히는 것은 자신의 온전한 정신을 은연중에 약화시킨다는 것을 확신합니다.

둘째, 정서적 호소의 예이다.

점성술은 사람들의 현실감을 현저하게 훼방 놓습니다. 경험을 바탕으로 하는 생각 대신에 허황되고 단세포적인 생각에만 젖게 합니다. 점성술은 사람의 정신 건강뿐만 아니라 신체 건강에도 위험할 수 있습니다. 예를 들어 점성술에 유래를 두고 있는 단식, 사업, 인간관계 등은 이성적으로 문제에 접근하여 해결하려고 하기보다는 숙명론적으로 맹종하려고 합니다. 점성술은 기본적으로 편견이고 비정상적입니다.

셋째, 논리적 호소의 예이다.

점성술은 허위 과학입니다. 그 주장이 경험적으로 증명될 수 없고 중심적이고 일관된 지배 이론이 없기 때문입니다. 오늘날까지 알려지고 있는 점성술의 토대는 현대 경험 과학이 시작되기 오래 전에 세워진 것입니다. 점성술은 그들이 만들어 낸 천궁도와 서로 모순됩니다. 그들의 예언은 지나치게 일반화되어 증명될 수 없습니다.

(1) 권위적 호소

지도자가 구성원의 생각과 행동을 바꾸도록 촉구하려면, 우선 지도자는 윤리적으로 구성원에게 신뢰를 받아야 한다. 지도자가 지식과 경험 및 생활 태도 등 모든 면에서 믿을 만할 때, 구성원은 그 말을 귀담아 듣게 된다. 그러나 구성원이 설득하려는 사람의 인격을 의심하거나 그의 말에 미더움이 결여되어 있다고 생각하면 아무리 그럴 듯한 말을 해도 구성원은 그의 말을 그대로 듣지 아니한다.

담배를 즐기는 아버지께 실제로 애연가인 아버지의 선배가 금연을 권하는 경우와, 담배라고는 전혀 만져 보지도 않은 어린 딸이 금연을 권하는 경우, 그리고 담배를 피우다가 끊은 의사가 금연을 권하는 경우에 어느 편이 효과적인 설득이 될지는 자명한 일이다.

이러한 신뢰는 구성원이 지도자에게 지적(知的) 능력과 공정성 및 윤리성이 있다고 판단될 때 든든해진다.

❶ 지적 능력

지적 능력을 갖추려면, 지도자는 화제에 대해 충분하고 정확한 정보를 확보하고 있어야 한다. 지적 능력이 있느냐 없느냐는 상대적인 것이다. 전문의는 일반의보다 자신의 전공과목에 더 많은 지식을 가지고 있으나, 다른 진료 과목에 대해서는 그렇다고 단언할 수 없는 것이다.

더 효과적인 설득을 하기 위하여, 우리는 다른 사람의 의견이나 주장을 인용하기도 하고, 통계 숫자를 이용하기도 한다. 이런 경우에는 그러한 의견이나 주장·통계 숫자가 과연 정확한지 확인해 보고, 다루고자 하는 화제에 부합되는지도 잘 살펴야 한다. 자신의 생각과 같은 주장이라 하여 정확하지 못한 사실을 소개하거나 자신의 생각과 반대되는 통계라고 해서 이를 무시해서는 안 된다.

출처가 분명치 않은 자료를 인용하면 지도자의 지적 능력도 의심받기 쉽다. "믿을 만한 소식통에 의하면……" 또는 "대통령 측근의 말에 의하면……" 등과 같은 애매모호한 표현은 정보 제공자를 보호하거나 가치 없는 정보에 신뢰성을 부여하려는 좋지 않은 의도가 숨어 있는 것이다. 출처를 밝힐 수 있고 정확성을 보장받을 수 있는 자료가 설득에서 가장 유용한 자료이다.

❷ 공정성

공정하지 못한 설득은 신뢰성을 약화시킨다. 어떤 문제를 객관적인 입장에서 보지 못하고 자신의 관점에서만 볼 때 불공정성이 나타나기 쉽다.

부정확한 정보 때문에 반대되는 관점을 와전(訛傳)시키는 왜곡은 불공정성을 낳는 요인이 된다. 관점을 과장하고 그 과장된 형태로 상대방을 공격해서는 안 된다. 설득에서 상대방의 관점을 논박하여 변화시키려는 것은 당연하다. 그러나 이것은 상대방의 발언내용에 대한 직접적인 공격이어야지 불공정하게 과장된 것을 대상으로 해서는 안 된다. 상대방의 발언에 대한 왜곡을 피하기 위해서는, 어떤 의견을 반박하기 전에 충분하고도 정확한 내용 분석이 필요하다.

어떤 의견에 대해 찬성할 수 있는 부분만을 선택하고 그렇지 않은 부분은 배제하는 편향은 왜곡되고 불공정한 관점을 가지게 한다. 예를 들어, "연평균 소득이 만 불 이상인 나라에는 진정한 빈곤이 존재할 수 없다."라고 말하는 설득자는, 적어도 두 가지 사실을 무시하고 있는 것이다. '평균'이라는 것에는 백만 불 이상의 소득도 포함되고, 실제 국민 중에 수많은 사람들이 거의 평균 소득에 미달된 상태일 수도 있는 것이다. 뜻하고자 하지 않았던 것을 의미하게 되는 경우, 즉 말하는 상황을 벗어난 것을 인용하게 되면 불공정성이 생기기 쉽다. 우리는 간혹 어느 부분을 생략하고 편집된 이야기를 듣게 되는 경우, 그 내용이 왜곡될 우려가 있다는 것을 알고 있다. 누구의 말을 인용할 때 실제로 한 발언 내용을 확인하지 않고 인용하면 불공정성을 낳게 된다.

악의적인 어구를 사용하여 상대방에게 불명예를 주려는 모욕도 불공정성의 요인이 된다. 경우에 따라서는 자신의 목적을 효과적으로 달성하기 위하여 환정적(喚情的) 의미가 강한 어구를 사용하는 것은 적절할 수도 있다. 그러나 그것이 상대방을 매도하려는 의도에서 사용하면, 지적인 청자들에게 좋지 못한 반응을 일으키게 된다.

왜곡, 편향, 말하는 상황을 벗어난 인용, 모욕 등은 구성원보다 지도자에게 더 피해를 준다. 이런 불공정한 방식을 사용하면 지도자는 설득의 기회를 잃게 된다.

❸ 윤리성

효과적인 설득을 위해서는 고도의 윤리성이 지도자에게 요구된다. 지도자는 구성원보다도 여러 가지 면으로 우위에 있는 경우가 많다. 전문 지식이 많거나, 힘이 세거나, 돈이 더 많거나 한 사람이 그렇지 않은 사람을 설득하는 경우가 많다. 이 때 지도자가 구성원보다 우월한 점을 온당하게 쓰지 않고 합리화의 도구로 이용하면 윤리적이지 못하다.

민주 사회에서 욕구가 다양하고 이익 단체가 많이 생길수록 설득은 더 많이 필요하다. 그러한 예는 상품의 광고나 단체의 성명서에서 정부의 여러 발표에 이르기까지 무수히 많다. 그런데 이런 설득이 윤리성을 지니지 못하고, 대중을 이용하고 조종하는 기술이나 수단으로만 쓰이는 것을 늘 경계해야 한다.

(2) 정서적 호소

우리는 가끔 논리적으로는 옳지만 정서적으로 도저히 동의할 수 없는 경우를 보게 된다. 반면에 논리를 초월하여 상대방의 말에 공감을 나타낼 때도 있다. 상대방을 완전하게 설복시키려면 논리적으로는 물론 감정적으로도 공감을 얻도록 해야 할 것이다.

정서적으로 호소하여 설득하는 것을 부정적으로 보는 사람들도 없지 않다. 그런 사람들은 상대방이 설득자를 생각 없이 느낌으로만 판단할 우려가 있다고 한다. 물론 그럴 수도 있다. 그러나 정서적 호소의 오용을 염려하여 그것의 필요성까지 무시해서는 안 된다. 상대방은 생각만 하는 것이 아니라 느끼기도 한다. 그러므로 그들을 완전히 설득시키기 위해서는 이성적 방법과 정서적 방법을 다 동원하여야 한다.

정서적 호소는 현재의 상황이 불안하거나 열악하고 그 속에서 무엇인가 비상구를 찾아야 한다는 절박한 심정을 지니고 있는 청자들을 설득하려고 할 경우, 큰 효과를 기대할 수 있다. 가장 강력한 정서적 호소는 보통 실례를 제시하여 상황을 극화(劇化)하는 것이다. 예를 들어, 고통받는 어린이들의 의식주 해결, 의료 혜택 등을 위한 모금운동은 전형적인 어린이의 모습을 담은 사진을 제시하여 동정에 호소하는 것이 효과적이다.

(3) 논리적 호소

논리적 호소는 논리적 사고를 통해 상대방을 설득하는 것이다. 논리적 사고란 사물을 사리에 맞게 차근차근 따지고 앞뒤를 가려 모순 없이 여러 가지를 생각하는 것을 말한다. 즉, 언어를 정확하게 사용하고, 자신의 주장이나 말에 정확한 근거를 제시하여, 억지나 감정 또는 권위에 얽매이지 않고 생각을 명확하고 일관성 있게 하여, 바른 결론에 이르게 하는 사고이다.

우리는 상대방이 논리적으로 차분하게 생각하여 결정하게 하기보다는 분위기나 감정에 쏠린 결정을 유도하거나, 자신의 생각을 차마 내세우지 못하게 하는 것을 설득이라고 잘못 생각하는 경향이 있다. 그러나 참다운 설득은 한순간이 지나 다시 생각해 보면 후회하게 되는 충동 구매와 같은 것이어서는 안 된다. 오히려 정확하고도 충분한 정보를 바탕으로, 여유 있게 생각하고 검토하여 결정을 내리고 이에 책임을 질 수 있어야 한다. 이는 우리가 남을 설득하고자 하는 경우에 나 남이 우리를 설득하고자 하는 경우에나 마찬가지이다.

3) 논증

논리적 호소를 바탕으로 상대방을 설득하려면 논증이 필요하다. 논증은 설득자가 자신의 주장, 견해, 의견 등이 왜 타당한가를 논리적 [論]으로 증명하여[證] 청자로 하여금 그의 신념이나 태도를 설득자가 생각하는 방향으로 변화시키게 하려는 방식이다. 논증을 바르게 하기 위해서는 명제와 논거에 대하여 이해하고 추론의 방법을 익히지 않으면 안 된다.

(1) 명제

명제(命題)란 필자가 설득하고자 하는 주장, 의견, 견해 등 어떤 판단을 문장으로 나타낸 것을 말한다. 이 명제는 사실 명제, 가치 명제, 정책 명제로 나누어진다.

첫째, 사실 명제는 어떤 것이 '사실이다.' 또는 '사실이 아니다.'를 주장하는 것이다("세종대왕은 조선조 제4대 국왕입니다.").

둘째, 가치 명제는 어떤 제도나 사상의 좋고 나쁨을 따져서 제시하는 명제이다("인간의 본성은 착합니다."). 그러나 이런 명제는 주관에 치우쳐 독단에 빠지기 쉬우므로 객관성과 타당성을 따져 보아야 한다.

셋째, 정책 명제는 마땅히 그렇게 되어야 할 것을 주장하는 명제이다("남북 통일은 반드시 이루어져야 합니다.", "학생들은 어떠한 경우에도 학업을 게을리 해서는 안 됩니다."). 이런 명제는 역시 당위성에만 주목하여 독단적인 논증에 치우칠 가능성이 있다. 그러므로 그 반대의 경우도 생각해 보아야 한다.

① 사람은 언어적 동물입니다.
② 흡연은 건강에 해롭습니다.
③ 우리 국민은 부지런합니다.

①과 같이 객관적인 증거에 의해 진실임을 밝힐 수 있는 명제는 사실 명제이며, ②와 같이 특정한 행위를 유도하기 위한 명제는 정책 명제이다. ③은 객관적 증거에 의한 것이라기보다는 화자의 가치 판단이 개입된 가치 명제에 해당한다.

논증의 대상으로서 의미 있는 명제가 되기 위해서는 다음과 같은 몇 가지 조건이 충족되어야 한다.

① 명제는 단일한 것이어야 한다.
   혹시 한 문장에서 두 가지 이상의 판단이나 주장이 제시되었다면 그것들은 각기 별개의 명제로 취급되어야 한다. 명제는 일관성을 지녀야 하기 때문에 판단이나 주장을 한 문장에 둘 이상 나타내

는 것은 피해야 한다.

② 명제는 객관성과 타당성을 가져야 한다.

명제는 객관적이고 타당한 증거에 의해 뒷받침될 수 있어야 한다.

③ 명제에 사용하는 용어는 명확해야 하며 그 내용에는 논리적으로 어떠한 모순도 없어야 한다.

④ 명제는 공정해야 한다.

공정한 명제는 선입견이나 편견이 개입되지 않은 것이다.

(2) 논거

명제를 상대방에게 설득하고 확신시키기 위해서는 필요한 만큼의 구체적인 증거가 있어야 한다. 이것을 논거(論據)라고 한다. 아무리 그럴 듯한 명제라도 그것의 타당성을 논리적으로 뒷받침할 수 있는 구체적이고 분명한 논거를 제시하지 못하면, 합리적인 논증이 이루어질 수 없다.

논거는 사실(事實)논거와 소견(所見)논거로 나누어 볼 수 있다. 사실논거는 사실 그 자체, 이미 누구나 믿고 있는 사실, 확실하게 추정되는 사실, 사실에 대한 증언 등이고, 소견논거는 일반적인 여론, 전문가 또는 권위자의 견해 등이다.

❶ 사실논거

객관적으로 검증될 수 있는 구체적 사실이 논거로 이용될 수 있다. 이런 논거를 사실논거라고 한다. 일반적으로 널리 알려진 사실이나 정보, 통계 자료, 역사적 자료, 체험, 증언 등이 사실논거로 쓰일 수 있다. 사실논거를 제시할 때 유의할 점은 그 논거의 출처가 분명하며 객관적 타당성이 있어야 한다는 것이다.

근거가 불확실하거나 애매한 논거를 채택한다면 설득력이 반감될 뿐 아니라 오히려 의심을 불러일으키는 결과를 가져오게 된다. 그러므로 명제의 타당성을 뒷받침해 주기 위해서는 적절한 사실논거를 풍부하고 다양하게 제시하는 것이 좋다.

사실논거는 다음과 같이 제시한다.

▌사실을 제시한다

근거가 될 사실을 수집한다. 그 근거는 화자가 아니라 청자가 납득하고 이해할 만한 것이어야 한다. "이론상으로는 그럴 듯하지만 나는 그런 사실에 동의할 수 없습니다."라는 반격을 받는다면 이는 사실에 바탕을 둔 증거가 약하거나 아예 없기 때문이다.

▌통계를 인용한다

통계를 인용하면 설득력이 매우 높아진다. 다소 불확실해 보이는 사실이라 하더라도 통계를 활용하면 그것을 더욱 명확하게 느끼게 된다.

"범죄 검거율이 작년보다 많이 향상되었습니다."보다는 "범죄 검거율이 작년보다 23% 향상되었습니다."라고 발표하면 청자는 경찰에 대한 신뢰감을 가지게 된다. 그러나 그 순간 미검거율이 얼마나 되는지에 대하여는 까맣게 잊어버린다.

통계를 인용할 때 유의 사항은 다음과 같다.

ㄱ 출처가 믿을 수 있는 것이어야 한다. 통계에 대한 신빙성과 정확성이 있다는 것을 알려 주지 않으면 청자는 믿으려 하지 않는다. 가령, "ㅇ 월 ㅇ 일자 ㅇㅇ일보에 의하면……", "행정자치부의 발

표에 의하면……"라고 출처를 밝힌다.

ⓒ 통계는 공정한 기관의 것이어야 한다. 해당 관계의 문제는 해당 부서보다는 다른 권위 있고 신뢰할 수 있는 기관의 통계가 더 공정하다고 생각한다.

ⓒ 통계는 청자에게 유익한 것이어야 한다. 통계는 해석을 도와주는 구실을 하기 때문에 가치 있고 유익한 것이라야 한다.

▌ 경험담을 제시한다

"여러분이 경험하였다시피……", "여러분께서 두루 아시다시피……"
와 같이 청자의 경험을 되살리면 친밀감을 느끼게 된다. 화자가 자신의 경험을 이야기할 때에는 꾸미지 말고 진솔하게 말하고, 예상되는 결과를 가정해 본다. 또 여러 가지 경험을 비교 대조한다.

❷ 소견논거

여러 사람들이 널리 권위를 인정하고 있는 사람의 의견이 논거로 이용될 수 있다. 이런 논거를 소견논거라고 한다. 소견논거의 신뢰성은 그 방면에 뛰어난 사람의 권위에 비례하므로 가급적 많이 제시하지 않는 것이 바람직하다.

논의되고 있는 분야의 권위자나 학자의 견해를 소견논거로 삼을 때 다음과 같은 점에 유의한다.

ⓒ 청자가 신용할 수 있는 권위자이어야 한다. 기독교 신자가 불교 이야기를 하면 오히려 부작용이 생길 수도 있다.

ⓒ 인용한 견해를 화자 나름대로 살을 붙이지 말고 사실 그대로 전달하여 한다.

© 동일한 문제에 대해 의견의 차이가 있는 전문가가 있는 경우는 모두 소개하며 비교 설명한다.

소견논거를 제시할 때에는 반드시 그 출처를 밝혀야 한다. 다른 사람의 견해를 참조하고서도 이를 밝히지 않는 것은 지성인으로서 양심에 어긋나는 일임과 동시에 그러한 견해가 잘못되었을 경우 자신이 책임을 져야 하는 부담이 뒤따르게 된다.

"호각에 너무 많은 것을 지불하지 말라." 이것은 미국의 벤자민 플랭클린의 이야기입니다. 어린아이에게 호각은 아주 멋진 물건으로 보일 수 있습니다. 그래서 자기가 가진 모든 것을 주고서라도 그것을 얻으려 할 수 있습니다. 그러나 그 호각의 존재 가치를 아는 어른에게 그런 어린아이의 생각은 어리석음의 표현으로 인식됩니다.

의미 있는 삶은 호각에 너무 많은 것을 지불하지 않는 삶입니다. 모든 사물은 다 제 값을 지니고 있습니다. 사물에 그것이 지닌 제 값 이상을 지불하지 않는 현명함, 그것이 바로 의미 있는 삶을 살 수 있게 합니다.

> 이명현, '의미 있는 삶을 위한 꽃' 고침

위에서는 유명한 사람의 이야기를 소견논거로 삼아 자신의 견해를 합리화하고 있다.

두 가지 논거 중에서 명제의 타당성을 좀 더 확실하게 뒷받침해 주는 것은 물론 사실논거이지만, 소견논거도 적절히 활용하면 좋은 효과를 거둘 수 있다.

(3) 추론

추론은 명제에서 출발하여 논거와 논거 사이의 관계를 명확히 드러내 주면서 하나의 결론을 이끌어 내는 논리적인 과정을 말한다. 추론의 방법으로 널리 이용되는 것에 귀납적 추론과 연역적 추론이 있다.

연역적 추론은 전제가 결론에 결정적인 근거를 마련해 주는 논증이다. 바꾸어 말하면, 결론이 반드시 전제로부터 나오는 논증이다. 이에 반하여 귀납적 추론은 전제가 결론에 단지 그럴 듯한 뒷받침만을 제공할 뿐이다. 다시 말하면, 전제가 결론에 대하여 그럴 듯은 하지만 결정적인 것이 못 되는 근거만을 제공한다.

이러한 연역적 추론과 귀납적 추론은 합리적이고 일관성 있는 사고력을 기르기 위해서 필요하다. 우리가 설득에서 일관성을 잃지 않고 상대방 주장의 근거가 정당한가를 분별하는 데 중요한 잣대가 된다.

연역적 추론은 결론을 처음부터 드러내기 때문에 청자 쪽에서는 뒤에 이어지는 이야기가 머리에 잘 들어온다. 반면에 귀납적 추론은 결론이 이야기의 끝부분에 드러나기 때문에 청자 쪽에서 주의해서 듣지 않으면 도중에 이야기의 전개를 놓치기 쉬울 뿐만 아니라, 어느 것이 본론이고 어느 것이 부수적인 이야기인지 이해하기 힘들다. 그래서 듣는 것을 계속해서 집중해야 하기 때문에 대단히 지루해 할 우려가 있다.

강연을 할 경우 또는 회사 같은 데에서 상사에게 보고를 하는 경우에는 연역적 추론이 효과적이다. 회의도 연역적 추론으로 진행하면 시간을 절약할 수 있다.

자기소개나 피로연, 파티 등에서는 연역적 추론과 귀납적 추론을 구별해서 활용할 필요가 있다. 이야기하는 순번이 처음일 때에는 귀납적 추론을 해도 좋을 것이다. 참가자는 처음에는 잘 들어주기 때문이다.

그러나 프로그램이 진행되고 연회가 무르익어 회장도 어수선해지면 귀납적으로 이야기할 경우 아무도 들어주지 않을 수 있다. 이런 경우에는 연역적으로 이야기하도록 한다.

❶ 귀납적 추론

구체적인 사실들을 비교·검토하여 어떤 보편적이고 일반적인 원리를 이끌어 내는 것을 귀납적 추론이라고 한다. 이 방법은 개개의 특수한 사실들로부터 일반적인 결론을 도출해 내는 논증을 의미한다.

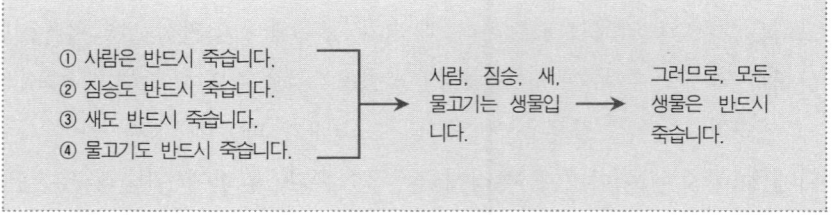

위의 예는 ①~④까지 열거된 개별적인 사실들을 일반화하여 결론을 얻어 내고 있다. 이 방법은 가능한 한 풍부하고 다양한 논거를 되도록 많이 제시해야 한다.

예수는 사랑을 부르짖었습니다. 누가 왼뺨을 치면 오른뺨을 내놓으라고 했습니다. 이웃과 하느님을 온 정성을 다하여 사랑하는 것이 삶의 최고 목표가 되어야 한다고 강조했습니다. 공자는 이른바 인의예지(仁義禮智)를 최고의 덕목으로 삼고 살아가야 한다고 가르쳤습니다. 석가는 대자대비, 곧 자비심을 발휘하는 삶만이 열반에 든다고 가르쳤습니다. 그 밖의 많은 성현과 위인들이 한결같이 그러한 정신적인 가치가 인생에서 가장 귀한 것이라고 내세웠습니다. 곧 그들은 사람이란 동물과는 달리 물질의 욕구나 본능의 충족을 목표로 삼지 않고 정신적인 진선미의 가치를 추구하며 살아야 한다는 것입니다. 이렇게 볼 때 인간에게는 본능이나 물질적인 것보다는 정신적인 것이 훨씬 더 가치가 있다고 결론을 지을 수가 있습니다.

➥ 장인용, '인생과 가치' 고침

이 이야기는 귀납적 추론으로 논증한 예이다. 귀납적 추론의 치명적인 약점은 사건이나 현상 가운데 과거의 관찰에서 얻어질 수 없는 새로운 것들이나 예외적인 것들이 있을 수 있다는 점이다.

귀납적 추론의 전제들은 상당히 그럴 듯한 것으로 결론을 이끌어 내지만, 그 결론의 참됨을 보증하지는 않는다. 이와 같이, 귀납적 추론의 전제와 결론 사이에는 간격이 있는데, 이러한 간격은 모든 귀납적 추론의 특징이며 단점이기도 하지만 장점도 된다.

귀납적 추론은 과학뿐만 아니라 우리의 일상생활에서도 안내자 역할을 한다. 그것은 우리의 앎을 확장시켜 나가고 또 미래를 내다보고 예측하는 논의를 펼 때 사용된다. 그리고 흩어져 있는 지식을 모아서 일반화하고 일반화된 것을 분석하고 그것을 바탕으로 해서 미래를 예측한다. 이런 것이 바로 귀납 논증이 하는 구실이다.

귀납적 추론이 지니는 큰 특성은 연역적 추론과는 달리 결론의 내용이 전제의 내용을 뛰어 넘는다는 것이다. 따라서 우리는 귀납적 추론의 전제가 참이라 해도 그 결론은 참일 가능성을 가지고 있다는 정도만 주장할 수 있을 뿐이다. 즉, 귀납적 추론은 개연성(蓋然性)만을 가진다.

귀납적 추론에는 여러 가지가 있으나, 다음의 세 가지가 가장 중요하다.

▌귀납적 일반화

이미 알고 있는 한 무리의 모양, 상태, 행위로부터 그것을 포함하는 모든 집단의 모양, 상태 또는 행위를 추리하는 것을 귀납적 일반화라고 부른다.

이 일반화는 다음과 같이 나누어 생각할 수 있다.

> ㉠ 지금까지 관찰된 S의 모든 원소들은 P이다.
> 그러므로 모든 S는 P이다.
> ㉡ 지금까지 관찰된 S의 원소들 중 K가 P이다.
> 그러므로 S의 K가 P이다.

㉠은 "지금까지 관찰된 경험은 예외 없이 해가 동쪽에서 떠 왔다. 그러므로 해는 동쪽에서 뜬다."라는 식의 일반화로 '보편적 일반화'라고도 한다.

㉡은 "몇 그루의 사과나무에서 수확된 몇 개의 사과가 1등품이라는 증거를 얻고, 이를 바탕으로 해서 사과밭 전체에서 수확될 1등품 사과의 양을 추단한다."는 식의 일반화로 '통계적 일반화'라고도 한다.

"요즈음의 모든 젊은이들은 책임감이 없다."고 말하는 것은 귀납적 일반화의 한 예가 된다. 일반화라는 것은 대체로 "모든 A는 B이다."라는 형식을 취하고 있는데, 몇 개의 예를 가지고 인류 전체나 그 예에 속해 있는 집단 전부에 대해서 적용시키는 것이다.

위의 예에서 보듯이, 아무도 요즈음의 젊은이 모두의 행동을 관찰하지는 않았으나, 이미 관찰된 몇 명의 젊은이의 예를 가지고 아직 관찰되지 않은 모든 젊은이에 대해서 예측하려는 것이 귀납적 일반화의 방법이다. 여기에서 주의해야 할 것은, '모든'이라는 수량을 나타내는 단어를 사용한다고 해서 다 일반화는 아니라는 점이다. 예를 들어, 어느 한 학급 60명의 학생을 모두 둘러보아 확인한 다음, "이 학급에 있는 모든 학생은 안경을 쓰고 있다."고 말하는 것은 단지 사실을 기술하는 것이지 일반화가 아니다.

귀납적 일반화는 알려진 것을 가지고 알려지지 않은 것을 추리해 내기 때문에, 그 추리는 확실하거나 필연성이 있는 것은 아니다. 일반화에 사용된 표본을 신뢰할 수 있는가를 조사하는 데는 다음과 같은 기준을 염두에 두어야 한다.

　　㉠ 표본은 충분한 양이어야 한다.
　　㉡ 표본은 임의로 선택된 것이어야 한다.
　　㉢ 표본은 정확하고 객관적으로 제시되어야 한다.
　　㉣ 표본은 결론을 이끌어 내는 데 적절한 것이어야 한다.

▮ 유비추리(類比推理)

유비추리는 한쪽의 사실을 바탕으로 다른 쪽의 속성을 추리하는 방법을 말한다. 즉, 두 개의 상이한 대상이나 사물이 몇 가지 성질들을 같이 할 때, 이것에 의하여 한쪽에서 볼 수 있는 성질을 그 다른 쪽도 역시 갖고 있으리라고 추리하는 방법이다.

> X와 Y는 다르지만, A, B, C 등의 성질을 가진다는 점에서 같다.
> 그런데 X에게 성질 D가 있음이 발견된다.
> 그러므로 Y에게도 성질 D가 있음이 발견될 것이다.

예컨대, 어느 지방의 식물의 분포 상황을 조사를 통하여 알아냈다고 하자. 이 조사를 근거로 이와 비슷한 조건을 지닌 다른 지방의 식물 분포 상황도 비슷하리라는 결론에 도달하는 방법이다.

이와 같이 유추법을 사용할 때는 논거가 되는 대상과 추론하려는 대상의 속성이 같아야 한다. 한라산의 식물 분포도를 바탕으로 해서 백두산에는 어떤 식물이 자라고 있으리라고는 유추할 수 없다. 백두산은 한라산보다 훨씬 북쪽에 자리 잡고 있을 뿐만 아니라 내륙 지방이기 때문이다.

유비추리에 의하여 논증할 때, 우리는 대상물들이 어떤 면에서 비슷하기 때문에 그들이 다른 점에서도 비슷할 것이라고 추리한다. 바닷가 근처에 사는 학생들은 모두 수영을 잘한다고 하자. 그런데 영호, 철수, 희경, 송미가 모두 바닷가 근처에 산다고 할 때, 앞의 세 사람인 영호, 철수, 희경이가 수영을 잘한다면 당연히 송미도 수영을 잘한다고 생각할 수 있을 것이다. 이것도 유추에 의한 논증이다.

유비추리의 타당성 여부는 비교되는 두 대상 사이의 유사성에 달려 있다. 그 유사성은 비교되는 대상들의 본질적이고도 적절한 유사점들에 바탕을 두어야 한다. 비교되는 두 대상 사이에 적절한 유사성이 없음에도 유비추리에 의해 결론을 이끌어 낸다면, 그것은 개연성이 거의 없으며 타당한 것이 못 된다.

▌인과적 추리(因果的 推理)

인과적 추리는 어떤 현상이 나타났을 때 그 원인을 알아내고자 하는 귀납추리의 방법이다. 이 추리는 "X는 Y의 원인이다."라는 명제 형식을 취한다. 이 형식은 X가 시간적으로 Y에 앞서 일어난다는 것을 함축하고, 또 적절히 유사한 경우에 만일 Y가 일어나면, 그런 경우는 X가 일어났다는 것을 함축한다.

인과적 추리의 기본적 방법으로 밀(J. S. Mill)이 세운 세 가지 방법을 들 수 있다.

㉠ 문제된 현상의 모든 사례들이 공통적으로 일치하고 있는 하나의 요소를 갖는다면, 그 요소를 문제된 현상의 원인으로 추리하는 '일치법'이다.

이는 다음과 같이 정식화된다.

사례 1 : Y라는 현상에 참여한 요소들—a, b, c, d
사례 2 : Y라는 현상에 참여한 요소들—a, b, c
사례 3 : Y라는 현상에 참여한 요소들—a, b, d
사례 4 : Y라는 현상에 참여한 요소들—a, c, d
→ 그러므로 a라는 요소가 Y라는 현상의 원인이다.

㉡ 문제된 현상이 나타난 사례에 참여한 요소들 가운데 한 요소만을 제외하면, 문제된 현상이 나타나지 않았던 사례들에서도 다 같이 참여한 요소들이라고 하자. 이 때, 상반되는 사례들에서 유일한 차이점은 그 한 가지 요소이고, 그 요소가 바로 문제된 현상의 원인임을

알아내는 '차이법'이다.

이는 다음과 같이 정식화된다.

사례 1 : Y라는 현상이 나타난 데에 참여한 요소들
—a, b, c, d
다른 사례들 : Y라는 현상이 나타나 있지 않은 데에 참여한 요소들
—a, b, c
→ 그러므로 d라는 요소가 Y라는 현상의 원인이다.

ⓒ 한 요소가 일정한 현상을 일으키는 모든 사례들에 나타나 있고, 그 요소의 양의 증대에 따라 그 현상의 강도도 증대되면 그 요소와 그 현상 사이에는 인과적인 관계가 있으리라고 추리하는 '일치 차이 병용법'이다. 인과적 추리는 일상생활에서 널리 사용되고 있다.

예를 들면, 동시에 X라는 음식을 먹은 사람들이 Y라는 증상의 식중독에 걸렸다는 전제로부터 X가 Y의 원인이 된다는 것을 귀납적으로 추리할 수 있다. 실제로 의사들은 흡연이 암의 원인 중의 하나가 된다는 것을 인과관계와 같은 귀납적 방법을 사용하여 밝혀내고 있다.

❷ 연역적 추론

일반적인 사실을 전제로 하여 특수한 사실들을 이끌어 내는 추론의 방법이다. 연역적 추론은 애초에 결론부터 말하기 때문에 청자들에게 뒤에 이어지는 이야기가 머리에 잘 들어오게 된다. 귀납적 추론이 개연성의 한계를 지닌 데 비해, 연역적 추론은 확실성을 보일 수 있는 장점이 있다. 연역적 추론의 전형적인 예로 삼단논법(三段論法)이 있는

데, 이것은 논증할 때에 대전제와 소전제에서 결론을 이끌어 내는 추론 방법이다.

> 대전제 : 모든 과일은 맛이 있다.
> 소전제 : 모든 사과는 과일이다.
> 결   론 : 그러므로 모든 사과는 맛이 있다.

여기서 추론의 일차적 근거가 되는 대전제는, 일반적으로 받아들일 수 있는 보편적 진리가 되어야 하며 소전제는 대전제와 결론을 논리적으로 이어 주는 구실을 한다. 결론은 대전제와 소전제를 바탕으로 하여 합리적으로 유도된 결과로서, 대전제와 소전제가 합당하게 받아들여질 수 있으면 확고하게 성립된다.

그러나 대전제나 소전제가 사실이 아닐 때 연역적 추론에는 오류가 발생하게 된다. 다음의 추론은 대전제에 모순이 있어서 결론까지 오류를 범하게 된 경우이다. 전제에 오류가 있을 경우 그 증명은 무효가 되므로 전제의 타당성을 항상 점검하고 사실을 확인해야 한다.

> 대전제 : 날아다니는 동물은 모두 새입니다.
> 소전제 : 박쥐는 날아다닙니다.
> 결   론 : 그러므로 박쥐는 새입니다.

4) 설득의 절차

설득에서는 처음에 청자가 지니고 있는 고정관념을 깨뜨려야 한다. 청자의 편견이나 고정관념을 약화시키기 전에는 화자는 새로운 관념을 제시하지 않는 것이 좋다. 충분한 논거와 논리적 설득으로 먼저 청자의 편견을 약화시켜야 한다. 다음으로 청자의 행동을 변화시켜야 한다. 청자가 수용적 자세가 되었을 때, 변화를 촉구하는 화자의 주장을 제시하여 청자의 행동에 변화가 오도록 한다. 그 다음으로는 변화된 행동을 정착시켜야 한다. 청자에게 심어진 새로운 태도를 청자 자신이 확고한 신념으로 정착시킬 수 있도록 강화하게 하고 발전시켜야 한다.

Alan Monroe의 행동 유발을 위한 동기화[motivated] 단계를 활용하여 설득하는 방법을 살펴본다.

> 도입-1 단계 : 주의 끌기
> 본론-2 단계 : 필요성 인식
> 　　　3 단계 : 필요를 만족시킬 방안 제시
> 　　　4 단계 : 예상되는 만족의 결과 구체화
> 결론-5 단계 : 구체적 행동 확인

이 방법은 인간의 사고 과정과 일치하며, 광고에서 이를 잘 활용하고 있다.

(1) 주의 끌기(Gain the audience attention)

먼저 화자는 청자가 이야기를 들을 수 있는 동기를 부여한다. 청자의 관심을 끌고 주의를 집중시켜야 한다. 다음과 같은 방법을 이용할 수 있다. 이중 어느 것을 활용하든 간에 그것은 반드시 화제와 관련이 있는 것이어야 한다.

① 놀라운 사실이나 뉴스 등을 말하여 깜짝 놀라게 하거나 호기심과 긴장감을 유발한다.
② 청중에게 질문을 던져, 주의를 집중한다.
③ 대담하고 기발한 표현을 한다.
④ 재미있는 이야기를 들려준다.
⑤ 유머나 위트를 사용한다.
⑥ 개인적인 경험담이나 사건을 말한다.
⑦ 참고품, 증거물, 시청각적 보조 자료 등을 활용한다.

(2) 필요성의 인식(Identify unfulfilled needs)

해결해야 할 문제가 무엇이며 왜 해결할 필요가 있는지를 청자에게 인식시키고, 그 문제에 대하여 청자가 흥미를 갖도록 한다.
이 때 다음과 같은 방법을 사용하면 효과적이다.

① 청중의 관심을 끈 다음 그들이 변화의 필요성을 느끼게 한다.
② 변화의 필요성을 명백히 밝히는 것이 중요하다.
③ 현재의 상황이 심각함을 부각시킨다.
④ 청자의 가치관이나 주요 관심사에 직접적으로 관련되는 보충 자료(통계, 예시, 인증 등)로 그 필요성을 설명한다.

⑤ 청자가 심리적으로 화자의 의견을 받아들일 준비를 하도록 하는 것이다.

⑥ 화제에 대한 목적의 윤곽을 제시한다.

⑦ 화제에 대하여 흥미를 유발할 수 있는 요소를 제시한다.

⑧ 청자가 인정하는 사실이나 사건을 공개한다.

(3) 필요를 만족시킬 방안의 제시(Propose a solution that satisfies those needs)

필요성을 인식시킨 다음 문제 해결 방안을 제시하여 청중을 만족시킨다. 그리고 그 방안이 어떻게 실천 가능한지를 상세히 설명하여 청중을 이해시킨다.

화자는 이 때에 다음과 같은 이야기를 한다.

① 중심적인 의견을 표현한다.

② 논지의 중심인 본론을 전개한다.

③ 화제를 이해할 수 있게 하는 사건, 인물을 제시한다.

④ 원인과 결과를 설명한다.

(4) 예상되는 만족의 결과 구체화(Visualize what satisfaction will mean)

해결책을 구체적으로 들어 청자로 하여금 화자의 말을 받아들였을 때 오는 이익과 거절했을 때의 손실을 미리 느낄 수 있도록 해 준다.

방안을 제시한 다음 그것의 이점(利點)을 구체적으로 보여주어 그것에 대한 욕망을 강화해 나간다. 화자의 의견을 선택할 경우 청자에게 구체적으로 어떤 이득이 있는지를 생동감 있는 이미지를 사용해 보여 준다.

이 경우 다음과 같은 방법을 활용하면 효과적이다.

① 이유와 증거를 든다.
② 사실, 통계, 조사, 보고 등을 말한다.
③ 위인이나 전문가의 견해를 인용한다.
④ 극적이고 감동적인 예화를 인용한다.
⑤ 확실한 사건이나 사실을 제시한다.

(5) 구체적 행동 확인(Identify specific action)

청자가 하여야 할 분명한 행동의 방향을 깨닫게 하고 그것을 행하고자 하는 의지를 촉구한다. 일단 청자가 화자의 방안이 유익하다고 확신하게 되면 행동을 요구할 수 있는 상황이 된다.

① 그 때 청중으로 하여금 무엇을 어떻게 해야 하는지를 정확하게 말해 주어야 한다.
② 간추린 화제를 재확인한다.
③ 그리고 청자의 행동에 대한 의지를 공고히 할 수 있도록 열렬하고 고무적인 호소를 한다.
④ 화제에 따르는 결의를 표명한다.

목 적 : 시민들에게 빈병 수거가 여러 가지 면에서 유용함을 설득한다.
주제문 : 빈병 수거법을 제정해야 한다.
개요 :

1. 주의 끌기

　① 여러분! 간단한 법 하나만 제정하면 우리 생활에 엄청난 효과를 얻을 수 있습니다.

　쓰레기를 40%나 감소시키고, 10만여 명의 고용력을 창출할 수 있고, 200만 가정에 1년 내내 공급할 수 있는 에너지를 절약할 수 있고 뿐만 아니라 소비자로 하여금 연간 수천억 원을 절약하게 할 수 있습니다.

　② 이런 것은 다 쓴 캔이나 병을 버리는 경우에는 10원의 예치금을 내게 하는 '빈병 수거법'을 마련하면 가능할 것입니다.

　③ 오늘 저는 여러분에게 왜 이런 법안이 필요한지를 알려 드리고, 그에 대한 지지를 얻고자 합니다.

2. 필요성의 인식

　① 과다하게 발생하는 쓰레기와 자원의 낭비를 억제하며, 버려지는 캔이나 병 때문에 소비자가 부담해야 하는 불필요한 가격 상승을 없애기 위해 빈병 수거법이 필요합니다.

3. 만족

　② 빈병 수거법이 제정되면 이런 모든 문제가 해결될 수 있습니다.

4. 구체화

　③ 선진국에서는 이미 이러한 제도가 시행되어 실효를 거두고 있습니다.

5. 행동

    ① 빈병 수거법의 제정을 위해 국회로 보낼 탄원서에 여러분 모두가 서명해 주실 것을 촉구합니다.

    ② 우리 모두 민주 사회의 시민으로서 환경 보호, 자원 절약, 그리고 소비자 권익 보호에 중요한 이 운동에 앞장서서 참여합시다.

5) 비논리적 설득

우리는 논리적으로 생각을 펼쳐나가거나 정당한 근거를 바탕으로 자기 주장을 내세우는 것이 아니라, 비논리적인 수단으로 자신의 견해를 내세우는 경우가 적지 않다. 이런 식의 설득은 외견상으로나 심리적으로는 옳은 듯하면서도 논리적으로 검토해 보면 그릇된 추리를 가리킨다. 그래서 이런 논증을 올바르지 않은 논증, 곧 '오류'(誤謬)라고 한다. 거짓되고 믿을 수 없는 모든 추리와 잘못된 절차에 의한 추리가 비논리적 설득이다.

우리는 자기도 모르는 사이에 이런 오류를 범하고 다른 사람이 고의로 만든 오류에 빠져 들기도 한다. 논리보다는 감정에 호소하기도 하고, 근거 없는 믿음을 강요하기도 하고, 교묘한 말장난으로 상대방을 곤경에 빠뜨리기도 한다. 어떤 사람들은 부정직한 의도를 가지고 고의로 오류를 범하고, 어떤 사람들은 생각을 펼쳐나가는 훈련이 부족하여 오류를 범하기도 한다.

그런데 주목해야 할 것은, 이러한 방법들이 흔히 설득의 방법으로 사용되어 성공을 거두고 있다는 점이다. 또 많은 사람들이 이것을 쉽게 알아채지 못하고 이러한 오류에 설득당하고 있는 것이 오늘의 실정이다. 자신이 오류에 빠진 것을 알아채지 못하는 무지 때문에 본의 아니게 남을 괴롭히는 경우가 있고, 남의 오류를 알아채지 못하는 무지 때문에 어리석게도 남에게 이용당하는 경우가 있다. 의도적이든 그렇지 않든 오류를 범하는 것은 바른 생각과 추리를 방해할 뿐만 아니라, 바르고 원활한 의사 전달을 막는 요인이다. 그러므로 말을 할 때는 이런 위험과 함정을 잘 알고 오류를 범하는 것을 피해 정당함을 지켜야 할 것이다. 더 나아가 부당함을 막거나 개선하여야 할 것이다.

(1) 권위적 호소에서의 오류

❶ 권위에의 맹종

권위에의 맹종은 분명치 않은 권위를 모호하게 이용해 자기의 주장이나 추론에 정당성을 부여하는 것이다. 가령, "성경에 그렇게 쓰여 있다."든지 '공자 말씀'이라 하여 상대방이 권위와 존경심에 눌려 그의 주장에 승복하도록 종용하는 것이 그 예가 된다.

전통이나 권위에 맹종하는 것도 이런 오류를 범하는 것으로, 베이컨은 이러한 오류를 '극장의 우상'이라 하여 경계한 바 있다. 광고에서 이런 오류를 교묘하게 사용하므로 우리가 주의를 기울이지 않으면 무의식 중에 설득당하게 된다.

"동성동본 혼인을 금하고 있는 법은 좋지 않다고 봅니다. 성경에도 근친 간의 혼인을 인정하는 듯한 구절이 보입니다. 그런데 하물며 단순히 동성동본인 사람들끼리 결혼한다고 해서 나쁠 게 뭐가 있겠습니까."와 같이 주장하는 사람은 바로 이런 오류를 범하고 있는 것이다.

❷ 권위의 오용

권위의 오용(誤用)은 어떤 주장이 옳다는 것을 증명하는 데, 그 주장과 관련이 없는 분야의 전문가나 권위자를 내세워서 어떤 견해를 정당화하려고 하는 것이다. 현대와 같은 전문화 시대는 생활에 필요한 정보를 얻을 때 각 분야의 전문가에 의존하는 경향이 강하다는 점을 그릇되게 이용하려고 할 때 생기는 오류이다.

가령, 정치적인 논쟁에서 물리학의 권위자인 아인슈타인의 견해를 인용해서 자신의 주장을 옹호하려 한다면 이런 오류에 빠지게 된다. 농작물의 성장 촉진을 위해서는 농약의 사용이 불가피하다는 주장에 대한 공격을 받을 경우, 슈퍼마켓 주인의 견해를 인용하는 것은 적합하지 못하다. 권위를 바탕으로 하는 호소에서 저지르기 쉬운 이런 오류는 청자에게 신뢰성의 착각을 일으키기 쉽다. 결과적으로 설득자는 부주의와 경솔함으로 청자를 속이는 것이다.

범죄 수사상의 문제에 대하여 당대에 명성을 날리는 종교계 인사, 작가, 여류 인사, 심지어는 연예계 인사들의 의견을 묻는 등 경솔한 설득 행위로, 논의하는 문제를 그 사람이 다른 영역에서 얻은 권위나 명성에 호소하여 정당화하려 할 때 이런 오류가 빚어지게 되는 것이다.

"뇌사를 사망으로 인정해야 할지 어떨지 알 수가 없습니다. 그러나 교황이 인정하지 않으니 뇌사를 사망으로 보는 것은 옳다고 할 수 없다고 생각합니다."와 같은 주장도 이런 오류에 깊숙이 빠지는 것이다.

(2) 정서적 호소에서의 오류

❶ 동정심 유발

상대방에게 동정이나 연민의 감정을 일으켜 어떤 주장을 받아들이게 하려고 할 경우에 오류를 범하게 된다. 우리들이 무의식중에 흔히 사용하는 오류 중의 하나다.

예를 들어, "교수님, 제가 이번에 F학점을 받게 되면 졸업을 못합니다. 병상에 누워 계신 아버님 대신 제가 가족을 부양해야 합니다."와 같이 애원한다든가, 교통법규를 위반한 택시기사가 교통순경에게 "봐 주십시오. 사글세방에 늙은 부모님과 만삭의 처와 자식들이 저만을 기다리고 있습니다."와 같이 부탁하는 것 등이 그 예가 된다.

법정에서 변호사가 사건과 관련되는 사실을 무시하고 판사의 동정심을 일으켜서 소송 의뢰인이 무죄판결을 받게 하려는 경우에 흔히 이런 오류가 빚어지게 된다. 피고인이 무죄라는 것을 사건을 통해 증명하려 하지 않고 그가 구속되면 어려운 형편에 있으니 선처를 부탁한다고 호소하는 것도 그 예이다.

"동성동본 간에 태어난 아이들은 특별법으로 구제하기 전에는 호적에도 오르지 못하고 서자 취급을 받습니다. 그들이 무슨 죄가 있습니까. 그들이 불쌍하지도 않습니까."라고 하여 특별법 제정을 발의하는 것도 이런 오류를 범하는 것이 된다.

"우리 딸 아이가 하도 애걸복걸해서 우리나라 국적을 포기하고 외국인 자격으로 대학에 입학시켰지요. 부모의 심정으로 차마 거절할 수 없었지요. 입시생 부모가 아니고서야 누가 그때의 절박한 저의 심정을 이해할 수 있겠습니까?"라고 변명하는 것도 이런 오류의 함정을 이용하고 있는 것이다.

❷ 인신 공격

상대방이 주장하는 내용을 논리적으로 정당하게 반증하지 않고 고의 또는 부지불식간에 그 사람의 인격·학력·지위·출신·인간관계 등을 공격함으로써 자기의 주장을 관철시키려하거나 상대방의 논지를 부정하려 할 때, 오류를 범하게 된다.

예를 들어, "전오공 군이 학생회장에 선출되어서는 안 된다. 그는 너무 욕을 많이 먹고 있다."식의 주장은, 후보자의 공약보다는 그 사람의 인격적인 면을 부각시켜 선거에 영향을 끼치려는 의도가 개입된 것이다. "이 교수는 사립대학교 출신이기 때문에, 국립대학의 교육 운영에 대해 잘 모른다."는 식의 주장도 이런 오류를 빚어낸 것이다.

증인의 증언에 대하여 그 신빙성 자체에 대한 논박은 하지 않고, 단지 증인이 전과자(그 전과라는 것도 사실은 누명을 쓴 것인데도 불구하고)라는 사실을 계속 강조함으로써 증언의 신뢰도를 떨어뜨리는 것도 이런 오류에 빠져 있는 것이다.

"동성동본 혼인을 인정해야 한다고 주장하는 사람들은 짐승 같은 사람들이라고 볼 수 있습니다. 어떻게 짐승들처럼 같은 조상을 가진 사람들끼리 결혼할 수 있단 말입니까. 인간이 짐승들과 다르다면 동성동본끼리 결혼을 해서는 안 됩니다."와 같이 주장하는 것은 이런 오류를 범하고 있는 것이다.

여기에서 주의할 것은, 인신공격으로 논증하는 것이 무조건 오류에 빠지는 것이 아니라는 점이다. 예컨대, 어떤 정치학자의 정치적 견해를 논박함에 있어 가령 그 학자의 출신이나 건강, 성격 등의 결점을 들어 논의하는 것은 인신공격에 의한 논증이다. 이런 경우 대체로 오류에 빠지는 논증이 될 수 있지만 항상 그런 것은 아니다. 그것은 그 정치학자가 편협한 생각에다 건강마저 나쁘다는 결점은 그의 정치적 견해가 불건전할 개연성이 조금은 있을 것이기 때문이다. 왜냐하면, 우리는 과거의 경험을 통해 건전한 판단력을 가지고, 건강한 사람일수록 정치적 견해가 건전할 수 있으리라는 것을 알고 있기 때문이다. 충분한 시간만 있다면, 우리는 그 정치학자의 저술을 검토한 연후에 그의 정치적 견해를 논박할 수 있을 것이다. 그렇지 못할 때에는 출신이나 건강, 성격 등의 결점 때문에 그의 정치적 견해가 건전하지 않을 수도 있다고 추측을 할 수도 있다.

❸ 대중 동원

합리적 근거를 결여한 주장을 대중의 편견, 감정, 군중심리, 열광 등에 호소하여 동조를 얻어내고자 할 경우 오류를 범하게 된다. 이것은 자신의 주장을 이상화하여 다른 사람에게 극대화하여 욕구와 필요를 일으키는 수법으로, 과장된 광고나 선동적인 정치 선전에서 자주 이용된다.

예컨대, 어떤 정책을 다수가 찬성하기 때문에 좋은 정책이라고 주장하거나 어떤 책을 여러 사람이 사서 보는 베스트셀러이기 때문에 훌륭한 책이라고 주장하면 오류를 범하게 된다. 또, "세계 어느 나라에도 동성동본 혼인을 금지하고 있는 나라는 없습니다. 따라서 우리나라도 동성동본 혼인을 금하고 있는 법을 폐지해야 합니다."라고 하든가, "동성동본 혼인 금지는 지금까지 내려온 미풍양속입니다. 동성동본 혼인은 법으로 계속 금지시켜야 합니다."하는 식으로, 어떤 제도를 오랫동안 지속되어 왔기 때문에 좋은 제도라고 주장할 때도 이런 오류를 빚게 된다. 이 경우를 특히 '전통에의 호소'라고도 한다.

❹ 증명 불가

　증명 불가(不可)란 결론이 반증된 적이 없다고 받아들여야 한다거나, 이것이 증명된 적이 없다고 거부되어야 한다고 주장하는 것이다.

　상대방이 논박할 수 없기 때문에 자기 주장이 옳다고 하거나, 상대방이 자신의 주장이 '참'임을 증명할 수 없다고 하여 그것을 거짓이라고 하는 논증이다. 어떤 주장을 참이라고 주장하면서 그 이유는 그것이 거짓임이 증명된 바 없기 때문이라고 하거나, 어떤 주장을 거짓이라고 하면서 그 이유를 그것이 참임이 증명된 바 없기 때문이라고 일방적인 결론을 내리는 경우에 오류를 범하게 된다. 어떤 주장이 참 또는 거짓이라는 것이 증명되지 않는다든지 또는 상대방이 무지하거나 지식이 모자라서 그것을 반증할 수 없다든지 하는 단순한 사실로부터 그 주장이 참 또는 거짓이라고 추론할 때 생기는 오류이다.

　이런 오류는 참이나 거짓에 대한 명백한 증거가 없는 문제들, 이를테면 심령현상과 같은 문제에서 범하기 쉬운 오류이다. 가령, '하느님이 계신가?', '귀신이 있는가?'에 대하여 없다고 증명할 수 없으니, 하느님도 귀신도 존재한다고 주장하는 것이 그 한 예이다.

　일반적으로 어떤 것을 입증하거나 반증할 방도를 모른다는 것이 그것의 참 또는 거짓을 주장할 근거가 될 수는 없는 것이다. 무지에의 논증은 이것을 혼동한 데서 오는 오류이다. 그러나 이러한 추론은 법정에서는 사정이 다르다. 피의자는 범죄 사실의 명백한 증거가 드러나기 전에는 결백하다고 인정되어야 한다. 즉, 검찰이 범죄 사실을 증명하지 못한 것은 곧 그가 죄가 없다는 증거가 되는 것이다.

　한편, 범죄 수사 과정에서는 또 다르다. 가령, 어떤 사람이 공산주의자가 아니라고 수사를 끝낼 수는 없다. 이 경우에는 그가 공산주의자가 아니라는 명백한 증거가 필요하다. 그러나 이러한 법적인 경우가 오류가 안 되는 것은 그 기초가 논리적인 데 있지 않고 사회적·법적인 원칙에 있기 때문이라는 것에 주의해야 할 것이다.

❺ 위력 이용

상대방에게 유형, 무형의 완력, 압력 또는 이와 비슷한 수단을 동원하여 자기 주장을 받아들이도록 설득하려고 할 때 오류를 범하게 된다. 이런 오류는 보통 합리적인 논증이나 증거가 없거나 통하지 않을 때 생기게 된다.

예컨대, 특별한 권력층에 있는 사람이 자신의 의견과 상반되는 견해를 펴는 사람은 누구를 구속할 수 있다든가, 그 밖의 위압적인 수단으로 자신의 견해를 옳다고 주장하는 것이다.

힘이나 학벌이 약한 상대방에게 정당한 논리에 의존하지 않고 관직이나 학벌을 내세워 위협함으로써 자신의 견해를 관철시키는 것은 모두 위력에 호소하는 논증이다. 어떤 로비스트가 국회의원에게 "내가 당신 지역구 유권자들을 얼마나 많이 움직일 수 있는지 아쇼?" 하는 식으로 입법화하려고 하는 법령의 정당성과 관련 없는 말로 을러메는 것이 그 예이다. "법은 멀고 주먹은 가깝다."라는 말이 있듯이, 합리적으로 이치를 따져 자기의 주장을 납득시키는 대신 폭력이나 위협으로 자기의 주장을 받아들이도록 강요할 때 생기는 오류이다.

❻ 정황 제기

상대방의 직업, 직책, 직위, 처지 등 그가 처해 있는 특수한 정황(情況)을 들어, 자신의 생각을 받아들이지 않으면 안 된다고 주장하거나, 상대방이 처해 있는 정황으로 보아 그렇게 주장할 수 밖에 없을 것이라고 그를 몰아붙이는 경우 오류를 저지르게 된다.

예를 들면, 교통경찰이 과속한 운전기사에게 "선생님, 과속하셨는데 운전면허증 좀 봅시다."라고 했을 때 운전기사가 "아저씨, 나보다 앞서 과속을 한 사람들은 잡지 않고 왜 나만 잡는거요. 교통 단속하려면 공정하게 하쇼."라고 대꾸하여 빠져 나가려고 하면 이런 오류를 범하는 것이 된다.

또, 어떤 정당의 당원과 논쟁하면서 어떤 주장의 참·거짓을 증명하려고 하지 않고 "이건 당신네 당론과 같은 거니까 따라야 돼."하는 식으로 말하는 것이 그 예이다. 상대방이 처한 특별한 상황, 즉 그가 그 정당에 소속되어 있는 상황을 들어 그에게 자기 주장을 받아들이도록 우기는 것이다.

"내가 부동산 투기를 해서 부정하게 돈을 벌었다고요. 그래, 부동산 투기를 해서 돈을 번 사람이 나뿐인가요. 따지기 좋아하는 기자 양반들, 당신들은 부동산 투기를 해 본 적이 없나요. 왜 나만 죄인 취급을 하지요."라고 자기를 합리화하는 것은, 당신들의 행위가 정당화된다면 나의 행위가 나쁘다고 말할 수 없지 않느냐는 식으로 상대방과 똑같은 정황임을 들어 공격하는 것이다.

개를 잡아먹는 한국 사람의 행위는 옳지 않다고 서양인이 비난할 때, "그렇다면 당신들은 왜 양이나 말을 잡아먹는 거요?"라고 반박한다면, 이런 오류를 범하는 것이 된다. 개를 잡아먹는 행위가 나쁜 것이 아니라는 것은 증명하려고 하지 않고, 상대방도 가축을 잡아먹는 상황이라는 것을 들어서 그들의 공격이 일관되지 못하다는 것을 말하고 있을 뿐이다.

이러한 논법을 '피장파장' 또는 '당신도 마찬가지(you also) 논법'이라고 한다. '사돈 남 말하네.'라는 속담에 어울리는 오류이다.

❼ 원천 봉쇄

자기 편의 입장과 반대되는 주장을 하는 것은 나쁜 것 또는 불건전한 것으로 규정하면서, 반론을 제기할 수 있는 가능성을 원천적으로 봉쇄하는 경우 오류를 범하게 된다.

"우리의 주장은 그 누구도 반대할 수 없습니다. 우리의 주장에 반대하는 사람이 있다면, 그는 반역자라고 아니할 수 없습니다."와 같이 '우물에 독 뿌리는' 격의 오류이다.

❽ 편승

"모두들 다 그러는데." 또는 "모두가 알고 있는데."와 같은 식으로 상대방도 편승하기를 바라는 수법이다. 이런 오류는 상품 판매에 교묘히 이용되고 대체로 선동가들이 이를 잘 이용한다. 예를 들어, "어디를 가나, ○ ○ ○ 이네."와 같은 광고가 이에 해당한다.

(3) 논리적 호소에서의 오류

❶ 논점 이탈

고의 또는 부주의로 말미암아 논증해야 할 점을 논증하지 않고 논리적으로는 논점과 아무 상관이 없는 다른 것을 논거로 추론하는 경우 오류가 생긴다. 이를 '논점 무시' 또는 '논점 망각'의 오류라고도 한다. 증명되어야 할 것들 중에 일부만이 참으로 주장될 경우 논점을 이탈하게 된다.

"피의자는 변호사의 입회 없이 심문받을 수 없다는 입장을 취하면, 대법원은 사회의 보호보다 범죄자의 보호에 더 많은 관심을 보이는 것이다. 법은 그것을 부정하는 자를 위해서가 아니라, 그것을 준수하는 시민을 보호하기 위하여 제정된 것이다. 범죄자는 범죄를 저지름으로써 시민의 권리를 행사하지 못하게 한다. 시민을 보호하는 것이 경찰의 임무이다. 그리고 그들은 폭력을 사용하지 않는 범위에서 피의자를 심문할 권리를 가진다."

위의 논증은, 경찰에 의해 심문을 받고 있는 사람은 곧 법을 부정한 자이고 범죄인이라고 생각함으로써 논점을 이탈하고 있다. 그러나 이 논증은 증명되어야 한다. 피의자는 재판에 의해 유죄로 인정되기 전까지는 무죄다. 그때까지 그는 법을 준수하는 시민이고 법의 보호를 받을 권리가 있다.

실제로 받아들일 수 없는 주장을 사실로 내세울 경우 오류가 발생한다. 예를 들어, "오늘 밤 대통령이 또 하나의 충격적인 깜짝쇼를 할 예정이다."라는 주장은 청자들에게 대통령의 언행이 '충격적'이라는 비판을 은근히 받아들이게 할 의도가 보인다. 그러나 이런 주장은, 오늘밤 연설이 얼마나 충격적이며, 그 충격에 대한 증거가 무엇인지를 분명히 헤아릴 수 없게 한다.

"○○보험과 같은 불공정한 회사는 공제금을 반으로 삭감해야 한다."와 같은 주장에서, '불공정'이 회사의 세금 공제에 관련되는 것인지 또는 즉시 지급에 실패, 보상범위의 불이행 등과 같은 다른 문제 때문인가? 이 발언만으로는 알 수가 없다. 그래서 논점의 이탈이 생긴다. 더구나 말하지 않고 남겨두거나 숨겨둔 것이 명쾌한 주장보다 더 중대한 문제를 야기할 수도 있다.

어떤 논점을 뒷받침하기 위해 제시한 전제들이, 실제로는 다른 논점을 뒷받침하고 있을 때 오류를 범하게 된다. 우리는 종종 "내 말은 그게 아니야."라든지, "문제의 핵심으로 돌아가 이야기합시다."라든지,

"그건 내가 말한 취지가 아니야."라고 말한다. 이러한 것들이 대체로 이 오류가 생겼음을 나타내는 말이다.

"청소년 자살 문제가 아주 심각합니다. 이 문제를 해결하기 위하여 어떻게 해야 한다고 생각하십니까?"라는 제안에 대하여, "예, 자살은 주위 사람들을 슬프게 하고 낳아주시고 길러주신 부모님에 대한 예의가 아니라고 봅니다. 따라서 자살은 어떻게 해서든 막아야 한다고 봅니다." 라고 대답한다면, 이는 논점을 이탈한 오류를 범하고 있는 것이다.

또, 주택 문제를 해결하기 위한 어느 특정 법안이 상정되었을 때, 그것을 지지하는 국회의원이 "모든 국민들에게 안락하게 거주할 수 있는 주택을 마련해 주어야 한다."고 주장하면서, 그 이유로 여러 가지를 제시한다면 그는 그 특정 법안이 왜 주택 문제를 해결하는 데 필요한가 그 이유를 제시하지 않고, 모든 국민들에게 안락한 집을 마련해주어야 한다는 주장만 하고 있는 셈이다. 사람들은 모든 국민들이 안락한 집을 가져야 한다는 것에는 동의할 것이다. 문제는 그 특정 법안이 그것을 마련해 줄 것인가 또는 다른 대안보다 나은 것인가 하는 것에 대한 근거를 대지 않았다. 곧 근거가 논의의 대상이 아닌 문제에 대한 것이다. 그 때문에, 그 국회의원의 주장은 논점을 일탈하고 있는 것이다.

❷ 우연에의 적용

어떤 일반적인 규칙을 특수한 경우에는 그대로 적용할 수 없음에도 그대로 적용하면 오류를 범하게 된다. 대전제에 일반적인 원칙과 우연한 경우까지를 포함시키는 데서 생기는 오류이다. 일반적인 원칙을 우연적인 경우, 즉 적용할 수 없는 예외적 상황에까지 적용시킬 때 범하는 오류이다.

예를 들어, "우리나라는 민주주의 국가입니다. 모든 사람들은 동등한 기회를 부여받아야 한다고 우리는 믿습니다. 따라서 우리나라의 대학들은 지원자들의 경제적인 배경이나 배운 지식의 양에 상관 없이 그들 모두를 받아들여야 한다고 생각합니다."와 같은 주장은 이런 오류를 저지르고 있는 것이다.

"거짓말을 해서는 안 된다."는 것은 일반적으로 도덕 법칙으로서 준수되어야 하겠지만, 암환자에게 거짓말을 한 의사를 부도덕한 사람으로 비난한다면 이것도 우연에 의한 오류를 범하는 것이 된다.

'살인자는 사형'이라고 해서 형 집행인도 사형에 처해야 한다든지, "습득한 물건은 주인에게 돌려주어야 한다."하여 장물을 주웠을 때 그것을 도둑에게 돌려주어야 한다는 논법도 그 예이다. 살인을 해서는 안 된다는 규칙을 정당방위와 같은 예외적인 상황에 적용하여 "그러한 상황에서도 사람을 죽여서는 안 된다."고 주장하는 경우도 이런 오류의 예이다.

"모든 사람은 자기의 견해를 자유로이 표현할 수 있는 권리를 지닌다. 그러므로 판사는 자기의 정치적인 견해를 법정에서 피력할 수 있는 권리를 가지고 있다."라고 한다든가, "동물을 애호합시다. 쥐를 그렇게 잔인하게 때려잡는 것은 옳지 않다."와 같은 주장은 원리 또는 도덕률을 적용할 수 없는 경우에 적용하는 오류를 범하고 있는 경우이다.

일반적인 참을 우연인 경우에도 참이라고 규정하는 데서 생기는 오류를 '직접 우연의 오류'라고 한다. 가령, "거짓말은 죄악이다. 때때로 의사는 환자에게 거짓말을 한다. 그러므로 의사의 거짓말은 죄악이다."라고 말하는 것이 그 예이다. 직접 우연의 오류와 정반대로, "외아들 명수는 버릇이 없다. 그러므로 모든 외아들은 일반적으로 버릇이 없다."라고 말하는 것은 '역도(逆倒) 우연의 오류'라고 한다. 특수한 경우에 참인 것을 다른 특수한 경우에도 참이라고 규정하는 데서 생기는 오류를 '특수 우연의 오류'라고 한다. 예컨대, "ㄱ 미녀는 일찍 죽었다. 그러므로 ㄴ 미녀도 일찍 죽는다."는 식으로 말하는 것이다.

그런데 우연의 오류와 반대 방향으로 추리함으로써 빚어지는 오류가 있다. 예컨대, 몇몇 우등생을 주목한 결과 운동에 소질이 없다는 것을 알았다고 하자. 이에 학과 성적이 우수한 학생은 운동에 소질이 없다고 일반화한다면, 이것 또한 오류이다.

❸ 성급한 일반화

여러 경우들의 공통점을 추출해서 일반화하지 않고 일부 제한된 경우들만을 주목하여 그것들의 공통점을 추출하여 모든 경우들이 다 그러한 속성을 가지고 있는 것처럼 주장하려고 할 경우에 오류를 범하게 된다. 제한된 정보, 부적절한 통계 자료, 대표성을 결여한 사례 등에 근거하여 성급하게 일반화하였기 때문에 빚어지는 오류이다.

청소년의 가치관을 조사하는 경우, 단지 몇몇 청소년을 면담하고 청소년이 일반적으로 이러저러한 가치관을 가지고 있다고 결론을 내린다면, 분명히 충분한 증거를 확보한 결론일 수 없다. 곧 귀납적 일반화를 보증할 정도의 충분한 자료를 모으기에 앞서 졸속으로 일반화할 때 빚어지는 오류이다.

한편, 청소년의 가치관을 조사하는 경우, 의도적으로 벽지의 청소년들만을 혹은 손쉽게 도시의 청소년들만을 대상으로 조사하는 것은 어느 한쪽에 편중된 것으로서, 대표적인 표본에서 조사한 것이 아니다. 즉, 대표적인 것일 수 없다고 알려진 표본이든가, 대표적인 표본이 되는 적절한 이유가 없는 표본을 근거로 해서 일반화하려 할 때 빚어지는 오류이다.

"이 ㅇㅇ은 전과자인데, 또 범죄를 저질렀다. 그러므로 모든 전과자는 계속 범죄를 저지른다."고 할 때, 불충분하고 부적절한 한두 가지 증거로부터 일반적인 결론을 이끌어 내었기에 이와 같은 오류를 범하게 되는 것이다.

또, 어떤 지방 사람들에 대하여, 그 지방의 일부 사람들이 가지고 있는 속성을 보고서 마치 그 지방 사람들 모두가 그러한 속성을 가지고 있는 것처럼 성급하게 일반화하는 경우가 그 예이다.

"여자는 남자보다 육체적으로 고통을 참아내는 인내력이 강합니다. 몇 년전에 일본에서 비행기가 추락했을 때 세 명이 살아남았는데 모두 여자였습니다."와 같이, 하나의 사례를 가지고 모든 경우로 일반화하면 성급한 일반화가 되어 오류를 범하게 되는 것이다.

"우리 집 막내는 버릇이 없다. 그러므로 모든 막내는 버릇이 없다.", "저 술주정뱅이를 보라. 이 나라 남자들이 모두 저 모양이니 이 나라의 기강이 흔들리고 있다.", "옆집 소영이는 미인이었는데 일찍 죽었다. 그러므로 미인박명이다." 등과 같은 발언도 그 예이다.

이런 오류를 벗어나려면, 주위에 있는 사례들 중 아직 사용되지 않았으면서 즉시 입수할 수 있는 것들을 수집하는 것이 특히 중요하다. 그런데 실제로 일반화에 필요한 충분한 자료의 양이 어느 정도이냐 하는 물음에는 일률적으로 대답하기 어렵다. 어떤 경우에는 실례의 수효가 그리 많지 않아도 충분할 수 있다. 그러나 어떤 경우는 보다 많은 실례를 수집함으로써 적절한 일반화를 할 수 있다. 이것은 실제로 연구되는 각 분야에서 많은 경험을 통해 알 수밖에 없다.

❹ 고정관념

개별적인 차이를 고려하지 않고 한 집단이 지니는 일반적인 성격에 주의를 집중시켜 표준화된 심리적 이미지를 굳히는 경우, 오류를 범하게 된다. 우리는 어떤 것이 지니고 있는 일반적 속성을 기준으로 개별화한다. 그리고 그것들을 한 부류로 집단화한다. 예컨대, '결혼한 아들을 둔 여자-시어머니' 그들이 자주 행하는 특성을 일반화하여 '참견 많고, 말 많은 여자'라고 믿는다. 그리고 나서 개별적인 시어머니 하나하나가 실제로 그런 속성을 심하게 나타내는지를 판단해보지도 않고 모두 그렇다고 단언해 버린다.

❺ 원인 오판

우리는 주위의 세계를 가능한 한 인과관계의 사고방식으로 이해하려는 것이 자연스럽다. 이런 동기화가 너무 강하기 때문에, 우리는 수탉이 새벽에 우는 것은 해가 뜨기 때문이라는 식으로 강하게 믿는 잘못을 범한다.

어떤 두 사건이 우연히 시간적 선후관계로 발생했는데, 이를 인과관계로 오인하거나 어떤 결과의 원인이 아닌 것을 그 결과의 원인으로 잘못 간주하는 경우에 오류를 범하게 된다. 이는 "다른 사건 A가 어떤 사건 B에 앞서 일어난다. 즉, B가 A에 뒤따라 일어났다. 때문에 B는 A에 의해 일어난다."라고 결론짓는 오류이다. 곧 '거짓원인의 오류' 또는 '선후인과(先後因果)의 오류'이다.

가령, 시간이 지나면 자연 치유가 될 수 있는 병을 가지고 있는 사람이 어떤 약을 복용하는 중에 나았다고 할 때, 그 약이 그 병을 치유한 원인이라고 추론하는 경우가 이런 오류에 해당된다. 또, 미개한 원

시인들이 북을 두드렸기 때문에 일식이 일어났다고 믿는 따위도 이런 오류에 해당된다. "까마귀 날자 배 떨어진다."와 같은 속담이 이런 오류의 좋은 예가 된다. "어젯밤에 돼지꿈을 꿨더니 오늘 재수가 좋다.", "우리 대학의 교수는 유명하다고 할 수 없다. 왜냐하면 매스컴을 타지 못하기 때문이다.", "그는 시험때마다 머리를 깎지 않는다. 그래서 그는 항상 시험을 잘 본다." 등과 같은 주장이 이의 예가 될 수 있다.

❻ 흑백논리

흑백논리는 다른 많은 선택이 있음에도 불구하고 단지 바람직하지 않은 선택만이 주어지는 경우, 하나의 주장이 오직 두 개의 면만을 가지고 있거나 하나의 상황에서 오직 두 개의 선택의 길만이 존재하도록 되어 있도록 하는 부당한 가정이다.

이처럼 어떤 집합의 원소가 단 두 개밖에 없다고 보는 경우, 오류를 범하게 된다. 당면한 문제의 해결 방법이 그 논증에서 제시하는 방법 이외에는 없는 것처럼 보이게 하는 논증에서 생기는 오류이다. 곧, 다른 많은 선택이 있음에도 불구하고, 단지 바람직하지 않은 선택만이 주어지는 딜레마(dilemma)의 오류이다.

예를 들면, "비가 오면 짚신 장수인 큰아들 때문에 걱정이고, 햇빛이 나면 나막신 장수인 작은아들 때문에 걱정이다. 따라서 날씨가 좋든 나쁘든, 그 어머니는 걱정이 떠나지 않는다."라는 주장은 바람직하지 않은 양자 선택만이 가능한 것처럼 "햇빛이 나면 큰아들이 좋고 비가 오면 작은아들이 좋으니, 해가 뜨나 비가 오나 그 어머니는 언제나 즐겁다."라고 반박할 수도 있다. 그러므로 전자의 주장은 딜레마의 오류에 빠진 것이다.

"사람은 기독교인이거나 무신론자이거나이다.", "동무가 아니면 반동이다.", "민주주의자가 아니면 공산주의자이다." 등의 주장이 이에 해당된다.

❼ 순환논리

결론에서 주장하고자 하는 바를 전제에서 제시하는 경우 오류를 범하게 된다. 증명하려고 하는 명제를 다른 말로 반복적인 표현을 하여 논증의 전제로 삼으면, 그 명제는 증명된 것이 아니므로 오류에 빠지게 된다. 이러한 논증은 형식적으로는 타당한 것이지만 결론에서 전제의 주장을 그대로 되풀이하고 있기 때문에 결론이 진리임을 보여줄 수는 없다.

예컨대, "모든 사람에게 언론의 자유를 무제한 허용하는 것은 언제나 국가 전체에 이익이 된다. 왜냐하면, 개개인이 자신의 감정을 표현할 자유를 완전하게 누리는 것은 공동체의 이익을 증진시키기 때문이다."라고 주장하는 경우가 이 오류에 해당된다. 이 논증에서 이유로서 제시되는 후반부는 전반부를 다른 말로 되풀이하고 있을 뿐 증명해 주지 못한다.

"이태백은 소동파보다 훌륭한 시인이다. 왜냐하면, 문학적 안목이 있는 사람들이 그렇게 말하기 때문이다. 그러면 문학적으로 안목 있는 사람들은 누구인가? 이백을 소식보다 훌륭한 시인이라고 말하는 사람들이다."와 같이 우리가 증명하고자 하는 바로 그 결론을 논증의 전제로 삼을 때 이런 오류를 범하게 되는 것이다. 이는 논증이 증명하려는 바로 그 결론에 근거해 있을 때 선결 문제를 요구하는 것이다. 논증은 단순히 순환되며 똑같은 것을 두 번 말하는 것이 된다. 그래서 속칭 '거지 논법'이라고도 한다.

또, "하느님은 존재한다. 왜냐하면, 성경에 그렇게 쓰여 있고 성경은 하느님의 말씀이기 때문이다.”라고 추론한다면, 이유로서 제시되는 부분은 증명하려고 하는 명제를 되풀이하는 것은 아니지만, 그 명제, 즉 ‘하느님은 존재한다.’는 것을 이유에서 전제하고 있기 때문에 그것을 증명해 주지 못한다.

“소크라테스는 철학자이다. 왜냐하면 그는 지혜를 사랑하는 예지자이기 때문이다. 이것은 바로 소크라테스가 철학자이기 때문이다.”라든가, “병수는 우등생이다. 그것은 병수가 성적이 우수하고 품행이 방정하기 때문이다. 한편, 병수는 성적이 우수하고 품행이 방정하다. 그것은 병수가 우등생이기 때문이다.”라고 논의할 때, 오류를 빚어내게 된다. 이 논의는, 증명하고자 하는 결론이 전제에 의존하고, 그 전제가 참인 근거는 결론에 의존하여 순환적으로 논증하고 있다.

“흉악한 살인범에게는 사형이 죄질로 보아 합당하다고 생각합니다. 살인범이라고 해도 개과천선(改過遷善)의 여지가 있기 때문에 사형에 처해서는 안 된다고 주장하는 사람들이 있습니다. 그러나 흉악한 살인에 상응하는 벌은 사형밖에 없기 때문에, 그러한 주장은 잘못이라고 봅니다.”라는 의견은, 증명되어야 할 명제(흉악한 살인범에게는 사형이 죄질로 보아 합당하다. 흉악한 살인에 상응하는 벌은 사형 밖에 없다)를 이유로 삼아 반대 입장을 반박하려고 하므로 반대 입장이 잘못되었다는 것을 증명하지 못하는 오류를 범하고 있다.

⑧ 복합 질문

표면상으로는 단순한 질문처럼 보이나 내용적으로는 두 개 이상의 질문이 복합된 질문에 긍정 또는 부정의 단순한 답변을 요구할 때 오류가 빚어진다.

질문의 내용에 두 명제로 답할 수 있는 경우, 두 가지 이상의 질문에서 '예'나 '아니오' 중의 한 가지 대답을 요구하면 오류가 생기는 것이다. 어떻게 대답하든 대답하는 사람이 수긍할 수 없거나 혹은 수긍하고 싶지 않은 점을 수긍하는 결과를 가져오는 질문을 하기 때문이다.

예컨대, 돈을 훔치지 않은 사람에게 수사관이 "당신, 훔친 돈 모두 유흥비로 탕진했지요?"라고 물을 때, 단순히 '예'나 '아니오'라고 대답할 수 없을 것이다. 이 질문은 "당신, 그 돈 훔쳤지요?"와 "그 돈 유흥비로 탕진했지요?"라는 두 개의 질문이 복합되어 있기 때문이다. 앞 질문에 '예'라고 대답될 때, 뒤 질문이 '예'나 '아니오'로 대답될 수 있다. 그리고 앞 질문이 '아니오'라고 대답될 때에는 그 복합 질문은 해소되어 버린다.

복합 질문의 오류는 질문하는 사람이 상대가 부주의하게 '예'나 '아니오'로 대답했을 때 잘못 추론하는 오류이다. 수사관이 혐의자에게 "당신, 그 훔친 돈 모두 유흥비로 탕진했지요?"라고 물을 때, 혐의자가 유흥비로 돈을 탕진한 사실이 없다는 것에만 신경을 쓴 나머지 부주의하게 '아니오'하고 대답할 때, 수사관이 "그러니까 당신은 그 돈을 훔쳤다는 것을 인정하는군요."라고 추론한다면 이는 복합 질문의 오류를 범하게 되는 것이다.

❾ 확대 해석

상대방이 제시한 원래의 주장을 확대 해석하면 오류를 빚어내게 된다. 가령, 한 대학 교수가 "대학에서의 수학능력의 기준에 미흡한 국어·수학·영어 실력을 지닌 몇몇 학생들이 대학에 들어오고 있다."고 주장하니, 일부 반론을 제기하는 사람들이 "고등학교 교육을 그렇게 비난할 수 있는가?"하고 비난했다 하자. 이 비난은 교수의 주장을 지나치게 확대 해석한 것이다. 혹 교수가 그런 확대 해석을 조금이라도 인정하고 고등학교 교육의 부실함을 증명하려고 하다가는 훨씬 더 불리한 입장에 빠지게 된다. 교수로서 취할 가장 좋은 방법은 최초의 주장으로 다시 돌아가, 조목조목 자신의 의도를 밝히는 것이다. 첫째, '몇몇' 학생을 지적했지 '모두'를 말한 것은 아니다. 둘째, '3개의 과목'에 대해서 말했지, '모든 교과'에 대해 말한 것은 아니다. 셋째, 학생들의 학습 결손을 고등학교 교사에게 책임 전가하지 않았다.

이런 오류를 '허수아비 오류'(straw man fallacy)라고도 한다. 왜냐하면 확대 해석은 진짜 사람보다 쉽게 사라지는 '짚인형', '허수아비'와 같기 때문이다.

"국가보안법은 국민의 기본권을 부당하게 침해할 소지가 많습니다. 그것은 형법에 통합하는 것이 마땅합니다."라는 ㄱ의 주장에 대하여, "당신의 주장은 공산주의를 수용하자는 이야깁니다. 공산주의가 인류의 역사에 얼마나 해독을 끼쳐온지는 자명한 사실 아닙니까?"라고 ㅂ이 반론을 펼 때, ㅂ은 공산주의의 수용이라는 허수아비를 세워 놓고 그것을 공격하고 있지만, 그 허수아비를 쓰러뜨린다고 해서 ㄱ의 주장이 논박되는 것이 아니다. ㄱ은 공산주의를 수용한다는 주장을 한 것이 아니기 때문이다.

이런 오류는 훨씬 취약하고 핵심을 벗어난 대안을 설정 또는 폐지함으로써 하나의 제안을 간접적으로 공격하는 경우에 범하게 된다. 가령, "주차장이 항상 붐비니, 내가 어떻게 그 대학에서 좋은 교육을 받을 수 있겠는가?"하는 식의 발언이 그 예가 된다.

⑩ 뿌리 캐기

어떤 이념·사상·이론·제도 등의 기원이나 원천이 어떤 속성을 갖고 있으므로 그것들이 그러한 속성을 갖고 있다고 추론할 경우 오류를 빚어내게 된다.

가령, "그 처녀는 ○○ 출신이라 예절이 없어.", "국민의료보험 제도는 원래 사회주의 국가에서 유래된 것이므로 철폐해야 한다.", "이 부장은 ○○대학 출신이라 선은 굵지만 실무처리 능력은 허술해.", "말단 여직원이 뭘 알겠소. 그녀가 건의한 것은 고려해 볼 필요가 없을 것 같소.", "우리가 즐겨 부르는 '선구자'의 가사는 변절 시인이 지은 것이다. 그러므로 그 노래를 부르는 것은 옳지 않다." 등과 같이 말하는 것이 그 예이다.

⑪ 다의어나 동음어 사용

동일한 단어가 여러 가지 의미를 지니는 다의어라든가 또는 화맥에 따라 함축적 의미가 다른 경우에 이것을 혼동하면 오류가 생기게 된다. 각각 다른 의미로 사용되는 동일한 단어를 서로 연관 없이 사용할 때는 혼동할 염려가 덜 하나, 하나의 주장이나 추론에서 함께 사용될 때는 그 애매성 때문에 오류를 범하는 수가 있다.

예를 들어, "사람은 모두 죄인이므로 하나님의 구원을 받아야 한다. 그런데 죄인을 모두 교도소에 보내지 않으면 사회가 불안해진다. 따라서 사람을 모두 교도소에 보내야 한다."와 같은 추론은 법적인 의미에서의 '죄인'과 종교적인 의미에서의 '죄인'을 구별하지 않음으로써 생긴 잘못된 추론이다.

"다른 사람을 해치는 행위는 신체적인 벌을 받아야 마땅하다. 그런데 감기를 전염케 하는 것도 신체적인 벌을 받아 마땅하다."라는 논의에서, '다른 사람을 해치는 행위'는 법의 테두리 안에서 책임을 져야 하는 것과 양심 또는 도덕적 책임을 져야 하는 것의 두 가지 서로 다른 의미로 사용되고 있다. 따라서 이 논의는 오류를 저지르고 있는 것이다.

　"쥐는 동물이다. 그러므로 큰 쥐는 큰 동물이다."라고 추론하면 타당하지 않다. 왜냐하면 '크다'라는 측량 형용사는 그것이 적용되는 말에 따라서 의미가 달라지는 상대적인 개념이기 때문이다. 쥐로서는 크다 해도 동물로서는 크다고 말할 수 없다.

　"귀한 것은 드물다. 10원짜리 연필도 드물다. 그러므로 10원짜리 연필은 귀한 것이다."에서, 10원짜리 연필이 귀한 것이라는 결론은 오류다. 그것은 대전제의 '드물다'와 소전제의 '드물다'를 같은 의미로 사용한 데서 비롯된다. 그러나 이 경우의 '드물다'는 것은 같은 의미가 아니다. 앞의 '드물다'는 귀하기 때문에 드문 것이고, 뒤의 것은 너무 값이 싸기 때문에 드문 것이다.

　'ㅇㅇ은 무균질 우유'라는 우유제품 선전 광고의 경우, 방송윤리위원회에서 '무균질'이라는 말이 '병균이 없다.'는 뜻으로 오인될 위험성이 있다고 하여 방송중지결정을 내린 바 있다. 그러나 우유회사 측에서는 '무균질 우유'란 '균질 처리를 거치지 않고 천연 지방이 함유된 우유'라는 뜻으로 전문가들 사이에 통용되는 용어이고 반면에 균이 없는 우유는 '무균(無菌) 우유'로 불린다고 주장하여 방송윤리위원회를 상대로 재심의의결 취소 청구 소송을 제기하고 있다. 이런 사안도 애매어의 사용과 그 해석에 따른 오류의 결과로 볼 수 있다.

　이상에서, 애매한 말을 사용함으로써 빚어지는 오류의 구체적인 예를 살펴 보았다. 이것은 우리가 서로 다른 사람과 더불어 어떤 문제를 토론할 때, 또는 자신의 의견을 제시할 때, 가능한 한 정확한 말을 사용하는 것이 중요하다는 것을 일깨워 준다. 애매한 말을 사용하면, 그것이 애매하기 때문에 자신이 의도한 것과는 다른 방향으로 문제점이 논의될 수 있다. 이로 말미암아 어이없는 오해를 빚을 수도 있다. 그러므로 우리는 애매한 말의 사용으로 오류에 빠지지 않도록 유의해야 한다.

⑫ 중의적 표현 사용

중의적(重義的) 표현을 사용하면, 논증 가운데 들어 있는 문장의 문법적 구조가 애매하기 때문에 같은 문장이 여러 가지로 해석이 가능하여 정확한 판단을 내릴 수 없게 한다.

가령, "아내는 나보다 돈을 더 좋아한다."는 주장은 구조상 애매성을 지닌다. 이 진술은 "아내가 돈을 좋아하는 정도가 내가 돈을 좋아하는 정도보다 더 크다."를 의미할 수 있고, "아내가 돈을 좋아하는 정도가 나를 좋아하는 정도보다 더 크다."를 의미할 수도 있다. 앞 진술의 의미로 "아내는 나보다 돈을 더 좋아한다."고 말하는 사람에게, "그러니까 당신 아내는 당신과 이혼하고 돈하고 결혼하는 것이 행복하겠군." 하고 말한다면 문법적 구조의 애매성 때문에 오류가 생긴 것이다.

⑬ 불필요한 강조

문장의 어느 한 부분을 불필요하게 특별히 강조하여 본래의 의미가 변화할 경우 오류가 생긴다.

예컨대, "우리는 우리 친구들에 대하여 험담을 해서는 안 된다."는 주장에서 특히 '친구들에'를 강조하여 친구가 아닌 사람들에게는 험담해도 좋다는 결론을 이끌어 낸다면 오류를 범하게 된다. 위의 도덕률은 친구가 아닌 다른 사람들은 험담을 해도 좋다는 것을 함축하고 있는 것은 아니기 때문이다.

우리 속담에 "사촌이 땅을 사면 배가 아프다."라는 말이 있다. 이 속담은 어떤 부분을 특별히 강조함이 없이 그대로 받아들여, 인간이 가지고 있는 질투심과 시기심을 나타낸 것으로 풀이한다면 별로 잘못된 것은 아닐 것이다. 그러나 '사촌'을 지나치게 강조하면 사촌이 사면 배가 아프나 다른 사람이 사면 그렇지 않다는 뜻으로 들릴 수도 있다. 또 '땅'을 지나치게 강조하면 자동차나 집을 사면 괜찮으나 '땅'을 사기만 하면 샘이 난다는 의미로 해석될 수도 있다. 그러므로 이렇게 어떤 부분만을 특별히 강조하여 해석하고 이것을 어떤 주장의 논거로 삼으면 그 추론과 주장은 오류의 결과일 수밖에 없다.

⓮ 집합적 의미와 개별적 의미의 동일시

개별적인 의미에서 참인 것을 집합적인 의미에서도 참이라고 생각하면 오류에 빠진다. 개별 사물이나 사태에 관한 명제를 집합에까지 확대시키는 경우 어떤 대상의 부분 또는 개별적 원소들이 가지고 있는 속성들을 보고 그 대상 전체 또는 원소들의 집합도 그러한 성질을 가지고 있다고 추론하는 데서 오는 오류이다.

예컨대, "모래알 하나하나는 가볍다. 그러므로 한 트럭의 모래도 가볍다. 왜냐하면, 가벼운 것이 많이 모여도 가볍기 때문이다."라고 하는 것은 이런 오류를 빚어낸다. 또, 어떤 연극의 모든 장면이 예술적으로 완벽한 것이므로 그 연극 전체도 예술적으로 완벽하다고 추론하는 경우도 이런 오류의 예가 된다.

앞에서 고찰한 '성급한 일반화'에 의한 오류는 어떤 집합의 몇몇 원소가 어떤 속성을 가지고 있으므로, 그 집합의 모든 개별적인 원소가 그 속성을 가지고 있다고 추론할 때 범하는 것이고, 이 오류는 어떤 집합의 모든 원소가 어떤 속성을 가지고 있으므로 그 집합 자체도 그 속성을 가지고 있다고 추론할 때 범하는 것이다. 이런 오류는 처음에는 개별의 의미로 사용된 말을 나중에는 개별이 결합된 전체의 의미로 사용하는 경우에도 생기게 된다.

예를 들어, "1과 3은 홀수이며 짝수이다."라고 한 경우 처음에 홀수라고 한 것은 '1'과 '3'을 각각 생각한 것이고 나중에 짝수라고 한 것은 '1'과 '3', 즉 '4'를 의미하는 경우이다. 어떤 수이든지 홀수이면서 동시에 짝수일 수 없으니 이 주장은 결합의 오류를 범한 것이다.

"원자는 육안으로 볼 수 없다. 모든 물체는 원자로 되어 있다. 그러므로 물체는 육안으로 볼 수 없다."는 추론도 이런 오류를 범한 예이다. 이 때에는 개별적인 원자 하나하나에 대하여 참인 것을 그것들의 결합에 대해서도 참이라고 주장하여서 생긴 오류이다.

"한 올의 머리카락을 뽑으면 대머리가 되는가? 두 올의 머리카락을 뽑으면 대머리가 되는가? 세 올을 뽑으면……" 이런 식으로 범한 결합의 오류를 특히 '대머리 오류'(fallacy of bald)라고 한다. 우리 속담에 '티끌 모아 태산'이란 말도 이런 오류를 경계한 것이라고 보아도 좋을 것이다.

이와는 반대로 전체 또는 집합이 어떤 속성을 가지고 있기 때문에 그 부분 또는 원소도 그와 같은 속성을 가지고 있다고 추론할 경우 오류를 범하게 된다.

가령, "대학생들은 철학·논리학·경제학·정치학 등을 배우므로 각각의 대학생들도 그러한 학문을 모두 배운다."고 추론하는 것은 바로 이런 오류에 해당한다. 처음의 '대학생들'을 집합적으로, 나중의 '대학생들'을 분배적 또는 개별적으로 사용함으로써 오류를 범한 것이다.

집합적인 의미에서 참되다고 해서 개별적인 의미에서도 역시 참이라고 논의하는 데서 오류가 빚어지기도 한다. 예컨대, "○○대학은 일류 대학이기 때문에 그 대학 교수도 모두 다 훌륭하다.”라 하면, 대학이 일류라는 것은 집합적인 의미에서 훌륭하다는 의미이지, 그 학교에 속해 있는 개개의 교수들이 훌륭하다는 것은 아니기 때문이다.

　개념의 집합적 사용과 분배적 또는 개별적 사용이 같은 맥락에서 이루어질 때에도 이런 오류를 범할 수 있다. 가령, “진도개는 멸종되어 가고 있다. 우리집 개는 진돗개이다. 그러므로 우리집 개는 멸종되어 가고 있다.”라는 논증에서 첫 번째 명제에서의 ‘진도개’는 집합적인 의미로, 두 번째 명제에서의 ‘진도개’는 분배적 또는 개별적인 의미로 사용되고 있기 때문에, 이 논증은 형식적으로는 타당한 것처럼 보이지만 오류를 범하고 있는 것이다.

　이 밖에 우리가 흔히 사용하는 입학시험의 경쟁률이나 출생률, 사망률은 집합적인 의미를 가지고 있지만 개별적인 의미는 가지고 있지 않다. 그럼에도, 집합적인 의미를 가진 비율을 개별적인 의미를 가진 것으로 해석하면 역시 분할의 오류에 빠진다고 하겠다.

　앞에서 살펴 본 ‘우연의 오류’는 어떤 집합의 대부분의 원소가 어떤 속성을 가졌으므로 그 집합의 어떤 특별한 원소도 그 속성을 가졌으리라 추론할 때 범하는 오류인 데 비해, 이 오류는 어떤 집합이 어떤 속성을 가졌으므로 그 집합의 각각의 원소가 그 속성을 가졌으리라고 추론할 때 생기는 오류이다.

　오늘날 과학 기술 문명이 급진적으로 발전함에 따라, 그 어느 때보다도 합리적인 사고와 정확한 추리력이 요구된다. 우리가 정확한 추리, 타당한 논증을 하기 위해서는 어떤 논증이 부당하며, 그것이 왜 오류에 빠졌는가를 분명히 알아야 한다. 우리를 잘못된 지식에 빠지게 하는 오류에는 어떤 종류들이 있으며, 그것이 어떤 오류인가를 분명히 알면 앞으로 그런 오류에 빠지지 않을 수 있다. 나아가 다른 사람이 이러한 오류를 범하면, 그것을 잘 지적하여 깨우치게 할 수 있을 것이다. 또한 자기 스스로도 이런 오류를 교묘히 이용하여 타인을 설득하는 일이 없도록 하여야 한다.

6) 효과적인 설득

다음과 같은 사항들을 고려한다면 효과적으로 설득할 수 있을 것이다.

❶ 청중이 공감할 수 있는 내용을 선정한다

연사는 청중이 바라는 것이 무엇이고, 청중의 성향은 어떠한지를 미리 철저하게 분석한다.

❷ 주장은 간단명료하게 표현한다

둘 이상의 주장을 내세울 경우에는 먼저 몇 가지에 대하여 말하겠다고 한 뒤에, '첫째, 둘째, ……' 등으로 명시한다.

❸ 주장마다 보편타당하고 적절한 논거를 제시한다

타당한 논거를 제시하여 논리적으로 설득하는 것이 감정적 호소보다 청중을 쉽게 설복(說服)시킬 수 있다.

❹ 신체 언어를 효과적으로 구사한다

설득 연설을 할 때에는 보고 연설을 할 때보다 신체 언어가 훨씬 더 중요하므로 청중이 호감을 갖도록 용모와 옷차림까지도 미리 잘 살펴야 한다.

❺ 품위 있고 이해하기 쉬운 말을 사용한다

표준어를 사용하고 억양, 어조에 주의해야 하는데, 상황에 따라서는 청중과 호흡을 맞추기 위해 방언도 사용할 수 있다.

상대방을 설득하는 일은 대단히 어렵다. 물리적인 방법을 사용한다면 잠시 설득할 수는 있으나 머지않아 설득 전보다 더 나쁜 결과를 불러오기 쉽다. 말로 설득하여야 설득의 효과가 오래 간다. 그리고 설득은 짧은 시간에 즉각적인 효과를 보기 어렵다. 설득할 때에는 절대 서두르거나 무리한 방법을 사용하지 말고 한 걸음 한 걸음 상대방에게 다가가는 태도를 취하는 것이 좋다.

앞에서 다수의 청중을 설득하는 방법과 화법에 대하여 살펴본 바가 있다. 여기에서는 대화에서 활용할 수 있는 설득 기법을 정리해 본다(Cialdini, 1988 참조).

❶ 미소 기법

늘 미소를 짓는 사람은 설득에 성공하기 쉽다. 자기를 좋아하는 사람을 싫어할 수 없다. "나는 당신을 좋아하고 있다"는 메시지를 보내 상대방에게 호감을 산다. 이 기법은 단기적인 효과보다는 장기적인 효과가 더 탁월하다.

평상 시에 친절하고 친근해야 한다. 성공적인 설득가가 되려면 꾸준히 공덕(功德)을 쌓아야 한다. 평상 시에는 "내가 언제 너를 보리"하는 식으로 쌀쌀맞게 굴다가 정작 표가 필요하거나 물건을 팔아야 할 때가 오면 그 때서야 비굴한 웃음을 지어서는 역효과가 날 수도 있다.

❷ 선심 기법

상대에게 미리 선심(善心)을 베풀어 '빚졌다'는 느낌을 갖게 한 다음, 때가 왔을 때 그로부터 도움을 청하는 기법이다. 주고받기의 심리를 이용한다. 아무리 사소한 것이더라도 상대방에게 호의를 베푼다. 사람은 자신이 원하지 않는 호의에도 빚진 감정이 생기므로 그것을 갚아야 한다는 부담을 가진다. '다른 사람에게 대접 받고 싶은 대로 남을 대접한다'는 원리를 적용한다. 예를 들어 화장품 샘플을 받아본 사람은 정식 화장품을 살 확률이 높다.

"뿌리는 자만이 거둘 수 있다.", "가는 정이 있으면 오는 정도 있다.", "되로 주고 말로 받는다."라는 말이 있듯이 조그만 선심만 베풀어도 큰 보답을 받을 수 있다. 이 기법은 반드시 상호 간의 호감을 전제로 하는 것도 아니다. 싫어하는 사람의 호의도 호의다. 너무 '계산적'이라는 느낌을 줄 수가 있다. 악용하면 장기적으로는 공신력을 상실하고 결국은 대중에게 외면당한다.

❸ 양보 기법

작은 것을 원하면 큰 것을 요구한다. 처음에는 상대가 받아들이기 힘든 커다란 요구를 하고 상대가 이를 거부할 때 한 발 양보하는 척하며 보다 작고 현실적인 요구를 제시하는 기법이다.

자익 심리(self-interest)와 타산적 속성을 이용한다. 상대방 자신이 이익을 본다는 착각 속에 설득당하도록 한다. 이는 양보할 것은 다 양보하고 챙길 것은 다 챙긴 마음씨 좋은 도둑님 격이다.

❹ 침투 기법

  큰 것을 원하면 작은 데서부터 출발한다. 처음에는 대수롭지 않은
작은 요구를 하여 이를 수락케 한 다음 점차 요구의 크기를 늘려 나
간다. '양보 기법'과 정반대이다.

  "남을 돕는 것보다 좋은 일이 없으니 각자 한 달치 월급을 기부합
시다."라고 하면 대부분 거부한다. 그러나 "단돈 천원이라도 좋습니
다."하면 설득이 쉬워진다. 상대방에게 커다란 요구를 직접 하는 것보
다는 관련된 일에 대한 작은 요구를 하고, 이를 수락하고 난 다음 커
다란 요구를 하면 이에 대한 설득이 용이해 진다. 이것은 장시간에 걸
쳐 요구를 수용하게 할 때 유용하다.

❺ 성공 사례 기법

  아이디어가 부족한 사람들은 주위를 둘러본다. 다른 사람들이 미
리 해보고 성공한 방식을 채택하려고 하는 사람의 모방 심리와 안전
운행 심리를 이용한다. 대체로 확신이 없는 사람들이 편승한다. 가령,
"요즘 이 물건 찾는 사람들이 부쩍 늘고……", "이 약 먹고 효험을 본
사람이 한둘이 아니지요.", "S대 다니는 학생들 다 이 책 봐요." 등과
같은 방법이다.

❻ 일관성 심리 이용 기법

  사람들은 의식적이든 무의식적이든 일관성을 유지하려는 동기가
강하다. 자신이 일단 선택한 것은 웬만해서는 바꾸기를 싫어한다. 사
소한 약속이라도 약속한 것은 지키려고 애쓴다. 일단 시작한 것은 되
물리기가 힘들어지는 심리를 이용한다. 사람은 누구나 '한 입으로 두

말하는 것', '언행이 일치하지 않는 것'을 부끄러워한다.

스스로 '똑똑하다'고 생각하는 사람을 설득할 경우에 유용하다. 교육 수준이 높고 아는 것이 많을수록 일관성을 유지하려는 욕구가 강하다. 똑똑한 사람일수록 제 풀에 넘어가는 격이다.

❼ 권위 활용 기법

사람은 절대적인 힘에 맹목적으로 복종하려는 심리가 있다. 사람들은 권위 있는 사람의 명령에 복종하여 그가 시키는 어떠한 명령도 충실히 수행하려는 경향이 있다. 사람들은 큰 몸집, 고급 승용차, 높은 지위 앞에서 약해진다. 의견 대립을 보이다가도 그 분야의 전문가가 어떤 의견을 내 놓으면 그 전문가의 의견을 따르는 것이 일반적이다.

❽ 동기화 기법

상대의 욕구를 집중 공략한다. 이 기법은 청중의 욕구를 이용하는 것이다. 청중이 무엇을 원하고 있는가를 파악하여 "내 말을 따라야만" 이를 무난히 성취할 수 있다고 충고한다.

❾ 공포 조성 기법

'지금 추천하는 것'을 따르지 않으면 공포스러운 상황에 빠질 것이 확실하지만, 그 방식을 따르기만 하면 전혀 위험이 없다는 분위기를 조성한다.

겁은 많이 주면 줄수록 설득 효과가 높다. 죽음 앞에 초연한 사람은 없다. '마약, 담배' 등을 끊게 하는 경우에 흔히 사용한다. 겁을 너무 많이 주면 오히려 역효과가 날 수 있기 때문에 적당히 주는 것이 좋다.

⓾ 체면 이용 기법

한국인은 체면에 죽고 산다. 남의 이목을 끌 가능성이 있는 것(의식주, 승용차, 친구 모임, 진학, 취업 등), 체신(겉으로 드러나는 몸가짐이나 행동거지), 인품('그 사람 정말 진국이다'), 품위(사회적 경제적 지위), 역량(개인적으로 갖추어야 할 지식이나 자질보다는 사회적으로 입증된 능력), 성숙(한 사람의 성인으로서 갖추어야 할 기본적인 조건, '자기 앞가림은 한다', '자기 앞가림도 못 한다') 등을 활용한다.

⓫ 덤 끼워주기 기법

어떤 물건을 팔 때 "당신에게만 특별히" 또는 "오늘만은 특별히" 다른 물건을 덤으로 끼워준다고 하면 판매량이 급증한다. 예를 들어, 과자와 빵을 같이 포장하여 1,000원을 받는다고 하는 것(45%)보다, 빵이 1,000원인데 당신이 사면 과자까지 같이 준다고 하면 판매량이 75%선까지 상승한다.

⓬ 다수 채택 기법

다수의 영향력을 동원하는 방법이다. 사람들은 흔히 자신이 스스로 판단으로 결정을 내리기보다는 다른 사람들을 따라 결정을 하는 경향이 있다. 다른 사람들이 하는 대로 따라 하면 새로운 노력이 필요 없고, 위험 부담도 적을 것이라고 생각한다. 대다수가 선택하는 것은 옳은 것이라고 인정되기 때문이다. 예컨대, 고속도로에서 다른 차들이 규정 속도 이상으로 달리면 정상 속도로 달리던 차도 덩달아 과속하게 된다.

❸ 호감 심리 기법

사람은 자신이 좋아하는 사람과 같아지거나 닮으려고 하는 심리가 있다. 좋아하는 사람과 관련 있는 것은 단점마저도 다 좋아 보인다. 사람은 낯선 것보다는 대체로 익숙한 것을 좋아하는 경향이 있다. 모르는 사람이나 싫어하는 사람의 부탁은 거절하시 쉬워도 친구의 부탁은 거절하기 어렵다. 갈등을 겪고 있는 두 집단도 접촉 횟수가 늘어나면 늘어날수록 상대에게 익숙해져서 갈등을 강도가 점점 약해지고 나중에는 '미운 정'이 생겨 상대를 좋아하게 된다.

❹ 희귀성 유발 기법

사람은 한정적이거나 한시적인 것을 자신이 갖지 못할까 두려워한다. 사람들은 그 가치가 동일한 경우 무엇을 얻는다는 것보다 무엇을 잃는다는 것에 훨씬 더 자극을 많이 받는다. 어떤 제품을 살 의사가 별로 없었는데 그 제품이 마지막 잔고이고 방금 팔렸다는 사실을 안 순간 갑자기 자신도 그것을 사고 싶어진다. 별 관심이 없다가도 금지하면 더 하고 싶어지는 것도 같은 맥락이다.

다음은 논리적 호소와 정서적 호소를 바탕으로 한 연설의 예이다.

망국적인 과외를 어떻게 없앨 것인가? 이 나라 경제의 어려움과 연계하여 과외 대책론이 한창입니다. 사교육비 지출이 17조라고도 하고 20조라고도 합니다. 국민들은 그 말만 들어도 가슴이 떨립니다. 그런데 여기서 우리는 개념의 혼란을 바로잡을 필요가 있습니다. 사교육비란

학교에 납부하는 입학금, 수업료 등을 제외한 모든 금액을 말합니다. 우리 자녀들의 교복비, 교재구입비, 학용품비, 교통비, 하숙비, 간식비, 과외비 등을 통틀어 하는 말입니다. 따라서 순수한 과외비는 보통 6조에서 9조원 정도가 된다고 합니다.

어떻게 하면 과외를 없앨 것인가? 그러나 과외를 없애기 위해 공교육비의 형태를 변형시킨다고 하는 것은 위험한 발상입니다. 오히려 공교육을 우수하게 집행함으로써 사교육이 저절로 사라지도록 해야만 할 것입니다. 경쟁의식이 팽배해 있는 한, 부모들이 학교 교육을 불안해 하는 한, 과외는 없어지지 않습니다. 다만, 어떻게 하면 줄여나갈 수 있는가를 연구해야 합니다.

방법은 있습니다. 먼저 사교육비라 하는 것이 생활비의 큰 부분을 차지하는 것이기 때문에, 사교육비의 거품을 제거해 내야 합니다. 다시 말하면, 우리 아이들의 교복, 학용품, 가방, 신발 등을 하나 사 주더라도, 허울 좋은 외제 상표값을 지불하지 말고 질 좋은 국산으로 사 줍시다. 그래야 생활비가 줄어듭니다. 과외비라고 하는 것도, 포괄적으로 추상적으로 접근해서는 안 됩니다. 구체적으로 들어가 보겠습니다.

학원비 중에 처음 맞이하는 무거운 짐이 되는 부분이 유아 교육 부분입니다. 어린이를 유치원에 보내는 30대 초반의 가정에서 부담하는 교육비는 만만치 않습니다. 우선 유치원 교육의 고급화를 탈피합시다. 그리고 유아 교육에 실질적인 공교육 개념을 철저히 도입하여 유아 교육을 담당하고 있는 교육 기관을 어떤 방법으로든 국가가 보조해 주어야 합니다.

<중간 줄임>

초등학교의 경우, 학교 선생님께서 적극적으로 나서면 과외비를 대폭 축소할 수 있습니다. 대부분의 초등학생들이 학원에 다니는 것이 이제는 생활화된 듯합니다.

교과 학습을 위한 학원은 물론이고, 예체능 교육까지 학원에 의지해서 보통들 서너 개의 특별 교육을 받는 실정입니다. 그 교육비가 만만치 않습니다. 또 그렇게 학원에 보내지 않는 부모는 불안해합니다. 이것을 해결하는 방법은 없겠습니까? 있습니다. 학교의 선생님들께서 적극성을 띠신다면 많은 부분을 해소할 수 있습니다.

　　요즘 초등학교에 가 보면 매우 반가운 현상이 벌어지고 있습니다. 방과후 특별활동을 활발히 전개하고 있는 모습입니다. 바로 그것입니다. 오후 2~3시면 파하는 학교가 텅 비어 있을 필요가 무엇입니까? 예능 교육, 체능 교육을 각각 요일을 정해서, 학교 선생님이 힘드시면 외부의 유명 강사를 초빙해서 또는 경험을 가지신 어머니가 나서서 교육하시면 됩니다. 그러면 학원비의 3분의 이하의 적은 금액으로 능히 가능하리라고 생각합니다. 고학년에 올라갈수록 특활수업이 저조하다고 합니다. 왜 그런가 했더니 모두 국·영·수 수업에 매달려 학원으로 가기 때문이라고 합니다. 고학년을 위한 교과 학습 특활도 교내에서 할 수는 없는 것입니까? 학교운영위원회도 있고 하니, 잘 의논들 하셔서 훌륭한 강사를 학교내외에서 초빙하여 실시할 수 없는 것입니까? 가능할 것입니다.

　　그리하면 초등학교에서의 과외 문제는 많이 해소될 수 있을 것입니다.

　　중고교의 경우에는 그 양태가 다르다고 생각합니다만 현재 진행중인 학교 보충수업을 학생의 욕구에 맞게 다양하게 프로그램화하도록 학교에 자율성을 부여하시기 바랍니다. 또 앞으로 TV위성과외가 시행된다고 하니, 중고등학교와 교육방송을 직결시켜 그 효과를 극대화시키는 방안이 나와야 할 것입니다.

<중간 줄임>

　　그러나 과외를 해소하는 가장 획기적인 방법은 대학입시의 부단한 개선에 있습니다. 미국의 클린턴은 대통령에 재선된 후 미 국회의사당

에서 이렇게 말했습니다.

"이제 미래를 바라보면서 우리 모두가 나아갈 가장 위대한 길이며, 향후 4년 동안 본인의 최우선 과업으로 생각하는 것은, 모든 미국인이 세계에서 가장 훌륭한 교육을 받도록 하는 것입니다."

그렇게 말한 그는 '98년도 교육예산으로 5백 10억불을 요구했습니다. 그리고 패스파인더 호가 7개월 동안 1억 9천 백만 킬로미터를 날아 그들의 독립기념일에 정확하게 화성에 착륙하는 놀라운 창의적 과학기술을 연출하여, 그 정확성을 모델로 하는 21세기 교육의 모습을 제시하고 있습니다.

이제 점수만으로 일렬로 세워 선발하는 방법은 구시대의 유물로 묻어 버려야 합니다. 21세기에 대처할 능력을 가진 창의적이고 탐구적이며 전인적인 덕목을 가진 인재를 각 대학이 다양한 방법으로 선발해야만 우리 학생들이 학습의 노예에서 벗어날 수 있습니다.

<중간 줄임>

대학이 그러한 입시제도를 취할 때 고등학교 교육은 정상화됩니다. 그리고 과외는 사라집니다. 학교교육이 중심이 되기 위해서 어찌해야 하는가?

그것은 공교육을 책임지고 있는 학교 선생님들의 사기를 앙양하는 데서 비롯됩니다. 교육개혁 내용이 아무리 좋아도 교사가 주체가 되지 않으면 성공할 수 없습니다. 교육은 선생님의 제자에 대한 사랑과 관심 그리고 끝없는 연구와 교수에 의하여 변화되는 것입니다. 교사들에게 힘을 주십시오.

<중간 줄임>

잘못된 교사는 질책 받아 마땅합니다. 그러나 그러한 일들이 언론에 과장되어 비쳐질 때, 우리 자녀가 자기 선생님을 어떤 눈으로 보겠습니까?

공교육이 튼튼하게 자리 잡기 위해서 우리는 교사를 존경하는 풍토를 만들어 나가야 합니다. '선생님'이라는 호칭은 진짜 '선생님'에게만 사용합시다. 이제 일반적인 호칭으로 널리 쓰입니다만, 앞으로는 '선생님'이라는 말은 교사에게만 붙이는 고유명사화 운동을 펼칩시다. 그리고 '스승님'이라는 표현을 자주 애용함으로써, 선생님에 대한 존경과 감사의 마음을 표현하도록 합시다.

↘ 서한샘, '제184회 임시국회 대정부 질문'에서

다음은 여러 가지 방법으로 설득하고 있는 예이다.

현대인은 초속의 사회에 살고 있습니다. 대중매체를 통해 엄청나게 밀려오는 지식의 파편과 정보의 포말에 쫓겨 제자리를 지키지 못하고 있는 실정입니다. 그래서 현대인은 누구나 즐기기는 원하지만 삶의 가치를 찾으려 아니합니다. 모두가 느끼려고는 하지만 생각하기는 싫어하고 있습니다. 이러한 풍조는 자연히 말초적 본능적인 것에는 지대한 관심을 가지게 합니다. 그러나 깊고 무게 있는 것에는 머리를 젓게 하고 있는 것 같습니다. 뿐만 아니라, 신념보다는 수단과 요령을 찾는 경향을 만드는 것 같습니다. 그러나 현대인 모두가 깊고 무게 있는 삶의 가치를 추구하지 않을 때, 그 결과는 어떤 결과를 불러올까요. 그것은 말할 것도 없이, 인간은 만물의 영장의 자리를 떠나 과학 문명의 노예가 되어 스스로 기능공적인 부품 구실밖에 못하는 동물의 신세가 될 것입니다.

그러면 이런 동물적 차원으로 타락해가는 인간을 구제해 줄 자는 누구입니까? 그것은 바로 인간 자신입니다. 저는 그중 소수의 선택된 집단일 뿐이라고 생각합니다. 대학인이란 어떤 잣대로 재어 선택된 사명의 짐을 지고 있는 사람들입니다. 그러므로 진정한 의미의 대학인은 이런 의무와 사명을 수행하기 위해 끊임없이 생각하여야 합니다. 곧 행동을 하기 전에 먼저 생각하고, 실천으로 옮기기 전에 깊이 숙고하여 실패나 타락을 사전에 예방하고 시행착오의 빈도를 되도록 줄여 일회적 삶을 보다 알차고 보람 있게 이끌어야 합니다.

그러기 위해서는 독서를 하는 것이 가장 쉽고 빠른 지름길이라고 생각합니다. 독서를 하지 않는다는 것은 지적, 정신적 성장이 정지된다는 뜻입니다. 독서를 하지 않는 사회는 언제나 앞서가는 문화의 혜택과 영향을 받아가면서 살 수 밖에 없는 문화적 식민지가 스스로 되는 것입니다.

그러기에 무엇보다 가장 걱정스러운 것은 어떤 사회를 누구보다도 앞장서 이끌어야 하는 대학인의 독서 태도가 어떠한가의 문제입니다. 대학인이 독서를 경시하여 민족과 국가의 나아갈 바를 바르게 제시하지 못할 때, 대학인의 독서 태도가 올바르지 못해 민족과 국가가 잘못된 길을 걷게 될 때, 그 민족과 국가는 어떻게 될 것입니까? 우리의 대학인들은 온갖 일을 젖혀놓고 독서를 통해 생활에서의 자기반성, 주변에 던져진 사물에 대한 풀이에서 무엇인가 느끼려는 태도, 인생 문제에 파고들려는 의욕, 역사적·사회적 사실에서 심사숙고를 통해 무엇인가 깨달으려는 노력, 자연의 관찰에서 초현실에 접근해 보려는 탐구, 좋은 책의 내용을 자기와 그 주변에 관조시키려는 태도 등을 반복하는 주임무를 잊어서는 대학인을 자처할 수 없을 것입니다.

요즈음 우리나라 대학생의 독서 실태에 비추어 보아 몇 가지 소박한 물음을 하여 대학인의 독서 자세를 한번 더 가다듬어 보아야 하지 않을까 생각합니다.

첫째, 대학인의 독서는 평가받기 위한 피동적인 것이어야 하는가? 자기완성을 위한 능동적인 것이어야 하는가? 독서란 사고를 전제로 하여 남의 인생을 내 '결'에 따라 받아들이는 길이며, 일회적 삶을 다회적으로 사는 길이며, 독자적 자기세계를 실현하는 사고 방법을 수련하는 길이라고 합니다. 그러므로 단순히 흥미만을 위하거나 시험에만 대비하는 독서는 진정한 독서 범주에 들 수 없고 단지 타의에 의한 '눈놀림'에 지나지 않는 것입니다.

둘째, 저자의 사상이나 신념에 맹종하기 위한 독서였는가? 전적으로 부정하기 위한 독서였는가? 남의 의사에 추종만 하는 대학인은 세상을 구성하는 한낱 부품에 불과한 신세를 면하지 못합니다. 남의 것을 부정만 하는 대학인은 조건 없는 반항과 이기의 분출구로 단견만을 내뱉는 사이비 대학인에 지나지 않습니다. 우리는 책을 읽고 저자와 항상 탁구를 치듯이 서로 공을 주고받는 관계를 유지해야 할 것입니다.

셋째, 책은 자기 소유로 만든 다음에 읽어야 머리에 담기고 애착이 간다고 합니다. 자신이 소유한 책은 항상 자신의 '마음의 밭'에 줄 비료를 준비하고 있는 것과 같은 것이기 때문입니다.

분명 현대는 분망한 시대요, 복잡한 사회이기 때문에 더욱 '생각한다'는 것이 귀중합니다. 생각하며 사는 생활해야 인생의 길은 의미가 헤아려지며 자기를 확립할 구체성 있는 삶을 살 수 있을 것입니다. 그런 의미에서 대학인 우리는 깊은 의미가 담긴 책을 올바른 방법으로 읽어 생활을 충분히 단련하여야 합니다. 가까운 장래에 민족과 국가가 나아갈 바를 바르게 정립하여야 합니다. 얄팍한 지식의 대량 흡수보다도 잡다한 직업적 기능 숙달보다도 그에 앞서 사색의 시간을 충분히 가져야 할 것입니다. 혹 시간을 얻게 된다면, 우리 대학인은 "배울 시간이 없다고 말하는 자들에게 정작 그 시간을 주더라도 그들은 열심히 배우지 않는다[謂學不暇者 雖暇亦不能學矣(위학불가자 수가역불능학의)]."라는 성인의 가르침을 스스로 입증해서는 안 될 것입니다.

❯ 박경현, '국어표현론' 고침

다음의 예도 여러 가지 방법으로 설득하고 있다.

'반대를 위한 반대'는 호된 나무람을 겪어왔습니다. 나 역시 '반대를 위한 반대'에는 반대합니다. 물론 비슷한 생각이면서도 다른 대목이 없는 건 아닙니다. 어느 쪽이 사이비인지는 모르겠습니다. 그러나 '찬성을 위한 찬성'을 보는 눈길의 차이는 분명한 것 같습니다.

나는 '반대를 위한 반대'에도 반대하지만 '찬성을 위한 찬성'에도 찬성하지 못합니다. 그 모두가 뿌리 없는 주장이라는 점에선 도토리의 키 재기와도 방불합니다. '억지 춘향'은 이미 정절일 수 없습니다. '엎드려 절 받기'도 반가운 일은 아닙니다. 때문에 한쪽은 호되게 매질하면서도 다른 한쪽엔 관대한 풍토를 한숨으로 지켜 보아온 편입니다. 더구나 그 불균형은 회의의 물음마저 '반대'로 오인하는 폐단을 낳아왔습니다.

그러나 우리의 의식도 이젠 선진의 대열에 끼려합니다. 스스로 서있는 자리를 차갑게 돌아보고 일그러진 '의식의 개혁'에 내디뎠다는 것은 그 증좌의 하납니다. 젖먹이는 스스로를 알지 못합니다. 젖을 떼야만 스스로를 알고 자기 처벌의 결단을 내리게도 됩니다.

하지만 요즘 흔히 쓰이는 '분수'라는 표현은 아무래도 듣기에 순하지만은 않습니다. 분수라는 말은 아직도 해묵은 신분 의식의 잔재를 모두 씻어버리지는 못했습니다. 임금은 임금다워야 하고 신하는 신하다워야 한다는 게 옛날의 분수였습니다. 양반은 양반다워야 하고 서민은 서민다워야 했던 것은 물론입니다.

분수는 지나간 시대의 정의 감각을 반영합니다. '신분의 정의'는 비단 동양만의 생각은 아니었습니다. 플라톤의 정의도 귀족은 귀족다워야 하고 노예는 노예다워야 한다는 데 기울었습니다. 그러나 오늘의 우리가 기여할 정의의 길은 해묵은 신분 의식에서의 탈피를 전제로 삼습니다. 오늘과 내일에도 누구나가 대통령이 되고 재벌이 될 수는 없습다. 누구나가 박사가 되고 권투의 챔피언이 되고 국가대표선수가 될 수도 없습니다. 그 사리가 달라진 것은 아닙니다. 달라진 것은 모두 다 될 수는 없으나, 우리 모두에게 다 '될 수 있는 길'은 균등히 열려야 한다는 점입니다. 그것이 우리가 가야할 정의의 길입니다.

분수의 강조는 자칫하면 겨레가 갖는 성취의 의욕을 떨어뜨리게도 됩니다. 한 사람 한 사람의 의욕이 식으면 나라의 의욕도 식지 말라는 보장은 없습니다. 그것이 걱정입니다. 물론 정부의 뜻은 분수와 대조되는 허영의 억제에 있는 것이 분명합니다. 합리적인 삶을 강조하자는 뜻일 것입니다. 그렇다면 '분수'의 표현이 달라지거나, 그 뜻이 새롭게 가다듬어져야 합니다. 역시 의식 개혁에도 이른바 '이념의 정립'은 필요한 일입니다.

나는 오히려 분수의 강조를 들으면서 문제는 다른 곳에 있다는 생각을 버리지 못합니다. 그것은 성취의 의욕이 문제가 아니라, 성취의 과녁에 이르는 길이 떳떳하고 공정해야 한다는 생각입니다. 스포츠에서 말하는 페어플레이의 정신입니다. 그리고 떳떳하지 못했을 때 부끄러워할 줄 아는 의식의 회복이 목말라지는 것입니다. 온갖 좋은 덕목들을 열거하면서도 왜 염치의 강조가 빠지게 되었는지 궁금합니다. 일찍이 '국화와 칼'이라는 제목으로 일본문화론을 썼던 루드 베네딕트 여사는 세계의 문화를 '죄의 문화'와 '부끄러움의 문화'로 갈랐습니다. 잘못을 저질렀을 때 죄의식을 갖는 문화권이 서양이라면, 부끄러움을 느끼는 문화권은 동양이라는 분석입니다.

베네딕트 여사는 "죄의 문화가 내면적인 죄의 자각을 바탕으로 착한 행위를 지향하는 데 반해, 부끄러움의 문화는 외면적인 강제의 힘에 밀려 착한 행위로 나아간다. 죄의식은 자신에 대한 반응이다."라고 말했습니다.

베네딕트 여사의 눈은 밝습니다. 남이 있고 없고에 상관없는 착한 행위야말로 값진 것입니다. 강제의 힘에 밀린 착함보다는 자발적인 착한 행위가 더욱 귀하다는데도 전적으로 동감입니다.

그러나 문화인류학의 대가였던 베네딕트 여사도 문화권의 높은 담을 뛰어 넘기란 쉬운 일이 아니었던 것 같습니다. 부끄러움을 외면성으로 파악했던 것은 아무래도 잘못이었습니다. 부끄러움이야말로 내면에 쏟아지는 눈물입니다. 부끄러움을 거슬러 찾아가면 역시 공자와 맹자를 만나게 됩니다.

"백성을 이끄는데 힘으로만 따르라고 형벌로만 다스린다면 백성은 그것을 면하려고 할뿐, 부끄러움이 없어진다. 백성은 덕과 예로써 다스려야만 비로소 부끄러움을 알게 되고 격을 갖추게 된다." 부끄러움이야말로 의로움의 시발점이라는 공자의 말씀입니다.

"군자에겐 세 가지 즐거움이 있다. 그 중의 하나가 하늘을 우러러 부끄러움은 없고, 땅에 엎드려 거리낌이 없는 것이다." 맹자가 꼽았던 세 가지 즐거움 가운데서도 으뜸가는 덕목은 '내면의 부끄러움'이었습니다.

주제넘게도 나는 그분들의 말씀을 되뇌면서 새 낱말 하나를 나름대로 지어낸 지 오랩니다. '치격'(恥格)이라는 말입니다. 흔해 빠진 인격이라는 표현보다는 어느 모로나 신선하게 들리는 부끄러울 '치'자 치격은 부끄러움을 아는 의식의 격을 뜻합니다. 참으로 '부끄러움을 모르는 그것이 가장 큰 부끄러움'인 것입니다.

우리 모두 오늘이 어떻게 이루어졌는가를 저마다 되돌아보아야 합니다. 부귀영화의 모두가 부끄러움 없이 이루어진 것인지 하늘과 신과 양심 앞에 스스로 물어보아야 합니다. 그러나 유감스럽게도 나는 부끄러움에 흐느끼는 소리를 듣지 못합니다. 떨어지는 눈물도 보지 못합니다.

언제던가, 짖궂은 친구가 거나한 술자리에서 대뜸 수수께끼 하나를 던져왔던 일이 어제 일처럼 기억납니다.

"여보게, 이 세상에서 가장 억센 게 뭔지 아나?"

정답을 찾지 못한 채 몽롱한 얼굴 앞에 그 친구의 목소리는 속사포처럼 쏘아댔습니다.

　　"이 사람이 멍청하기는……. 요즘 사람들이 들고 다니는 게 어디 얼굴인가. 그건 강철판일쎄, 그 강철판을 뚫고 나오는 수염이야말로 이 세상에서 가장 억센 게 아니고 무엇이겠는가." 철면피라는 표현도 이미 모자라다는 뜻이었습니다. 그는 '강철면피'라는 새 낱말을 창안 중이었던 모양입니다. 한마디로 내성적인 수줍음이 아닌, 가책의 부끄러움이 되찾아지지 않고선 우리의 불행은 되풀이될 뿐이라는 생각을 거듭 확인했던 것도 그 때의 일입니다.

　　그러나 피리를 불어도 춤추지 않는다고 한탄만 하는 것은 어리석습니다. 정작 춤이 저절로 솟아나는 피리를 불어볼 수 없는 것일까. 또한 그 가락은 무엇이라야 할까. 그것이 오늘 스스로 던져보는 물음입니다.

　　↘ 김중배, '부끄러움의 실종', 고침

　　다음은 교사가 비행 학생을 조사할 때 범죄수사에서 사용하는 신문 기법(訊問技法)을 활용하여 설득하는 예를 보여준다.

신문 기법의 교육적 활용

1. 들머리

　　우리 사회에서 청소년 비행(非行)[172]의 문제는 심각하다. 그래서 여러 분야

---

172) 청소년의 불법행위는 일반적으로 '범죄'라는 용어 대신 통상적으로 '비행(非行)'이란 용어를 사용한다. 그 이유는 무엇보다 청소년은 범죄를 저지르기도 쉽지만 그 치유 가능성이 성인의 경우보다는 빠르고 또한 반드시 치유되어야 한다는 사회적 필요성도 크기 때문입니다. 미국의 경우에는 청소년이 비록 법에 따라 처벌을 받는다 해도 '비행소년(juvenile delinquent)'이라 하지 '소년범죄자(juvenile criminal)'라

에서 이 문제의 해결 방안을 꾸준히 찾고 있다. 그러나 지금까지 논의되고 있는 대책들은 학교교육에서 구체적으로 실현하기에는 쉽지 않은 것들이다.[173] 이런 점에서 여기에서는 교사가 비행 학생을 조사할 경우 구체적이고 효과적인 방법을 마련해 보고자 한다. 그 바탕으로 범죄수사에서 사용하고 있는 신문기법(訊問技法)[174]을 활용해 본다.

이런 시도는 청소년 비행을 학교현장에서 계도(啓導)의 차원에서 다루어서 사법적(司法的) 범죄로까지 옮겨 가는 것을 미리 방지하는 장치의 하나가 될 수 있을 것이다. 더 나아가 화법 연구의 영역을 더욱 넓히는 계기가 될 수도 있을 것이다.

2. 신문 기법 활용 비행조사

일반적으로 신문(interrogation)이란 수사관이 피의자를 상대로 범행의 전모(全貌)를 본격적으로 추궁해 들어가는 것을 말한다. 그 목적은 범죄가 어떻게 발생했는지에 대한 단서를 얻고, 질문과 답변을 통해 피의자의 자백을 이끌어내고, 수사관들이 논리적인 결론에 다다를 수 있는 자료를 수집하는 데 있다.(함윤근, 2004)

범죄수사에서 널리 사용하고 있는 리드(Reid)의 신문기법[175]은 9단계를 거치는 동안, 피의자가 '범행을 강력하게 부인한다. → 수사관이 모든 것을 알고 있는 것 같으며, 그는 나를 이해하고 있다 → 자백하더라도 처벌이 그리 크지 않을 수 있다 → 내가 왜 그런 행위를 했는지 다른 사람들에게 이해시키고 싶다.'와 같은 심리적으로 변화한다. 수사관은 이런 심리 변화를 유도하며 피의

고 하지는 않는다.
173) 국무총리 산하 청소년위원회, 경찰청, 검찰청, 한국청소년개발원, 한국청소년상담원 등에서 꾸준히 정책적 차원에서 청소년 비행의 문제를 다루고 있다.
174) '신문(訊問)'과 유의어로 '조사(調査), 수사(搜査), 취조(取調), 추궁(追窮)' 등이 쓰이기도 한다. 여기에서는 '조사'라는 용어를 주로 사용하기로 한다.
175) 여기에서는 'Reid Technique'를 주로 활용한다. 이 기법은 John E, Reid가 개발하여 미국의 수사기관에 널리 보급하고 있는 첨단 범죄수사기법이다.

자의 자백을 얻어낸다. 이 기법은 신문에 들어가기 전에 수사관이 미리 피의자의 행위에 대한 사실 분석과 행동 분석을 한 다음, 그의 혐의점이 확실하거나 논리적으로 분명할 때 사용해야 효과적이다.

여기에서는 이상과 같은 기법을 활용하여, 교사가 문제 학생이 저지른 비행의 진실을 파악하는 과정을 살피고자 한다.[176]

2.1. 마주앉아 비행 지적하기

먼저 교사는 비행을 저지른 문제 학생을 직접 대면하고[177] 그에게 확실한 혐의가 있다고 분명히 말하면서 그가 보이는 반응을 관찰한다.[178]

이 단계에서는 다음과 같은 절차에 따라 비행조사를 하면 효과적일 수 있다.

(1) 교사는 조사실[179]에서 의자에 앉아 있는 문제 학생을 직접 대면하여, 그에게 혐의가 있다는 것을 간단명료하게 말한다.[180]

(2) 이때 교사는 사건기록이나 파일 같은 자료를 뒤적이며 다음과 같이 묻는다.[181] 그리고 목소리를 낮추며 심각한 척하면서 자신 있는 태도로 말한다.

---

176) 범죄수사 과정에서는 신문하는 쪽을 '수사관, 조사관, 취조관' 등, 신문받는 쪽을 '피의자, 용의자, 혐의자' 등이라 하지만, 학교교육에서 신문하는 쪽은 모든 교사가 되고 또 그래야 하므로 '조사교사, 신문교사'라는 용어는 피하고 '교사'라고만 한다. '문제 학생'도 '문제아, 비행청소년, 우범(虞犯) 청소년, 촉법(觸法) 청소년' 등으로도 쓰이기도 한다. 그러나 여기에서는 학교에 다니는 학생 중 '비행을 저지른 혐의를 가진 학생'을 대상으로 한다는 의미에서 '문제 학생'이라는 용어를 사용하고, 필요에 따라 줄여 '학생'이라고 할 것이다.
177) '직접 대면'은 교사와 문제 학생이 '마주 앉는 경우', '한쪽은 서고 한쪽은 앉는 경우', '두 쪽이 모두 서는 경우도 생각해 볼 수 있다.'
178) 이 단계를 Reid Technique에서 'The Direct, Positive Confrontation'라고 하였다.
179) 여기에서는 편의상 '조사실'이라는 용어를 사용했으나, 교육 현장에서는 '반성실, 반성방'이나 '열린마음방, 사제동행실, 후련방' 등과 같이 참신하고 긍정적인 느낌을 주는 용어를 만들어 쓰는 것이 좋을 것이다.
180) 사전에 교사가 문제 학생을 접촉하여 비행에 대한 사실이나 행동을 분석하는 것이 일반적이다. 그러나 사전 접촉이 전혀 없었더라도 상관없다. 통상 사전 접촉을 마치고 약 5~10분 정도 지난 후, 학생이 혼자 앉아 있는 조사실로 들어가 조사를 시작한다.
181) 그러면 문제 학생은 무엇인가 책잡힐 일이 있다는 인상을 갖게 될 것이다.

"○ ○ ○!" 이번 사건에 대해 할 말이 있어요. 우리가 알아본 결과 네가 이번 일을 한 게 분명히 밝혀졌어요."[182]

'○ ○ ○'라고 문제 학생의 이름만 부르거나 '너'라는 호칭을 써서, 그를 심리적으로 위축하되 만든다. 의도적으로 '이번 일'이라는 표현을 사용한다. '폭행, 절도, 강간' 등의 법률용어를 사용하게 되면, 조사에 역효과를 가져올 수 있다. 그런 용어의 사용하면 학생이 자기가 자백하게 되면 큰 처벌을 받게 될지 모른다는 두려움을 가질 수 있기 때문이다. '우리가 알아본 결과'라고 표현하는 것은 직접 조사를 하고 있는 교사만이 아니라 다른 교사들도 그런 결과에 동의하고 있다는 것을 은근히 드러내 학생에게 심리적 중압감을 느끼게 하려는 것이다.

(3) 교사는 5~10초 정도 잠깐 멈추었다가, 조사 기록을 분주히 넘기는 것처럼 하며 슬쩍슬쩍 학생의 반응을 관찰한다. 그에게 직접 쳐다본다는 느낌을 주지 않고 그의 행동을 관찰한다.

이때, 문제 학생은 대체로 다음과 같은 방식으로 반응을 보일 수 있다.[183]

- "뭐라구요?", "도대체 무슨 말을 하시는 거예요?"(회피식)
- "제가 왜 그런 일을 하겠어요. 전 ……"(증명식)
- "저는 무슨 일이 생겼는지 전혀 모르겠다."(해탈식)
- "누구요? 저요?", "뭐라고 그러셨어요?"(지연식)
- "전 벌써 당신들이 …… 알고 있었어요"(연습식)
- "……"(침묵식)
- "뭐요?"(의아식)

교사는 학생이 어떤 식으로 부인하든 첫 번째 부인은 가로막지 말고 허용한다. 그러나 학생이 자꾸 부인하려고 드는 것은 허용해서는 안 된다. 이는 학생이 거짓말을 되풀이하면 할수록, 교사는 그를 설득하기가 점점 어려워지기

---

182) 비행조사일지라도 평소와 같이 교사는 문제 학생에게 '해요체'를 사용해야 한다.
183) (   )와 같은 분류는, 丁文俊(1997)을 참조한다.

때문이다.

혐의가 있는 학생은 대체로 다음과 같은 반응을 보인다.

- 교사의 시선을 의도적으로 피한다. 눈을 내리깔고 바닥을 내려다보거나 옆을 본다.
- 교사와의 거리를 멀리 하려는 듯 의자를 뒤쪽으로 움직인다.
- "난 도대체 무슨 말을 하시는지 모르겠어요?.", "무슨 말을 하시는 거예요?", "뭐라고 그러셨어요?"와 같이 모호한 부인을 한다.[184]
- 대꾸를 전혀 하지 않는다.[185]
- 다리를 꼰다.
- 옷의 먼지를 터는 시늉을 한다.
- 의자에 구부정하게 앉는다.
- 머리를 앞뒤로 움직이거나 긁적거린다.[186]
- 팔짱을 끼거나 풀거나 한다.

반면에 혐의가 없는 학생은 교사에게 다음과 같은 반응을 보일 수 있다.

- 의자를 앞쪽으로 당겨 앉는다.
- 교사의 눈을 똑바로 쳐다본다.
- 약간 충격을 받은 듯한 모습과 화가 난 모습을 보인다.
- 교사가 잘못 되었다고 단호하고 공격적인 태도를 보인다.[187]
- 교사에게 강력하게 부인한다.
- 억울함과 분노를 나타낸다.
- 얼굴이 붉어진다.

(4) 위와 같은 학생의 언행을 관찰하고 난 뒤, 어떤 경우더라도 교사는 처음

---

184) 이는 자신의 혐의 사실을 듣고 놀라 생각을 다시 정리할 시간을 얻고자 지연하려는 의도라 볼 수 있다.
185) 이는 다음 질문에 무슨 말을 할 것인지 생각하는 시간을 가지려는 심사로 보인다.
186) 이는 절망감을 표시하거나 혐의 사실 발각을 회피하려는 시도라고 할 수 있다.
187) "전 선생님들이 조사한 결과에는 관심 없어요. 전 난 그런 일을 하지 않았다고요."라고 말한다.

의 태도를 그대로 유지하며 학생 앞에 마주 앉으면서 조사기록을 옆에 놓고 말한다.

> "○ ○ ○ 군(양)! 이번 사건에 대해 할 말이 있어요. 우리가 조사한 결
> 과 네가 이번 일에 관련되어 있다는 게 분명히 밝혀졌어요."

위와 같이 앞에서 말한 내용을 다시 한번 반복하면서, 다음과 같이 말을 잇는다.

> • "자! 이제부터 이번 일이 어떻게 된 건지 처음부터 좀 따져보아요."
> • "여기 봐요. 학생이 그 일을 했다는 건 의심의 여지가 없어요. 난 학
> 생과 여기 앉아서 어떻게 된 일인지 제대로 알아보려고 해요."

(5) 만약 이때 학생이 끼어들어 부인하려고 하면 다음과 같이 말하며 단호히 저지하고 기선을 잡는다.

> "잠깐, 내가 학생에게 먼저 설명해 줄 게 몇 가지 있어요."

2.2. 미끼화제 꺼내기[188]

교사가 일단 자리에 앉으면 문제 학생에게 그를 설득하는 데 필요한 교사 나름대로의 이야깃거리를 꺼낸다. 이런 설득 미끼화제는 문제 학생의 성향에 걸맞게 꺼내야 효과적이다.

문제 학생은 성향에 따라 '정감형(情感型) 학생'와 '비정감형(非情感型) 학생'

---

188) 이를 Reid Technique에서는 'Interrogation Theme'라고 하였다. 흔히 '수사화제'라고 한다. 그러나 그 의미전달이 모호한 듯하여 여기에서는 '설득 미끼화제'라고 부르기로 한다. 문맥에 따라서는 줄여 '미끼화제'라고 하겠다. 이는 범행을 시인하게 하거나 자백을 받는 데 필요한 화젯거리, 피의자가 자백할 의향으로 움직일 때 목발 역할, 행위에 대한 도덕적 변명거리, 피의자가 받을 도덕적 비난을 축소하거나 죄책감을 줄일 수 있는 화젯거리이다.

로 나누어 볼 수 있다.[189] 정감형 학생은 자기가 저지른 행위로 어느 정도 정신적 고통을 받고 후회하며 양심의 가책을 받는 학생을 가리킨다. 이런 학생들은 '동정적 접근법(同情的 接近法, sympathetic approach)' 위주로 조사하는 것이 효과적이다. 이 경우 교사는 문제 학생의 행위와 현재의 처지에 대해 이해하고 동정을 표시하는 것이 좋다. 격정, 분노, 복수심 등 때문에 저지른 행위나 예상치 않게 저지른 행위와 현재 당하고 있는 고통에 대하여 동정적인 태도를 보여준다. 예컨대, 학생의 비행은 변변치 않은 용돈, 피해자의 방범의식 결여, 친구들의 유혹, 주체할 수 없는 성욕, 가정환경, 많은 식구 등의 탓이라는 미끼화제를 던진다.

> "○○○ 군(양)씨! 난 학생이 그 가게에서 두 달 동안 열심히 일해 온 걸 잘 알아요. 학생 매 순간 성실했었어요. 그건 우리가 이 문제를 해결하는데 매우 중요한 거예요. 난 학생이 용돈을 넉넉하게 쓰려고 어쩔 수 없이 그런 일이 했다고 생각해요. 지금 학생의 집안 사정으로 보아 풍족하게 살아가기 쉽지 않을 거예요. 이번 일은 학생이 죄를 지은 것이 아니라고요. 단지 용돈을 마음껏 쓰고 싶어 한 것일 뿐이지요."

정감형 학생은 조사 도중 다음과 같은 반응을 나타내기도 한다.

- 눈에는 눈물이 가득 고일 수 있다.
- 자세는 개방적이고 자연스럽다.
- 팔이나 다리를 X자로 꼬지 않는다.
- 교사와의 시선 접촉 횟수가 점차 줄어들어 끝내는 바닥만 멍하니 바라본다.

비정감형 학생은 일반적으로 비행을 저지르고도 양심의 가책을 받지 않는 학생을 가리킨다. 이들은 가볍게 자책할 수는 있겠지만 반응정도가 정감형 학

---

189) 이를 김종률(2004)은 '감정적 / 비감정적 피의자'라고 번역했는데 '감정을 가지고 있는/ 없는, 감정이 있다 / 없다' 등의 의미로 보아 그리 적절한 번역이라고 하기 어렵다.

생보다 약하여 강렬한 감정 충동이 생기지 않는다. 비정감형 학생은 조사 도중 다음과 같은 반응을 나타내기도 한다.

- 몸을 빌빌 꼰다.
- 머리를 곧게 쳐든다.
- 팔이나 다리를 X자로 꼰다.
- 눈빛은 냉혹하고 무정하다.
- 교사의 말을 한쪽 귀로 흘러보내는 것처럼 보인다.

이처럼 비정감형 학생은 폐쇄적이고 경계하는 자세를 유지하며, 조사 도중에 교사와의 감정 교류를 거부한다. 그러므로 이런 학생에게는 '사실 분석적 접근법(事實分析的 接近法, factual analysis approach)'을 활용하여 조사하는 것이 효과적이다. 이 방법은 감정보다는 이성에 호소하여, 학생의 행위가 이미 모두 철저히 조사되었거나 곧 조사가 끝날 것이라는 느낌을 주어 스스로 죄를 인정하게 하는 것이다. 주로 물질적인 이득을 위해서 행하는 절도, 강도, 사기, 공갈이나 금품 목적의 살인, 상해 등에 대하여는 감정보다는 상식과 논리적인 사고방식에 따라 조사하는 것이 유효하다. 그러나 정감적이건 비정감적이건 모든 사람은 어느 정도 각자 나름의 감정적 특성을 지니고 있다. 그러므로 두 가지 조사 방법도 두 가지를 상황에 따라 적절하게 혼용하는 것이 좋다.

(1) 정감형 문제 학생의 경우

정감형 문제 학생은 통상 수치심과 죄의식을 느끼기 때문에 자신의 행위를 변명하는 데 초점을 맞춘 미끼화제를 활용하는 것이 효과적이다. 그러나 이런 화제가 학생의 형사 책임이 면해질 것이라는 암시로 비추어져서는 안 된다. 학생이 자백이나 시인할 것 같은 조짐이 보일 때에는, 설득 미끼로 던진 이야기를 지나치게 길게 끌어서도 안 된다. 교사가 지켜야 할 가장 중요한 것은 차분한 자신감과 학생을 이해하고 동정하는 감정을 표시하는 태도이다.

상황에 따라 교사가 곧바로 미끼화제를 꺼내는 것이 부자연스러울 경우가 있다. 이런 때에는 징검다리 구실을 하는 이야깃거리[190]를 먼저 꺼내 반드시 사실대로 말하는 것이 좋다고 강조한다. 징검다리 화제는 대체로 학생에게 사실대로 진술하는 것이 왜 중요한지를 설명하는 것으로 시작된다. 이때에는 일반적으로 '비슷한 사례를 들어 설명하기'나 '처지를 바꾸어 생각해보기'의 방법을 사용할 수 있다.

비슷한 사례를 들어 설명하기는 곧바로 문제 학생의 비행을 조사하는 것보다는 과거 비슷한 조사 환경에 있는 제3자의 경우를 예로 드는 것이다.

- "오늘 학생을 보니 몇 주 전에 내가 여기서 본 학생이 생각나네요. 그 때 그 학생은 바로 거기에 앉아 있었어요. 나에게 말하기를 남의 돈을 가져온 것이 아주 후회스럽다고 그도 학생과 똑같이 성실했어요. 그리고 정직한 것 같았어요. 내가 보기엔 학생은 이번 일을 일시 충동에 의해 저지른 것 같은데……"
- "그 학생도 그 나름대로 설명하기 곤란한 이유가 있더라고요."
- "그 학생도 역시 처음에는 사실대로 말하기를 주저했어요."
- "사실, 그 학생도 참 좋은 학생이었는데 어떻게 그런 실수를 했는지 안타까웠어요."

문제 학생은 자기와 유사한 문제로 조사받았던 다른 학생이 어떻게 조사를 받았는지가 궁금하기 때문에, 조사 초반에 이런 식으로 상황을 설명해주는 것이 상당한 도움이 된다.

처지를 바꾸어 생각해보기는 문제 학생이 교사이나 피해자의 입장에 서보도록 하여 시간을 낭비하지 말고 툭 터놓고 이야기하게 하는 방법이다. 우선, 가상적인 문제 학생 2명을 설정해서 1명은 잘못을 순순히 시인하고 눈물을 흘리면서 반성하고, 1명은 마음대로 하라는 태도를 보였다고 설명해준다. 그런다음 학생으로 하여금 이 사건을 결정하는 교사라면 어느 쪽과 계속 이야기하고 싶겠느냐고 반문한다. 또한 교사는 학생에게 순순히 자백하는 쪽이 되고 싶지 않느냐고 종용한다.

위와 같은 식의 징검다리 화제로 교사는 학생과의 어색한 분위기를 부드럽

---

190) 이를 '과도성(過渡性) 화제'라고도 한다. 여기에서는 '징검다리 화제'라고 하겠다.

게 한 뒤, 다음과 같은 미끼화제를 본격적으로 던져 문제 학생의 자백을 유도한다.

① 동정 표시하기

교사는 문제 학생에게 그런 조건이나 상황에서는 누구라도 그런 행위를 저질렀을 것이라고 하며 동정을 표시한다. 예컨대, 강간혐의의 학생에게 '어떤 남자라도 그런 상황에서 성교하려고 했다면 여자를 거칠게 대할 수밖에 없었을 거야요.'라고 말을 하는 것이다. 동정을 받게 되면 학생은 체면도 서게 되고 수치심도 덜 느끼고, 자백하고 난 뒤의 두려움도 덜 수 있을 것이다. 그 결과, 학생은 자신의 잘못된 행위를 시인하고 홀가분하게 느낌을 받을 것이다.

② 죄책감 덜어주기

교사는 문제 학생에게 그가 저지른 행위가 그렇게 심각한 것은 아니라고 말해 준다. 예를 들어 성범죄와 관련되는 행위를 했을 경우, 그런 행위는 비정상적인 것이 아니라 성적 욕구를 지닌 정상적인 사람들도 흔히 저지를 수 있는 일이라고 말한다. 그리고 어떤 사람들은 학생보다 몇 백배나 더 나쁜 행위를 한다고 들은 적이 있다고 한다. 따라서 이번 일은 교사가 이전에 다루었던 사건에 비하면 별 것 아니라는 식으로 말한다. 이와 같이 교사는 학생에게 그의 비행이 도덕적인 비난을 그렇게 크게 받지는 않을 것 같다는 느낌을 받아 자백하게 한다.

③ 상황논리 세워주기

교사는 문제 학생에게 그가 저지른 행위의 동기나 이유가 이미 알려진 것에 비해 그렇게 파렴치하고 비인간적인 것은 아니었다는 식으로 말한다. '사람이 미운가? 죄가 밉지.'식으로 말이다. 예를 들어 학생이 '술에 취하여, 약물 때문에, 자기 방위로, 친구들을 위하여' 등 '어쩔 수 없이' 그런 행위를 저질렀다고 하는 것이다.

④ 남의 탓으로 돌리기

교사는 문제 학생이 저지른 행위는 남의 탓이었다고 말한다. 이때 '남'이란 '피해자, 공범, 부모, 친척' 더 나아가 '학교, 사회, 나라' 등도 될 수 있다. 가령, 성관련 혐의를 받고 있는 학생에게, 피해자가 성충동을 자극할 정도로 야한 옷을 입고 있었다거나 유혹적인 언사를 했다고 말하는 것이다. 또는 학생이 이런 행위를 하게 된 것은 집안 식구의 무관심이나 친구들의 유혹 때문이라고 하기도 한다. 이처럼 다른 사람에게 책임을 돌림으로써 학생은 자신의 행위에 대한 책임을 나누어 갖거나 뒤집어씌울 수 있다는 생각으로 자백을 순순히 할 수도 있을 것이다.

⑤ 적당히 칭찬하기

교사는 문제 학생에게 적당한 칭찬으로 그의 자부심을 불러일으켜 준다. 예를 들어, 비행 학생이 남의 자동차를 운전하였지만, '운전능력이 탁월하다, 담력이대단하다, 용감무쌍하다' 등과 같이 칭찬하는 것이다. 문제 학생은 좀처럼 주위로부터 인정받거나 칭찬하는 말을 들은 적이 드물 것이다. 따라서 교사에게 인정받고 칭찬 들으면 서로 감정적 일치감을 느껴 협조적일 것이다.

⑥ 과장 가능성 지적하기

교사는 문제 학생에게 피해자나 목격자가 사실을 과장했을 가능성이 있다고 말한다. 그 결과 학생은 자신이 한 일을 사실대로 정확히 밝히며 자신의 행위를 일부 시인하게 될 것이다. 예를 들면 문제 학생이 실제는 20만원을 훔쳤는데, 피해자가 40만원이라고 주장한다고 하면, 사실 20만원 절도했다고 시인하게 하는 것이다.

⑦ 개과천선(改過遷善) 일깨우기

교사는 문제 학생에게 이런 비행을 계속하게 되면 장차 심각한 상황에 빠지게 되고 헛수고만 하는 것이라 힘주어 말한다. 비행을 처음으로 저지른 학생인 경우 이런 식의 화제는 유효하다.

이상과 같은 미끼화제는 정감형 문제 학생에게는 던질 경우에 효과를 볼수 있으나, 비정감형 문제 학생에게는 효과를 거두기 어렵다.

(2) 비정감정 문제 학생의 경우
비정감형 문제 학생은 심리적으로 교사를 인내심의 경쟁자로 인식하거나 교사의 신문 앞에서 자신의 의지력을 시험한다. 따라서 자기에게 도움을 주거나 신뢰를 보이는 누구라도 의심하는 경향이 있다. 비정감형 학생은 감정 개입을 극구 피하므로 그들에게는 아래와 같은 화제를 활용하는 것이 좋다.

① 거짓말 상기시키기
문제 학생이 조사 중인 비행의 부차적인 측면에 관해 거짓말을 한 것이 발각된다면, 그는 자신이 딛고 있는 심리적 발판을 잃게 된다. 그러나 교사는 "학생은 한번 거짓말을 했어요. 그러니 앞으로 나에게도 또 거짓말할 거예요." 라는 식으로 다그쳐서는 안 된다. 꾸짖는 식이 아닌 정중하고 은근한 태도로 문제 학생이 이전에 한번 거짓말을 한 적이 있다는 점을 상기시켜야 한다.

② 비행 당시 장면 떠올리기
비행을 저지른 날 문제 학생이 어디서 무엇을 했는지에 초점을 두고 묻는다. 그러면 자기가 현장에 갔었거나 피해자를 접했거나 발생한 사건을 인정하게 한다.

③ 부인(否認)의 한계 지적하기
문제 학생에게 혐의가 있다는 사실이 확인되었을 뿐 아니라, 현재 드러난 증거로도 충분히 혐의를 입증할 수 있다는 점을 확실하게 알게 해준다. 그러므로 학생이 진실을 말하지 않으려고 계속 노력해봤자 아무 소용이 없다는 점

을 지적한다.

④ 이간(離間)으로 모순 들춰내기

문제 학생은 자신과 함께 행위를 한 친구들이 자백할까봐 두려워하고 불신감을 가지고 있다. 따라서 교사는 학생들끼리 서로 얼굴을 보거나 소리를 내지 않게 한다. 또한 한쪽 문제 학생이 다른 학생이 자백했다고 믿게 하려고 할 경우, 행위가 더 경미한 학생 또는 주동 학생보다 보조 학생을 택한다.

2.3. 부인 못하게 하기

여기에서는 문제 학생이 조사 중인 행위를 부인하려고 할 때 이에 미리 대비하고 있다가 저지한다. 대부분의 문제 학생은 자신의 혐의점을 1단계 '마주 앉아 비행 지적하기'에서 부인하는 것이 일반적이다. 그러나 2단계 '미끼화제 꺼내기'를 거치고서도 이 단계에 와서도 계속 부인할 경우 이를 강력하게 저지하여야 한다.[191] 학생이 거짓말을 반복하면 할수록 그에게 사실대로 말하도록 설득하기가 점점 어려워지기 때문이다. 이 단계에서 우선, 교사는 학생에게 혐의 내용을 분명히 말하고 잠깐 멈추면서 그의 행동을 자세히 살핀다.

혐의가 없는 학생은 대체로 다음과 같은 반응을 보인다.

- 교사가 자신의 부인 진술을 가로막는 것을 허용하지 않는다.
- 조사가 계속되는 동안 점차 부인의 강도가 높게 그 빈도는 잦아진다. 더 나아가 수동적으로 조사를 당하기보다는 어떻게든 상황을 극복하고자 시도한다.
- 때때로 화를 내고 참지 못한다.
- 종종 교사의 말을 저지하려 도중에 끼어들려고 한다.
- 직설적으로 "난 그런 짓 안했어요." 등과 같이 부인하는 말을 하기 전에 교사를 화나게 하거나 모욕을 주지 않으려는 양해를 구하는 말을 사용하지 않는다.
- 자기가 하고 싶은 말이 있을 때 교사에게 양해를 구하지 않고 갑자

---

191) 이 단계를 Reid Technique에서는 'Handling Denial'라고 하였다.

기 단호하게 절대로 그 사건과 관계가 없다고 말한다.
- 반대 논리를 펴지 않는다.

이런 점에서 혐의가 없는 문제 학생은 3단계에서 더 이상 조사가 필요하지 않다.

혐의가 짙은 학생은 일반적으로 다음과 같은 반응을 보인다.

- 거의 예고 없이 범죄 관련 사실을 마구 부인하려고 한다.
- 손이나 팔을 흔들거나, 고개를 흔들거나, 몸을 앞으로 구부리며 막 말하려고 한다.
- 부인하는 말을 하기 전에 교사를 화나게 하거나 모욕하지 않으려고 양해를 구하는 말을 몇 마디 내세운다. "제발 선생님!", "제 말을 들어주신다면……", 좀 들어가 한마디 해도 되겠습니까?", "선생님의 뜻을 이해했다. 그러나……" 등이다. 그 다음 "저는 하지 않았다."라는 말을 덧붙인다.

교사는 이와 같이 '말에 끼어들려'는 학생의 의도를 파악하고 즉각 다음과 같은 방법으로 이 말을 못하게 막아야 한다.

- 먼저 강한 말투로 학생의 이름을 부르고, "○ ○ ○ 군(양)! 잠깐 내 말좀 들어봐요", "○ ○ ○ 군(양)! 학생이 말하기 전에 내가 중요한 걸 설명해주지요.", "○ ○ ○ 군(양)! 난 학생이 이 점을 먼저 알았으면 해요"와 같은 교사의 말을 들을 것을 당부한다.
- 명확하게 발언 정지를 뜻하는 태도를 보인다. 예를 들어 고개를 옆으로 돌리거나, '그만', 'stop'하는 손짓을 하거나, 학생의 팔을 슬쩍 토닥거리는 등 흥미 없다는 표시를 한다.
- 목소리와 말투를 바꾼다. 예를 들어 음량을 높이거나 말의 속도를 조절한다. 어떤 때는 갑자기 아주 부드러운 말투나 반 옥타브(半 octave) 낮추어 말하는 것이 효과를 얻을 수도 있다.
- 귀찮은 척하다.

교사는 다시 학생의 혐의 내용을 밝히고 적절하다고 생각되는 미끼화제를 던진다. 이때도 대부분의 학생들은 부인하려고 든다. 혐의가 없는 학생은 그런 부인이 줄어들기는커녕 조사 상황을 주도하려고 한다. 반면에 혐의가 짙은 학생은 대체로 부인하는 말을 중단하거나 부인의 정도가 약해진다.

교사는 이를 저지한 후 곧바로 미끼화제를 계속 던져야 한다. 그러면 학생도 교사에게 굴복하여 제시된 미끼화제로 돌아가게 된다. 만일 학생의 부인을 저지하지 못하면 그 행위의 혐의가 있고 없음을 가려낼 수 없다. 이러한 경우, '배상시탐법(赔偿试探法)'과 '홍검백검법(红脸白脸法)'을 사용할 수 있다(丁文俊, 1997 : 182).

배상시탐법은 문제 학생에게 피해자의 손해 배상을 원하는지 여부를 물어보는 것이다. 그가 만약 혐의가 있다면 조금 망설인 후 '아니요'라고 말할 것이다. 그리고 태도도 별로 단호하지 않을 것이다. 또는 "좋아요. 제가 그의 손해를 보상하지요. 비록 제가 그 돈을 훔치진 않았지만요."라고 말할 것이다.

이때 다시 다른 손해배상 조건을 내세워 그가 변상을 원하는지 묻는다. 학생이 단호하게 "아니요, 저는 원하지 않다."라고 답할 것이다. "왜?"라고 반문하였을 때 "제가 그 돈을 훔치지 않았기 때문에요."라고 응답한다면 그는 혐의가 없는 학생일 것이다. 홍검백검법은 교사가 일부러 귀찮은 척하면서 냉담한 '백검(흰 얼굴)'의 태도와 우호적이고 동정하는 '홍검(붉은 얼굴)'의 태도로 문제 학생을 대한다. 어떤 때 교사 혼자서 두 배역을 동시에 맡을 수 있고 어떤 때는 교사 두 사람이 역할 나누어 맡을 수 있다.

지금까지 살펴 본, '부인 저지하기' 단계의 사례를 보면 다음과 같다.[192]

> <사례> : 절도 혐의
> 교 : "○ ○ ○ 군(양)! 우리가 조사한 결과 학생이 지난 주 보석상에 유리를 깨고 침입한 것으로 드러났어요."(적극적 대면 조사)
> 학 : [잠시 멈춘 다음] "제가 그런 일을 했다고 생각하세요?"(문제 학생의 최초 부인)
> 교 : "○ ○ ○ 군(양)! 거기엔 의심의 여지가 없어요. 이제 내가 하고 싶은 일은 학생과 여기 앉아서 이 일을 어떻게 해결할지 알아보는

---

192) 이하 교사는 '교'로 학생은 '학'으로 표기하기로 한다.

거야요. 이봐, ○○○! 이런 경우에 우리가 이해하는 가장 중요한 일은 어떤 상황이 학생으로 하여금 그런 일을 하게 했는가 하는 거예요.(추궁의 반복) 자! 난 학생이 생활이 힘들었는지 알아요. 집안도 어려워지고……"

학 : "선생님, 제가 뭔가를 말씀드려도 될까요?"(부인의 양해)

교 : [가로막으며] "잠시만 내 말을 들어봐요. 난 학생이 이번 일이 얼마나 중요한지 알 길 바라요. ○○○ 씨! 요즘 우리 경제가 안 좋아서 많은 학생들도 용돈이 궁해 많이 고생하고 있어요. 우리는 학생 같은 친구들이 이런 실수를 잠깐 하는 것을 많이 봐왔어요.(부인 의도의 약화) 이봐요 ○○○ 군(양)! 난 학생 어디선가 돈을 구할 방도가 있었다면 이런 실수를 하지 않았을 거라는 알아요."(화제로 돌아감)

학 : "제가 한 가지만 말할게요."(부인의 양해)

교 : "○○○ 군(양)! 내가 이 말을 끝내게 해줄까요. 왜냐하면 난 학생이 동아리 아이들을 관리해야 하고, 유흥비도 필요하고, 애들한테 격려도 해줘야 한다는 부담을 갖고 있는 걸 알기 때문예요.(더 이상의 부인 의도를 약화시키고 화제로 돌아감, 미끼화제는 유죄의 문제 학생이 그 비행에 대해 합리화시키도록 암시한다. 만약 그가 동아리 활동으로 합리화를 하지 않으면 이런 화제에 관련이 없으므로 다른 미끼화제를 개발해야 한다.)

학 : [끼어들며] "전 선생님이 무슨 말을 하는지 이해를 하지만요……"(부인의 양해)

교 : "○○○ 군(양)! 내 얘길 들어봐요. 학생에게 모든 걸 설명한 뒤에 학생이 하는 말을 들을 테니까요."

2.4. 반론에 대응하기

혐의가 있는 문제 학생은 '마주앉아 비행 지적하기 → 미끼화제 꺼내기 → 부인 못하게 하기'단계를 거치면서 미적지근하게 부인하는 것이 별 효과가 없다고 생각하고 혐의 내용에 대해 반론을 펴려고 한다.[193] 학생이 이렇게 부인만 하다가 반론을 펴려고 하는 것은 진실을 은폐하고 있다는 짙은 표시일 수 있다. 반면에 무혐의 학생은 확고히 부인하고 결코 꾸며대거나 변명하려 하지

---

193) 이 단계를 Reid Technique에서는 'Overcoming Objection'이라고 하였다.

않는다.

유혐의 학생의 보통 다음과 같이 반론을 펴기 시작한다.

(1) 정감적 반론 :
- "이런 일을 하면 저는 무서워 죽을 거예요."
- "전, 그런 일을 하기엔 너무 겁이 많아요."
- "전, 내 일을 좋아해요."
- "전 누구도 해치지 못해요."

(2) 사실적 반론 :
- "그날 저는 분명 거기에 있지 않았어요."
- "전, 총도 칼도 없어요."
- "전, 그 사람을 알지조차 못해요."
- "거긴 보안이 너무 철저해 불가능해요."
- "전 그런 일을 어떻게 하는지 알지도 못해요."
- "저는 돈이 필요 없어요. 부모님이 용돈을 충분히 줍니다."
- "전 그 금고 번호도 모른다니까요."

(3) 도덕성 반론 :
- "전 그런 식으로 살지 않았어요."
- "전 기독교 신자로 그런 일은 종교적으로도 잘못된 일이예요."
- "그런 짓을 하는 놈은 정신병자죠."

위와 같은 반론에 교사는 다음과 같이 대응하면 효과를 거둘 수 있다.

(1) 학생이 반론을 펼 때 교사는 저지하지 말고 그가 반대의 목소리를 열심히 내도록 허용해 준다. 이는 교사에게 조사할 때 필요한 미끼화제를 개발하는데 좋은 단서를 제공해 주기 때문이다.

학생들은 반론을 펴려고 할 때, 대체로 '저는 그런 일 잘못해요.', '놀리지 마세요.', '그건 불가능해요.', '어떻게 제가 그런 일을……' 등과 같이 말머리를 꺼낸다. 교사는 이런 말을 듣자마자 '왜 학생이 할 수 없어요', '왜 놀린다고 하지요'와 같은 질문을 하여 학생이 답변하도록 유도한다.

(2) 교사는 문제 학생에게 어떤 반론을 듣더라도 논쟁을 하거나 놀라거나 화를 내서는 안 된다. 교사는 그런 반론이 나올 것을 당연히 예상했던 것처럼 행동한다. 이런 대응은 학생에게 자신의 부인이 잘못 되었거나 별 효과가 없다는 것을 깨닫게 하여 기를 꺾이게 만드는 효과를 거둘 수 있다.

(3) 교사는 다음과 같은 식으로 학생의 동의나 이해를 한다는 반응을 보인다.

- "○○○ 군(양)! 난 그게 사실이길 바라요. 학생이 아르바이트로 했지만 다니던 회사에 애착을 가졌다는 거 말예요. 학생은 근본이 정직하고 성실한 사람이라는 것도 알아요. 다만 실수를 한 것뿐이지요. ○○○! 그 회사 사장이 학생을 별로 좋아하지 않고 자주 욕설과 손찌검을 해서 그 복수로 오랫동안 이런 일을 저지를 기회를 찾고 계획을 세워 일을 벌인 거지요. 학생이 그런 일을 하더라도 다른 사람들에게는 별로 가도 개의치 않았을 거고요. 하지만 난 학생이 그런 식으로 무책임한 사람은 아니라고 확신해요. 학생은 여기서 일하는 걸 좋아하는데, 사장 같은 사람이 근로자를 못 살게 하는 걸 보고 참을 수가 없었겠지요. 학생 같은 사람을 바른 길에서 벗어나게 만드는 이런 심각한 현실을 나도 바로잡아야 한다고 생각해요."
- "학생이 그렇게 말하는 걸 보니 기뻐요."
- "학생이 그런 말을 하기를 기다리고 있었어요."
- "학생이 말하는 것 확실히 이해하겠어요."
- "나는 이것이 진실이길 희망해요."
- "난 학생이 한 말을 이해해요."
- "나는 벌써 학생이 이 이유를 말하길 바랐어요."
  (그 다음 다시 미끼화제로 돌아와서) "그러나 학생 때문에……"

찬성하거나 동의하기에 적당하지 않은 반론에는 일반적 성향을 말하며 다음과 같이 대응해 본다. 예를 들어 어린 여자 아이 성희롱 사건에서 문제 학생은 아래와 같이 반론을 제기했다고 하자.

"저는 절대로 그런 일을 하지 않아요. 그런 일을 하는 사람은 변태이기 때문이예요."

그러면 교사는 그에게 이렇게 대응한다.

"말 잘 했어요. 이것도 바로 내가 이 일을 철저히 조사하려는 이유지요. 그러나 나는 많이 보았어요. 나를 포함한 많은 사람들이 알코올 섭취로 그들이 원래 하지 않을 일을 하고 마는 거예요. 이 일은 학생의 정상 행위가 아니지요. 나는 이 점을 알고 있어요. 그러나 이일이 발생할 때 학생은 정상이 아닌 상태에 처하지 않았나요?"

(4) 그런 다음 교사는 지체 없이 조사하던 미끼화제로 다시 돌아간다. 이때 교사는 문제 학생의 반론에 우선 긍정적인 효과가 있을 것이라고 말한다. 만일 그 반론이 사실이 아니라면 더 나쁜 결과가 나오게 될 것이라고 말한 후 '이 사건은 그런 사건은 아니었다.'고 흘린다.

이상과 같은 반론 대응하기의 사례를 들어보면 다음과 같다.

<사례> : 강도 혐의
교 : "○ ○ ○ 군(양)! 난 이게 학생 생각도 아니고 학생이 미리 계획한 것도 아니라고 생각해요.", "난 학생이나 학생 친구들이 그 슈퍼에 들어가서 손님이 없자 그 친구들 중 하나가 학생에게 가서 돈을 가져가자고 했지요. 학생은 단지 그걸 어떻게 거절할지 몰랐을 뿐이라고 생각해요.", "그리고 나서 이 야구 방망이 때문에 모든 일이 벌어진 거지요."(화제 개발)
학 : "그건 말도 안 돼요."
교 : "왜 말도 안 되지요. ○ ○ ○ 군(양)!"(이어가기)
학 : "왜냐하면 난 야구 방망이가 없거든요."(반대)
교 : "난 학생이 그렇게 말하니 기쁘군요. 왜냐하면 그건 그렇게 한 것이 학생 생각이 아니었다는 걸 알려주거든요. 그리고 그 친구들 중 하나가 학생에게 여기 들어가라고 하고, 방망이를 건네주고, 모든 일이 벌어진 거야요. 이봐요 ○ ○ ○ 군(양)! 만일 학생이 방망이를 가지고 있었고 그 밤에 그걸 사용하려고 준비해서 가져갔다면, 그리고 그걸로 사람을 죽였다면 그건 큰 일이예요. 하지만 만약 다른 친구가 학생 손에 쥐어주고 단지 사람들을 위협했을 뿐이라면 그건 또 다른 일이지요."(동의와 이해로 반론 저지, 만일 반

대가 사실이 아니면 부정적 영향을 미친다는 점을 지적)

2.5. 관심 유지하기

4단계 '반론 대응하기' 단계가 효과적으로 진행된 경우 문제 학생은 심리적
으로 위축되고 주의력이 분산되어, 대체로 다음과 같은 반응을 보인다.

- 교사가 말하는 것을 잘 들으려 하지 않는다.
- 두려움을 나타내기도 한다.
- 우유부단해진다.
- 자백하려는 충동으로 알고 있거나 생각하고 있는 처벌을 피해 보려
  한다.
- 생각에 잠긴다.
- 말을 적게 한다.
- 고개를 옆으로 돌린다.
- 안경, 시계, 목걸이, 반지, 휴대전화, 열쇠꾸러미 등의 물건을 만지작
  거린다.
- 딴전을 피우거나 쓴웃음을 짓는다.
- 옷의 먼지는 떠는 시늉을 한다.
- "도대체 진짜인가? 아니면 거짓말인가?", "사실대로 말할까, 계속 부
  인할까" 생각하며 허공을 바라본다.

따라서 교사는 이런 반응을 보이는 문제 학생이 다시 미끼화제를 듣도록
주의를 환기하고, 처벌에 대한 생각에 집중하지 못하도록 해야 한다.[194] 또한
교사가 이런 반응을 보이는 문제 학생에게 침묵하거나, 그를 조사실에 혼자
있도록 내버려 두거나, 담배를 요구할 때 응해준다면 그 학생은 재빨리 평온
한 상태를 되찾기 쉽다. 그러면 교사의 모든 노력은 수포로 돌아갈 것이다. 그
러므로 교사는 이러한 결정적인 상황을 즉시 알아차려야 한다. 이때야말로 문
제 학생에게 더 가까이 접근하여 그 상황을 유지해야 할 시점이기 때문이다.

다음과 같은 방법을 활용하여 교사는 문제 학생을 아주 빨리 진정시켜 그

---

194) 이 단계를 Reid Technique에서는 'Keeping Suspect's Attention'이라고 하였다.

가 계속 화제에 집중할 수 있게 하여야 한다.

(1) 정감형 문제 학생을 조사할 때는 남학생인 경우 그의 팔이나 어깨를 가볍게 다독여 주의나 관심을 유지한다. 여학생인 경우에는 손목을 가볍게 잡는 것도 효과가 있을 수 있다. 그러나 불쾌감을 주어서는 안 된다.

(2) 학생이 주의를 집중하지 않을 경우, 교사는 의자를 학생 쪽으로 당겨 앉는다. 이는 학생의 자신감을 줄이는 동시에 불안감을 높여 준다. 이때 그 동작에 학생의 주의가 쏠리지 않도록 계속해서 시선 접촉을 확고하게 유지한다.

(3) 지금까지의 화제를 바꾸지 말고 행위를 하게 된 이유도 물어서는 안 된다.

(4) 화제를 계속 반복하며 문제 학생의 긍정적인 측면을 북돋아 준다.

(5) 교사는 학생이 말하고 있는 것에 대해 진지함을 표시해 그가 조사에 집중하도록 한다. 이를 위해 교사는 학생에게 더 가까이 다가앉고, 계속 눈을 맞춰야만 한다.

(6) 조사가 쓸데없이 시간 낭비로 흐르지 않도록 피의자의 완전한 주의를 도출하고 유지하는 것을 포함한다.

이 '관심 유지하기' 단계까지 넘어온 문제 학생은 유죄의 혐의가 짙다.

2.6. 달래기

앞의 몇 단계 조사를 거치면서 문제 학생은 소극적 자세를 취하게 된다. 교사는 이를 잘 달래 다시 설득 미끼화제에 관심을 가지도록 이끌어야 한다.[195]

이 단계에 와서 문제 학생은 대체로 다음과 같은 수동적이고 체념적인 반응을 보일 수 있다.

• 조용해진다.
• 축 쳐지고 우울해진다.

---

195) 이 단계를 Reid Technique에서는 'Handling the Suspect's Passive Mood'라고 하였다.

- 들으려는 경향을 보인다.
- 교사를 직접 쳐다보는 것을 회피하려고 한다.[196]
- 정신이 없으며 멍한 눈빛 또는 철저한 침묵으로 자기의 실패를 나타 낸다.
- 눈물을 보이거나 울기 시작할 수도 있다.[197]

이때 마땅히 해야 할 방법은 다음과 같은 것을 생각해 볼 수 있다.

(1) 화제의 특정화와 구체화를 동정한다.

하나는 '특정화'이다. 앞에서는 문제 학생이 어떤 행위를 저질렀을 가능성 있는 원인을 제기하였다. 그리고 그 내용을 완곡하게 설명하여 학생에게 심리적 도피처를 제공하였다. 이제는 교사가 앞에서 미끼로 던졌던 일반적인 화제를 벗어나 학생만의 특수한 행위와 원인을 가려내어, 그것에 초점을 맞추어 조사를 집중해야 한다. 예를 들어 다음과 같이 말이다.

> "ㅇㅇㅇ 군(양)! 요즘 경제가 안 좋아 학생 용돈도 궁하리라는 것 나도 잘 알고 있어요. 먹고 싶은 것도 많고 사고 싶은 것도 보고 싶은 것도 많은데 부모님께 용돈을 자주 달랄 수는 없고, 학생은 안타까웠을 거예요. 이때, 학생은 어느 날 …… 발견했지요. 이러한 유혹을 앞에 두고 어떤 학생이건 이겨내기 쉽지 않을 거예요. 난 수많은 학생들을 조사해 보았지만 문제는 시간이 흐르면 흐를수록 학생 자신에게 불리해 법이더군요. 학생! 이제 다 털어버리고 앞으로 잘 지내야지요. 안 그래요."

이때 만약 학생이 이에 대해 흥미를 느끼고 반론을 하지 않는다면, 이제 한 발 더 나아가 '구체화'할 수 있다. 구체화는 문제 학생이 행위를 한 구체적인 상황을 화젯거리로 조사해 나가는 것이다.

---

196) 이때 문제 학생과 교사 사이의 시선 접촉이 더욱 강화되어야 한다.
197) 이때 교사는 학생을 조사실에 홀로 남겨 놓지 말아야 한다. 동정을 표시하며 학생에게 사실을 말하고 있지 않기 때문에 삶이 더욱 고단해지니 사실을 홀홀 털고 나면 모든 갈등이 사라진다고 설명해 주는 것이 필요하다.

"○○○ 군(양)! 나는 학생이 그때 머리 속에는 카드 독촉장밖에 없을 것이라고 확신해요 이 돈은 마침 학생의 급한 불을 끌 수 있기도 해요. 능력은 없지만 그냥 앉아서 당할 수도 없었어요. 이 돈은 마침 눈앞에 놓여 있었기에 보아하니 정말 막다른 길에서 살 길을 보았겠지요."

(2) 이해와 동정으로 위안

교사는 문제 학생이 사실대로 말하도록 계속 이해하고 동정해 주어야 한다. 교사는 학생에게 양심이나 정신적 위안뿐만 아니라 주위에 걱정하는 모든 사람을 위해 사실대로 말하는 것이 좋다고 종용할 수 있다. 그러기 위해서, 학생이 교사에게 친근감을 가지고, 자기 행위에 대해 후회하게 한다. 또한 학생의 자신감과 자존심을 불러일으켜야 한다. 그러나 학생에게 결코 불법적인 약속이나 강압적인 위협을 해서는 안 된다.

특히 울고 있는 문제 학생에게 교사는 다음과 같이 달랠 수 있다.

"○○○ 군(양)! 난 학생이 마음속에 이걸 담아 두려고 얼마나 애쓰는지 알고 있어요. 이렇게 눈물을 흘리는 것을 보니 시원하군요. 왜냐하면 그건 학생이 이 일이 일어난 것에 대해 후회하고 있다는 걸 알려주기 때문이에요. 학생은 그 일을 한 걸 후회하지요?"

학생이 울지는 않지만 패배자의 태도를 보일 때, 교사는 화제를 문제 학생의 절망적 상황에 초점을 맞춘다.

"○○○ 군(양)! 학생은 수천 가지 생각으로 머리가 혼란했을 거야요 청구서, 카드 빚, 신용불량자 그리고 이 돈만 있으면 학생의 모든 문제를 해결할 수 있을 것처럼 보여겠지요. 이거야말로 모든 게 해결될 수 있는 수단처럼 보였을 거예요. 카드 빚을 갚을 수 있는 유일한 기회라고 생각하고 이 기회를 잡으려 했을 거예요. 학생은 어떤 대안도 없었지요. 학생이 처한 끔찍한 상황에서 벗어날 다른 길은 없었을 것이고……"

이런 중심적 질문을 반복하며 계속해서 이해와 공감을 나타내며 학생이 사실을 말하도록 촉구해야 한다.

2.7. 양자택일 질문하기

교사는 문제 학생에게 어느 하나를 선택하더라도 결국은 유혐의를 인정하게 되는 양자택일(兩者擇一) 질문을 던진다.[198] 따라서 이 단계에서 학생은 처음으로 혐의가 있음을 인정할 가능성이 높아진다. 이런 질문 방식은 자백을 할까 말까 고민하던 학생에게 자신이 먼저 입을 열어야 하는 부담을 덜어주어 체면치례를 하는 효과가 있다.

이때 교사는 다음과 같은 방식으로 선택형 질문을 한다.

- "이번이 처음인가요? 전에도 이런 일 여러 번 했어요?"
- "처음부터 계획한 것인가요? 우발적으로 저지른 것인가요?"
- "학생이 스스로 그랬어요? 누가 시켰어요?"

이때 교사는 학생에게 자신의 행위가 별로 비도덕적, 비윤리적인 것은 아니라는 느낌을 주거나, 행위에 대한 변명거리를 제공해 주어 자신을 합리화할 수 있도록 해준다. 가령 양자택일 질문에서 하나는 사람들에게 용서받을 수 없거나 비난 받을 만한 범죄 동기나 범죄 경위를 묻는 것이고, 다른 한 문제는 인간 본성의 어쩔 수 없는 약점 탓으로 돌리는 것이다.

> "○○○ 군(양)! 일부러 그에게 돌을 던졌어요, 아니면 우발적으로 던졌어요?"

문제 학생이 어떤 답변을 하든 그는 사실을 인정할 가능성이 높아진다. 학생의 긍정적인 측면을 격려하면서, 그가 자신의 비행이 어느 정도 정당성이 있다고 믿게 한다. 이때 교사는 그를 이해하고 동정하는 듯한 표정을 짓거나 음성을 사용한다. 학생의 부정적인 측면을 드러내어, 그런 이유로 비행을 저질렀다면 수용할 수 없다는 점을 설명한다. 이때 교사는 그를 협박하는 듯하거나 관용을 약속하는 듯한 표현은 삼간다.

---

198) 이 단계를 Reid Technique에서는 'Presenting the Alternative Question'이라고 하였다.

- "학생은 보아하니 도박을 위해 그런 일을 한 사람 같지 않아 보이네요. 만약 학생이 그런 사람이라면 나는 학생과 시간 낭비할 필요가 없어요. 그러나 나는 학생이 그런 사람 같질 않아요."
- "난, 이 돈을 학생이 친구를 위해 친구의 집을 도와주려고 한 것이라고 확신해요. 학생은 친구를 위해 이렇게 한 것이야. 그렇지요?"

문제 학생이 진술할 심리 경향이 있을 때 다시 제기해야 한다. 너무 조급해서는 안 되며 시기를 놓쳐서도 안 된다. 문제를 제기할 때 적당한 표정과 동작을 결합할 수 있다. 만약 문제 학생이 대답을 하지 않으면 다시 한번 중복할 수 있다.

2.8. 세부내용 털어놓게 하기

문제 학생이 양자택일 질문 중의 하나를 선택하게 되면, 그는 이제 자신의 비행을 시인한 것이나 다름없다.[199] 이 단계에서는 교사는 즉시 학생이 스스로 자신이 저지른 비행의 자세한 내용을 말하도록 하여야 한다.[200]

그러기 위해서 교사는 선택한 답을 더욱 자세히 말할 수 있게 독려(督勵)해 주어야 한다. 이때 만약 교사가 머뭇거리거나 불확실한 면을 보이면 학생은 자신이 한 시인을 번복할지도 모른다.

> 교 : "○ ○ ○ 군(양)! 이런 일을 처음 한 거예요? 그 전에도 몇 번 했어요?(선택적 질문)
> (대답을 기다리지 않고 바로) 내 생각으론 이번이 처음인 것 같은데……"
> 학 : "네"
> 교 : "아주 좋아요! ○ ○ ○ 군(양)!, 바로 그게 내가 지금까지 생각했던 거예요."(독려 진술)

---

199) 심리학적으로는 foot-in-the-door technique, 일관성의 법칙과도 관련된다.
200) 이 단계를 Reid Technique에서는 'Bringing the Suspect into the Conversation'이라고 하였다.

교사는 당당하게 문제 학생을 지켜보면서 그의 행위에 관하여 더 상세히 질문을 한다.

"어떻게 된 거지요. 그 다음은 어떻게 했어요."

교사는 학생이 비행에 대해 개괄적으로 묘사할 수 있도록 유도해 나간다. 이때의 질문은 학생이 단지 몇 마디로 대답하기 쉽게 간단하고 명백하게 한다. 질문을 하면서 자극적이거나 감정적인 언어를 사용하지 않도록 한다.

교사는 앞으로 계속 조사하면서 보강될 수 있는 정보를 찾아내도록 노력한다. 문제의 행위에 관한 세부 사항과 앞으로의 행동까지도 충분히 찾아내야 한다. 특히 문제 학생 혼자만이 알고 있는 사실을 탐색하는 데 게을리 하지 말아야 한다. 예를 들어, 살인 도구, 훔친 물건의 위치, 건물에 들어간 방법, 피해자의 옷 색깔 등 질문을 하면서 학생과 상당히 가까운 거리를 유지하고 시선 접촉을 유지하는 것이 중요하다.

구두 자백 중 교사는 메모를 삼간다. 그 까닭은 문제 학생으로 하여금 자백을 자연스럽게 해 나가는 것을 꺼리게 만들 수 있기 때문이다. 구두 자백을 받을 때 조사실에는 교사와 학생 단둘만이 있어야 한다.

이상과 같은 과정을 잘 보여주는 사례를 들면 다음과 같다.

<사례> : 상해 혐의
교 : "그 칼은 상 위에 있었어요, 아니면 서랍 안에 있었어요?"
학 : "상 위에 있었어요."
교 : "좋아. ○○○ 군(양)!, 내가 생각한 것과 같아. 그 다음 어땠어?"
학 : (잠깐 쉰 후) "그녀를 찔렀어요."
교 : "학생의 뜻은, 학생이 그 칼로?"
학 : "네."
교 : "몇 번 찔렀어요? ○○○ 군(양)!"
학 : "여러 번."
교 : "학생 앞에서 찔렀어요? 아니면 뒤에서 찔렀어요."
학 : "앞에서요."

교 : "학생은 뒤에서도 찔렀어요?"

학 : "아니요."

교 : "그 다음 어떻게 했어요?"

학 : "아이들이 울었어요."

교 : "학생은 어떻게 했어요?"

학 : "그 아이들을 대야 안에 안아다 놓았어요."

교 : "욕조 안에?"

학 : "네."

교 : "그 다음 뭐 했어요."

학 : "그 아이들을 찔렀어요."

교 : "학생 뜻은, 학생이 그 칼로 그들을 찔렀다고요?"

학 : "네."

교 : "그 다음 뭐 했어요? ○ ○ ○ 군(양)!"

학 : "저는 원래 칼로 저를 찌르려고 했었는데 용기가 없어서 도망쳤어
　　요."

교 : "그 칼은 어떻게 처리했어요?"

학 : "욕실에 두었어요."

교 : "욕실의 어디에 두었어요?"

학 : "그들과 같이 욕조에."

　질문은 비행 당시에만 초점을 맞출 것이 아니라, 그때의 구체적인 환경과
비행 전후에 문제 학생이 한 행위 등을 철저히 조사해야 한다.

　특별히 문제 학생만 아는 상황에 대해서 더욱 주의하여 철저히 조사해야
한다. 예를 들어 흉기를 숨긴 장소, 현장에 들어간 방법, 피해자의 의상 종류
등이다. 기본적인 사실을 모두 다 물은 후에는 다시 돌아와서 그 전에 선택한
문제의 답을 보충해야 한다. 이때 둘 중 하나를 택하는 질문을 하여 쉽게 대답
할 수 있게 해야 한다. 예를 들어 위의 사건에서 칼은 실제 상 위의 서랍 안에
있었다. 이런 경우 다음과 같이 물을 수 있다.

　"○ ○ ○ 군(양)! 학생은 금방 그 칼이 상 위에 있었다고 했지요. 서랍
안에 있었다고 하지 않았어요. 자, 이제 사실을 전부 말하는 것이 중요해
요. 우리가 알기로 그 칼은 당시에 상 위에 있지 않았어요. 내가 알고 싶

은 것은 학생이 그 서랍 안에서 칼을 꺼냈는지, 아니면 학생이 직접 가지고 가서 그 칼을 사용하기로 했는지……"

위와 같은 과정을 잘 보여주는 사례를 들면 다음과 같다.

<사례> : 방화 혐의
교 : "좋아, ㅇㅇㅇ 군(양)! 그게 내가 지금까지 쭉 생각했던 거지요. 성냥으로 했어요, 라이터로 했어요."
학 : "그냥."
교 : "성냥으로 어디에 불을 붙였어요."
학 : "선반에 있던 헝겊."
교 : "그 헝겊에 뭔가를 부었어요."
학 : "그런 건 아닌데요."
교 : "그런 건 아니라니, 무슨 뜻이지요."
학 : "선반 위에 휘발유 한 병이 있었는데, 그걸 제가 발로 찼어요. 그 휘발유가 쏟아져 헝겊에 묻었어요."
교 : "휘발유를 가져 온 건가."
학 : "아니요. 그건 거기 있던 거예요. 그건 예초기 연료로 사용하는 거예요."
교 : "학생이 불을 붙일 때 그 헝겊은 선반 어디에 있었어요."
학 : "문 옆에 있는 과장님 책상 옆."
교 : "불을 붙인 후에 뭘 했지요."
학 : "아무것도 안했어요. 그냥 잠시 보고 있다가 나왔어요."
교 : "그 헝겊이 탈 때 다른 곳에 옮겨 붙었나요."
학 : "네 문 옆에 쌓여 있던 상자에……"
교 : "또 다른 것은?"
학 : "전부 …… 그러니까 상자가 타기 시작하자 온 사무실로 다 퍼져서…… 거기엔 서류 상자들이 많았고…… 그것들이 타기 시작했어요."
교 : "그러고 나서 무얼 했어요."
학 : "무서웠어요, 전 그렇게 빨리 불이 날 줄 몰랐어요. 그래서 나왔어요."
교 : "ㅇㅇㅇ 군(양)! 이 일을 하려고 오랫동안 계획했어요."
학 : "아니요, 제가 잘렸을 때 그랬어요, 돈도 못 받고…… 전 그렇게 전부 타버릴 줄 몰랐어요."

교 : "○ ○ ○ 군(양)! 학생은 선반에 예초기용 휘발유 병이 있었다고
    말했지.
    자, 사실을 전부 말하는 게 중요해요. 우린 선반에 휘발유 병이 없
    었다는 걸 알아요. 난 학생이 방 안에 온통 다 뿌려버릴 수 있는
    가득 한 통을 들고 왔는지 아니면 그거 휘발유가 조금 들어 있는
    병을 들고 왔는지 그걸 알고 싶어요. ○ ○ ○ 군(양)! 학생이 휘발
    유 통을 들고 올 때 가득 들어 있었어요, 조금 들어 있었어요? 아
    마 조금 들어있었을 거야. 그렇지."

2.9. 문서로 작성하기

교사는 문제 학생에게 구두로 만족할 만한 구체적인 답변을 들었으면 이를
문서로 작성한다.[201] 문서로 작성할 때는 그 자백이 사실이라는 것을 확인해
줄 사람이 필요하다. 그 사람은 동료 교사나 학부모일 수도 있다.

교사는 조사실에서 잠시 나갔다가 확인자와 함게 들어온다. 학생에게 그를
소개한다. 대체로 학생을 '도와 줄 분'이라고 소개한다.

"○ ○ ○ 군(양)! 이 분은 학생을 도와 줄 분이예요."

교사는 확인자에게 학생의 자백 내용을 세부적으로 반복해 설명한다.

"선생님! 이 학생이 지난 목요일 저녁 10시경 ○ ○ ○ 공장에 불을 질
렀다고 말했어요. 거기서 알바를 열심히 했는데 돈을 못 받은 게 너무 분
해서 선반을 부수고, 가지고 갔던 휘발유를 끼얹어 불을 질렀다는 거예요.
불이 선반에 쌓아 둔 상자까지 번지는 걸 보고 10분 후쯤에 나왔다고 했
어요."

확인자는 학생에게 몇 가지 확인하는 질문을 하여야 한다. 예를 들면 다음
과 같다.

---

201) 이 단계를 Reid Technique에서는 'The Written Confession'이라고 하였다. 이런 행위
    를 범죄 수사에서는 '조서 작성'이라고 한다.

- "○ ○ ○ 군(양)! 이게 모두 사실인가요?"
- "불 붙이는데 도와준 사람 없나요?"
- "그 건물엔 어떻게 들어갔지요?"
- "그 휘발유통은 어떻게 했어요?"

문서로 작성할 때에는 문답과 진술을 적절히 활용한다. 비행 상황의 처음과 마지막 부분에 대해서는 교사가 질문하고, 중요한 내용 부분은 문제 학생이 스스로 진술하게 한다.

먼저 학생이 자신의 행위를 인정하게 한 후, 한 걸음 더 나아가 더 자세한 내용을 진술하도록 교사는 질문할 것을 미리 준비해 둔다. 그리고 구체적인 경위를 털어놓게 한다.

비행의 기본적인 상황에 대하여 다 묻고 난 뒤에, 학생이 시간이나 장소 등을 구체적으로 말하지 못할 때 "그 다음은 무슨 일이 생겼어요?"라고 물어 당시 상황을 기억나게 한다. 그리고 학생이 조리정연하게 자신이 저지를 행위를 실토하면 그에게 계속해서 이야기하도록 한다. 만일 학생이 말을 더듬거리거나 뒤죽박죽이면 교사는 구체적인 문제를 물어서 차근차근 경위를 또박또박 말하게 한다. 그러나 간혹 교사는 학생에게 이번 일과 별로 관련이 없는 말도 하게 한다. 그래야 이 진술이 학생 스스로 원해서 한 것임을 증명할 수 있기 때문이다.

학생이 자신이 한 행위의 주요 내용을 다 말하고 나면, 교사는 다시 문답의 형식으로 구체적인 문제를 제기한다. 가령, "그 다음 학생은 어디에 갔어요?", "학생은 언제 거기에 도착했어요?" 등과 같이 말이다. 이때 학생이 구체적인 문제를 진술할 때, 분명하게 이야기하지 못한 문제를 교사는 밝혀야 한다.

문제 학생이 구두로 자백한 내용을 글로 옮길 때는 다음과 같은 점에 유의한다(김종률, 2004 : 233~4).

(1) 답변을 유도하는 질문 방식은 가급적 피하거나 최소화한다. 문제 학생으로 하여금 비행의 전모를 상세히 진술하게 하는 것이 중요하다. 교사가 대부

분 말을 하고 학생은 단지 '예/아니오'로 답하는 자백 조서는 학생이 정보 제공과 자백의 주도적 역할을 하는 자백 조서보다 설득력이 없다.

(2) 조서에 문제 학생 자신이 사용한 어휘를 교사 마음대로 고쳐서 기재해서는 안 된다. 학생이 한 말 그대로 써야 자백의 생생함이 살아나 법관에게 신빙성을 줄 수 있기 때문이다. 이때 일부러 틀리게 써서 학생이 직접 고치게 하는 방법을 사용할 수도 있다. 중요한 자백을 쓴 면에 성명이나 주소 등 한두 군데를 의도적으로 틀리게 써서 학생이 직접 수정하게 함으로써 그가 그 면을 직접 보고 고쳤다는 것을 기록상으로 남기게 하는 방법을 사용할 수도 있다. 학생이 고친 부분의 옆에 서명하게 하는 것도 좋다.

이상과 같은 9단계를 다 거쳐, 문제 학생이 비행 일체를 자백하였더라도 교사는 그를 면담하여야 한다. 학생은 자신이 저지른 비행을 교사에게 모두 다 털어놓은 후, 교사와 더 이야기를 하고 싶어 한다. 학생 입장에서 개인적으로 교사에게 묻고 싶은 것이 많을 것이기 때문이다. 이렇게 기회를 주면 학생도 왜 자백을 하게 되었는지 또는 교사의 어떤 조사방법이 마음에 들었는지 등을 말해 줄 것이다. 그러면 교사는 조사기법을 향상시킬 수 있는 좋은 기회를 마련할 수 있다.[202]

3. 마무리

교육현장에서 비행학생 조사할 경우 체계적인 조사기법에 따르기보다는 그저 오랜 경험과 관행에만 의존한다면, 조사내용도 제대로 밝히기 어려울 뿐 아니라 학생의 인권을 침해할 우려도 있다.[203]

---

202) 김종률(2004 : 234~5)은 이런 자백 후의 면담은 '유사한 비행조사에 활용할 수 있고, 면담 과정에서 인간본성에 대한 통찰력을 기를 수 있고, 문제 학생 스스로가 누군가를 영원히 증오하지 않도록 도와줄 수'도 있는 점에서 유익하다고 하였다.
203) 다음과 같은 검찰에서의 신문 요령에도 이런 점이 잘 나타나 있다(법무연수원, 수사기법연구, 1998). ① 신문의 본질을 이해할 것 ② 피의자의 인권, 인격을 존중할 것 ③ 실체적 진실 발견에 대한 강한 의지를 견지할 것 ④ 열의와 집념,

앞에서 범죄수사에서 널리 이용되고 있는 신문기법을 활용하여 문제 학생의 비행을 조사하는 과정을 생각해 보았다. 이런 방법을 교육현장에서 실제 활용해 보고, 그 사례들을 검토하는 작업이 필요할 것이다.[204] 또한 비행 원인별·유형[205])로 조사기법 매뉴얼(manual)을 만들어 사용해 볼 만도 하다. 더 나아가, 화법 연구도 각종 업무와 직결되는 방향을 찾아야 더욱 실용적이고 효율적인 학문이 될 것이다.

냉정함과 인내심을 가질 것. ⑤ 설득하고 감화시킬 것 ⑥ 신념, 자신감을 가질 것 ⑦ 성심성의를 다하고 친절할 것. 신문할 때 유의할 사항을 경찰에서는 다음과 같이 지적하고 있다.(경찰수사보안연수소, 2004) ① 사건에 대한 충분한 사전 준비 ② 정숙한 분위기에서 신문 ③ 온화하고 위엄 있는 태도 ④ 권익 존중 인간적 대우 ⑤ 공범자 분리 신문 ⑥ 실현 불능 또는 불필요한 약속 금지

204) Leo교수는 'Inside the interrogation room, Journal of Criminal law and Criminology' (Gudjonsson, The Psychology of Interrrogations and Confessions)에서 경찰이 실제 신문에 사용한 기법을 다음과 같이 소개하고 있다(함윤근, 2004).
① 자백하는 것이 피의자에게 이익임을 호소(appeal)(88%) ② 실제 유죄의 증거를 제시(85%) ③ 부인하는 피의자의 자신감을 침식(undermine)시키기(43%) ④ 피의자 진술의 모순성 밝히기(identify)(42%) ⑤ 신문과정에서의 행동분석(40%) ⑥ 협력의 중요성을 호소(37%) ⑦ 심리적인 변명이나 도덕적 정당화 근거를 제시(34%) ⑧ 허위증거 제시(30%) ⑨ 칭찬이나 치켜세움(30%) ⑩ 수사관의 권위나 전문지식을 강조(29%) ⑪ 피의자의 양심에 호소(23%) ⑫ 범죄의 도덕적 심각성을 최소화(22%)
205) 청소년 비행을 유형별로 보면, '절도 → 사기 → 상해 → 강간 → 강도 → 폭행 → 문서위조 → 공무방해 → 공갈'순으로 나타났다(대검찰청, 2004 범죄분석).

제 3 장

업무 관련 화법 유형

우리는 잦은 파행 국회, 노사 분규, 폭력 시위 등의 갈등을 겪으면서 그것을 조정하는 수준이 아직도 후진적이다. 현실적으로는 각종 토의, 토론, 회의, 협상 등을 할 일이 폭주하는데 학교에서의 화법 교육은 이를 대응하지 못하고 있다. 지도자는 최소한 업무에 필요한 화법 유형을 잘 익혀야 한다.

01 | 대화

1) 일상의 대화

우리는 항상 누군가와 대화를 나누면서 살아간다. 이 대화를 통하여 몰랐던 사실을 알게 되고 새로운 지식을 얻게 된다. 또 생활의 기쁨과 슬픔도 나눈다. 무엇인가를 구입할 때에도 대화를 하게 되며, 일상생활 속에서 부딪치는 각종 문제들도 대화를 하면서 해결한다.

삶은 무언(無言)의 행진이 아니라 대화의 연속이다. 가족 구성원, 친구, 부부, 부모와 자녀, 상사와 부하, 정부와 국민 사이에 따뜻한 대화를 나눔으로써 절망과 증오와 슬픔은 사라지고 희망과 사랑과 기쁨이 넘치게 된다. 대화가 단절된 사회는 죽은 조직이며 분열과 불화와 중상모략이 횡행한다. "대화가 안 된다.", "대화가 끊겼다."라는 말은 말하는 사람과 듣는 사람 사이에 마음이 통하고 부드러운 관계가 아니라는 의미이다.

(1) 대화의 성격

대화란 주는 것만도 아니요 받는 것만도 아니다. 주고받는 말을 의미한다. 즉, 한 사람이 말을 하면 다른 사람이 말을 받아 응답하는 과정이다. 마치 탁구를 하는 두 사람이 공을 탁구대 위에서 서로 번갈아 치는 것과 흡사하다. 양쪽에서 각각 공을 따로 들고 치는 것이 아니라 하나의 공을 마주 치는 것이다.

대화란 이와 같은 원리로 진행되는 서로 주고받는 말로 엮어지는 과정이다. 만일 상대방의 말을 듣고 그것에 반응하지 않고 계속해서 자기 말만 하든가 주고받는 화제와는 다른 엉뚱한 말만을 순서에 따라 교환한다면, 이는 공을 각각 가지고 상대방을 향하여 칠 뿐 사실상의 교환 과정이 아니므로 대화가 아니다.

우리는 각종 모임에 참여해보면 모인 사람들이 상대방의 말을 경청하지 않고, 자기의 주관적 독단이나 입장을 철저히 지키려고만 하는 사람들을 적지 않게 본다.

훌륭한 대화를 하는 사람은 대체로 다음과 같은 자질을 갖추고 있다.

① 상대방의 처지를 이해하고 분위기에 맞는 이야기를 한다.
② 화제에 맞는 말을 한다. 상대방의 관심사를 파악해 둔다.
③ 상대방의 반응을 눈으로 보면서 말한다.
④ 분별 없이 혼자서 말을 독점하지 않는다.
⑤ 상대방에게 더 많이 이야기하게 한다.
⑥ 상대방의 말이 끝나기 전에 중간에 가로채지 않는다.
⑦ 질문한다거나 설명을 한다.
⑧ 상대방의 인격을 존중하여 예의바르게 말한다. 상대방에 대하여 험담하지 말 것이며, 부정적으로 보지 말고 긍정적으로 본다.
⑨ 상대방이 말할 때 적절히 맞장구를 치면서 듣는다.
⑩ 상대방이 말할 때에 다른 데를 쳐다보거나 말꼬리를 잡아 시비를 걸지 않는다.
⑪ 신체 언어로 내용을 보충한다.
⑫ 이야기의 내용을 점검하거나 점검받는다.
⑬ 이야기가 끝난 뒤 전달 효과를 확인한다.

대화 능력을 향상시키려면 평소에 여러 방면에 관심을 가지고 꾸준한 노력을 기울여야 한다. 무엇보다도 양서(良書)를 읽는 습관을 기르고, 글짓기 연습을 하고, 사전을 곁에 두고서 활용하여 어휘력을 늘리는 일 등을 해 나가야 한다. 다음으로는 화제가 풍부해야 한다. 직접·간접 체험을 통해서 얻은 화제를 상대방과 상황에 맞게 활용할 수 있어야 한다. 특히, 주어진 상황에 대하여 예민하게 분석하고 평가하여 대처하는 능력이 필요하다.

(2) 대화의 요령

❶ 이야기 꺼내기

회의를 할 경우에는 보통 의제가 미리 정해져 있어 무엇에 대하여 이야기할 것인가가 비교적 분명하다. 그러나 대화를 할 때에는 그러하지 못하다. 혹 미리 화제가 주어져 있다면 화제를 선택하는 데 이것저것 망설일 필요가 없을 것이다. 그러나 상대방과 얼굴을 마주 대하자마자 곧바로 화제로 들어가기가 쉽지 않다. 더욱이 처음 만나거나 잘 모르는 사람과 대화할 때에는 무엇부터 이야기를 꺼낼 것인가를 사전에 준비해 두어야 한다. 대화를 시작할 때는 다음과 같은 것들 가운데 한두 개를 응용하여 이야기를 꺼내면 무난할 것이다.

　　㉠ 날씨, 자연 현상
　　㉡ 취미, 기호, 오락
　　㉢ 뉴스, 매스컴에서의 화제 거리
　　㉣ 여행, 명승지, 명물, 풍속, 습관
　　㉤ 친구, 친척, 유명인 등 가족, 자녀 교육
　　㉥ 건강, 질병, 약, 치료법
　　㉦ 성(性)
　　㉧ 일, 직업에 관한 이야기
　　㉨ 의식주에 관한 이야기

❷ 화제 선택

화제는 친밀감을 주고 관심도가 높은 것, 구체적이고 인상적이며 정확하고 알기 쉬운 것, 시사성이 있으며 지방의 특색에 어울리는 것 등을 선택하는 것이 좋다.

▌화제를 선택할 때 고려할 사항

화제를 선택할 때에는 다음과 같은 점을 고려한다.

㉠ 목적에 맞는 화제

아무리 내용이 좋은 것이라도 이야기 목적에 맞지 않는 화제를 선택하면 무의미할 것이다. 따라서 대화를 갖게 된 동기에 걸맞은 내용을 화제로 선택하여야 한다.

㉡ 구체적인 화제

추상적이거나 애매모호한 화제는 청자가 이해하기 어렵게 하고 흥미를끌지 못한다. 이야기가 그림처럼 눈에 선하게 떠오르도록 구체적이고 명확한 화제를 선정하는 것이 효과적이다.

㉢ 친근감 있는 화제

늘 듣고 보아오던 이야기가 나오면 사람들은 친숙해진다. 더구나 청자 자신과 관련 있는 이야기일 때에는 더욱 관심을 끌게 된다. 단순한 일상생활의 진부한 이야기가 아닌 새로운 관점을 제시한 것이라면 흥미의 대상이 될 수 있다.

㉣ 시사성 있는 화제

사람은 누구나 새로운 사건, 새로운 변화에 관심도가 높다. 케케묵은 이야기보다는 현재 벌어지고 있는 것에 대한 화제에 주의 집중을 하게 한다.

㉤ 유머러스한 화제

분위기에 어울리는 유머는 청자의 긴장과 경계심을 누그러뜨린다. 다만 유머는 화제와 동떨어진 것이어서는 안 되며, 누가 들어도 불쾌감을 주지 않는 것이라야 한다. 유머는 한번 잠깐 웃기고 끝나는 것보다 미소를 계속 짓게 하는 것이 좋다.

ⓑ 상대방의 욕구를 충족시킬 수 있는 화제

상대방이 바라는 것이 무엇인가를 잘 분석하여 그것에 걸맞은 화제를 선택하면 큰 효과를 거둘 수 있다. 대화의 목적이 행동하게 만드는 것이라면, 인간 행동의 원동력인 욕구에 호소하는 화제를 선택하는 것은 마땅하다. 다만 욕구에 호소하는 말은 노골적으로 하지 말고 그럴 듯한 명분을 내세워 은연중에 내비치는 것이 좋다.

ⓢ 전율(戰慄)을 자아낼 수 있는 화제

사람은 평범하고 안정된 것에는 별로 신경을 쓰지 않는다. 무엇인가 아슬아슬해 손에 땀을 쥐게 만드는 것에 흥미를 갖는다. 따라서 평범한 화제보다는 전율을 느낄 수 있는 화제를 선택하면, 청자들에게 주의를 집중하게 하고 흥미를 유발시킬 수 있게 된다.

ⓞ 경험에서 우러나온 화제

화자가 경험했던 화제는 화자 자신뿐만 아니라 청자에게도 실감을 주고 신뢰를 가지게 한다.

ⓩ 수치(數值)를 제시하는 화제

통계나 수치를 들어 설명하면 청자가 확신을 갖게 된다. 그러나 그것을 너무 자주 사용하게 되면 청자에게 오히려 부담을 주게 되므로 적당히 활용하여야 한다.

ⓒ 실현 가능한 화제

아무리 좋은 화제라도 실현 가능성이 희박하면 한낱 공상에 지나지 않는다.

▎피하여야 할 화제

대화를 할 때에는 다음과 같은 화제는 되도록 선택하지 않는 것이 좋다.

ㄱ **식탁에서 불쾌감을 주기 쉬운 것**

식사를 하면서 불쾌하거나 불결한 느낌을 주는 화제는 삼간다. 차려놓은 음식의 맛에 대하여 불평하는 것은 실례이다.

ㄴ **공석에서의 사담**

공식적인 모임이나 격식을 차려야 할 회합에서 개인적인 화제나 가정에서 일어난 일을 이야기해서는 곤란하다.

ㄷ **가십(gossip)**

남에 대한 험담, 흉, 스캔들 등을 화제로 삼지 않는다. 다른 사람에게 손가락질을 하면, 나머지 세 손가락은 자신을 가리키고 있다는 사실을 명심해야 한다.

ㄹ **자기 이야기의 되풀이**

자기 위주의 말을 되풀이해서는 호감을 사기 어렵다.

ㅁ **설교나 훈계조**

사람들은 연장자나 상사가 아랫사람에게 훈계나 설교를 하듯 이야기하는 것은 별로 반가워하지 않는다.

ㅂ **망신을 주는 것**

제3자가 있는 데에서 상대방의 실수나 부주의를 화제로 삼는 것은 결례이다. 용서할 수 없는 죄 가운데 하나가 다른 사람의 자아를 무시하고 체면을 깎는 것이다. 절대로 여러 사람 앞에서 창피를 주지 않아야 한다.

Ⓐ 공통의 흥미를 주지 못하는 것

대화에 참여한 모든 이들에게 공통의 흥미를 줄 수 있는 화제를 이야기하여야 한다.

◎ 신체에 관한 것

여성이 참석한 자리에서 신체에 관한 것을 이야기할 때에는 간접적으로 표현하는 것이 좋다. 그리고 하반신에 관계되는 것은 되도록 화제로 삼지 않는다.

㉭ 때와 장소에 어울리지 않는 것

대화에서는 분위기 조성이 중요하다. 분위기에는 물리적인 것과 심리적인 것이 있는데, 차림새, 장소, 시간, 계절 등 물리적·주변적인 것들도 결국은 심리적인 것에 연관된다. 심리를 잘 조절하면서 대화하기 위해서는 먼저 여유를 갖고 긴장을 푼다. 대화 중에 유머 감각을 발휘하고, 상대방의 자존심을 세워 준다. 서로 동류의식(同類意識)을 가질 수 있도록 적절한 자극을 주고, 감정이입(感情移入)의 방법을 사용한다. 특히, 과장이나 가식, 거짓은 피해야 한다.

❸ 대화할 때 유의점

아무리 말솜씨가 능란하더라도 예절에 벗어나서는 안 된다. 차라리 말은 서툴고 어눌하더라도 예절을 지키는 편이 상대방에게 훨씬 호감을 준다.

ㄱ **상대방의 눈을 바로 보며 말한다.**

상대방에게는 한 번도 눈길을 주지 않고, 천장을 쳐다보거나 땅을 굽어보면서 이야기해서는 안 된다. 항상 상대방의 얼굴 특히 눈을 부드럽게 바라보면서 이야기하여야 한다.

ㄴ **침착하게 이야기한다.**

아무리 신나는 말을 할지라도 경박하게 굴거나 덤벙대서는 안 된다.

ㄷ **조용히 말한다.**

자기 기분에 따라 커다란 소리로 떠드는 사람들이 간혹 있다. 일반적으로 떠들어대는 사람의 심리는 이야기에 자신이 있어서가 아니라 주위의 이목을 끌기 위해서 그런다는 설이 있다. 조용하게 그러나 분명하게 말하여야 한다.

ㄹ **간결하게 말한다.**

신통하지도 않고 별로 재미나는 말도 아닌데, 화자만이 신이 나서 길게 늘어놓는 것은 상대방을 피곤하게 하는 것이다. 같은 말을 되풀이하지 말고 요령 있고 간단하게 말하도록 한다.[1]

ㅁ **귀담아 듣는다.**

대화에 능숙한 사람은 말을 잘 하기보다는 남의 말을 잘 들어주는 사람이다.

ㅂ **맞장구를 치며 듣는다.**

상대방이 비교적 오랫동안 말을 할 때에도, 듣는 이는 적절히 반응을 하여 대화의 리듬을 살려 준다. 상대방의 말에 동의할 때에

---

1) 이를 흔히 'Kiss의 원리'라고도 한다(Keep it Short and Simple).

는 '그래그래, 물론, 그래요, 정말' 등의 말을 하고, 자세한 내용을 더 유도해 내려면 '그래서, 그 다음은, 다음엔 어땠어, 그렇다면요' 등으로 반응하고, 내용을 전환시키려면 '그런데, 그건 그렇고, 그렇다 치고' 등으로 이끌어 간다. 그러나 명확하게 말하지 않았거나, 정확하게 알아듣지 못했을 때에는 차례에 관계없이 적절한 때에 반문한다.

Ⓐ 말을 가로채지 않는다.

상대방이 이야기하거나 말거나 말하는 도중에 뛰어 들어 말을 가로채는 사람이 있다. 아무리 자기 의견을 말하고 싶더라도 상대방의 말이 다 끝날 때를 기다린 다음 말을 하여야 한다. 그러나 상대방의 발언 중에 아직 차례 받기를 할 때가 아니지만, 끼어들 때에는 양해를 구하는 말을 먼저 해야 한다.

Ⓞ 하품이나 기지개를 펴지 않는다.

상대방이 말을 하는 도중에 무의식적으로 하품이나 기지개를 하면 '따분하다', '듣기 싫다'는 반응을 나타내는 것으로 오해받기 쉽다. 만일 의식적으로 그랬다면 이는 화자에 대한 도전이다.

Ⓩ 갑자기 화제를 바꾸지 않는다.

효과적인 대화를 위해서는 대화의 화제를 적절히 지속하기도 하고, 적절한 때에 바꾸기도 한다. 하나의 화제가 마무리될 때까지는 그 범주에서 벗어나지 않고 말해야 한다.

그러나 한 가지 화제가 충분히 개진되었거나 분위기에 어울리지 않을 때, 혹은 분위기를 바꾸어야 할 필요가 있을 때에는 새로운 화제를 제시할 수 있다. 이럴 경우에는 "이건 딴 얘깁니다만……" 하고 양해를 구한 다음 화제를 바꾸는 것이 좋다.

(ㅊ) **적절한 시기에 질문을 한다.**

질문을 해야 상대방의 참뜻을 알 수 있다. 자신의 무지가 드러날까봐 이해하지도 못하고 이해한 것처럼 침묵을 지켜서는 진정한 의사소통이 이루어질 수 없다. 수줍거나 고분고분해서 분명히 알아듣지도 못하고 동의하지도 않으면서 물어보지도 않으면 대화의 알찬 열매를 맺을 수 없다.

질문을 하면 다음과 같은 효과를 거둘 수 있다.

(ㄱ) **정보를 얻을 수 있다.**

질문을 적절히 하면 모르던 것을 배울 수 있다. "예, 아니오"로 대답할 수 있는 질문보다 개방형 질문을 던짐으로써 더 많은 정보를 얻을 수 있다. 뿐만 아니라 오랫동안 대화를 이어갈 수 있다. 가령, "바쁘시지요?"라는 질문보다 "요즈음은 여가를 어떻게 보내십니까?"라고 하는 것이 더 효과적이다.

(ㄴ) **상대방에게 관심이 있다는 것을 알릴 수 있다.**

상대방의 취미, 관심거리, 가족, 직업 등을 물어보는 것은 그에게 관심이 있다는 것을 알리는 방법이다.

(ㄷ) **분명하지 않는 말을 분명하게 할 수 있다.**

가령 "……라고 말씀하셨죠."라고 질문을 해서 확인하는 것이다.

(ㄹ) **자기 이야기를 상대방이 이해하고 있는가를 확인할 수 있다.**

우리는 자신이 다른 사람의 말을 확실하게 이해하여야 한다고 생각하듯이, 다른 사람도 자신의 말을 이해했는지 확실히 알고 싶어 한다.

ⓓ 질문을 하여서 상대방의 동의를 얻어낼 수도 있고, 상대방이 계속 말하게 할 수도 있다.

❹ 'I-message(나-전달법)'와 'You-message(너-전달법)'

나-전달법은 상대방에게 내 입장을 설명하는 대화 방법이다. 너-전달법은 어떤 결과를 상대방에게 핑계를 돌리는 방법이다. 예를 들어 총알택시 기사를 보고 "여보, 기사! 천천히 가자."고 소리친 것은 핑계를 기사에게 돌린 너-전달법이다. 반면에 "기사님! 나는 부양가족이 있는 사람입니다"라고 한 것은 내 입장을 설명한 나-전달법이다. 대화할 때 나-전달법을 활용하면 훨씬 호감을 준다.

나-전달법은 진심을 바탕으로 말하여야 한다. 진심이 바탕으로 하지 않은 말은 금방 가식이 드러나기 쉽다. 친밀한 관계일 경우에는 말보다 마음이 먼저 전해지기 때문이다. 상대가 나-전달법을 가식적인 태도로 여기게 되면 오히려 부정적인 결과를 가져오게 된다.

❺ 'Do-message' 화법과 'Be-message' 화법

어떤 잘못된 행동의 결과에 대해 그 사람의 행동 과정을 잘 조사하여 설명하고 잘못에 대하여 스스로 반성을 구하는 것이 Do-message 화법이다. Be-message 화법은 잘못에 대한 결과를 일방적으로 단정하여 상대방으로 하여금 반감을 불러일으키게 하는 것이다. 가령, 계속서 지각하는 사람에게 "당신 잘못이다", "당신은 지각 대장이야"라고 단정하면 Be-message 화법이다. 상대방을 먼저 이해하며 연속 지각한 것을 잘못이라는 것을 설명하여 잘못된 점에 대하여 스스로 반성하도록 하는 것이 Do-message 화법이다. 대화를 할 때는 Do-message 화법을 활용하는 것이 효과적이다.

2) 상사와 부하 사이의 대화

조직의 구성원들은 조직 내에서 지도자로서의 역할과 팔로워 (follower)[2]로서의 역할을 동시에 수행하고 있다. 특히 중간 간부는 이 양자의 역할은 하루에도 수없이 반복된다. 조직의 원활한 운영은 지도 자가 얼마나 훌륭한 리더십을 발휘하는가에도 달려 있지만, 다른 한편 으로는 그의 팔로워들이 그를 얼마나 잘 따라 주는가에도 달려 있다 고 볼 수 있다.

의사소통을 활성화하면 조직의 능률성을 높일 수 있다. 그러므로 조직 내에서 상사와 부하 사이의 지시와 복종의 하향식 소통 체계를 벗어나서 자율적인 대화의 길은 열어 놓을 필요가 있다. 이러한 변화 가 일어나려면 구조적인 면에서 조직 자체의 유연성을 확대하여야 한 다. 이와 함께 조직 구성원 개인이 대화 상황을 적절히 활용할 수 있 는 대화법을 익혀야 한다. 특히 조직에 존재하는 독특한 문화 때문에 구조적인 면에서의 변화를 기대하기 힘든 상황에서는 개인적 차원에 서의 대화 기회 확대와 이를 효율적으로 활용할 수 있는 대화법 개발 이 더 중요성을 지닌다.

직장에서 인간관계를 좋게 하려면 일방통행적인 명령으로 대하지 말고, 부하의 협력을 얻는다는 자세로 대하지 않으면 안 된다. 일상적 인 인간관계를 잘 유지하면서, 직장에 좋은 협력관계를 확립하려면 무 엇보다도 상사의 훌륭한 화법이 절실하다. 직장에서 논쟁을 하면 나쁜 결과를 가져오는 것이 분명하다. 물론 뜻하지 않게 논쟁이 벌어지는

---

2) 'follower'는 '추종자(追從者), 수행자(隨行者), 따르는 자'로, 'followership'은 '추종력(追 從力), 수행력(隨行力), 따르는 힘'이라고 번역할 수 있다. 여기에서는 '팔로워, 팔로 워십'이라는 용어를 쓰기로 한다.

수도 있다. 세미나·토론·회의 등에서 논쟁이 벌어지는 것은 당연하나, 그렇더라도 감정적으로 확대되지 않게 말꼬리 하나에도 신경을 써야 한다. 본질적인 문제 외에 상대방의 말꼬리를 잡아 논쟁하는 것은 삼갈 일이다. 더구나 회의 석상이 아닌 일상의 업무수행 시에 논쟁을 하는 것은 가치 없는 일이다. 논쟁에 패하면 역시 분하고 논쟁에 이겼다 해도 상대편은 논파당했다는 불쾌한 기분을 오랜 시간 간직하게 된다.

상사와 부하 사이의 대화가 효율적으로 이루어지려면, 상황에 적절한 의사소통 방식을 선택적으로 사용할 수 있는 능력이 필요하다. 대화의 상황에 따른 '친근감'과 '사회적 격식의 조화' 문제를 고려해야 한다(이은희, 2003). 공적인 상황에서 이루어지는 대화에서는 격식을 갖추어 말하는 것이 필요하다. 격식 갖춤은 상사와 부하가 서로 지켜야 할 상호 존중의 요건이다. 심리적으로 서로가 아무리 가깝게 생각하고 있는 사이라 할지라도 격식을 갖추어야 한다. 공적인 대화에서는 상사가 나이 어린 부하 직원에게 말할 때 격식을 갖추어야 한다. 반면에 사적인 대화에서는 친밀감의 정도에 따라 대화의 격식을 허물 수도 있다. 사적인 대화의 자리일지라도 서로 친밀도가 낮은 경우에는 상사와 부하가 서로 격식을 갖추어서 대화하는 것이 상례이지만 점차 친근한 사이가 되면 격식에 얽매지 않고 대화하는 것이 자연스럽다.

상사와 부하가 서로 친밀감이 높은데도 사적인 대화에서 너무 깍듯하게 격식을 갖추어 말할 경우에는 상대방을 존경하는 표현이라기보다는 심리적 거리감을 주는 표현으로 오해를 받을 수도 있다. 오랫동안 지속적인 관계를 맺으면서 친근감이 쌓인 경우 공적인 자리에서도 상사가 부하에게 자연스럽게 반말을 하고 이름을 부른다든지, 부하가 상사에게 비격식체의 높임법을 사용하는 것을 볼 수 있다. 이런 경우가 계속적으로 나타날 때 서로가 표현은 못하지만 불쾌감을 느끼게 되고 결과적으로 관계를 악화시키게 된다.

상사는 부하를 효과적이고 강력하게 설득할 수 있어야 한다. 설득은 문서에 의한 방법도 없는 것이 아니지만, 대부분의 경우 직접 상대편과 대면 상태에서 말로 이루어진다. 그러므로 설득의 원리를 익히지 않고는 성공적인 설득을 기하기 어렵다. 현재 지도자의 자리에 있는 사람들은 스스로의 화법을 점검해 볼 필요가 있다. 상사는 부하 직원들이 싫어하고 좋아하는 화법을 염두에 두어야 한다.[3]

상사는 부하에 대하여 많은 것을 이해하고 있어야, 자신의 목적을 효과적으로 달성할 수 있다. 다양한 부하 모두를 개별적으로 알 수는 없을지라도, 소집단별로라도 그들이 어떤 문제에 관심을 기울이고 있는지 또 어느 정도 알고 있는지, 그들이 지금까지 지니고 있는 의견이

---

[3] 박경현(2000)은 부하들이 싫어하는 화법으로 다음과 같은 것을 들고 있다.
① 훈시적이고 설교적이다　　② 거만하고 뽐낸다
③ 딱딱하다　　④ 상사, 동료, 부하에 대한 험담을 잘 한다
⑤ 강제적이고 명령적이다　　⑥ 부하에게 수치감을 느끼게 한다
⑦ 빈정대거나 핀잔을 잘 준다　　⑧ 남 앞에서 꾸짖는다
⑨ 부하의 결점을 파헤친다　　⑩ 날카롭고 융통성 없게 말한다
⑪ 논쟁을 한다　　⑫ 말로 발뺌한다
⑬ 불평을 투덜댄다　　⑭ 자기가 젊었을 때는 그렇지 않았다고 자만한다
⑮ 자기를 변명한다　　⑯ 쓸데없이 길고 지루하게 말한다.

그러나 다음과 같은 상사의 화법은 환영한다.
① 의논적이다　　② 부탁하는 식이다
③ 친숙하다　　④ 부하의 장점을 찾는다
⑤ 부하의 실패에 동정적이다　　⑥ 적절하게 칭찬한다
⑦ 부하의 입장이 되어서 말한다　　⑧ 자기 잘못을 솔직히 인정할 줄 안다
⑨ 침착하고 여유 있게 말한다　　⑩ 부하를 기분 좋게 해준다
⑪ 온화하게 말한다　　⑫ 잘 정리된 정확한 화법을 구사한다
⑬ 부하의 말을 경청한다.

나 태도, 그들에게 영향을 크게 줄 수 있는 것이 무엇인지 등에 대해 어느 정도는 추정하고 있어야 한다. 부하에 대한 주의 깊은 관찰과 이해는 그들을 설득하는 데 필수적인 것이다. 상사는 예의바른 언동으로써 부하에게 안도감과 신뢰감을 갖게 하고 논리와 감정으로 적절히 호소하되 윽박지르지 않아야 한다. 인내심과 지구력을 가지고 설득하고, 분위기가 너무 무겁거나 긴장되었을 때에는 유머와 위트로 부드러운 분위기를 만든다.

부하를 설득하는 일은 대단히 어렵다. 물리적인 방법으로 잠시 설득할 수는 있으나 머지않아 설득 전보다 더 나쁜 결과를 불러오기 쉽다. 말로 설득하여야 설득의 효과는 오래 간다. 그리고 설득은 짧은 시간에 즉각적인 효과를 보기 어렵다. 설득할 때에는 절대 서두르거나 무리한 방법을 사용하지 말고 한 걸음 한 걸음 부하에게 다가가는 태도를 취하는 것이 좋다.

부하 직원을 설득할 때는 다음과 같은 점에 유의하면 효과적일 수 있다(박경현, 2000).

❶ 부하에게 이익이 되는 면을 강조한다

사람이란 자기 이익에 민감하게 마련이어서 부하의 이익을 고려하지 않으면, 설득만으로는 효과가 얻기 어렵다. 또한 이렇게 하면 부하는 장래 자기에게 유리하다는 이익보다는 훨씬 가까운 현실적 이익에 더 관심을 갖게 된다.

❷ 지위나 권력을 내세우지 않는다

자기와 부하 사이에 대립 관계가 생기지 않도록 해야 한다. '명령야!' 권력으로 굴복시키는 설득은 진정한 설득이라 할 수 없다. 부하가 납득한 듯해도 감정상으로는 납득하고 있는 것이 아니다. 설득은 부하가 자진해서 상사의 말을 이해하고 자발적으로 실행에 옮기게 하는 것이어야 한다.

❸ 부하의 흥미를 유발한다

인간은 어떤 것에 대한 흥미를 하나 이상 가지고 있다. 예컨대 스포츠, 바둑, 술 등과 같은 것이다. 따라서 부하가 흥미를 갖고 있는 것에서부터 말을 꺼내기 시작하면 부하도 마음을 놓고 친근감을 느끼게 된다.

❹ 진지하고 열성적으로 대화한다

말솜씨가 서툴고 설득의 기술이 좋지 않더라도 말하는 쪽에 열성이 있으면, 그런 결점을 충분히 보충할 수 있다. 부하는 열성 있는 상사에게 인간적인 매력을 느끼고 따른다는 것을 명심해야 한다. 부하에 대한 화법은 부하의 성격에 따라 조절할 필요가 있다. 상사는 부하에게 일을 맡길 때는 부하의 성격을 잘 파악하여 적절한 표현을 사용한다.

❺ 납득할 수 있는 명령을 한다

과거에는 '명령=강제 → 복종'이라는 공식이 성립되었다. 현재에도 신속한 판단과 과감한 업무 처리가 필요한 경우에는 이 공식을 따르게 된다. 그러나 높은 능률과 의욕을 불러일으키기 위해서는 '명령=설명 → 납득'이라는 공식이 바람직스러운 방식이다. 부하에게 업무에 대하여 잘 설명하여 부하로 하여금 '정말 이건 좋은 아이디어다.'라고 납득이 가도록 하게 되면 매우 능률적이고 질 좋은 성과를 기대할 수 있게 된다.

공적인 상황에서 이루어지는 상사와 부하 사이의 대화의 많은 부분은 정보 전달의 목적을 지니고 이루어진다. 이 경우 대화 참여자는 협력의 원칙[4]을 지키려는 노력하여야 한다. 이것이 지켜질 때 대화상 정보 처리의 경제성이 확보될 수 있다. 이는 더 나아가 업무 수행의 효율성으로 이루어질 수 있을 것이다. 또한 상대방의 체면을 손상시키지 않고 예절바른 표현을 하는 것이 대화를 부드럽게 이끌고 좋은 관계를 형성하는 데 도움을 준다.[5]

자기의 잘못을 솔직하게 인정하는 것은 어떤 인간관계에서도 중요하다. 특히 부하로부터 잘못을 지적받았을 때에 상사는 솔직히 그것을 인정하는 편이 낫다. 그런 상사야말로 부하로부터 지적을 받을 자격을 갖춘 상사이다. 언제나 부하들에게 군림하는 상사는 잘못이 있어도 부하들이 좀처럼 그것을 지적해 주지 않는다. 부하로부터 솔직히 지적받

---

4) Grice가 제안한 원칙을 염두에 둔다.
   ① maxim of quantity : 대화의 목적에 필요한 만큼만 정조를 제공하라, 필요 이상의 정조를 제공하지 말라
   ② maxim of quality : 진실인 정조를 제공하도록 노력하라, 거짓이라고 믿는 것은 말하지 말라, 적절한 증거가 없는 것은 말하지 말라
   ③ maxim of relevance : 관련성이 있어야 한다
   ④ maxim of manner : 명료히 하라, 모호한 표현을 피하라, 중의성을 피하라, 간결히 하라, 조리있게 하라
5) Leech의 정중어법, Brown & Levinson의 체면 위협 행위에서 말하는 격률은 다음과 같다.
   ① 요령의 격률 : 상대방에게 부담이 되는 표현은 최소화하고 상대방의 이익을 극대화시키라. 상대방을 배려해서 상대방의 부담을 줄여줌과 동시에 혜택을 주라.
   ② 관용의 격률 : 자신에게 유리한 표현을 최소화하고 자신에게 부담을 구는 표현을 극대화하라.
   ③ 찬동의 격률 : 상대방에 대한 비방을 최소화하고 칭찬을 극대화하라.
   ④ 겸양의 격률 : 자신에 대한 칭찬은 최소화하고 자신에 대한 비방을 극대화하라.
   ⑤ 동의의 격률 : 자신의 의견과 상대방의 의견 사이의 다른 점을 최소화하고 의견의 일치점을 극대화하라.

을 수 있는 상사는 그만큼 평소에 민주적인 직장 분위기를 만들어 왔다는 것이 된다. 이와 같은 직장이라면 언제든 사양함 없이 의견을 말할 수 있다. 상사와 부하라는 관계를 제쳐놓고도 서로가 잘못을 지적해 줄 수 있는 사이라면 바람직한 인간관계에 있다고 할 수 있다. 그러나 잘못을 지적하는 쪽이 정작 잘못한 경우가 있을 수 있다. 그러므로 지나치게 단정적으로 말할 것이 아니라 완곡하게 말하는 것이 좋다. 예의를 갖춘 진심어린 충고가 오갈 수 있다면 인간관계는 상투적이기보다는 인간미가 있고, 수직적이기보다는 수평적으로 개선되어 나간다.

상사는 부하에게 자기가 의도하는 것을 직접적으로 표현하는 것보다 그것과 관련된 다른 표현으로 돌려 말해 목적하는 바를 간접적으로 나타내는 것이 더 효율적일 때가 있다. 간접적으로 돌려서 말하는 것이 부하의 체면을 덜 손상시키는 품위 있는 방법이 되기도 한다.[6] 간접적 표현은 서로의 긴밀한 관계를 확인할 수 있는 장점이 있다. 직접적으로 딱딱하게 명령조로 말하지 않아도 서로를 이해한다는 것을 확인하는 계기가 되기 때문에 서로의 대화뿐만 아니라 관계를 증진시키는 구실을 한다. 또한 자기 방어를 할 수 있는 장점이 있다. 직접적으로 나타낸 것이 아니기 때문에 자신의 주장이 호응을 얻지 못하거나 거부되면 그것을 쉽게 철회할 수 있고 또 그런 의도가 아니었다고 바꿀 수 있기 때문이다.[7]

---

6) 문이 열려 있을 때, "창문 좀 닫아."라는 명령조의 직접적 표현보다는 "창문 좀 닫아 줄래?"라는 의문 형식이나 "창문이 열려 있어 바람이 들어오는 거 같네."와 같이 서술 형식으로 말하는 것이 간접적 표현이다.
7) 간접 대화를 구성하는 요소로는 상대방이 가지고 있는 힘이나 권위, 지위나 나이, 성별, 친근감 등과 같은 심리적인 요소들에 의해 결정되는 사회적 거리, 상대방이 요구를 받아들일 때 느끼는 부담의 크기, 권리나 의무의 정도가 포함된다(이주행

02 | 연설

    지도자는 각종 행사에서 연설할 기회가 자주 있다. 연설이란 청중에게 일방적으로 연사가 자신의 주장이나 정보를 전달하는 화법이다. 주장하는 것을 연설할 때는 설득과 이해를 주목적으로 하므로 논리적 구성이 필요하다. 주례사, 조회, 석회, 환영사 등은 특정한 조직에서 청중을 대상으로 공식적인 상황에서 준비된 내용을 기초로 일방적으로 내용을 전달하는 연설이다.

    전통적으로 연설이라 하면 연사와 청중이 직접 얼굴을 마주하며 행하였으나, 요즈음에는 그러하지 않고 라디오나 TV 등 전파매체를 통해서 하기도 한다. 각종 대중 집회에서의 연설, 국회나 지방자치단체 의회에서의 연설, 선거 유세, 종교 집회에서의 설교, 법정에서의 검사의 논고나 변호사의 변론, 강의, 강연 등이 그 예이다.

    어떤 유형이건 연설은 결코 웅변이 아니다. 무책임한 선동이나 궤변을 늘어놓는 것은 진정한 의미의 연설이라 할 수 없다. 청중의 호응을 이끌어 내는 연설을 하려면 언제나 진실하고 가치 있는 내용을 자유롭고 짜임새 있게 말해야 한다. 연설은 자신의 신념이나 주장을 많은 청중들에게 전달하는 화법이므로, 민주주의 사회에서 없어서는 안 될 중요한 의사 전달의 구실을 한다. 더 나아가, 훌륭한 지도자의 진실하고 충정어린 명연설은 국가와 민족의 운명에 큰 영향을 끼치기도 한다. 따라서 지도자가 되려는 사람은 훌륭한 연설가로서의 능력을 기르는 것이 중요하다.

    연설은 많은 청중을 대상으로 그들의 호응을 얻어야 가치 있는 것

외, 2004).

298

이 되므로, 연설하기 전에 미리 청중 및 상황을 분석하여 거기에 알맞은 내용과 표현을 찾고 충분한 연습을 해두어야 한다. 화법학자들은 "연설을 잘 하는 방법에는 절대적인 왕도가 없다. 다소 효율적인 기본 원리가 있을 뿐이다."라고 이구동성으로 말하고 있다. 연설을 효과적으로 하려면, 그 기본 원리를 터득하고 반복 연습하는 과정에서 여러 차례의 시행착오를 겪는 등 의도적이고 지속적인 노력이 필요하다. 경험보다 더 좋은 교과서는 없기 때문이다.

이 장에서는 연설, 강의, 강연, 보고, 발표 등과 같이 한 명의 화자가 다수의 청중을 대상으로 하는 대중 화법(大衆話法)을 어떻게 효과적으로 할 것인가에 대하여 살펴본다. 편의상 앞으로는 이런 유형의 화법을 모두 뭉뚱그려 '연설'이라는 용어를 사용한다.

자신 있게 남의 앞에 나서서 연설하려면, 우선 연사로서의 자질을 갖추어야 한다.[8] 연사는 청중의 호불호(好不好)를 항상 염두에 두고 연설해야 효과적이다. 청중의 수준을 고려하지 않고, 난해한 전문 용어를 남발하고 구체적인 통계 수치를 지나치게 나열해서는 안 된다.

연설은 "어떻게 말하느냐"보다는 "무엇을 말하느냐"에 초점을 두어야 한다. 곧 말의 기교보다는 내용이 중요하다. 청중들에게 "말은 잘 하는데 들은 건 별로 없다."는 인상을 주어서는 연설은 단순한 입

---

8) 박경현(2000)은 다음과 같은 자질을 들고 있다.
① 모범적인 인품을 갖추어야 한다.
② 해박한 전문지식이 있어야 한다.
③ 풍부한 경험과 인간적인 매력이 있어야 한다.
④ 상황에 적절히 적응할 수 있는 능력을 갖추어야 한다.
⑤ 어느 정도의 언변과 연기력이 있어야 한다.
⑥ 연설을 잘 하기 위해 꾸준히 자기 계발을 하여야 한다.

놀림에 지나지 않는다. 청산유수(靑山流水), 현하지변(懸河之辯), 사자후(獅子喉), 능변, 달변이 아니고, 좀 어눌하여 다소 더듬더라도 "무엇을 이야기하느냐"가 중요하다. '자신의 견해, 알맹이가 있는 말, 열의와 성심성의가 담긴 말, 청중이 듣고 싶은 말'을 해야 연사나 청중 모두가 만족스럽다.

알랑대고 둘러대고 매끄러운 감언이설(甘言利說)은 진실이 결여되기 쉽다. "머리로 말하지 말며, 스타일(style)로 말하지 말며, 폼(form)으로 말하지 말며 계급으로 말하지 말며, 다만 전 인격(全人格)으로 말하라."라는 연설훈(演說訓)도 이런 점을 강조한 말이다.

"나는 말을 잘 못한다, 남의 앞에서 말하는 것이 서툴다, 무엇부터 이야기해야 할지 모르겠다." 등의 열등감이나 연단 공포증도 가져서는 안 되지만, "기찬 이야기로 감동을 주어야 하겠다, 박수갈채를 받아야 하겠다, 이 기회에 잘난 모습을 과시해야 하겠다."는 등의 야심도 연설에서는 금물이다. 자칫 진실과는 먼 공염불이 되기 쉽다. "말이 조리에 맞지 않으면 말하지 않는 것만 못하다."[9]라고 했듯이 말이 이치에 맞아야 하지 자기 주장만의 무조건적 강요는 연설의 효과를 얻을 수 없다.

좋은 연설의 첫째 요소는 '진실', 둘째 요소는 '양식(良識)', 셋째 요소는 '공감(共感)', 넷째 요소는 '기지(機智)'이다. 곧 연설은 기교보다는 내용을 중시하여야 한다. 고압적이거나 위압적으로 자신의 과거 경험을 청중에게 강요하는 연사를 청중은 좋아하지 않는다. 특히 연세가 들거나 지위가 높은 분들이 자칫하면 이런 태도를 지나치게 보여 다음과 같은 말을 수시로 남발하여 자신의 경험을 은근히 강요하는 듯

---

9) 言不中理 不如不言(언부중리 불여불언[명심보감]).

한 인상을 주게 되면 연설의 효과는 반감(半減)하게 된다.

"5분 말하기 위하여 하루 동안 생각하라."[Emerson]라는 말이 있듯이 다수를 상대로 하는 연설은 사전 준비가 철저하여야 한다. 사전 준비가 소홀한 연설은 청중에게 신뢰감을 줄 수 없고 비례(非禮), 결례(缺禮), 무례(無禮), 실례(失禮)를 범하는 것이며 연사에게는 자신감 주지 못한다.

횡설수설, 항상 같은 이야기 되풀이하는 연설, 형식적으로 관례에 따르는 연설, 억지로 시간만 때우는 듯한 연설, 주제가 불분명한 연설 등은 청중이 지겨워한다. 그러므로 연사는 평소 풍부한 이야깃거리를 마련한다. 거만하고 오만하며 믿을 수 없게 허풍을 떠는 연사를 청중은 싫어한다. 정해진 시간을 초과하여 지루하게 하거나 지나치게 일찍 끝내 형식적으로 보이는 연설도 청중은 싫어한다. 끊임없이 자기 자랑을 하며, 남을 탓하고 험담하고, 선동하는 연사의 연설을 청중은 좋아하지 않는다. 청중은 연사가 연설을 변화 없는 목소리, 작은 목소리, 박력 없는 목소리로 계속하거나 지나치게 사투리를 사용하면 지겨워한다.[10]

연령층, 지적 수준, 성별, 출신 지역, 신체 조건, 종교, 연사에 대한 호감도 등을 파악하여 그에 상응하는 내용, 언어의 선택, 이야기 순서

---

10) 청중은 적절한 시간에 끝내는 연설을 좋아 한다. 말하기의 보통 속도 1분 동안에 100단어 정도 200자 원고지 2장 가량이 된다. 청중이 알아들을 수 있는 말, 명료하고 구체적이며 생동감 있는 어휘, 비전문적인 어휘를 사용하는 것이 자연스럽다. 청장년층은 추상적 어휘를 선호하여 다소 난해하고 복잡한 언어 참아가며 들어준다. 그러나 노유년층은 구체적 어휘를 선호하는 경향이 있어, 낯선 어휘들을 간단 명료하고 쉽게 풀어서 설명해 주는 것이 좋다.
여성층은 남성층보다 즉흥적 표현[ad-lib]에 반응이 빠르다. 따라서 갑자기 말을 빠르거나 크게 하거나, 성대모사를 하거나, 변화 있는 표정이나 자세를 취하거나 신체 언어 같은 것을 사용하면 효과적이다. 연사가 확신에 찬 말을 할 때 청중을 효과적으로 납득시키고 자신감을 주게 된다(박경현, 2000).

를 짜는 것이 좋다. 호의를 보이는 청중에게는 먼저 결론 제시함으로써 다짐이나 약속 이행의 만족감을 부여하는 연역적 순서가 좋다고 한다. 반면에 적의(敵意)를 느끼고 있는 청중에게는 논리적 전개 과정에서 청중이 무의식적으로 수긍할 수 있게 귀납적 순서로 이야기를 끌고 나가는 것이 효과적이라고 한다.

1) 연설의 준비

연설은 대체로 다음 일곱 단계를 밟아 준비하는 것이 효과적이다.

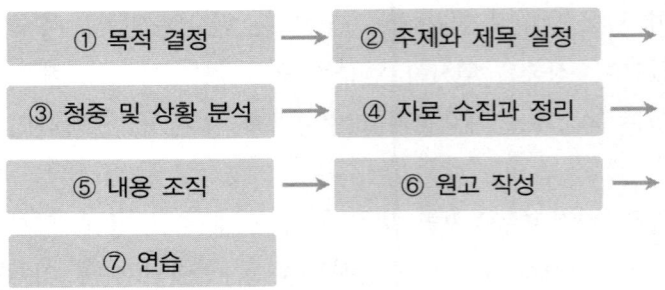

이 순서는 고정된 것이 아니다. 실제 연설을 준비할 때에는, 청중과 상황을 먼저 분석한 다음에 목적을 결정하고 주제를 설정할 수도 있다. 그러나 준비 과정에서 순서는 바뀌더라도 이 일곱 단계는 모두 고려해야 한다.

(1) 목적 결정

연설을 성공적으로 하려면 먼저 "왜 말하는가?", "무엇 때문에 말하는가?" 그 목적을 분명히 결정해야 한다.

연사는 우선 연설하는 목적을 개괄적으로 정한다. 예컨대 청중에게 보고·시범·묘사·강의 등과 같이 정보를 알리려는 것인지, 설득과 같이 청중을 자신의 생각대로 움직이게 하고자 하는 것인지, 축사·기념사·조사·주례사 등과 같이 행사를 위한 것인지, 환담과 같이 청중을 즐겁게 하고자 하는 것인지, 충고나 칭찬처럼 상대방의 잘못을 바로잡거나 격려하려는 것인지를 명확하게 한다. 자신이 할 연설이 여러 가지 목적을 동시에 가질 경우에는 가장 핵심적인 목적이 무엇인지를 염두에 두도록 한다. 그 다음은 주제문을 작성하면서 구체적으로 결정하도록 한다.

(2) 주제와 제목 설정

"무엇을 말할 것인가?"는 주제 설정에 관한 것이다. 주제란 연사가 연설을 통하여 주로 나타내고자 하는 중심 생각이다. 우리가 어떤 글을 쓰고자 할 경우 먼저 그 목적을 결정한 뒤에 무엇을 쓸 것인지에 대하여 생각하는 것과 같이, 연설할 때에도 먼저 그 목적을 설정한 뒤에 무엇을 말할 것인가에 대하여 생각하게 된다.

가령, '쓰레기 분류 수거 문제'라는 주제를 설정했다면, 그 다음으로 '……을 이해시키기 위해', '……하게 하기 위해', '……을 북돋우기 위해', '……을 즐겁게 하기 위해'와 같은 구체적 목적을 생각해 본다.

주제를 설정할 때에는 연사는 자신이 가지고 있는 경험이나 지식을 활용하고, 여러 대상을 면밀히 관찰하거나 자료를 찾아 활용한다. 주제를 풍부하게 뒷받침하기 위해서는, 평소에 폭넓게 독서하고 다양한 체험을 하여 다각적인 안목과 역동적인 사고를 길러야 한다. 주제는 대개 모임의 성격에 따라 미리 그 테두리가 정해지기도 하지만, 그렇지 않을 경우에는 화자가 스스로 그 목적·대상·상황에 맞게 설정해야 한다.

❶ 주제 설정할 때 고려 사항

주제를 설정할 때에는 다음 몇 가지 사항에 유의해야 한다.

㉠ 말하는 상황에 알맞은 것이어야 한다.

상황에 맞지 않는 주제를 가지고 이야기하게 되면 기대하는 성과를 거두기가 어렵다. 가령, 저소득층을 대상으로 '보석 밀수의 현황'과 같은 주제로 이야기하면 아무런 효과도 얻을 수 없을 것이다.

㉡ 자신이 잘 알고 있는 것이어야 한다.

주제는 자신이 평소에 관심을 가져온 것, 자신의 전공과 관련이 있는 것, 자신이 실제로 경험해 본 것 등을 골라야 한다. 그래야만 자신의 능력으로 소화할 수 있으며 쉬운 말로 정확히 표현할 수 있으므로 청중에게 쉽고 흥미롭게 전달할 수 있다.

㉢ 가치가 있는 것이어야 한다.

가치가 있는 주제는 화자와 청중 모두에게 의미가 있다. 사람들은 남의 이야기를 들을 때에 그 내용이 가치가 있어야 관심을 기울이게 된다. 대부분의 연설은 청중을 염두에 두고 하는 것이기 때문에 그들의 흥미나 관심을 도외시한 것은 공감을 얻기 어렵다. 남이 이미 다룬 평범하고 진부한 문제보다는 새롭고 가치 있는 문제를 주제로 설정하면 청중의 주의를 끌 수 있다.

ⓔ 화자와 청중 모두에게 흥미 있는 것이어야 한다.

양쪽이 모두 관심을 가질 수 있고 흥미로운 것이어야 가치 있는 연설이 된다. 청중이 주제에 대해 많은 흥미를 느끼게 되면 청중의 주의와 관심을 모을 수 있을 것이다. 청중이 연사 못지않게 너무 잘 알고 있는 주제는 효과가 없다.

ⓜ 주어진 시간에 충분히 표현할 수 있는 것이어야 한다.

연사는 일정한 시간에 충분히 표현할 수 있는 주제를 선정하여야 효과적으로 이야기할 수 있다. 주제가 지나치게 큰 것이거나 작은 것일 경우에는 일정한 시간에 표현하기가 어렵다. '사랑'이라는 큰 주제보다는 더 구체적으로 '까마귀의 사랑'과 같은 작은 주제를 가지고 이야기하는 것이 효과적이다.

ⓗ 시의적절하고 행사의 성격에 맞는 것이어야 한다.

과거의 일이나 미래의 일보다는 최근에 관심을 가지고 있는 주제를 선정하는 것이 좋다. 또 어떤 행사에서 할 연설인 경우에는 그 의식의 성격과 분위기에 어울리는 주제를 설정하는 것이 좋다.

ⓢ 뒷받침할 자료가 충분히 있는 것을 정한다.

아무리 그럴 듯한 주제라 할지라도 그것을 뒷받침해 줄 자료가 없거나 구하기 어려운 것이라면 그 주제는 잘못 설정된 것이다.

❷ 주제문 작성

연사는 말하고자 하는 중심 생각을 하나의 문장, 곧 주제문으로 미리 작성해 보는 것이 좋다. 이 문장은 경우에 따라서는 연설의 제목으로 삼아도 된다. 효과적인 연설이 되려면 주제문이 좋아야 한다.

주제문은 완전한 문장으로 표현하되 연사의 주장이 분명하게 드러나게 하여야 이야기의 목적을 효과적으로 달성할 수 있다. 가령, "저는 오늘 ……라는 것을 말씀드리고자 합니다."의 '……' 부분을 채우는 형식으로 하면 좋다.

❸ 제목 결정

제목은 청중이 그것을 보고서 연설에 관심과 흥미를 일으킬 수 있도록 붙인다. 좋은 제목은 다음과 같은 조건을 갖춘 것이다.

첫째, 주제와 관련이 있는 것이라야 한다.

연설의 주제와 관련이 없는 제목을 붙이면 청중에게 거짓 선전을 하게 되는 것이다.

둘째, 청중의 흥미를 끌 수 있는 것이어야 한다.

자극적이거나 도전적인 제목을 붙이면 청중의 관심을 끌 수 있다. 그러기 위해서는 참신한 표현을 할 필요가 있다. 그러나 지나치게 자극적이어서 청중의 반감을 사기 쉬운 것은 피하여야 한다.

셋째, 간결한 것이어야 한다.

논문을 구두로 발표할 때와 같이 특별한 경우에는 제목이 길 수도 있겠지만, 보통 연설의 제목은 간결할수록 좋다. 그러나 주제를 암시하고 청중의 흥미를 유발할 수 있는 것이라야 한다.

이상에서 살펴본 바와 같이 연설의 목적을 결정하고 주제와 제목을 설정한 뒤, 다음과 같은 메모를 작성해 본다.

> 제 목 : 쓰레기 사태, 이래도 되냐?
> 주 제 : 쓰레기 분류 수거 문제
> 개괄적 목적 : 설득
> 구체적 목적 : 쓰레기 분류 수거를 독려하기 위하여
> 주제문 : 쓰레기 분류 수거를 철저히 하지 않으면, 우리는 앞으로 정
>   상적인 생활을 할 수 없다.

(3) 청중 분석과 상황 분석

청중 분석은 "누구에게 말하는가?"에 관한 것이다. 연설은 언제나 일정한 청중을 대상으로 하여 이루어지는 것이기 때문에 청중의 나이·성별·교육 정도·직업·사회적 지위·경제적 수준 등을 고려하여 알맞게 대처하면 성과를 거둘 수 있다.

상황 분석은 "어떤 상황에서 말하는가?"에 관한 것이다. 상황은 연설을 하는 시간과 장소, 분위기, 연사와 청중과의 관계, 사회적·문화적 배경을 뜻한다.

❶ 청중 분석

청중은 연사의 이야기를 그저 피동적으로 수용하는 벽이 아니다. 청중은 자기 나름의 가치관을 지니고 있어서 연사가 그들의 가치관과 부합하지 않는 주장을 내세울 때 연설 자체를 무시하거나 반발을 하게 된다. 따라서 연설은 청중을 중심으로 준비되어야 한다.

청중에 대해서는 다음과 같은 사항을 미리 분석해 둔다. 이러한 사항은 주로 청중을 직접 인터뷰하거나 설문조사를 하는 방법, 청중을 잘 아는 제3자를 통한 자문 등을 통하여 준비한다.

　⑦ 청중은 연사에 대하여 호의적(好意的)인가? 적의적(敵意的)인가?
　ⓛ 청중은 화제에 대하여 어떤 태도를 보이고 있는가?
　ⓒ 청중은 연설의 목적에 대하여 어떤 태도를 보이고 있는가?
　ⓔ 청중의 지적(知的) 수준은 어느 정도인가?
　ⓜ 청중은 무엇을 들으려 하는가?
　ⓗ 청중의 심리 상태는 어떠한가?
　ⓢ 청중은 어떤 사람들로 구성되어 있는가?
　ⓞ 청중은 물리적으로 어떤 상태에 있는가?

▌연사에 대한 태도

청중은 연사에 대하여 호의적일 수도 있고 적의적일 수도 있다. 청중의 이러한 태도는 연사가 지닌 공신력(公信力)에 의해 좌우된다. 공신력은 전문성·신뢰성·정열에서 나온다. '전문성'이란 연사의 능력, 자질, 자격, 지식, 경험, 권위, 현명함 등을 말하고, '신뢰성'이란 연사의 인격, 도덕성, 개방성, 관용성, 객관성 등을 말하며, '정열'이란 화자의 박력, 열성, 정성 등을 이른다.

호의적인 청중에 대해서는 그들의 우호적 감정을 더욱 고취시키는 방향으로 연설을 이끌어야 한다. 적의적인 상대일 경우에는 감정적이기보다는 이성적으로 접근하는 연설을 해야 효과적이다.

▌주제에 대한 태도

먼저 주제에 대한 청중의 태도가 연사 자신의 태도와 동일한가 상반되는가를 파악해 본다. 양측의 태도가 일치할 때에는 연사가 자신의 주장을 입증하기 위해 많은 증거를 제시할 필요가 없다. 그러나 상반될 경우에는 연사는 조심스럽게 자신의 주장을 피력하여야 하며 충분한 증거를 준비하여 이를 입증해내야 한다.

다음으로 청중이 주제에 대하여 얼마나 관심을 가지고 있는가를 파악해 본다. 청중이 주제에 대하여 관심이 있으면 경청하게 되지만, 그렇지 않으면 방관하게 될 우려가 있다. 이런 점을 생각하여 주제는 청중의 호응을 얻을 수 있는 것을 설정하는 것이 좋다. 때로는 청중이 별로 흥미를 느끼지 못하는 주제로 연설하는 경우도 있다. 이런 때에는 왜 그 주제가 청중에게 중요한가를 상세히 설명함으로써 흥미를 유발하도록 한다.

▎ 목적에 대한 태도

이야기의 목적은 연사가 결정하는 것이다. 그러나 청중이 보이는 태도는 다를 수 있다. 호의적인 청중에게는 되도록 바르고 명확하게 연설의 목적을 드러내는 것이 효과적이다. 서로가 동의하는 부분은 입증하려고 노력하지 말고 단순히 강조하는 것으로 충분하다. 입증 절차보다는 주장을 행동화하도록 촉구한다. 그리고 결론을 앞세우고 이에 대한 근거를 뒤에 제시하는 연역적(演繹的) 접근 방법이 효과적이다.

그러나 우호적이지 않은 청중들에게는 많은 논의를 거친 뒤 분위기가 무르익었을 때 연설의 목적을 털어놓는 것이 좋다. 적의를 품은 청중에게는 연설의 목적을 직접적으로 말하지 않는 것이 좋다. 청중을 비난하거나 그들의 입장을 반대하면 이미 파인 골을 더욱 깊게 할 우려가 있다. 주장에 대한 근거부터 제시하고 주장은 맨 마지막에 내세우는 귀납적(歸納的) 접근 방법이 효과적이다. 동의하지만 행동하는 것을 망설이는 청중에게는 주저하는 이유를 찾아내고 그 이유의 불합리성을 밝히는 데 많은 노력을 기울인다.

▌지적 수준

연사는 청중의 지적 수준을 파악하여 그에 어울리는 어휘, 문장, 논리 전개 방법 등을 선택한다. 교육 수준이 낮은 청중에게는 평이한 말, 짧은 문장, 단순한 논리 등을 사용하는 것이 연설의 내용을 이해시키는 데 도움이 된다. 반면에 교육 수준이 아주 높은 청중에게는 전문 용어, 복잡한 문장, 정교한 논리 등을 사용하는 것이 오히려 빠르게 이해시키는 길이 된다.

다음은 청중이 주제에 대한 지식을 어느 정도 알고 있는가를 파악해 본다. 주제를 비교적 잘 알고 있는 청중에게는 기초적인 부분을 설명하는 데 시간을 낭비할 필요가 없고, 이미 알고 있는 지식에 새로운 지식을 연결시켜 설명하고 그들에게 익숙한 전문 용어를 사용하도록 한다. 그러나 주제를 잘 모르는 청중에게는 기초적인 것부터 차근차근 설명해 주고 한꺼번에 많은 정보를 제공하려는 욕심을 버린다. 또 전문 용어보다는 일상적인 용어를 사용하도록 한다.

▌욕구

청중은 무엇인가를 원하기 때문에 연설을 들으러 온다. 따라서 좋은 연설은 반드시 청중의 욕구를 채워 줄 수 있게 준비하여야 한다. 그들이 무엇을 바라고 어떤 것에 흥미를 가지고 있는가를 파악하여 그것을 충족시키는 방향으로 연설을 준비하여야 한다. 청중의 욕구를 제대로 파악하고 있지 못하면 그들의 호응을 얻기 힘들다.

▌심리 상태

청중이 어떤 감정을 가지고 있는가를 파악하여야 한다. 청중은 어떤 때는 기쁨에 들떠있기도 하고 어떤 때는 슬픔에 젖어 있기도 한다. 좋은 연사는 청중의 감정 상태를 잘 파악하여 그 감정을 이용할 수 있어야 한다.

▌구성상의 특징

청중이 동질적인 집단인가 이질적인 집단인가? 남녀의 비율은 어느 정도인가? 청중의 연령, 종교, 계층, 직업은 어떠한가? 청중이 자발적으로 모였는가 강제 동원되었는가? 이런 점을 미리 파악하여 그에 알맞은 화법을 구사하여야 한다.

▌물리적 특징

청중은 다수인가 소수인가? 청중은 실내에 있는가 야외에 있는가? 청중은 서 있는가 앉아 있는가? 이런 점을 미리 파악하여 그에 알맞은 조치를 취하여야 한다.

❷ 상황 분석

상황 분석은 자신이 행할 연설이 '언제', '어디에서', '어떤 행사의 일환으로', '어떻게 진행되는가' 등을 파악하는 것이다.

상황에 대해서는 다음과 같은 사항을 분석해 둔다.

▌시간

연설할 시기는 언제인가? 특별한 날인가? 하루 중 오전인가 오후인가? 다른 행사 전인가 그 이후인가? 이런 점을 고려하여 그것에 알맞게 대처하여야 한다. 여러 연사가 이야기할 경우, 그 순서는 언제가 좋은가? 자신에게 주어진 시간은 어느 정도인가? 이런 점을 미리 파악하여 그에 적절한 대처를 해 두어야 한다.

▌장소

연설하는 장소는 어디인가? 연단의 구조는 어떻게 되어 있는가? 마이크를 사용하는가? 조명은 어떠한가? 서서 할 것인가 앉아서 할 것인가? 카메라가 설치되어 있는가? 이런 점을 미리 파악하여 그에 적절한 대처를 해 두어야 한다.

▌모임의 성격

자신의 연설이 어떤 행사의 일환으로 행해지는가? 행사의 순서는 어떠한가? 행사의 규칙이나 관습이 정해져 있는가? 이런 점을 예의 주시하여 그에 알맞은 대처 방법을 강구해 두어야 한다.

(4) 자료 수집과 정리

주제를 설정하고 나면 그것을 뒷받침할 자료를 모은다. 집을 짓는 데 비교하여 말하면, 자료는 건축가의 의도를 구체적으로 나타나는 데 꼭 쓸모가 있는 각종 건축 자재와 같은 것이다.

연설을 잘 하려면 평소 풍부한 이야깃거리를 마련해 두어야 한다. 아는 것이 있어야 말할 거리가 생긴다. 보고 듣고 읽은 것, 생각한 것, 경험한 것 등 가운데 연설에 활용할 수 있는 자료들을 꾸준히 모아야 한다. 그리고 그 자료들을 머릿속에만 간직하지 말고 메모(memo), 카드(card), 스크랩(scrap), 파일(file) 작업 등의 방법으로 자료를 수집하는 습관을 들인다. 그리고 실제 연설을 할 때 상대방의 반응을 살피면서 이를 적절히 활용한다.

즉흥 연설을 하게 될 때도 단 몇 분 전에라도 간단한 메모를 준비하여 가능하면 무엇인가 손에 들고 이야기를 하면 청중에게 신뢰감을 줄 수 있다.

특히 자신의 업무와 관련되는 전문 분야에 정통하도록 자료를 모으도록 한다. 평소 업무 처리 과정을 기록해 두는 것이 중요하다. 그저 들은 풍월보다는 자신의 업무와 관련되는 전문적인 것, 실무 경험, 어떤 분야의 권위를 인정받을 수 있는 내용을 수집한다. 그리고 내용의 범위를 지나치게 확대하는 것은 금물이다. 자신의 업무에 대한 최근 자료, 신빙성과 현장감을 높일 수 있는 것을 이야기하는 것이 효과적일 것이다.

자료는 주제를 정확하고 효과적으로 전개해서 청중에게 분명하게 전달할 수 있는 것이어야 한다. 자료는 주제를 먼저 결정한 다음에 수집할 수도 있고, 반대로 자료를 모은 다음 그 결과에 따라 주제를 결정할 수도 있다. 설명이나 설득과 같이 이미 알고 있는 사실이거나 분명한 주장을 담은 연설을 하려고 할 경우에는 주제를 먼저 설정하는 것이 일반적이지만, 보고나 환담을 할 경우는 자료를 먼저 모은다.

❶ 자료 수집의 방법

자료는 다음과 같은 방법으로 모은다.

▌각종 문헌 자료를 검토한다

도서관에는 필요한 신문·잡지·서적·논문 등 온갖 자료가 보관되어 있다. 그러한 자료들 중에서 주제를 뒷받침하는 데 필요한 과거의 글들을 찾아 모으는 것이다. 자료를 수집할 때에는 현재까지 출판된 단행본은 물론, 연간·계간·격월간·월간·일간·부정기간의 모든 잡지나 신문을 상세히 조사하여야 한다. 요즈음은 컴퓨터의 발달로 자료검색이 훨씬 편해졌다. 그 대표적인 예로 시디 롬(CD ROM)이나 인터넷(internet)을 이용하면 굳이 발로 뛰지 않아도 된다. 이 때 주의할 점은 혹시 빠뜨린 것이 없는지를 검토해야 하는 것이다.

▌전문가의 조언을 듣는다

이미 발간된 문헌에서 필요한 자료를 구하기가 어려운 때에는 그 방면의 전문가를 만나 주제를 뒷받침하는 데 필요한 이야기를 듣는다. 이 때, 자료의 정확성을 기하기 위하여 녹음기에 채록하였다가 정확히 전사(轉寫)하여 활용한다.

▌라디오나 TV를 이용한다

라디오의 청취나 TV의 시청은 일시적이고 제약적이므로 녹음하거나 녹화한다.

▌설문조사를 한다

주제를 표현하는 데 필요한 사실을 문제화하여 피조사자들에게 나누어 주고, 그들이 각 물음에 응답한 것을 통계 처리하여 자료로 활용한다.

▌현장 조사를 한다

필요한 곳을 직접 찾아가 주제를 뒷받침하는 데 증거가 될 만한 물건을 촬영하거나, 현지 주민들에게 주제를 표현하는 데 필요한 이야기를 직접 듣는다.

❷ 자료 수집의 기준

자료를 수집할 때에는 다음과 같은 점을 기준으로 삼는다.

▌주제를 뒷받침할 수 있는 것을 모은다.

일상생활에서 흔히 찾을 수 있는 것들은 물론, 주제를 살리는 데 이바지할 수 있는 것이라면 도표, 사진, 통계 자료 같은 것도 수집한다. 아무리 어렵게 수집한 자료라 할지라도 화제와 관련이 없는 것은 과감히 버려야 한다.

▌풍부하고 다양하게 모은다

이렇게 수집하면 문장이 다채롭고 윤택하여 청중의 흥미를 유발시킬 수 있다. 그러나 자료의 양이 부족하거나 종류가 다양하지 못하면 연설의 내용이 충실하지 못하고 균형을 잃기 쉽다.

▌청중의 관심과 흥미를 끌 수 있는 것을 수집한다

자료는 연사나 청중이 다 같이 흥미를 느낄 수 있는 것일수록 좋다. 청중들이 참신하게 여길 수 있고 시기적으로도 알맞은 것들을 모은다. 그러나 너무 새로운 것만 찾는 나머지 자료가 생경하거나 추상적이어서 공감하기 어려운 것이어서는 안 된다. 사람들은 자신에게 이익을 주고, 유머가 있으며, 시의(時宜)에 맞는 새롭고 신기한 것에 관심을 갖는다. 그러므로 연사는 청중이 흥미를 가질 수 있는 자료를 선택하여야 한다.

▌정확하고 확실한 자료를 모은다

내용이 확실하고 근거가 분명한 자료만이 주제를 잘 살릴 수 있다. 아무리 좋은 자료를 모으더라도 그것이 사실이 아니거나 객관성이 없으면 연설 전체가 과장되기 쉬우므로 주의해야 한다. 보편타당성이 결여되어 있는 자료를 사용하여 이야기를 하면 연사는 청중에게 신뢰를 얻지 못한다. 그러므로 아무리 애써서 수집한 자료라 할지라도 그 주제를 나타내는 데 타당성이 결여되어 있으면 과감하게 버려야 한다.

▌자료는 실제 연설할 양보다 더 많이 준비한다

이는 연설을 하면서 청중의 반응과 상황에 따라 적절히 선택하기 위해서이다.

❸ 자료의 정리 방법

주제와 관련되는 자료를 수집한 다음에는 그것을 체계적으로 분류하여 정리해야 한다. 즉, 모은 자료들 중에서 주제를 뒷받침하는 데 가장 효과적인 것들만 알맞은 분량만큼 고르는 것이다.

자료의 정리 방법은 연사의 의도와 주제의 성격에 따라 다르지만 일반적으로 다음과 같은 요령으로 정리하는 것이 효과적이다.

    ㉠ 내용이나 성격이 비슷한 것끼리 묶는다.
    ㉡ 주제와 직접적으로 연관되는 것과 그렇지 않은 것을 구분한다.
    ㉢ 중요한 것과 덜 중요한 것을 구별하여 묶는다.
       주제를 뒷받침하는 데 많은 비중을 차지하는 것과 그렇지 않은 것을 분류하여 정리한다.
    ㉣ 상대적인 성격을 띤 자료는 비슷한 분량으로 정리한다.

이렇게 해 놓으면 논의의 객관성을 유지하기 위하여 상반된 견해를 같은 분량으로 제시할 경우에 편리하다.

ㅁ 개요 작성의 편의를 위해 대강의 순서를 정하고, 자료의 선택이 어느 한쪽으로 치우쳤는지 아닌지를 살핀다.

다음은 "교통사고는 여러 가지 원인으로 발생한다."는 주제를 뒷받침하는 자료들을 모아 정리한 예이다.

〈자료수집〉

(1) 앞지르기	(2) 끼어들기
(3) 속도 위반	(4) 차로 위반
(5) 과로 운전	(6) 난폭 운전
(7) 음주 운전	(8) 노폭 협소
(9) 인구 과밀	(10) 과속 운전
(11) 우측 통행	(12) 갓길 운행
(13) 노면 요철	(14) 보도 설치 미비
(15) 자전거 전용도로 미비	(16) 차량 수요 급증
(17) 중형차 선호	(18) 육교 통행 불이행
(19) 주차 시설 미비	(20) 운전 능력 미숙
(21) 횡단보도 일단 멈춤 위반	(22) 자동차 판매 과다 경쟁
(23) 자동차 보험에 대한 맹신	(24) 정비 불량

〈자료의 정리〉

• 운전자에 의한 원인 : (1), (2), (3), (4), (5), (6), (7), (10), (12), (20), (21), (23), (24)

- 보행자에 의한 원인 : (11), (18)
- 교통 대책의 부실에 의한 원인 : (8), (13), (14), (15), (19)
- 기타 원인 : (9), (16), (17), (22)

(5) 내용 조직

주제와 그것을 뒷받침할 자료를 모으고 정리한 뒤에는 줄거리를 짜야 한다. 내용 조직이 엉성하면 연설이 두서가 없어져서 청중은 지루해 하고 그 내용을 이해하기가 어려워진다.

"안녕하셨어요?", "응, 잘 있었니?" 등과 같이 사람들을 만나서 짤막하게 한두 마디를 주고받을 경우에는 내용의 조직에 관하여 특별히 고려하지 않아도 상관없다. 그런데 연설을 할 경우에는, 사전에 연설의 목적을 결정하고 주제와 제목을 설정하며, 그 화제를 뒷받침할 수 있는 자료를 수집하여 선정한 뒤에 내용을 효과적으로 조직해야 한다.

❶ 내용 조직의 원리

내용을 조직할 때에는 다음과 같은 원리를 염두에 두어야 한다.

㉠ 일정한 단계에 따라 내용을 시작하고, 펼치고, 맺어야 한다.
이 원리에 따른 조직의 유형에는 3단 조직, 4단 조직, 5단 조직 등이 있다.

㉡ 통일성 있게 전개하여야 한다.

318

연설에 통일성이 결여되면 청중은 중심 내용을 쉽고 정확하게 파악하지 못하거나 오해할 가능성이 많다. 통일성이 있는 연설을 하려면, 다음 사항에 유의하여야 한다.

- 하나의 주제를 가지고 말한다.
- 중심 개념이 뚜렷한 말을 필요에 따라 알맞게 반복해서 말한다.
- 주제를 일정한 단계성에 따라 조직해서 말한다.

ⓒ 연설 전체를 이루는 요소나 성분이 유기적인 관계로 조직되어야 한다. 응집성이 없는 연설은 청중에게 산만한 느낌을 줄 뿐만 아니라, 청중이 그 주제를 파악하기가 쉽지 않다. 응집성이 있는 연설을 하려면, 다음 사항에 유의하여야 한다.

- 중심 개념들을 유의어로 대치하거나 문장으로 풀어 쓴다.
- 지시어, 접속어, 연결 어미 등을 활용해서 앞의 문장과 뒤의 문장 사이를 긴밀하게 배열한다.
- 서론, 본론, 결론 등의 각 단계를 논리적으로 긴밀하게 구성한다.
- 연사가 주제를 반복해서 말함으로써 강조한다. 연사가 청중에게 새로운 정보나 주장을 분명히 인상 깊게 전달하기 위하여, 그 정보나 주장을 되풀이해서 말할 수 있도록 내용을 조직한다.

❷ 내용 조직의 방법

'왜 말하는가', '무엇을 말할 것인가', '그것을 뒷받침할 자료는 어떤 것들이 있는가', '누구에게 말하는가', '어떤 상황에서 말하는가' 등을 분명하고도 철저하게 준비한 다음에는 '어떻게 말할 것인가'를 검토하여야 한다. 곧 말할 내용의 줄거리를 짜야 한다는 것이다. 이런 작업을 내용 조직이라고 한다. 이런 내용의 조직을 소홀하게 하면 실제 연설에서는 청중이 내용을 제대로 이해하기 어려워질 뿐 아니라 연설하는 사람을 신뢰하지 않는다.

내용 조직은 다음과 같이 짜는 것이 기본이다.

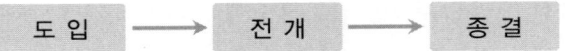

내용에 따라 변화를 주기 위해 전개 부분을 둘로 나누어 4단으로 조직할 수도 있다. 다시 도입 부분을 둘로 나누어 5단으로 조직할 수도 있다. 여기에서는 3단 조직을 중심으로 그 방법을 자세히 알아본다.

▍3단 조직

㉠ 도입

잡담을 할 때에는 이야기를 곧잘 하다가도 공식적인 모임에서는 말머리를 꺼내지 못해 당황하는 사람들이 적지 않다. "연설을 할 때는 처음 1분간이 중요하다. 말머리에서 청중을 사로잡으면 끝까지 성공할 수 있다."라고 한다. 책을 읽고 싶을 만큼 흥미를 끄는 것이 제일 중요하듯이 연설도 듣고 싶을 정도로 청중의 관심 집중을 노려야 한다.

도입 부분에서는 청중의 관심과 흥미를 유발시키고, 분위기를 조성하고, 자신을 소개하고, 앞으로 말할 내용을 간추린 후 미리 알려서 호기심을 가지고 계속 듣도록 친근감을 조성하는 것에 목적을 둔다. 도입 부분은 연설을 하기 전에 의도적으로 준비해 둘 필요가 있다. 그래야 연설의 첫머리를 중언부언하고 두서없는 반복과 혼란으로 지지부진하지 않는다.

도입 부분은 짧을수록 좋다. 대개 긴 연설에서는 전체의 1/6 정도
가 적당하며 짧은 연설에서는 1/4 정도가 넘으면 효과적이지 못하다.

• 도입의 방법

효과적인 도입을 하는 방법은 다음과 같이 여러 가지가 있다. 연설
의 목적, 상황, 청중의 속성 등에 따라 이 가운데서 몇 가지 방법을
골라 사용하면 좋을 것이다. 그러나 이 모든 방법은 연사가 연설에서
말하고자 하는 주제와 관련이 있는 것이어야 한다.

• 일반적인 인사를 한다.
  주어진 시간이 짧거나 주제에 대하여 청중이 이미 높은 관심을 가지
  고 있을 때에는 일반적인 인사를 한다.
• 주변의 이야깃거리를 가볍게 논평한다.
  연설하러 오는 중에 일어난 일, 연설 장소, 청중들의 첫인상, 날씨, 행
  사에 참여하게 된 연유, 행사 관계자들과의 인연 등에 대하여 즉흥적
  으로 이야기한다. 이 방법은 연설에 익숙하지 않은 사람은 사용하지
  않는 것이 좋다. 잘못 하면 청중과의 관계가 부자연스러워질 수 있기
  때문이다.
• 주제가 들을 만한 가치가 있다는 것을 말한다.
  주제가 청중에게 이해관계가 있다는 것을 알린다.
• 최근에 발생한 사건이나 사회의 이목을 끈 화제로 시작한다.
  또는 어떤 사건의 숨은 이야기를 한다.
• 자신의 경력을 소개하거나 개인적 신상에 관해 말한다.
  이 경우 자신이 연설의 주제에 대하여 전문성이 있음을 은근히 암시
  하여야 한다.

- 유머스러운 이야기를 인용한다.

  되도록 최근 개발한 유머일수록 효과적이다.
- 청중과 상황을 보아 가며 말하고자 하는 중심 생각을 간결하고 직선적으로 말한다.
- 자신의 경험담, 실패담, 성공담 등을 말한다.
- 준비된 시각 보조 자료를 보여 준다.
- 전혀 예상치 못했던 이야기를 끄집어낸다.
- 연단에서 내려와 청중과의 접촉을 시도한다.
- 내용에 따라 청중에게 복창(復唱)을 요구한다.
- 청중에게 퀴즈식 질문이나 반어적 질문을 던진다.
- 유명 인사의 말이나 일화, 작품 등을 인용한다.

- 도입할 때의 유의점

도입 부분에서 다음과 같은 사항을 주의해야 한다.

- 독단적이라는 인상을 주지 않도록 한다.
- 청중에 대한 그릇된 편견을 드러내지 않는다.
- 쓸데없이 긴 장광설(長廣舌)을 늘어놓지 않는다.
- 공격적이거나 경멸하는 듯한 인상을 주지 않는다.
- 불필요하게 논쟁을 일으킬 만한 자료를 사용하지 않는다.
- 변변치 못하게 이야기할 것을 암시하는 말을 하지 않는다.
- 앞 연사가 말한 화제와 비슷한 화제는 삼간다. 자기가 연설할 순서가 첫번째가 아닌 경우에는 앞 연사의 것을 경청하여 그가 한 연설과 비슷한 화제는 피하도록 한다.

  "앞에서 말씀하신 분이 제가 드릴 말씀까지 모두 하였기 때문에, 그

분의 말씀을 조금만 보충하겠습니다."와 같이 말로 시작하면, 마치 남의 연설을 보충하기 위해 나온 것 같은 인상을 준다. 그럴 바에는 차라리 준비한 그대로 하는 것이 더 좋다.

ⓒ 전개

전개 부분에서는 도입에서 제기한 주제를 여러 가지 논거를 들면서 풀어나간다. 내용의 성격에 알맞은 전개 방법을 선택하여 수집·정리한 자료를 배열한다.

전개 방법으로는 다음과 같은 것들이 있다.

• 시간적 전개

이 방법은 과거·현재·미래의 시간적 순서에 따라 배열하는 것이다. 사건의 진행 과정, 대상의 발전 과정, 일의 수행 절차, 역사의 전개 과정 등 주제와 관련되는 것들을 시간의 흐름에 따라 배치하는 것이다. 어떤 인물의 일생, 답사 조사, 여행담, 제품의 제조 공정 등에 대하여 연설할 때 적절하다.

• 공간적 전개

이 방법은 자료를 공간적 질서에 따라 배열하는 것이다. 어떤 물건이 있는 위치, 집의 구조, 기계의 구조, 마을의 모습, 자연 경관, 단체의 조직, 기구, 판매망 등에 관하여 연설할 때 적합하다.

• 인과적 전개

이 방법은 자료를 원인과 결과, 곧 인과관계에 따라 배열하는 것이다. 인과적 전개는 논리적이고 체계적이기 때문에 어떤 주장을 논리 정연하게 전개하는 데 적절하다.

• 소재별 전개

이 방법은 자료를 소재의 유형에 따라 배열하는 것이다. 이것은 매우 광범위한 화제와 관련되는 소재를 유형별로 하위 분류하여 말할 때에 유용하다. 가령, 어떤 도시를 소개할 경우에 역사, 인구, 넓이, 시설, 기후 등과 같이 여러 소재별로 나누어 이야기하면 효과적이다.

• 난이도별 전개

이 방법은 자료를 가장 이해하기 쉬운 것부터 가장 어려운 것으로 배열하는 것이다. 가령, '계산의 원리'에 대하여 설명할 경우 '덧셈의 원리 → 뺄셈의 원리 → 곱셈의 원리 → 나눗셈의 원리'의 순서로 조직한다.

• 점층적 전개

이 방법은 자료를 덜 중요한 것부터 더 중요한 것의 순서로 조직하는 것이다. 예를 들면, 어떤 인물이나 사건에 대하여 연설할 경우에 불확실한 자료를 먼저 제시하고 점점 더욱 확실하고 구체적인 자료를 배열해 가는 것이다. 이 방법은 청중에게 시간이 흐름에 따라 긴장감을 고조시키는 데 효과적이다.

• 문제 해결식 전개

이 방법은 어떤 문제가 있을 때 먼저 그것을 집중적으로 분석하고, 그 다음에 해결 방법을 뒤에 제시하는 것이다.

ⓒ 종결

종결 부분에서는 이야기를 마무리한다. 일상생활에서 흔히 '유종(有終)의 미'가 강조되듯이 연설할 경우에도 끝맺음은 매우 중요하다. 종결은 연설 전체를 통괄하고 청중에게 강한 인상을 남겨 주는 곳이기 때문이다. 과거의 명연설은 대부분 이 종결 부분에서 강한 인상을 남겼다. 종결 부분은 짧고 강렬하게 끝낸다. 그러기 위해서는 연설하기 전에 미리 의도적으로 연설 내용을 자세하게 준비해 두는 것이 좋다.

종결 부분에서는 단순히 앞에서 말한 내용을 요약·정리하는 데 그쳐서는 안 된다. 연설의 결과를 행동으로 유도할 수 있도록 부탁하거나 호소하는 내용을 담는다. 간혹 이 부분에서 "그 다음으로, 끝으로, 거듭 말하면, 다시 말해서, 한마디 더 붙인다면……"과 같은 말을 자주 반복하며 질질 연설을 끌고 나가는 연사를 흔히 보는데 이런 식의 종결은 청중에게 호의를 살 수 없다.

종결 부분에서는 대체로 다음과 같은 내용을 말하면 효과적이다.

- 전개 부분에서 말한 요점을 재강조한다. 그렇게 함으로써 연사가 말하고자 했던 바가 무엇인가를 상기시킨다.
- 청중에 대한 연사의 기대나 바람을 명확히 말한다. 이런 경우 도입 부분에서 제기했던 문제에 대하여 해답을 제시하는 방법을 사용한다.
- 연설 도중 실수가 있었거나 혹시 뒷날 시비의 여지가 있다고 판단되는 내용에 대해서는 짧게 해명한다.
- 필요하다면 질문을 받는다.
- 경청해준 데 대하여 고마움을 표시한다.
- 필요하다면 유명인의 말이나 격언을 인용한다.
- 군중 집회의 연설일 경우는 열변을 토해 극적으로 끝을 맺는다.

▌4단 조직

4단 조직은 문장 구성에서 기승전결(起承轉結)과 같은 방법이다. 이 조직은 대체로 다음과 같이 이루어진다.

⊙ 도입
청중의 흥미와 주의를 끌만한 문제를 제기하여 관심을 갖게 한다.

ⓛ 전개
제기한 문제에 대하여 청중 나름대로 판단을 내릴 수 있도록 여러 가지 자료를 제시한다.

ⓒ 전환
전개에서 잠정적으로 얻게 되는 판단에 대하여 반론의 성격을 지니는 자료를 제시한다.

ⓔ 종결
전개와 전환을 거친 다음 확실한 결론을 맺는다.

▎5단 조직

5단 조직은 어떤 문제를 청중에게 이해시키거나 청중을 설득할 때 가장 적합한 조직이다. 이 조직은 다수의 청중을 대상으로 연사의 주장을 내세우고 설득하는 연설에서 주로 많이 쓰인다.

⊙ 주의 환기
청중의 주의를 집중시켜 이야기에 흥미를 가지게 한다.

ⓛ 필요 제시
청중이 이야기에 흥미를 가지게 되면 문제를 제기한다.

ⓒ 필요 만족
문제 해결을 위한 여러 가지 중요하고 필요한 조건들을 충족시켜 준다.

② 구체화

문제의 해결 방법이 구체적으로 실행할 수 있는 유효적절한 것임을 증명한다.

⑩ 행동 유도

청중의 결심을 촉구하여 청중이 결론을 내리게 하고 그들의 태도나 행동에서 변화가 나타나도록 한다.

(6) 개요 작성

처음에 생각했던 대로 조직한 내용은 순서를 잡아 설계도를 만들어야 한다. 설계도도 없이 마구 집을 짓는다면 처음 계획했던 집의 모습대로 지어 내기 어렵다. 이런 경우와 같이 애초에 목적한 연설을 하기 위해서는 개요를 치밀하게 작성하여야 한다.

개요를 미리 작성해 두면 다음과 같은 효과를 거둘 수 있다.

ⓒ 연설하는 과정에서 일어나기 쉬운 혼란과 주제에서 벗어나는 일을 예방할 수 있다.
ⓒ 중요한 내용을 빠뜨리지 않고, 불필요한 중복을 피하여 연설 전체의 균형을 유지할 수 있다.
ⓒ 실제 연설을 할 때의 메모로 사용할 수 있다. 능숙한 조종사라도 탑승 시각표와 이정표가 있어야 순항할 수 있는 것처럼, 아무리 훌륭한 연사라도 이야기의 줄거리를 미리 짜두면 더욱 효과를 거둘 수 있다.

다음은 "한국 전통음악의 대중화가 필요하다."는 주제로 개요를 작성한 예이다.

1. 서 론
1) 우리 민족의 정신적 문화유산 중의 하나인 전통음악이 외래문화의 유입과 더불어 대중으로부터 소외되어 왔다.
2) 전통음악의 대중화를 통해 우리 것에 관심을 갖고 민족음악의 계승 발전에 이바지해야 한다.

2. 본 론
1) 전통음악에 대한 이해
   (1) 전통음악과 문화권, 사회구조의 비교
   (2) 전통음악과 언어적 경험 비교
2) 전통음악이 대중으로부터 소외되게 된 까닭
   (1) 개화기 이후 기독교 사상의 유입과 함께 찬송가와 같은 서양식 음악이 들어옴
   (2) 일제 치하 민족말살정책에 의한 우리 민족음악의 시듦
   (3) 6·25 이후 서양 문물의 급격한 도입과 함께 우리 것에 대한 천시 경향
   (4) 경제우선정책에 밀린 문화정책
3) 국악계의 꾸준한 활동의 결과
   (1) 판소리 발표회
   (2) 국악 관현악단의 조직과 활동
   (3) 사물놀이 공연
4) 서울올림픽 이후 '우리 것'에 대한 관심 증가, 영화, 연극, 대중가요와의 접목 시도

5) 구체적인 방안

　(1) 현대적 감각에 맞는 선율, 연주법, 악기 구성, 악기 개량

　(2) 광고, 영화, 대중가요와 접목(서편제, 휘모리 등)

　(3) 학교 교육에서의 전통음악 교육 비중 확대

　(4) 전통음악 동아리 및 비전문인 연주단체 보호 육성

　(5) 전통음악 전문 공연장 건립 및 지원

　(6) 정책적인 배려와 지원 등

3. 결 론

　전통 음악의 대중화는 우리 음악을 활성화시키고 민족음악의 계승·발전은 물론, 나아가서는 외래문화의 종속으로부터 벗어나 주체성을 확립하는 길이다.

(7) 원고 작성

　개요를 작성하고 나면 다음과 같은 점을 염두에 두고 실제 연설 원고를 작성해 본다. 이 때에는 글로 쓰는 연설문처럼 완전한 문장으로 준비하지 않아도 된다. 원고 없이 즉흥적으로 연설하는 경우가 있다. 그러나 공식적인 주요 행사에서 하는 연설은 미리 원고를 작성하여 여러 차례 수정 보완하는 것이 바람직하다. 그래야 조리 있고 논리적인 연설을 할 수 있다.

　연설문은 자신의 견해를 자필(自筆)로 쓰는 것이 원칙이다. 대필(代筆)은 대필자의 무성의나 연사의 불분명한 지침으로 효과적인 연설을 하기 어렵게 한다. 대필을 시키는 경우라도 반드시 분명한 지침을 주

어야 한다. 워싱턴 외교가에는 수백 명의 유령 대필자(Ghost Writer)들이 성시(盛市)를 이루고 있다. 이들 중 성의 있는 대필자는 연설문에 어휘 선택, 요지, 순서, 끊어 읽을 곳 등 주(註)를 달기도 한다.

암기 연설은 골자만 기억하고 실제 말할 때 살을 붙인다. 원고 연설은 자신의 소속 관서에서 주관하는 연설이나 실수가 허용되지 않는 연설, 시간의 촉박으로 암기가 불가능한 경우에 하는 것이나, 반드시 사전 낭독 연습할 필요가 있다. 즉석 연설을 할 경우에는 얼마간의 여유를 가지고 시간을 끈 다음 대강의 줄거리를 엮어야 한다.

연설문의 원고를 작성할 때에는 다음과 같은 사항을 염두에 둔다.

① 청중이 귀로 알아들을 수 있게 쓴다.

연설문은 '문'(文)에 비중을 두어 문어(文語) 형식으로 작성할 소지가 있다. 그러나 연설을 염두에 두어야 하는 것이기 때문에 구어(口語)로 표현하는 것이 효과적이다.

② 낭독할 것을 전제로 쓴다.

연설문을 쓸 때에는 낭독하기에 적합한 어휘나 어구를 선택하여야 한다.

③ 몇 개의 어휘나 어구들을 강조하기보다는 연설의 내용을 청중에게 이해시키는 데 초점을 둔다.

④ 내용의 효과적인 전달을 위해서는 여러 가지 표현 기법을 사용하고, 적절한 시선, 표정, 동작 등과 같은 신체 언어 활용 방법을 지시하는 지문을 첨가하여 서술할 수도 있다.

⑤ 연사 간의 상대적 우위를 확보하려면 적절한 비유와 인용이 필요하다. 비유는 청중에게 유추와 상상을 환기하고 연사에게는 함축적

인 표현을 통하여 단정적인 언어 습관을 극복하게 한다. 가령, 다음과 같은 표현이 그 예라 할 수 있다.

- "사회는 한 상자의 사과와 같습니다. 사과 한 알이 썩으면 상자 속의 모든 사과가 썩듯이, 한 사람의 탈법으로 사회 전체의 질서가 파괴됩니다."
- "우정은 성장이 늦은 식물입니다. 그러나 성장하면 쉽사리 시들지 않습니다."
- "첫 단추를 잘못 끼면 마지막 단추를 낄 구멍이 없어집니다. 단추 하나 끼우는 데도 밟아야 할 순서와 단계와 과정이 있습니다. 출발의 과오는 결과의 실패를 초래합니다.
- "대학은 산모가 아니라 산파일 뿐입니다."
- "호적은 고칠 수 있어도 학적은 고치기 어렵습니다."

⑥ 연설의 언어는 신선하고 생동감을 줄 수 있고, 명료하고 구체적이며 이해하기 쉬운 것이어야 한다. 누구나 알아듣기 쉬운 표현을 하되, 연사 자신의 특유한 관점이나 표현을 하면 더욱 좋다.

예를 들어서 '친애하는 여러분'이라는 진부한 표현보다는 '오늘의 문제에 관심을 갖고 이 자리에 와 주신 여러분'이 더 생동감이 있다. 또, 문장의 길이를 다양하게 하거나 여러 문장 유형을 변화 있게 사용해 리듬감을 살려 주는 것도 좋다.

연설문을 쓰는 도중에 혹은 다 쓰고 난 뒤에는 다음과 같은 점을 검토하면, 설득력 있는 연설문을 쓸 수 있다.

㉠ 주장이 분명한가?

㉡ 낭독하기에 알맞지 않은 어휘나 어구는 없는가?

㉢ 논리적 호소를 하기 위해 어떤 전개 방법을 사용했는가?

㉣ 특별한 의미를 지니지 않은 군소리는 없는가?

(8) 연습

연설을 잘 할 수 있는 지름길은 충분한 연습을 하는 데 있다. 많은 사람 앞에서 말할 기회를 많이 가져야 한다. 피아노 치기, 자전거 타기, 수영하기 등이 이론만으로 숙달될 수 없듯이, 연설도 끊임없는 연습이 없이는 잘 할 수 없다. 평소에 침묵으로 일관하기보다는 가까운 친구, 동창들과 수다스러울 정도로 부담없는 담소를 즐기는 것이 좋다. 결코 "침묵은 금이다."여서는 안 된다. 가능하면, '동아리' 활동에서 적극적이고 의도적으로 발표를 해 보도록 한다. 그리고 상대방의 반응을 반드시 살펴보고 자신의 발표가 적절했는지 반성해 보는 습관을 들이도록 한다.

"맛을 봐야 맛을 안다."는 말이 있듯이 연설은 사전 연습이 중요하다. 연습 없이 무턱대고 연단에 서면 두서 없고 알맹이가 빠진 연설이 될 우려가 있다.

연설을 시작하기 전에 미리 작성된 연설문을 다음과 같은 순서로 연습해 본다.

㉠ 읽어 보기

㉡ 문어를 구어로 바꾸기

㉢ 휴지와 강조점 확인하기

㉣ 동작과 표정 짓기

작성한 연설문으로 다음 사항에 유의하며 실제로 연습한다.

㉠ 음의 길이, 강약, 띄어 읽기, 발음 규칙에 유의하여 연설문을 처음부터 끝까지 소리내어 읽는다.
㉡ 감정을 넣고 속도를 조절하며 연습한다.
   한 단어를 발음하는 데 걸리는 시간과 단어와 단어 사이에 오는 휴지(休止)로 속도를 조절하는 것은, 청중에게 내용을 효과적으로 전달하는 데 중요한 기능을 한다.
㉢ 연설문의 개요를 준비한다.
   정확히 전달해야 할 인용문이나 통계 자료는 카드에 적어 두고, 그 밖의 내용은 다 외우도록 한다. 혹 암기한 내용을 잊어버린 지도자라도 연설을 계속 이어갈 수 있도록 연설문의 개요를 숙지하도록 한다.
㉣ 실제로 청중 앞에서 연설하듯이 알맞은 성량과 신체 언어를 구사하며 거울 앞에서 연습한다.
㉤ 연습하는 것을 녹음했다가 다시 들으면서 교정한다.
   발음, 어휘, 어법 등을 교정·보완하고 시간도 조절한다.

(9) 연설을 잘 하는 요령(예)

다음은 레이건 전 대통령의 연설문 작성자였던 페기 누던이 말하는 연설을 잘 하는 요령이다(리더스 다이제스트, 1998. 7).

누군가가 이렇게 말한 적이 있다. "생각이란 참 묘한 것입니다. 생각은 우리가 태어나는 순간부터 시작되어 결코 멈추는 일이 없습니다. 대중 앞에 서서 연설을 하기 전까지는 말입니다."

몇 년 전에 실시한 한 여론조사에 따르면 미국인들이 가장 두려워하는 일은 대중 앞에서 연설하는 것이라고 한다. 맞는 말이다. 내가 처음으로 연설하기 전까지는 40년 동안 대중 앞에서 연설하는 것을 무척 두려워했다. 그러나 연단 공포증은 우리가 넘겨야 할 고비의 절반에 불과하다. 먼저 우리는 무슨 말을 할 것인지 생각해두어야 한다. 많은 사람들은 연설이 마술이며 평범한 사람들이 해낼 수 없는 마술과 흥행의 합작이라는 생각에 주눅이 들게 마련이다. 그러나 연설은 결코 마술이 아니다. 연설이란 본질적으로 종이에 적혀 있고 말로 전달되는 정보와 의견의 종합일 뿐이다. 사려 깊은 대화를 나눌 수 있는 사람이라면 사려 깊은 글을 쓸 수 있고 또 연설도 잘 할 수 있을 것이다. 다음은 내가 연설문 작성자로서 터득한 연설하는 데 도움이 될 만한 몇 가지 사항이다.

① 어떠한 연설도 20분을 초과해서는 안 된다.

역설적이기는 하지만 연설 내용이 중요하면 중요할수록 그 연설에 소요되는 시간은 더 짧아야 한다. 링컨의 게티스버그 연설은 3분 정도 걸렸고 예수의 산상수훈도 그보다 길지 않았다.

② 한 가지 주제에 초점을 맞추어라.

인간은 잡다한 생각과 갖가지 의견, 아이디어, 안목 등을 가지고 있으므로 연설에 꼭 필요한 부분만을 추려내야 한다. 정해진 하나의 주제에서 벗어나지 않도록 하라. 주제와 별로 관련이 없는 이야기는 피하고 자신의 견해를 설명하고 뒷받침해주는 문제들만 선택해서 말하도록 한다.

자기 자신을 시굴용 연장들을 말에 싣고 금광을 찾아 헤매는 탐광자라고 생각해 보라. 말에 가벼운 짐을 지운다면 더 많은 곳을 돌아다닐 수 있고 그러다 보면 금광을 찾아낼 수 있을지도 모른다. 그러나 너무 많은 짐을 진 말은 결국 쓰러질 것이고 그러면 당신은 오도 가도 못하게 될 것이다.

③ 용어 선택에 신중을 기하라.

당신의 말이 단번에 확실히 이해되어야 한다는 것을 명심해야 한다. 말을 하다 보면 비슷하게 들리는 단어들이 많다.

savor(맛), saber(기병의 칼), savior(구조자)의 발음은 연단에서 20m 정도 떨어진 자리에서 들을 때는 비슷하게 들린다. 말하는 사람은 "그 남자는 자신이 saber(칼)을 가지고 있음을 알고 있었다"는 이야기를 하려고 하는데 정작 청중은 "그 남자는 자기에게 savior(구조자)가 있음을 알고 있었다"는 내용으로 이해할 수 있는 것이다. 흔히 문맥의 전후 관계로 내용이 분명해지기는 하지만 그렇지 않은 경우도 있다. 준비한 연설문을 가족이나 친구들에게 큰소리로 들려주면서 이해가 안 되는 부분이 있으면 지적해달라고 부탁하라. 그러나 지적받은 부분의 표현이 적절하다고 생각되면 대폭 수정하지 말고 전달하고 싶은 내용을 분명하게 해주는 구절을 첨가해서 듣는 사람이 이해하기 쉽게 하라. "그 병사는 아직 옆구리에 칼(saber)을 차고 있음을 알고 있었다"는 식으로 고치면 될 것이다.

때로는 단어 하나가 아니라 몇 개의 단어로 이루어진 구가 문제가 되는 경우도 있다. 전에 부시 부통령의 연설문을 작성하면서 나는 자원 봉사 정신에 대한 그의 신념을 부각시키려고 했었다. 마침내 부시가 진심으로 지향하는 것이 일종의 '강력한 이타주의'라는 결론에 도달한 나는 그 두 단어를 연설문에 넣었다. 며칠 후 그 당시에는 부시의 선거참

모였지만 후에 대통령 수석보좌관이 된 존 수너누가 그 연설문을 들고 나를 찾아와 이렇게 말했다. "'강력한 이타주의'라는 말은 뺍시다. 꼭 병명 같아요." 나는 웃음을 터뜨렸다. 그의 말이 옳았다. 만약 부시가 '강력한 이타주의'(muscular altruism)라고 말한다면 사람들은 그 말을 '근육 위축증'(muscular dystrophy)으로 이해했을 것이다. 왜냐하면 우리는 'muscular'(근육의, 강건한)라는 단어 다음에는 'altruism'(이타주의)보다는 'dystrophy'(영양장애)라는 단어가 뒤따라 나오는 것에 익숙해져 있기 때문이다.

④ 극적이기보다는 논리적인 메시지로 청중을 감동시키라.

정치가들은 흔히 연설문 작성자들에게 이렇게 요구한다. "아주 감동적인 연설을 하고 싶소. 음악과 시가 넘치는 내용이었으면 좋겠소." 그런 생각을 갖고 있는 것은 경영인들도 마찬가지다. "심금을 울리는 감동적인 연설문을 작성하기 바라오." 훌륭한 연설이 되기 위해서는 청중을 감동시켜야 한다는 것은 요즘 사람들의 한결같은 생각이다. 그러나 억지 눈물을 흘리도록 강요하는 연설은 오히려 청중들의 눈물샘을 말라붙게 만든다. 설득력 있고 조리 있는 연설은 근본적으로 감동적이게 마련이다.

⑤ 꼭 유머를 활용하라.

모든 연설에는 유머가 필요하며 당신 역시 유머를 필요로 한다. 로널드 레이건은 항상 연설의 첫머리에 농담을 집어넣기를 원했는데, 그것은 빨리 웃음을 끌어냄으로써 분위기를 호전시키기 위해서였다. 익살스러운 농담은 레이건과 청중의 마음을 편안하게 해주는 데 큰 도움이 됐다. 연설을 하는 사람은 이런 식으로 생각하면 된다. "연설하는 게 그리 힘들지는 않을거야. 유머가 통할테니까." 천성적으로 농담을 즐기고 자기 나름대로 유머를 생각해낼 수 있다면 그것은 참 좋은 일이다.

적절한 농담을 생각해내는 데는 시간이 걸릴 수 있으므로 연설을 준비하기 시작하면서부터 계속 신경을 써야 한다. 도움이 필요하면 친구들에게 그 연설에 대한 구체적인 사항들, 즉 연설 장소, 연설 목적, 연설의 주제, 청중 등에 대해 자세하게 얘기하고 도움을 청하라. 연설을 하는 시간에 대해서도 신경을 써야 한다.

⑥ 감사의 말을 잊지 말라.

연설 첫머리에 자신을 초빙해준 사람들과 자신을 청중에게 소개해준 사람에게 감사의 뜻을 표해야 한다는 것이 과거의 통념이었다. 그런데 요즘에 와서는 그런 감사의 말을 절대로 해서는 안 된다는 게 일반적인 생각이다. 그러한 인사말은 지루하고 형식적이기 때문에 청중의 연설에 대한 흥미를 잃게 한다는 것이다.

그러나 나는 예의바른 인사말이 결코 지루하다고 생각하지 않는다. 또 첫머리에 감사의 말을 하는 데는 그 나름대로 실용적인 목적이 있다. 인사말을 하는 동안 청중들은 다른 생각을 하고 좌정할 시간을 갖게 된다. 청중들은 어차피 어느 시점에서 다른 생각을 하게 될 것이고 그럴 바에는 연사가 연설의 핵심에 이르기 전에 그렇게 하는 것이 더 낫다.

파티에 초대되어 참석한 것을 기쁘게 생각하는 손님이 막 문간에 들어서면서 주인과 악수를 나눌 때의 태도와 말투로 감사의 뜻을 전하면 된다. 따뜻한 몇 마디의 말로 인사말을 대신하면 되는 것이다. 그 외에는 더 필요한 것이 없다. 전부터 소개에 답하는 말로 사용되어온 괜찮은 말들이 있다. 나는 린든 존슨의 말이 마음에 든다. 존슨은 자신을 소개하는 말에 대해 이렇게 답한 적이 있다. "이 자리에 저희 부모님이 계셨으면 좋았을 것입니다. 아버지는 지금 하신 말씀을 듣고 좋아하셨을 것이고, 어머니는 그 말씀을 그대로 믿으셨을 겁니다."

2) 각종 행사의 연설

행사의 성격에 따라 기념사, 축사, 치사, 환영사, 격려사, 주례사, 조사, 송별사, 취임사 등의 연설을 하여야 할 경우가 있다. 경사스러운 행사일 때는 기쁨을 함께 나누고, 불행한 일일 때는 안타까움과 슬픈 감정을 나타내어, 청중에게 활력을 주거나 혹은 그들을 위로하는 내용을 담아야 한다. 이 때 겉치레 인사나 상투적인 문구의 나열은 피하도록 하며, 진심에서 우러나온 진지하고 간곡한 마음이 서려 있어야 한다. 종래에는 행사의 종류에 따라 거기에서 행하는 연설은 관습적인 형식이 있어 정형화된 표현을 요구하는 것도 있었다. 그러나 요즈음에는 형식보다는 내용의 진실성과 청중의 공감대 형성에 비중을 두고 있다.

행사의 상황에 따른 어감, 현장에 있는 청중들의 반응, 행사 관계자들에 대한 예우, 참석자들과의 공감대 형성, 행사와 연사와의 관계 등을 충분히 고려하여 내용을 구성하고 적절한 표현 방법을 모색해야만 한다.

또한, 행사를 위한 연설문을 쓸 때에는 낭독을 전제로 청중이 들어서 이해할 수 있도록 써야 한다. 행사와 관련되는 연설이므로 반드시 높임말을 사용하여야 하고, 그 표현도 정중하고 공손하게 해야 한다.

행사는 일정한 시간을 정하여 거행하는 것이므로 연설문의 길이는 소요 시간을 충분히 고려하여 작성한다.

행사를 위한 연설은 다음과 같은 사항에 유의하면 효과적이다.

① 행사의 목적을 파악하여 그것에 부합되는 주제를 설정한다.
② 행사의 주체와 자신과의 관계를 고려한다.
③ 공손하고 정중한 어법을 사용하여 예의에 어긋나지 않게 한다.
④ 낭독하기 쉽고 청중이 알아듣기 쉬운 말을 선택한다.
⑤ 주어진 시간을 고려한다.
⑥ 청중의 수준이나 관심사 등을 고려한다.
⑦ 행사 주최 측의 고유한 격식이 있으면 그것을 따라야 한다.

행사를 위한 연설의 내용은 대체로 다음과 같은 차례로 구성한다.

① 참석자에 대한 인사말
② 행사를 거행하게 된 경위 및 의의
③ 장차의 계획이나 당부
④ 끝인사

이와 같은 순서를 바탕으로 하여 행사의 성격, 참석자, 장소, 시간 등을 고려하여 적절히 변형시키면 좋은 연설을 할 수 있다.

취임사

취임사는 단체나 조직의 직원들에게 행하는 첫번째 공식적인 연설이라는 점에서 중요하다.

❶ 일반적 유의 사항

대부분의 직원은 새로 부임한 기관장과 첫대면이므로, 호기심 어린 눈을 크게 뜨고 그 어느 때보다도 더 귀를 기울일 것이다. 따라서 다음과 같은 점에 유의할 필요가 있다.

- ㉠ 의례적이거나 형식적으로 대필(代筆)한 취임사는 곤란하다.
  취임사만은 그야말로 자신의 이야기를 자신의 능력으로 작성한다. 이렇게 함으로써 불분명하고 문자화(文字化)할 수 없었던 자신의 행정 철학이 착근(着根)될 수 있다.
- ㉡ 자신의 공직관을 피력한다.
  아직 상황을 판단하지 못해 시정 방침을 밝히기는 어렵더라도 자신의 일관된 공직관은 반드시 피력한다. 한마디의 성어(成語) 또는 첫째, 둘째, 셋째…… 등으로 말한다.
- ㉢ 강조하고 싶은 점을 첫머리에 말한다.
  발령이 나면 일부 직원들은 기관장의 인품, 능력 등에 대하여 여러 언로를 통해 수소문해 자기 나름의 잣대로 기관장에 대한 긍정적이거나 부정적인 선입관이나 편견을 가질 가능성이 있다. 혹 부정적일 경우, 이를 불식시킬 수 있는 취임의 일성(一聲)이 필요하다. 큰 사고가 났던 부서인 경우에는 경각심을 고취하는 내용으로 불성실한 직원에게 심기일전의 계기가 되도록 한다.
- ㉣ 전임 기관장의 업적에 대한 찬사와 직원들의 노고를 치하한다.
- ㉤ 부임지가 전에 근무한 곳일 경우 감회의 일단을 피력한다.
- ㉥ 청중의 구성 상황을 파악한다.
  청중이 직원만인 경우 또는 관내 기관장 및 유지가 합석할 경우를 고려한다.
- ㉦ 자기 과시, 자기 자랑, 자기선전은 금물이다.

이런 실수의 방지책은 사전에 취임사를 자신의 자필로 준비하는 것이다. 흥분해서, "우리 조직에서 나처럼 실력으로 승진한 사람 있으면 나와 보라고 해.", "나만큼 전문가가 있으면 대 보라고 해."와 같은 단정적 표현은, 다른 사람에 대한 오해를 불러일으키거나 조직을 매도하는 말이 될 우려가 있다. 자신은 그 동안 성공만 해 온 것처럼, 모든 업무를 마치 제 손으로 해결한 양, 지역 사정 파악도 못했으면서 넘겨짚거나 소문 들은 대로 다 아는 양 하는 태도도 삼간다.

◎ 자신의 경험을 강요하는 듯한 인상을 주지 않도록 한다.

'제가 계장 때는……, 제가 근무할 때는……'하는 표현이나 지나친 겸사로 '천학비재, 아무것도 모르는……' 등의 표현은 삼간다.

❷ 취임사의 내용

여기에서는 경찰서장의 취임사를 중심으로 그 내용에 무엇을 담는 것이 효과적인가를 생각해 본다.

▌인사

다음과 같은 의례적이고 형식적인 인사는 청중의 주의를 환기하거나 동기를 유발하기 어렵다.

- 친애하는 ○○경찰서 직원 여러분, 전의경 여러분, 경찰동지 여러분
- 지난 ○월 ○일 정부발령에 의해 경찰서장으로 부임하게 되어 무한한 영광으로 생각합니다.
- 이번 정부인사발령에 의하여 여러분과 같이 근무하게 된 ○○○ 올습니다.

- 바쁘신 가운데 이 자리를 빛내주신 군수님, 교육장님을 비롯한 내빈 여러분, 이 지역 발전을 위해 헌신적으로 공헌하시는 각 기관장님, 유지, 내빈 여러분(이 경우 기관장의 이름을 부르는 것은 위험 부담이 따를 수 있다.)

다음과 같은 인사로 친근감과 부드러움을 나타내는 것이 효과적일 수 있다.

- 반갑습니다.
- 여러분과 좋은 인연을 맺게 된 ○○○입니다.
- 여러분과 동고동락(同苦同樂)하게 된 것을 기쁘게 생각합니다.
- "우리는 역사의 제물이 되지 말고 역사의 주인이 될 수 있도록 결단을 내리자." 이 말은 John F. Kennedy대통령이 서거하기 보름 전의 강연에서 한 말입니다.

▌전임자에 대한 예우 및 직원의 노고 치하

다음과 같은 내용이 무난할 것이다.

- 전임 ○○○서장님께서는 저보다 선배일 뿐 아니라 덕망도 있으시고, 경찰 경험도 풍부하신 분으로 관내 치안행정을 훌륭히 하셨다고 들었습니다.
- 그간 이 지역 치안행정 발전에 많은 공적을 남기고 영전하신 전임

서장님의 계획과 성과를 토대로······.
- 그 동안 어려운 치안 환경과 열악한 근무 여건 속에서도 이 지역 발전과 민생치안 확립에 밤낮 없이 헌신적으로 노력해 온 여러분의 노고를 치하합니다.
- 여러분께서 전임 서장을 보좌했듯이 저에게도 많은 지도 편달을 부탁드립니다.
- 여러분의 늠름하고 믿음직스런 모습을 대하니 자신이 생기고 마음 든든합니다.
- '지성(至誠)이면 감천(感天)'이라 했듯이 열과 성을 다하여 열심히 하겠으니, 전직원 여러분께서도 맡은 바 임무에 충성을 다해 주시기 바랍니다.

그러나 다음과 같이 지나친 겸사(謙辭)나 자신감이 결여된 듯한 말을 하면, 젊은 세대에게는 오히려 오해의 소지가 생길 수도 있다.

- 저는 일선경험도 부족할 뿐 아니라 관내사정도 잘 알지 못합니다. 또한 경찰서장으로서는 초임이라 막중한 임무를 원만히 처리해 나갈지 마음 한 구석에 걱정이 되는 것이 솔직한 심정입니다.
- 여러 가지로 부족한 본인이 과분한 중책을 맡게 되어 어떻게 감당해 나갈지 많은 염려를 하면서 부임했습니다.
- 이 지역 사정에 생소한 저로서는 두려움이 앞섭니다.

다음과 같은 지나친 자기 과시도 삼가는 것이 좋다.

본인은 비록 이 고장의 실상과 특성을 파악하고 명쾌하게 문제를 해결해 나가기에는 다소간의 시일이 요하겠지만, 경찰청과 수도권 지역에서 청장님을 비롯한 각급 상사님을 가까이 모시는 동안 그분들의 지휘지침과 업무추진 방향은 물론 일선 경찰관 여러분들의 무거운 업무량과 고충 그리고 당면한 중요 문제점이 무엇인지를 어느 정도 상세하게 파악하고 있다고 생각합니다.

▌ 자신의 경찰관이나 경찰 철학

다음과 같은 내용은 마치 경찰역사를 강의하는 듯하고, 단정적 표현으로 자기 보호에 급급하다는 인상을 주기 쉽다.

- 우리 경찰의 역사를 되돌아 보건대……
- 서장이라는 직책은 ……라고 생각합니다.

대체로 다음과 같이 일목요연하게 또는 경험에서 우러나온 내용을 담는 것이 효과적이다.

- 본인이 평소 생각해 왔던 경찰의 이념과 실천을 위한 몇 가지 소박한 다짐을 하고자 합니다. 첫째……
- 이름 그대로 민중의 지팡이는 첫째 방향을 안내하고, 둘째 불편한 사람이 의지할 수 있고, 셋째 불의를 보면 대결하는 무기가 되는 것입니다.

- 나는 30여 년 간 경찰에 몸담아 오면서 보람 있는 일도 많았지만, 비애와 허탈감을 느낀 적도 한두 번이 아니었습니다. 살을 에는 추운 밤 골목길을 순찰하다 만난 동네 주정꾼의 행패, 무더운 여름날 녹아내리는 아스팔트 위에서 시위대의 화염병과 돌팔매를 맞을 때마다 터져 나오는 구경꾼의 야유와 박수 소리! 명색이 민생치안과 국법질서를 수호하기 위해 위험을 무릅쓰고 사명을 다하는 우리들이 어떻게 보호의 대상인 국민들에게 시비와 야유의 대상이 되어야 했을까요? 나는 이에 대한 원인도 우리들로부터, 해결책의 시발점도 우리들로부터 출발해야 한다고 생각합니다. 동지 여러분!
- 내가 하고자 하는 일이 국가와 국민과 우리 경찰 조직에 보탬이 되는 일인가, 내가 하고 있는 일이 국민 또는 관내 주민에게 도움이 되는가
- 나는 오늘 여러분을 처음 대하는 자리에서, 앞으로 우리가 힘을 합쳐 해나가야 할 우리 경찰서의 방향을 제시하면서, 이를 성공적으로 이루어내기 위하여 여러분의 통찰과 자발적인 참여를 당부하고자 합니다. 먼저……
- 지역 치안 확보는 주민의 협조없이 불가능하고, 협조는 경찰에 대한 신뢰에서 가능하고, 신뢰는 친절에서 이룩되며, 친절은 경찰의 희생과 봉사 속에서 성립되며, 희생과 봉사는 경찰 조직 내부의 상하·동료 간의 애정과 위로 속에서 시작된다고 생각합니다. 따라서 앞으로 제가 서장의 책무를 맡고 있는 동안 기본 방침은 인화단결이라고 하겠습니다.

▌복무 지침과 당부 사항

복무 지침과 당부의 말은 대체로 다음과 같은 내용을 담는 것이 좋다.

- 제가 서장의 책무를 맡고 있는 동안의 기본 방침으로는 첫째……
- 앞으로 여러분에게 당부하고 싶은 내용은 상황에 따라 그때그때 업무 추진 과정에서 지시하겠습니다만, 우선 이 자리에서 몇 가지 강조 말씀을 드린다면, 첫째……

*관내 치안 질서 확립
- 주민이 마음 놓고 안심하게 살 수 있는 범죄 없는 세상을 만들기 위해 안전에 최우선 시책 추진
- 검거보다 문제 의식을 갖고 그에 대한 예방이 절실합니다.

*자율성 신장
- 우리 경찰은 범죄의 예방과 진압은 물론이고 사회 공공질서 유지 등 조직을 구성하는 개개인이 스스로 판단하고 대처해야 하는 업무의 특성을 갖고 있습니다. 이를 위해 끊임없는 창의와 연구가 필요할 뿐 아니라 일을 찾아서 처리하는 조직 내부의 자율성이 신장되어야 한다고 봅니다.

*엄정한 법집행
- 법집행에 대한 불신감 해소
- 집단 민원의 조기 파악과 이에 대한 능동적 대처
- 지역이기주의의 대두로 각계각층 불만의 집단적 표출
- 법질서 훼손이나 범법행위까지도 자유나 민주주의와 혼동, 제 목

소리 내기
- 엄격한 법집행만이 나라를 유지하고 경찰의 신뢰를 회복하는 길

*근무기강 확립
- 허위 보고는 절대로 하지 말아야 하겠습니다. 문책이 염려된다 하여 사안 자체를 감추고 거짓 보고하게 되면 문제 해결의 시기를 놓치게 되고, 공직자로서 도덕성 문제가 따를 것입니다. 모든 책임은 서장에게 있습니다. 보고는 사실 그대로 해주시기 바랍니다.
- 사명감을 갖고 경찰관으로서 정신 자세 확립, 경거망동 삼가.
- 자체사고 방지(금품수수 비리, 총기사고, 유치인사고, 폭행, 가혹행위, 교통사고, 음주추태, 여자관계, 도박 등—"법 밑에서 법 모른다.")

*성실한 업무 수행
- 확고한 민생치안 확립, 완벽한 치안 유지, 지역 사회의 안전 확보, 간단 없는 순찰, 범죄나 사고 예상 지점의 수시 점검
- 남이 알아주든 말든 오늘도 나의 임무에 최선을 다하는 자세
- 경찰 업무의 도덕성 회복
- 위민 행정의 구현
- 진실된 마음가짐으로 업무 수행
- 자기가 맡은 업무에 대해서는 '내가 제1인자'라는 자신감, '프로정신'
- 사소한 일에도 정성을 다하고 책임질 줄 아는 자세
- 어떠한 희생 아래서도 지역 주민을 아끼고 바르게 계도한다.

*봉 사
- 행정이란 구석구석까지 편의를 봐주고 사람이 모이는 곳이면 어디든지 달려가서 서비스를 제공하는 행위

- 집에서 가꾸는 화초도 매일 정해진 시간에 물을 주기 위해 물을 들고 다가서면 생기가 돕니다. 하물며 우리가 진심으로 주민의 어려움을 찾아나서서 그것을 풀어주고 위급할 때 보호해주며 친부모 형제처럼 사랑한다면 분명히 이 고장 사람들은 우리를 사랑하게 될 것입니다.
- 내 부모 내 형제자매라는 마음가짐, 정의로운 경찰로서 대민 봉사 자세 확립, 예절바른 언행, 주민 생활 정성껏 보호, 대민 친절봉사의 체질화
- 주민의 신뢰 받는 경찰이 되려면 '봉사', 주민 위에 군림하려는 자세 탈피

* 친절
- 제가 20여 년 간의 경찰 생활을 통해서 느낀 경찰의 가장 큰 단점은 '불친절'이요, 업무 수행을 하는 데 가장 좋은 무기는 '친절'이라는 것을 깨달았습니다. 친절을 실천하는 것은 쉬운 것도 아니고 어려운 것도 아닙니다. 쉬운 것을 실천하지 못하는 사람은 어리석은 사람이요, 어려운 것이라고 실천하지 않는 사람은 비굴한 사람입니다. 우리 경찰서 직원들은 오늘부터 더욱 직장에서나 가정에서나 24시간 친절을 생활화하여 실천해 나가는 용감한 경찰관이 될 것을 당부합니다.
- 저마다 마음에는 밝은 태양을, 얼굴에는 맑은 미소를, 입술에는 따스한 말을 가집시다. 오늘은 누구에게 무슨 좋은 일을 할까 하는 밝은 생각을 하면서 하루를 시작합시다. 작은 친절이 우리의 마음을 한없이 기쁘게 합니다. 미국의 소설가 마크 트웨인은 "친절은 맹인도 볼 수 있고 귀머거리도 들을 수 있는 위대한 언어"라고 했습니다.

* **인화 단결**

- 화목, 화합, 결속, 상경하애(上敬下愛), 상호간 서로 격려하고 도와 주는 화합된 직장 풍토
- 기가 살아 넘치는 직장 분위기
- 우리끼리 바쁘고 우리끼리 일을 어렵게 처리해 나가는 경찰의 병폐와 불합리한 관행을 개선해서, 신바람 나게 일할 수 있는 좋은 직장 분위기를 만들어 나갑시다.
- 우리나라에서는 별로 인기가 없는 직업인 우리 스스로 선택한 경찰이라는 천직을, 내게 가장 인기 있고 내 생애 가장 보람된 직업으로 만들어 나가자는 것입니다.
- 능률적인 업무수행을 위해서는 조직의 결집이 대단히 중요합니다. 올바르고 정직하게, 성실하고 책임 있게 근무하는 풍토와 상사는 부하를 믿고 부하는 상사를 따르는 화합하고 단결하는 직장 분위기를 조성토록 노력하겠습니다. 그러기 위해서는 업무량을 진단하여 부서별 인력을 재배치함으로써 과중한 업무 분담을 덜어줄 것입니다. 그리고 직원들의 발전 욕구를 충족시킬 수 있도록 승진·전보 등을 실적과 능력에 따라 시행하는 등 조직원 모두가 공감할 수 있는 인사를 정착시키고 묵묵히 열심히 자기 소임을 성실히 수행하는 숨은 일꾼을 발굴 포상함으로써 사기를 진작시키는 한편, 간담회 등 대화를 통해 직원들의 의견을 적극 반영하도록 하겠습니다.
- 직원 개개인이 일시적 영달과 욕망을 위해 조직을 배반하거나 남을 중상모략하는 행위는 전체 경찰을 욕되게 할 뿐 아니라 조직 자체를 모래성같이 무력화시키는 경우가 적지 않습니다. 우리는 같은 배를 타고 항해하는 선원과도 같습니다.

* 공정한 인사

- 정실에 흐르지 않고, 능력과 실적을 근거로, 가장 객관적이고 합리적인 방법으로
- 조직 관리의 기본은 그 구성원에 대한 인사에 있다고 봅니다. 제가 서장으로 있는 동안 인사만은 객관적이고 공명정대하게 할 것입니다.

* 자기 개발과 관리

- 자기 발전을 위한 노력, 변화하는 사회에 대처
- 신체의 건강뿐 아니라 정신 건강에도 노력
- 나 자신은 과거의 인습에서 완전히 탈피하여 새 시대, 새 사고, 새 행동의 장에서 앞장서겠다는 다짐 필요
- 고달픈 직업이지만 우리의 임무를 생각하면 가슴 뿌듯한 직업이고 보람 있는 직업
- 여러분 한 사람 한 사람은 움직이는 작은 정부
- 우리는 서비스업에 종사하는 사람들

* 기 타

- 국가의 녹을 먹는 경찰공무원으로서 국가와 국민에 무한 충성(이런 자조적이고 극단적인 표현 삼간다. '절대 절명, 완전 소탕')
- 검소한 생활, 조직 내부의 부조리 추방, 신상 필벌의 확행
- 가정에 대한 책임, 조직인으로서의 책임, 사회와 나라에 대한 책임
- 부모에게 효도할 줄 모르는 사람은 상사에게 충성할 줄 모르고 자기 직무를 다할 줄 모르고 겸손할 줄 모르는 사람입니다.

┃ 마무리

취임사의 끝은 다음과 같은 내용으로 마무리를 짓는다.

- 모든 것을 새로 시작한다는 마음의 자세를 갖고 적극 협조해주시기 바랍니다.
- 오늘 여러분과의 만남을 통해 우리는 공동의 목표를 향해 나아갈 같은 배를 탄 공동운명체가 되었습니다. 나는 나침판을 보고 방향을 가리키고 북을 치며 독려할 것입니다. 여러분은 노를 저어야 합니다. 열심히 노를 저어야 합니다. 그러면 마침내는 우리 고장 모든 주민들이 우리를 사랑의 박수로 맞아줄 것입니다.
- 저는 여러분과 함께 일하면서 여러분의 위에 있는 서장이기보다는 여러분 곁에 있는 서장으로서 여러분이 편안하게 일할 수 있도록 도와주는 데 성심성의껏 노력하겠습니다.
- 각 과장과 파출소장 및 직원 여러분들은 이 서장을 멀리 하지 마시고 애로 사항이나 건의사항이 있으면 주저 말고 말씀해 주시기 바랍니다.
- 여러분은 주민을 위하여 일하고 서장은 여러분을 위하여 일하도록 합시다.

식 사

식사(式辭)는 미리 준비된 내용을 기초로 하되 대체로 식순에 따라 개인의 자격보다는 공식적인 지위의 자격으로 참여하여 하는 연설이다. 회식 자리에서의 인사말, 소개말, 건배사 등은 사적인 성격이 강한 상황에서 하는 연설이다.

식사는 어떤 행사의 주최자가 하는 연설이다. 내용은 대체로 행사의 목적, 의의 그리고 내빈과 참석자에 대한 감사, 행사와 관련되는 사항 등을 담으면 된다.

다음은 어느 대학 총장의 졸업식 치사이다.

친애하는 졸업생 여러분! 본인은 교직원 일동을 대신하여 강의 아닌 강의로 떠나는 여러분께 축하의 선물을 드리고자 하는 바입니다. 그동안 여러분은 지식과 지혜, 논리와 감동, 그리고 안정과 변화를 함께 추구해 왔습니다.

한편 지식과 논리와 안정, 다른 한편으로 지혜와 감동과 변화로 나누어지는 이 두 계열의 가치는, 어느 사회에서나 어느 한쪽도 배제되어서는 안 될 상호보완적이고 유기적인 가치인 것입니다. 더욱이 대학에서 그 두 갈래 가치의 균형과 조화의 추구는 바로 대학의 본연적인 사명의 핵심이라고 말할 수도 있을 것입니다.

그러나 아직도 우리 사회와 우리 대학은 현대사의 격동 상황에서 벗어나지 못하고 있어서 그 두 가지의 조화는 여전히 이루어져야 할 목표로 남아 있고 그 목표가 바로 또 오늘부터 시작되는 여러분들의 새 생활의 목표이기도 하거니와 나아가 어쩌면 인류의 목표라고 해도 좋을 것입니다.

지식에만 의존하여 지혜를 상실한 오늘날의 과학 문명은 인간의 절멸을 가져 올 수 있는 전쟁의 공포를 안겨주고 있습니다. 논리에만 의존하여 삶의 감동을 추방해버린 문화세계는 인간의 존엄성을 박탈하는 결과를 가져오고 있습니다. 안정에만 급급하여 변화를 이단시하는 국제 세계의 흐름은 신흥 사회의 평등한 존립 주장을 억제하고 있는 것이 현실인 것입니다.

이와 같은 세계의 양상은 그 속에 위치하고 있는 한국 사회에도 영향을 미쳐 우리들 나름대로 어려운 시련을 겪고 있는 것입니다.

지식, 감동, 변화가 결여된 지식, 논리, 안정의 추구는 획기적인 발전의 계기를 포착하기 어렵게 하고 또한 인간소외 현상을 일으키게 마련입니다. 또한 반대로 지식, 논리, 안정이 결여된 채 지혜, 감동, 변화만이 추구된다면 궁극적인 발전의 기반을 구축하지는 못할 것입니다.

한 가치 계열의 편중에서 오는 비극은 실로 엄청난 것이며 이 가치 조화 노력은 앞으로 사회의 핵심적 성원이 될 여러분의 사명이기도 합니다. 우리의 시련 속에서도 대학은 새로운 가치와 철학을 창조하는 산실로서의 의미를 상실해서는 안 될 것입니다. 사회는 사회대로 대학의 존재 이유를 망각해서는 안 될 것이며, 대학 사회는 대학 사회대로 대학을 직업준비 과정 정도의 기관으로만 인식해서는 안 될 것입니다. 학문적인 진리 추구의 기운과 용기 그리고 인격 도야, 노력의 정진, 분위기 등 이런 것이 쇠퇴해서는 대학의 존립 이유가 소멸될 것입니다.

대학이 그러하지 못하고 또한 그것이 문화 가치를 다른 가치들의 획득을 위한 수단으로 간주하는 사회 풍조의 결과라 한다면, 그 사회는 동작은 있으되 행동은 없고 반응은 있으되 사고가 없으며 소비는 있으되 창고가 없고 감정은 있으되 철학이 없는 곳으로 전락하여 대학을 위시하여 모든 사회 문화세계에는 심각한 위기가 잉태될 것입니다.

사표를 잃은 자리에 권위가 있을 수 없고 권위가 없는 자리에 신뢰가 있을 수 없으며 신뢰가 없는 자리에 안정이 있을 수 없는 것입니다.

여러분은 어떠한 분야에서 어떠한 일을 하든지 각자 자기의 세계에서 사표가 되어줄 것을 간곡히 당부하는 바입니다.

그러나 이것은 결코 쉬운 일은 아닙니다. 그것은 곧 우리 사회의 생활 문화 전체를 부흥시키는 과제의 핵심이기 때문입니다. 사고는 현실보다 항상 높게 하고 생활은 현실보다 항상 낮게 하는 길이 바로 여러분의 성취와 사회의 보람을 가져다주는 사표가 되는 길임을 믿어 마지 않습니다.

현실이 기대와 다르기 때문에 잠시라도 좌절과 실의에 빠질 때가 있다면, 언제나 학창시절의 꿈과 젊음을 되새겨 전진하는 용기를 가져 주기 바랍니다.

기성세대는 개인적 또는 사회적 선택의 어려움을 하나하나 소멸시키며 살아오고 있습니다만 여러분 앞에서 무한한 선택의 신천지가 전개되고 있습니다. 찰나적·단기적인 사물에 지나치게 구애받지 말고 자신과 자부를 굳건히 지니고 용기 있게 나아가 주기 바랍니다.

대학교, 그것은 여러분의 영원한 정신적 고장이자 삶의 요람인 것을 잊지 마시고, 영광의 찬가를 부르며 우리 모두의 축복 속에 앞으로 매진해 주시기 바랍니다.

기념사

기념사는 어떤 행사를 기념하는 내용을 담는 연설이다. 그 행사와 관련되는 내용을 충실히 다루면 된다.

다음은 경찰의 날 기념식에서 행할 대통령 연설문의 초안이다.

친애하는 국민 여러분! 그리고 전국의 경찰관 여러분!

오늘은 우리 경찰이 창설된 지 반백년이 되는 날입니다. 나는 이 뜻 깊은 날을 국민 여러분과 함께 진심으로 축하합니다. 또한 남다른 공적을 쌓아 오늘 포상을 받은 수상자 여러분을 축하합니다.

우리 경찰은 조국 광복과 함께 태어나 나라와 겨레를 위하여 충성을 다하며 자유민주주의의 기틀을 굳건히 다져왔습니다. 창설 초기에 우리 경찰은 혼란한 사회를 안정시키고 정부 수립의 기반을 닦는데 크게 이바지했습니다. 6·25 전쟁 때는 수많은 경찰관들이 고귀한 목숨을 바쳐 이 땅을 지키는데 앞장섰습니다. 지난 50년 동안 우리 경찰은 온갖 어려움을 슬기와 인내로 극복해 나가면서 자랑스러운 민주 경찰로 성장해 왔습니다.

생일을 맞은 오늘 이 시각에도 우리 경찰은 전국 방방곡곡에서 쉴 틈도 없이 헌신적으로 노력하고 있습니다. 나는 이 자리를 빌려 전국의 경찰관과 그 가족 여러분의 노고를 충심으로 치하하며 따뜻한 위로의 말씀을 전하고자 합니다.

경찰관 여러분!

지금 우리는 '세계화'의 물줄기를 타고 힘차게 매진하고 있습니다. 그것만이 우리나라가 일류 국가가 되는 길이며, 그것만이 우리 민족이 무한경쟁의 세계무대에서 살아남는 길이기 때문입니다. 세계화 시대에 우리 경찰도 이젠 변해야 합니다. 현실에 안주하기만 하면 낙오를 면하기 어렵습니다. 국민의 생명과 재산을 보호하고 사회에 정의가 서게 하고 나라의 안전을 확보하는데 우리 경찰은 세계 최고 수준의 경찰이 되어야 합니다. 세계화의 지름길은 국민 한 사람 한 사람이 철저한 준법정신을 갖추며 엄정한 국가 기강을 바로 세우는 것입니다.

모든 국민이 법을 제대로 지키고 경찰이 법을 공정하고 정직하게 집행할 때 우리도 세계인과 한 울타리 속에서 규범적 생활을 할 수가 있습니다. 법질서가 어느 정도 바로 섰느냐가 세계화의 수준을 가늠하는 잣대가 되는 것입니다. 우리 경찰은 불법과 폭력에 단호하게 맞서 세계 어느 나라에도 뒤지지 않는 치안을 확립해야 합니다. 국민에게 친절하게 봉사하면서도 법질서를 유지하는 데는 추상같이 강력해야 합니다. 또한 '질서를 지키면 손해를 본다'는 잘못된 생각을 '질서를 지키면 편리하다'는 의식으로 변화시켜야 합니다.

국민 여러분!

우리의 치안 상황은 경찰의 힘만으로는 벅찹니다. 이제는 국민 여러분이 마음의 문을 열고 우리 경찰을 격려와 사랑으로 도와주어야 합니다. 국민의 협조 없이 경찰만으로 범죄의 예방과 해결에 만전을 기할 수 없습니다. 국민 여러분의 적극적인 동참이 절실히 필요합니다. 세계화를 위해 우리는 '삶의 질'을 향상시켜야 합니다. 삶의 질이라는 것은 기본적으로 사회적 안정성을 확보하는 것입니다. 우리는 그동안 개인적으로나 국가적으로나 남보다 '더 빨리 더 많은' 것을 성취하여야 한다는 시대적 분위기에 앞만 보고 돌진해왔습니다. 그러나 최근 여러 가지 사건에서 볼 수 있듯이 지금 우리에게 가장 중요한 것은 '안전'입니다.

우리는 비록 빵은 얻었지만 각종 범죄와 사고로 일상생활에 불안을 느끼고 있습니다. 지금 우리 국민이 절실히 바라는 것은 안심하고 생업에 종사할 수 있도록 사회 환경을 조성해 달라는 것입니다. 나와 여러분은 국민의 생명과 재산을 보호할 책임이 있습니다. 모든 재난은 사전에 철저히 예방하여야 합니다. 어려움이 닥칠 때 신속히 대처할 수 있는 위기관리 능력을 강화시켜 나가야 합니다.

경찰은 모든 국민이 범죄와 사고로부터 위험을 받지 않고 삶의 질을 누릴 수 있게 뒷받침하여야 합니다. '경찰' 하면 누구나 '국민을 위한 존재'이며 '국민의 불편을 덜어주는 고마운 존재'라고 연상하도록 경찰관 스스로의 의식 변화가 있어야 합니다. 산뜻한 제복으로 갈아입은 경찰관 여러분은 이제 국민에게 새로운 모습을 보여주고 새로운 각오를 다짐해야 할 것입니다. 진정 국민의 어려운 문제가 무엇인가를 항상 생각해야 하며 어떤 방법으로 국민에게 봉사할 것인가를 자기 나름대로 스스로 정립해야 합니다.

이젠 치안도 서비스 산업입니다. 고객인 국민을 만족시켜야 합니다. 국민의 요구가 증대함에 따라 서비스 영역도 확대하여야 합니다. 국민이 만족하는 양질의 치안 서비스를 제공하여 국민의 신뢰와 사랑을 받는 경찰상을 정립하여야 할 것입니다. 경찰은 국민을 결코 규제 대상으로 보지 말고 수혜 대상으로 모셔야 할 것입니다.

경찰관 여러분!

경찰은 일상생활 가운데서 국민과의 접촉이 가장 빈번한 정부 기관입니다. 그 임무를 원활히 수행하려면 국민과 함께 호흡하는 진정한 이웃이 되어야 합니다. 민생치안의 확립과 서비스의 향상으로 국민들과 친밀한 유대관계를 강화해야 할 것입니다. 국민들이 바라고 있는 것, 국민들이 궁금해 하는 것, 국민들이 불편해 하는 것이 무엇인가를 세심히 살펴야 할 것입니다.

여러분이 국민의 편에 서서 친절한 안내자가 될 때 국민은 여러분을 믿고 기댈 것이며 성실한 봉사자가 될 때 국민은 여러분을 성원하고 사랑할 것입니다. 세계화라는 시대 변화에 따라 국민에게 제공할 새로운 서비스를 보다 장기적인 안목에서 적극 개발하고 적절히 제공하여야 할 것입니다.

우리는 세계화를 위해서 부정부패의 뿌리를 뽑아내야 합니다. 부정부패는 세계화로 전진하는 길을 가로막는 최대의 장애물입니다. 우리 경찰은 부정부패를 몰아내는 데 선봉에 서야 합니다. 부정한 방법으로는 그 어느 것도 얻을 수 없으며 그것은 반드시 척결된다는 인식이 확고히 자리 잡아야 합니다. 이렇게 하기 위해서 우리 경찰은 청렴과 공명정대의 표상이 되어야 합니다. 경찰이 먼저 깨끗하고 공정할 때 남의 잘못을 나무랄 수 있습니다.

이제 우리 경찰은 지난 반세기의 전통을 바탕으로 새로운 지평을 열어야 할 시점을 맞았습니다. 오늘의 범죄는 날로 기동화, 지능화되고 흉포화, 국제화되어 가고 있습니다. 우리 경찰은 이제 인력과 장비는 물론 조직과 역량에서도 전문화되고 효율화되지 않으면 안 됩니다. 이와 함께 경찰 개개인도 고도의 전문성을 갖추어 선진국의 경찰들과 당당히 겨룰 수 있는 치안 능력을 지녀야 합니다. 여러분이 이렇게 막중한 임무를 수행할 수 있도록 정부가 할 일도 많습니다. 정부는 여러분이 국가 발전에 기여한 바를 인정받고 보람과 긍지를 느끼며 일할 수 있도록 하겠습니다. 또한 경제적으로 안정된 생활을 하고 평생 직장으로 나라와 국민에게 봉사할 수 있도록 지원을 아끼지 않을 것입니다.

경찰관 여러분!

나는 우리 경찰이 세계화의 든든한 견인차가 되기를 기대합니다. 앞으로 우리나라가 세계의 중심에 우뚝 선 '일류 국가'가 되었을 때 우리 경찰이 최선을 다했노라고 자랑스럽게 말할 수 있도록 오늘을 계기로 다짐합시다.

경찰의 날을 다시 한번 축하하며 여러분의 건승을 빕니다.

감사합니다.

주례사

주례사는 일정한 격식이 따로 있는 것은 아니다. 주례사에서는 형식적이고 의례적인 말보다는 신랑·신부의 사람됨과 앞으로의 결혼 생활에서 유념해야 할 일을 몇 가지로 나누어 인상에 남을 만한 내용을 간결하고 분위기에 어울리게 당부하는 것이 좋다.

실제 주례사를 할 때에는 생각나는 대로 즉흥적으로 할 것이 아니라 미리 글로 써 가지고 가서 보면서 하거나 내용의 요점을 적어서 참고하면서 한다. 주례사를 읽을 경우에는 자주 하객에게 눈길을 보내면서 이야기하듯 한다.

　주례사의 예를 들어 보면 다음과 같다.

　　방금 신랑 박 군과 신부 김 양은 여러분의 축복 속에 진실로 서로를 이해하며 평생의 반려자가 될 것을 굳게 맹세했습니다. 이 주례는 이 두 젊은이를 가까이에서 지켜보면서 이 결혼이야말로 하늘이 맺어준 천생연분이며, 앞으로 행복하고 원만한 가정을 틀림없이 이루어가리라고 확신을 하는 바입니다.

　　신랑과 신부는 너무나도 잘 어울리는 한 쌍입니다. 여러분들도 보시다시피 참 잘 생겼습니다. 신랑은 건장한 체구와 선이 굵은 호남입니다. 신부는 수려한 미모와 섬세한 선이 흐르는 미인입니다. 이 두 사람은 외모만이 잘 어울리는 것이 아니라, 앞으로 함께 꿈꾸는 미래상도 꼭 같으리라고 생각합니다.

　　또한, 여러분 가운데 눈여겨보신 분은 아시다시피 신랑 아버님의 함자는 박동균 씨이고 신부 아버님의 함자는 김동균 씨입니다. 동녘 '동'자, 고를 '균'자 한자로도 똑같습니다. 그리 흔치 않은 존함인데 우연치고는 예사스럽지 않은 인연입니다. 박 군과 김 양은 두 어르신네의 존함과 같이 분명 가정은 물론 동방의 나라인 대한민국에서 정을 고르게 베풀 줄 아는 화목한 부부가 되리라고 생각합니다.

　　사람은 누구나 일정한 직업에 오랫동안 종사하다보면, 자기 나름대로 반관상쟁이가 되고 경험적인 예언자가 되곤 합니다. 이 주례도 30년 가까이 교단에서 학생들을 가르치다보니, 학생 한 사람 한 사람의 장래를 어느 정도 예견할 수 있게 되고 또 그 적중률도 높아졌습니다. 이 주례는 신랑 박 군을 대학에서 가르치고 지도하면서, "박 군은 앞으로 큰 인물이 될 것이다."라고 여러 교수님들과 함께 공감을 갖게 되었습니다.

박 군은 전국 방방곡곡에서 모여든 우수한 영재들과 치열한 경쟁을 거쳐 대학에 무난히 입학해, 원만한 인간관계를 유지해야 하고 신체적·정신적으로 극한적 인내를 요구하는 대학 4년을 의지와 끈기로 이겨냈으며, 항상 듬직하고 사나이다운 자세, 너그럽고 여유 있는 태도, 늘 웃음 띤 모습으로 성실하게 정진하는 지도자로서의 자질을 여러 사람들에게 인정받아 왔습니다.

신부 김 양도 박 군의 이런 됨됨이를 보고 평범한 시민으로서 안일과 세속적 욕망을 추구하기보다는 커다란 사명감을 가진 공직자의 아내로서, 또 능동적인 내조자로서의 길을 선택하고 힘찬 출발을 기약하고 있습니다.

이와 같이 의젓한 두 분께 주례로서 덧붙일 말이 필요 없겠습니다만, 이 주례는 인생의 선배로서 이 분들이 평생 동안 이 자리를 기억하게 하고 싶은 욕심에서 몇 마디 말씀을 드리고자 합니다.

첫째, 결혼은 단순히 남녀 간의 육체의 결합만이 아니라, 혼의 결합이라는 사실을 기억해 주시기 바랍니다. 정신은 육체와 함께 오늘이 있기까지 키워 주신 부모님께서 불어넣어 준 것입니다. 그러므로 행복하고 성공적인 결혼 생활은 양가의 부모님을 잘 모시고 가르침을 받는 데 있습니다.

이제 신랑은 장인어른을 '내 아버님'으로 모셔야 합니다. 장모님을 '내 어머님'으로 받들어야 합니다. 신부 또한 시아버님을 '내 아버님'으로 받들어야 합니다. 시어머님을 '내 어머님'으로 깍듯이 모셔야 합니다. 이 시간부터 신랑과 신부는 아버님 두 분과 어머님 두 분을 섬기는 새로운 족보를 가지게 된 것입니다. 두 분은 그 동안 환경도 다르고 가법도 다르고 식성도 다르게 20여 년 동안 성장해 왔습니다. 그러나 이제부터는 양가 부모님의 가르치심을 고루 받아, 박 씨도 되고 김 씨도 되어야 행복한 삶을 기약하게 될 것입니다. 결혼은 결코 두 사람만의 결합이 아닙니다. 두 집안끼리 인연을 맺은 것입니다.

둘째, 결혼은 서로가 완전한 만족을 느끼며 살아가는 것이 아니라, 적당한 만족을 느끼며 살아가는 것이라는 사실을 기억해 주시기 바랍니다. 완전한 만족이란 있을 수도 없는 것이며, 있다하여도 그런 삶은 살아가는 재미가 없습니다. 그러므로 상대방에게 부족함이 있다면 그 것은 바로 자신의 부족함이며, 상대방에게 다소 섭섭함이 있다면 그 또한 자신에게 섭섭하게 여길지 모른다는 생각으로 서로 이해하고 감싸 주는 데에서 행복은 보장받을 수 있습니다. 그래서 옛 성현들은 '결혼 전에는 두 눈을 커다랗게 뜨고 상대를 보라. 그러나 결혼 후에는 한 쪽 눈을 감고 서로를 보라.'고 하였습니다. 가정평화의 열쇠는 어느 한 사람만이 가지고 있는 것이 아닙니다. 두 사람이 함께 열어야만 열리는 신비스럽고 좀 불편한 듯한 열쇠입니다.

셋째, 결혼은 서로 들여다보며 사는 것이 아니라, 같은 목표를 세워 놓고 그것을 향하여 둘이 함께 힘차게 살아가는 것입니다. 신랑·신부 가 밤낮으로 마주 앉아 서로 이성의 눈으로 들여다보기만 하고 살아가 다 보면, 처음에는 참 신비스럽고 행복에 겨울 수도 있습니다. 그러나 곧 싫증이 나고 약점만 보이게 됩니다. 부부는 이성의 눈으로만 서로를 들여다보아서는 아름다운 하모니가 이루어지기 힘듭니다. 부부는 함께 동일한 목표를 세워 그것을 성취하기 위해 함께 손잡고 살아가는 동반 자이어야 합니다. 그래서 예로부터 부부는 한 날개로는 날 수 없는 '비 익조'(比翼鳥)라 했습니다. 또한, 한 줄기에서 나온 두 가지와 같은 '연 리지'(連理枝)라 했습니다.

넷째, 부부는 '네 편, 내 편'으로 나누어 다투는 경쟁자가 아니라 '우 리 남편, 우리 집사람'이 되는 가장 믿음직한 협조자가 되어야 합니다.

이 세상에서 가장 바보스러운 남자가 누굴까요? 자기 부인에게 이기기만 하려는 남편입니다. 이 세상에서 가장 어리석은 여자가 누굴까요? 자기 남편에게 이기기만 하려는 부인입니다. 밖에 나가 생존경쟁에서 이겨야지, 하필이면 자신의 배우자에게 이기려고 합니까? 자기가 지니고 있는 개성의 반은 희생하고 개성의 반만 살리십시오. 어떠한 경우라도 극단적인 말을 주고받아서는 안 됩니다.

마지막으로, 제가 감춰두었던 금실 좋은 부부가 되는 비결을 보너스로 드리겠습니다. 앞으로 살아가면서 '입맞춤'보다 '눈맞춤'을 자주 하십시오. 입맞춤은 자주 하면 신물이 나고 간혹 김치 냄새가 나기도 합니다. 하루에 적어도 세 번 이상 눈을 맞추십시오. 출근할 때 눈을 맞추고 퇴근해서 눈을 맞추고 잠자리에 들 때 눈을 맞추십시오. 눈맞춤이야말로 부부 사이의 마음과 마음을 주고받는 지름길입니다. 이렇게 하면 애정은 날로 달로 넘칠 것입니다.

이상의 몇 마디 당부를 길이 기억해 주시기 바랍니다. 이 자리에 참석해 주신 여러분들께서도 이 두 분의 결혼을 이 순간만 축복해 주실 것이 아니라, 앞으로도 훌륭한 부부가 되고 빛나는 지도자가 될 수 있도록 끊임없이 지도 편달해 주시기를 부탁합니다. 고맙습니다.

↘ 박경현, '첫주례'

하 사

하사(賀辭)는 정년을 맞거나 경사스러운 일이 있을 경우 축하하는 연설이다. 이 경우에는 당사자를 치하하는 말을 하되, 지나친 과장은 피하는 것이 좋다. 다음은 정년 퇴임식에서 한 하사의 예이다.

김○○박사,

선생님은 언제나 화끈한 사람, 가까이 있으면 가슴까지 뜨겁게 만드는 남자, 이순(耳順)을 넘겨서도 지칠 줄 모르고 인생과 학문에 정열을 불태우는 선비이십니다.

사람의 한 평생은 어쩌면 긴 마라톤 경주와 같아서, 풀 코스를 완주하기란 그리 쉽지 않습니다. 더욱이 스스로 택한 길을 끝까지 달려 영광과 보람의 테이프를 끊는다는 것은 흔하지 않은 일입니다. 이제 김 박사는 법적으로 주어진 정년이라는 코스를 무사히 주파하고, 다시 제2의 인생길을 달리게 되었습니다.

김 박사는 그 아호가 "실을 '재' 자", "윤택할 '윤' 자"가 뜻하는 바와 같이 항상 몸과 마음에 '윤택함과 넉넉함이 가득 넘치고', 선생님의 존함 "얼굴 '용'자", "물흐를 '호' 자"가 뜻하듯 '끝없이 모든 것을 포용하며' 살아 가시는 분이십니다. 그래서 선생님은 언제 어디서든 상황을 부드럽게 하는 '윤활유'이며 '맏형'이었습니다.

늘 불그레한 보름달 같은 용안, 삶의 맛을 아는 여성이라면 침을 꼴깍 삼킬 만한 우뚝 솟은 코, 곧 열변이 터져 나올 듯한 무게 있는 입술, 윤기가 자르르 흐르는 시원스러운 독두(禿頭), 떡 벌어져 넘치는 근육질의 어깨, 구중궁궐의 주춧돌 같은 다리, 이런 외모만 대하여도 누구나 선생님에게 '호연, 호탕, 정열, 열정, 건강' 등의 화끈함과 뜨거움을 느끼게 됩니다.

선생님은 사계 김장생, 김 집 등으로 이어지는 예학(禮學)의 가문에서 태어나 무병 장수하고 문무 겸전하라는 아명(兒名)을 얻었는데, 자신의 인생이 이와 같이 타고난 팔자대로 이루어져 온 것 같다고 가끔 회상하곤 하셨습니다.

철학과 윤리학을 전공하고, 몸은 공인받은 건강체이고, 일반대학 교수로도 오랫동안 재직하였지만 사관학교 교수를 역임하고 끝으로 우리

대학 교수로 교직을 떠나게 된 것은 예사로운 일이 아니라 할 것입니다.

　교수님은 강의에 임할 때마다 완전 군장을 갖추고 강의실에 들어 가셨습니다. 한 손에는 채권장수 가방 같은 두툼한 가방을 들고, 다른 한 손에는 우중충한 보자기에 각종 자료를 싼 보따리를 들고 입실하시곤 하였습니다. 매시간마다 제기되는 문제들은 지체 없이 그 시간에 해결한다는 취지에서, 가방과 보따리에 가득한 보조자료를 사용하여 확인 교육을 하셨습니다. 언젠가는 학생들에게 근검 절약을 강조하는 강의를 하면서, 자기만의 비밀저금통장 여러 구좌와 거금 상당의 주식을 학생들에게 공개하여 돌려보게 하고, 자신의 손으로 대여섯 번 이상 기운 양말과 몇 차례 밑창을 갈아댄 구두를 높이 쳐들어 보이기도 하여, 학생들이 이구동성으로 '원더', '원더풀'을 연발한 생동감 있는 실물 확인 교육을 하신 적도 있었습니다.

　교수님의 강의는 신이 지핀 듯한 모노드라마의 주인공처럼 변화무쌍한 열연이고, 아니리·발림·창 모든 것을 동반한 종합 예술이었습니다. 그만큼 선생님은 정성을 다하여 교수법을 연구하신 것입니다. 선생님을 여러 기관에서 명강사로 앞다투어 모셔가는 것도 쉼임 없는 노력으로 얻은 관록 때문이라 생각합니다. 때로는 이 나라의 지존(至尊)하신 분과 그 측근들의 학창시절 답안지와 에피소드 같은 역사적인 실물과 실화를 공개하여 주위 사람들의 가슴을 두근거리게 한 적도 있었습니다. 이런 거사도 알고 보면 그들의 비리와 불합리를 호되게 꾸짖기 위해 구체적인 사례를 제시한 것이었습니다.

　파고다 공원 앞 백주 대로상에서 아무도 못 말리는 불량배를, 회갑이 지난 김 교수님이 중인환시(衆人環視) 속에 이단 옆차기로 눕혔다는 이야기도 선생님의 강한 의협심을 드러낸 것이었습니다. 이처럼 선생님은 실사구시(實事求是)와 합리성을 추구하는 열성적인 생활 철학자이십니다.

선생님은 젊은이들에게 심신의 건강과 용기를 북돋아 주는 분이었습니다. "건강은 누가 지켜주는 것이 아니라 자신이 지키는 것이며, 건강은 사전 투자에 비례하여 유지되는 것이다."라는 건강 철학을 자라나는 세대들에게 힘주어 강조한 분이십니다. 그래서 작은 약국을 차려도 될 만큼의 한방과 양방의 희귀한 약을 구하여 스스로 조제하여 복용하기도 하고, 건강을 해친 이웃에게도 적극 권장하기도 하셨습니다. 또한 선생님은 꾸밈 없는 웃음과 넓고 안온한 가슴을 열어, "베푼 대로 거둔다."는 베풂의 철학으로 정신 건강을 지켜나가는 분이십니다.

교수님은 한국전쟁에 참전하여 포로가 되어 생사의 갈림길에 서보기도 하고, 실제 전투에서 총상을 입은 적이 있는 상이용사로, "전쟁은 해 봐야 승패를 안다. 주저하지 말라, 미리 겁 먹지 말라."는 경험 철학을 체득한 분이십니다. 나약하고 주저하며 머뭇거리는 젊은이들에게 선생님은 용맹성과 과감성과 결단성을 눈을 부릅뜨고 심어주려고 하신 분입니다.

선생님은 주석에 앉기를 마다하지 않으셨습니다. 두주불사의 체질은 아니지만, 일단 거나해졌다 하면 좌중을 사로잡고 카리스마적 기질을 발휘하시곤 했습니다. 평소에 당신의 잣대로 재어 건방을 떨고 눈에 안든다고 판정내린 인사들을 대패질하기도 하고, 스스로의 허점을 고의로 드러내어 노소 동락, 지위 고하 불문, 청탁 불변의 분위기를 조성하기도 하셨습니다. 술이라는 망우물(忘憂物)로 인한 이런 해프닝은, 선생님 스스로가 맑은 물에서는 프랑크톤의 구실을 하고 흐린 물에서는 정화조 구실을 하시려는 깊은 뜻의 표현이었습니다.

김 교수님은 유가(儒家)의 윤리를 몸소 실천하는 현대적 유학자이십니다. 선생님이 잔잔하게 표출하는 평상의 언행에는 자신만의 안일을 추구하기보다는 거동이 편치 않은 사모님에 대한 부부애와 5남매에 대한 부성애가 철철 넘쳤습니다. 아내를 지극한 정성으로 수년간 뒷바라

지해 오는 열부이시고, 자녀들의 혼사와 자립에 몸 달아 하던 엄부(嚴父)
요 자부(慈父)이신 모습은 후생들의 인생길에 길잡이가 되고 있습니다.

　　김 박사가 ○○골에 남긴 불후의 어록은 여러 사람이 빙긋이 웃으며
두고두고 전설처럼 기억할 것입니다. '돈 놓고 돈 먹기, 굳세어라 금순
아, 홍도야 우지 마라, Itself myself, Never mind, Almost impossible' 등등.

　　김○○교수님,

　　선생님은 이제 공식화된 "정할 '정' 자" 정년(定年)만을 고작 채웠을
뿐입니다. 결코 학문과 인생의 "머무를 '정' 자" 정년(停年)은 아닙니다.
부디 스무살 "고무레 '정'자" 정년(丁年)의 마음으로 만인의 사표(師表)
가 되어 학수(鶴壽)를 누리소서.

↘ 박경현, '정년(丁年)의 정년(停年)'

추도사

　　추도사는 죽은 사람을 생각하며 슬퍼하는 연설로 '조사'(弔辭)라고
도 한다. 추도사는 고인에 대한 애석한 심정을 표출하여야 한다. 이
경우에도 의례적이고 형식적인 내용보다는 고인의 생전의 업적과 사
람됨, 고인과 관련되는 일화, 유가족에 대한 위로, 고인의 명복을 기원
하는 내용을 말하는 것이 좋다. 추도사를 할 적에는 천천히 슬픈 어조
로 한다.

　　다음은 추도사의 예이다.

이ㅇㅇ박사!

선생을 홀연히 떠나보낸 지 어언 100일이 되어갑니다. 지금 청람 캠퍼스에는 일찍이 찾아온 여름 장마로 하늘에 먹구름이 끼었다가 언뜻언뜻 햇빛이 비쳤다하는 변덕스러운 날씨가 이어지고 있습니다. 기약할 수 없는 우리네 인생사처럼 말입니다.

선생을 처음 만난 때는 온 나라가 서울올림픽 준비로 들떠 있던 1988년 봄이었습니다. 잔잔한 미소를 띠며 봄꽃처럼 청순한 이미지를 풍기는 선생의 첫인상은 우리 학교에 신선한 학풍을 불어넣을 듯한 믿음을 주었습니다. 한 학기 강의가 끝나고 그 해 가을, 선생은 33세 청년 학자로 우리 대학의 가족이 되었습니다. 아마 선생은 사전에 강의 능력을 검증받고 교수로 임용된 최초의 우리 대학 교수로 기억할 것입니다.

선생의 마지막 모습을 뵈온 때는 1997년 3월 4일이었습니다. 그날 오후 출근하다가 갑자기 졸도했다는 소식을 듣고 고려대학교 안암병원으로 달려갔더니 선생은 중환자실에 산소 호흡기에 의지하고 말없이 누워 있었습니다. 바로 일어서리라는 생각에 저는 선생의 싸늘한 이마를 짚고 "이 사람아! 왜 여기에 누워있어. 어서 일어나야지."라고 호언하며 쾌유를 빌었습니다. 아! 그게 선생과 나의 마지막 만남이었을 줄이야 그 누가 예상했겠습니까?

"죽음은 삶이라는 책에 마지막 구두점을 찍는 것이 아니라, 다만 한 페이지를 넘길 따름이다."라고 하였습니다. 그러나 전교생이 참석한 가운데 우리 대학 교문 앞에서 노제(路祭)를 지내고 마지막 가시는 길을 지켜보면서 선생의 죽음은 그렇게 가벼이 생각할 수 없어 한없이 눈물을 흘리며 명복을 빌었습니다.

이ㅇㅇ교수!

선생과의 만남은 비록 10년 정도 짧은 기간이었지만, 선생이 남기신

여운은 우리 학교발전에 길이 영향을 끼칠 것입니다. 돌이켜 보면, 선생은 학문적으로 획기적인 공헌을 하셨습니다. 특히 경찰학 정립의 토대를 마련했습니다. 종래에 경찰 행정을 권력 지향적 수단의 측면에서 서비스 지향적 수단의 측면을 강조함으로써 경찰 행정의 현대화에 토대를 제공했습니다. 이는 자칫 현대 사회의 국민 욕구에 비추어 소홀하기 쉬운 향정의 국민 편익성을 제자리에 놓이게 함으로써 경찰을 국민과 가깝게 하려고 한 노력이었습니다.

선생은 경찰 행정 현장의 문제에 많은 관심을 기울이셨습니다. 경찰 공무원의 선발 문제를 중요시하였고 다음으로 능력 발전의 문제로서 교육 훈련을 강조하여 수십 년에 걸쳐 한 번도 검증되지 않은 교육 현장의 문제를 구체적으로 현장조사 연구를 하였습니다.

이를 위해 중앙경찰학교와 경찰종합학교에 장기간 체류하면서 현장 연구를 하였습니다. 뿐만 아니라 경찰대학 교육훈련 프로그램을 검증하기 위하여 일주일 동안 집단 토론을 하면서 서울대학교 행정연구소와 '경찰교육훈련체계의 개선방안'에 대하여 공동 연구를 하였습니다. 선생은 남들이 몇 십년에 걸쳐 이룩할 학문적 업적을 짧은 생애 동안 알차게 이루었다고 생각합니다.

선생은 우리 대학의 탄탄한 미래상을 설계하고 계셨습니다. 서울대학교 조교 및 연구원을 역임하면서 학문 발전의 밑바탕으로서 조교 제도의 필요성을 느끼고 있던 선생은 경찰학의 학문적 정립을 위해 대학원 설립의 필요성에 대한 논문을 발표하고 경찰 총수에게 건의문을 발송하는 등 경찰대학 발전의 미래상을 제시하고 그 실현 방안을 계획했습니다.

또한 선생은 1994년 교육부 학술연구 조성계획에 따른 연구 주제로 '범죄의 사회비용에 관한 연구'를 신청해 50여대 1의 경쟁을 뚫고 프로젝트(project)로 선정된 바 있습니다. 이 연구는 국내 최초의 시도로 매우 어려운 과제였습니다. 이 연구를 위해 선생은 일본을 방문해 자료 수집에 심혈을 기울였고 10여 권의 외국서적을 번역하였습니다. 선생은 경찰대학 특성상 불가피한 일반행정학회와 교류 및 학술정보 교환을 위해 여러 학회의 이사로 책무를 다하고 학술 활동에 적극 참여하였습니다. 이러한 연구 과정에서 심신이 지나치게 혹사되었고 과로가 누적되었나 봅니다.

선생은 학교 형편상 학기당 3~4과목의 강의를 과중하게 담당하면서도 학생지도에 남다른 기여를 하셨습니다. 특히 많은 학생들을 지도해 서울대학교 대학원에 진학시키고 그들의 졸업논문 작성과 생활 지도에도 시간과 노력을 아끼지 않았습니다. 경북고등학교를 졸업하고 서울대학교 및 서울대학교 행정대학원에 석·박사 학위를 취득하기까지, 가족이 있는 고향을 떠나 객지인 서울에서 다년간 자취 및 하숙 생활을 했던 선생의 경험을 바탕으로 대학원에 진학하여 자기 통제와 학습 능력이 부족한 졸업생들을 개인 상담까지 하시며 적극적으로 도왔습니다. 특히 대학원에 진학한 학생들의 주거지를 발병 며칠 전까지도 주선해 주었고 심지어는 어려운 졸업생들에게 거처가 정해질 때까지 선생의 자택에 기숙하도록 배려하였습니다. 뿐만 아니라 평소 졸업생의 외국 대학원 진학을 강조하여, 여러 가지 불리한 조건에 있는 우리 대학의 특성을 극복하고자 직접 외국 대학 당사자와 협조를 구하고 필요할 때마다 입학 추천서를 작성해 주는 등 참스승의 길을 몸과 마음으로 보였습니다.

선생은 우리 대학의 학보 주간교수를 역임하면서 일반대학 학보에 비해 발행 부수가 적은 단점을 보완하고 신문의 지면을 확대하는 데 애쓰셨습니다. 또한 학보 발간의 민주성과 독자성을 확보하려고 노력하였습니다. 21세기 치안 주역의 요람인 우리 대학의 홍보 및 학내 동정, 연구 성과 등을 학보에 게재하여 수준 높은 학보 발간에 최선을 다했습니다. 무엇보다도 선생은 학보 창간호부터 100호까지의 축쇄판을 발간하여 경대학보를 '읽고, 보관하고, 자랑하고 싶은 대학신문'으로 만드는데 앞장섰습니다.

제가, 교통 혼잡을 피해 새벽 출근을 해보면, 선생의 자그마한 자동차가 그 나름의 '프라이드'(pride)를 내세우며 주차장에 의연하게 서있었습니다. 조기 출근한 동지가 있는 것을 반기면서 선생을 찾으면 그 이른 시간에 연구실은 벌써 탐구의 열기로 달아올라 있었습니다. 새벽에 자주 만나 우리는 애연가끼리 "심심초나 한 대 핍시다." 또는 "완만한 자살제를 태워 없앱시다."라고 농담을 주고받으며 담배를 나누어 피고 커피를 한잔씩 타먹곤 하였습니다. 이제 와 생각하니 혹시 새벽 담배와 커피가 선생의 건강에 해를 입히지나 않았나 후회스럽기도 합니다.

선생의 연구실에는 많은 장서가 숨 쉬고 있고 값비싼 최첨단 컴퓨터 장비들이 번쩍이고 있었습니다. 공직자의 자녀로 가난한 가정에서 성장해 박봉에 의존하면서 변변한 집 한 칸 제대로 마련하지 못한 선생이 학문 연구에 필요한 기기를 구입하는데 금전을 아끼지 않은 것을 볼 때 선배 교수로서 부끄러움을 감출 수 없었습니다. 이제 선생의 가족들이 그 귀한 장서들을 기꺼이 우리 대학 도서관에 기증해 주었으니 살아남아 있는 우리들은 선생의 학문적 체취를 오래도록 간직할 것입니다.

이ㅇㅇ아우!

내가 선생을 이렇게 부를 수 있는 까닭은 선생이 나와 연령상으로는 10년이나 차이가 나지만, 같은 대학에서 같은 전공을 했던 인연 때문입니다. 송구스럽지만 짧은 기간 함께 근무하면서 나는 선생을 아우처럼 느꼈습니다. 우리가 대학 10년사를 편찬하며 자료가 부족하여 난감하고 있을 때, 선생이 국회 속기록을 비롯한 각종 자료를 수소문하여 수집해 오는 것을 보고 그 부지런함과 그 꼼꼼함에 편찬 위원들은 밤샘

집필을 피곤해 하지 않았고 형제처럼 끈끈한 정을 느꼈던 일이 새삼 떠오릅니다.

　서울대학교 가정대학을 졸업한 미더운 사모님 ○○여사와 선생의 고운 마음을 그대로 이어받은 어린 따님 ○○○이와 아드님 ○○이가 건강하고 행복하게 선생의 유업을 이어갈 것이라 확신합니다.

　이○○박사!

　이승에서 치밀하고 꾸준히 해오던 연구와 강의, 그 고달픔 모두 다 거두시고 극락에서 편히 잠드소서. 그리고 그곳에서도 건강에 유의하시옵소서.

　　　　　　　　　　　　　　　　　↘ 박경현, '짧은 만남 긴 여운'

03 | 발표

　지도자는 여러 사람 앞에서 발표할 기회가 잦다. 여기에서의 '발표'란 화자가 청중에게 지식이나 정보를 전달하려는 화법을 이른다. 발표는 자신이 연구하거나 조사한 결과, 자신이 알고 있는 전문 지식이나 각종 정보 등을 청중에게 전달하는 것을 목적으로 한다. 설명, 시범, 묘사, 보고, 강의 등이 그 예가 된다. 발표는 '내용 전달'에 초점을 두어야 한다. 프레젠테이션(presentation),[11] 파워포인트(power point)와 같

---

11) 감동적인 프레젠테이션을 이끌어내는 것으로 명성이 높은 스티븐 잡스(Steven Jobs)의 프레젠테이션 십계명은 다음과 같다.(강미은, 2008에서 재인용)
① Set the theme(주제를 정하라)
② Demonstrate enthusiasm(열정을 보이라)
③ Provide an outline(대략의 개요를 알려주라)
④ Make numbers meaningful(숫자를 의미 있게 전달하라)

은 보조 수단을 이용하느냐 않느냐는 발표의 효과에 관한 일이지 발표 자체의 목적과는 별로 상관없다.

발표를 잘 하려면 다음과 같은 사항을 갖추고 있어야 한다.

① 제공할 내용을 암기할 정도로 숙지한다.
② 말할 순서를 미리 짜둔다.
③ 제공할 내용과 관련되는 자료를 준비한다.

1) 설명

설명이란 상대방이 전혀 모르거나 잘 모르는 사실을 알아듣기 쉽게 풀어서 말하는 것이다.

설명할 때 유의할 점은 다음과 같다.

① 설명하고자 하는 내용을 충분히 알고 있어야 한다.
② 상대방이 이해할 수 있는 표현이나 비유를 사용한다.
③ 상대방이 잘 알고 있는 예를 들어 말한다.
④ 정확한 표현을 해야 한다.
⑤ 발음이 정확하고 어조가 상황에 알맞아야 한다.
⑥ 여러 가지 시청각 보조 자료를 활용한다.

⑤ Try for an unforgettable moment(잊지 못할 순간을 마련하라)
⑥ Create visual slides(비주얼 슬라이드를 만들라)
⑦ Give me a show(쇼를 하라)
⑧ Don't sweat the small stuff(작은 실수에 괘념치 말라)
⑨ Sell the benefit(혜택을 강조하라)
⑩ Rehearse, rehearse, rehearse(준비하라, 준비하라, 준비하라)

설명하는 방법에는 여러 가지가 있다. 여기에서는 비교적 자주 사용되는 것들을 중심으로 살펴보기로 한다.

(1) 예시

예시(例示)란 세부적인 예를 들어가며 설명해 나가는 방법이다. 예시는 연사가 말하고자 하는 바를 구체화하는 데 좋은 방법이다. 또한 청중의 흥미를 유발하는 데 효과적인 방법이다. 제시하는 예는 앞에서 언급된 내용의 타당성과 진실성을 뒷받침해 줄 수 있어야 하며, 청중이 쉽게 이해할 수 있도록 정확하고 구체적인 것이어야 한다.

예를 선택할 때는 다음과 같은 점에 유의하여야 한다.

① 개인의 경험, 구체적인 실례, 일화, 통계 자료 등에서 예를 찾는다.
② 말하고자 하는 내용을 뒷받침하기에 가장 적절하고 알맞은 것을 선택한다.
③ 청중이 쉽게 이해할 수 있도록 명확하고 구체적인 것이어야 한다. 복잡한 논리적 사고 과정을 거쳐야 이해할 수 있는 예는 부적절하다.
④ 청중의 흥미를 끌 수 있는 것을 고른다. 진부하거나 평범한 예보다는 참신하고, 무엇인가 깨닫게 하는 예를 든다. 그러나 청중에게 생소한 것이나 지나치게 전문적인 것 등을 택하면 예시의 효과를 충분히 거두기 어렵다.

예시는 추상적이고 개념적인 진술을 구체화해 준다는 점에서 대단히 유용하다. 그러나 예시가 너무 잦거나 적절치 못한 경우는 청중에게 어수선한 느낌을 주어 말에 대한 신뢰를 떨어뜨리게 된다. 정밀한 논리로 풀어야 할 문제를 예시의 방법으로 전개할 경우에는, 연사가 자신이 다루고 있는 문제를 깊이 이해하지 못했거나 불성실하게 대하고 있다는 인상을 주기 쉽다.

다음은 우리 민속의 '우존좌비'(右尊左卑) 의식에 대하여 예시의 방법으로 설명한 예이다.

우리 민속에는 오른쪽을 귀하게 여기고 왼쪽을 천하게 여기는 의식이 있습니다. 예를 들어, 신을 신거나 하체를 닦는 것과 같이 비천하다고 생각되는 행위를 할 경우 반드시 왼손을 썼습니다. 법도 있는 집에서 손님을 맞이할 때 왼쪽 대문이나 장지문을 열고 맞이하면 큰 실례로 여겼습니다. 윗사람이나 웃어른의 오른편에 앉거나 서 있어도 예를 벗어나는 것으로 보았습니다. 조선 말까지 종로에는 말과 수레나 천민은 좌측 통행을 하고 양반은 우측 통행을 해야 했습니다. 머리의 가리마를 가를 때 잘못하여 왼쪽으로 기운 듯하면 불길하다고 여겼습니다. 밥상이나 술상 시중을 할 때 편의상 왼손을 사용하면 큰 결례로 여겼습니다.

↘ 박경현, '국어표현론'

(2) 비교와 대조

비교와 대조는 둘 이상의 대상에 대하여 그들이 지니고 있는 유사점이나 차이점을 들어가며 설명해 나가는 방법이다. 이 방법은 어떤 대상의 특징을 선명하게 부각시키고 그 동질성이나 차이점을 명백히 하는 데 도움을 준다.

비교와 대조의 방법으로 설명할 때는 다음과 같은 점을 유의하여
야 한다.

① 대상들의 동일한 측면을 비교하거나 대조하여야 한다.
② 한 대상의 특성을 밝혀내기 위해서 끌어들이려는 대상은 청중에
게 낯익은 것이어야 한다.
③ 둘 이상의 대상의 특성을 모두 설명하려면, 청중에게 이미 알려
진 원리를 끌어다가 그 대상들과 비교·대조한다.
④ 설명하려고 하는 것이 어떤 원리나 관념이라면, 청중이 이미 알
고 있는 여러 대상을 끌어다가 그 유사점과 차이점을 밝혀낸다.

다음은 '엄지손가락과 새끼손가락'을 그 위치, 길이, 굵기뿐 아니라
상징적인 의미 등을 비교·대조하면서 각각의 특성을 말하고 있는 예
이다.

여러분, 엄지가 좋습니까? 새끼가 좋습니까? 두 손가락 다 쓸모 있다
고요. 그렇습니다. 엄지손가락과 새끼손가락은 손의 가장자리에 자리잡
고 있습니다. 이 둘은 다른 세 개의 손가락보다 길이가 짧지만, 엄지손
가락은 가장 굵고 새끼손가락은 가장 가늡니다. 엄지는 첫째·으뜸을
상징하는 반면에, 새끼는 마지막·꼴찌를 뜻합니다. 엄지는 다섯 개의
손가락을 대표하면서 힘과 권위를 나타냅니다. 그래서 도장 대신에 지
장을 찍는데도 쓰입니다. 새끼는 힘과 권위는 없지만 서로 약속할 때에
는 꼭 필요합니다. 사람들은 남에게 자랑하거나 자신의 강함을 나타낼
때 흔히 엄지손가락을 내보입니다. 새끼손가락은 힘이 없지만 다른 손

가락에 많은 도움을 주고 자질구레한 일은 거의 도맡아 합니다.

우리는 어느 한 측면만 보고 사물을 판단합니다. 그래서는 곤란합니다. 모든 사물은 단점도 있는 반면에 그것 나름의 장점도 지니고 있습니다.

↘ 박경현, '국어표현론'

(3) 분류

분류는 어떤 대상이나 생각을 일정한 기준에 따라 단계적으로 묶거나 나누는 방법이다. 이 방법은 무수한 대상들을 공통된 성질에 따라 정리하거나 질서화하는 데 많은 도움을 준다.

분류를 할 때는 다음과 같은 원칙을 따라야 한다.

① 각 단계마다 분류하는 기준은 하나이어야 하며, 그 기준은 다음에 따라오는 단계까지도 일관성 있게 적용되어야 한다.
② 아래 단계는 그것의 바로 위 단계를 모두 포함해야 한다. 즉, 아래 단계에서는 바로 위 단계에 포함되는 것이 빠짐없이 나누어져야 한다는 것이다.

분류의 방법은 분류하는 목적과 관계가 깊다. 어떤 목적으로 분류하는가에 따라 그 체계가 달라질 수 있으므로, 분류하기 전에 목적을 확인하고 이 목적에 맞는 기준을 선정하도록 해야 한다.

예를 들어, 사람들을 분류할 때 화장품 회사는 피부의 공통점이나 차이점을 기준으로 삼을 것이고, 의류 회사는 신체의 크기나 모양을 기준으로 삼을 것이다. 전자의 분류는 화장품의 생산과 판매 계획에 필요하고, 후자의 분류는 의류의 생산과 판매 계획에 필요하기 때문이다. 이와 같이 목적에 따라 같은 대상이라도 분류하는 기준이 달라진다.

다음은 자동차 기어를 넣는 태도를 기준으로 사람을 분류하며 설명하고 있는 예이다.

자동차 기어를 넣는 스타일은 여러 가지이며, 대개 그 사람의 성격을 나타냅니다. 가장 흔한 것은 힘으로 1단을 밀어 넣는 불도저형 젊은 이들입니다. 소리가 너무 요란해 2단이 들어갈 때는 무슨 일이라도 곧 일어날 것 같습니다.

다음으로 귀공자형이 있습니다. 고급의 거대하고 호화로운 자동차를 타고 다니며, 옆 사람에게 신경 안 쓰면서 태코미터(tachometer)가 기어를 바꾸도록 지시할 때만 여유 있게 바꿉니다.

또 최근에는 교통이 혼잡한 네거리나 언덕길에서 클러치와 가속 페달의 시간이 잘 안 맞아 고생하는 여성 운전자들을 흔히 볼 수 있습니다. 이들은 기어를 한 번 바꿀 때마다 이를 갑니다.

끝으로 10km에서 1단, 20km에서 2단, 30km에서 3단 등 정확하게 바꾸는 노인, 교수, 목사 등의 관대 조심형이 있습니다. 이들은 너무 천천히 가기 때문에 3단으로 바꿀 때에는 벌써 신호등에 걸려 대개의 경우 시내에서는 1단과 2단만을 사용하고 다닙니다.

↘ 차경수, '논증 기술과 설명 기술' 고침

(4) 정의

정의(定義)는 어떤 단어나 어구의 뜻[義]을 분명히 정[定]하는 방법이다. 정의는 화자 자신의 일관성 있는 사고의 전개를 위해서, 그리고 청중에게 생각을 정확하게 전달하기 위해서 반드시 필요한 것이다.

정의하는 방법은 대체로 다음과 같은 것들이 있다.

① 주어진 단어나 어구의 속성을 말한다.

이 방법은 가장 기본적인 것으로 '사전적 정의'라고 한다. 이 정의는 대개 "사람은 언어적 동물이다."처럼 명제의 형식을 취한다. 이 때 '사람은'과 같이 정의되는 쪽을 '피정의항'이라고 하고, '언어적 동물이다'와 같이 정의하는 쪽을 '정의항'이라고 한다.

또한, 정의항을 세분하면 종차(種差)와 상위 개념으로 나누어진다. 종차는 피정의항이 속하는 범주 속의 다른 것들과 구별되는 특성이며, 상위 개념은 피정의항이 속하는 범주를 말한다.

② 주어진 단어나 어구를 구성하고 있는 하위 개념들을 열거한다.

이 방법은 "대중매체란 신문, 잡지, 텔레비전, 라디오 등을 통틀어 일컫는 말이다."식으로 정의하는 것이다.

③ 주어진 단어나 어구를 그와 유사한 것과 비교하거나 대조한다.

④ 주어진 단어나 어구를 잘 나타내는 예를 든다.

이러한 방법들 가운데 두세 가지를 동시에 사용하면 청중의 이해가 빨라진다.

사전적 정의를 할 때에는 다음과 같은 점에 유의해야 한다.

① 피정의항은 정의항과 대등하여야 한다. 즉, 두 부분을 서로 바꾸어 놓아도 성립되어야 한다.

② 피정의항의 용어나 관념이 정의항에서 되풀이되어서는 안 된다.

③ 피정의항이 부정이 아닌 한, 정의항도 부정적이어서는 안 된다.

④ 정의항이 대상에 대한 단순한 묘사나 해석이어서는 안 된다.

‘사랑, 자유, 질투, 문화, 과학’ 등과 같이 정의되는 대상이 추상적이거나 복잡한 것이어서 한 문장으로 정의하기 어려운 경우도 있다. 이 때에는 그 말에 대한 최소한의 정의를 생각해 보고 그것을 기초로 예를 들거나 다른 것과 비교·대조하거나, 그것의 역사 등을 활용하여 광범위하게 정의한다.

  어떤 대상은 사전적 정의만으로 설명하기 어려운 경우도 있다. 다음 이야기를 통해 그런 점을 생각해 보자.

  우리 국민 누구나 ‘애국가’라는 말을 모르는 사람이 없습니다. 또한 ‘애국가’하면, 바로 ‘동해물과 백두산이 마르고 닳도록……’을 연상하게 될 것입니다.

  그러나 애국가라는 말을 자세히 따지고 보면 ‘나라를 사랑하는 노래’라는 뜻이지, 결코 ‘나라의 노래’라는 뜻이 아닙니다. 애국가라는 말은 개화기에 독립가나 권학가 등과 더불어 개화를 부르짖던 노래들이 쏟아져 나올 때 생긴 것입니다. 그래서 옛날 독립신문에 발표된 애국가만 해도 일곱 종류나 있습니다.

  나라를 사랑하자고 부르던 많은 노래들이 있었지만, 그 가운데 어느 하나를 또는 새로 만들어 ‘나라의 노래’로 정하였을 때에는 ‘애국가’라고 하지 않고 마땅히 ‘국가’라고 해야 할 것입니다.

  우리는 나라를 대표하는 깃발이나 꽃은 ‘국기’, ‘국화’ 또는 ‘나라꽃’이라고 말하지, ‘애국기’, ‘애국화’라고 말하지는 않습니다.

  애국가라는 말이 이미 습관화되어 보통 말할 때는 통용을 허용하더라도, 공식적인 행사를 할 때 그 식순에다 ‘애국가 제창’이라고 써서는 안 될 것입니다. 애국가라고 하면 그 많은 노래 중에 어느 것을 불러도 무방하게 됩니다. ‘국가’라고 할 때에 명실공히 나라의 노래로 제정된 것을 부르게 됩니다.

앞으로 공식 행사의 식순에 '국가 제창'이라고 올바로 써 봅시다.
↘ 청범, '바른말 고운말' 국어교육월보 고침

(5) 분석

분석은 어떤 대상을 구성 요소별로 각각 나누어 설명하는 방법이다. 이 방법은 청중의 지식을 넓히고, 대상의 본질과 그것을 이루고 있는 구성 요소들 사이의 내적 관련성을 깊이 있게 이해하는 데 도움을 준다.

대상의 성질에 따라 다음과 같은 방법으로 분석할 수 있다.

① 대상의 구성 요소를 분해하여 설명해 나간다.
② 추상적인 내용을 일정한 기준에 따라 체계적으로 나누어 설명해 나간다.

또, 대상의 작용에 따라 다음과 같은 방법으로 분석할 수 있다.

① 대상의 각 구성 요소들이 어떻게 작용하는가에 초점을 맞추어 설명해 나간다.
② 사건이나 과정을 시간적 전후 관계에 따라 설명해 나간다.
③ "이것은 어떠한 원인 때문인가?" 또는 "이러한 일련의 상황 아래에서 어떤 결과가 따를 것인가?" 하는 물음에 대한 답의 형식으로 설명해 나간다.

동일한 대상이라도 화자의 관점이나 말을 하는 목적에 따라, 또는 예상되는 청자에 따라 분석의 방법이 다를 수 있다. 가령, 고양이에 대해 말할 경우 외면적 구조로 볼 때에는 머리, 몸통, 다리, 꼬리와 같이 분석할 수 있다. 그러나 생물학적 관점에서 볼 때에는 호흡 기관, 소화 기관, 순환 기관 등으로 분석하고, 각 기관은 상피 조직, 결합 조직, 근육 조직, 신경 조직 등으로 분석할 수 있다.

분석의 방법으로 설명할 때에는, 다음 물음에 답하는 절차를 밟는 것이 효과적이다.

① 말하고자 하는 대상이 몇 가지 구조로 분석될 수 있는가?
② 여러 구조 중에서 어떤 구조를 선택할 것인가?
③ 선택된 구조는 어떤 요소들로 구성되는가?

다음은 컴퓨터 손질법을 분석에 의한 방법으로 설명하고 있는 예이다.

한 가구당 PC 한 대가 현실화되면서 대부분의 사람들은 새롭게 등장하는 소프트웨어에 많은 관심을 갖고 있습니다. 그리고 그것의 사용법을 배우고 있습니다. 하지만 정작 필요한 컴퓨터 손질법은 중요하게 생각지 않아 간혹 문제가 발생하면 곤욕을 치르기도 합니다.

이번 기회에 손쉽게 처리할 수 있는 컴퓨터 손질법을 알아둡시다. 모니터는 내부에 고압 전류가 흐르는 관계로 가장 먼지가 많이 쌓이는 부분입니다. 따라서 모니터를 자주 닦아주지 않으면 시커먼 먼지가 쌓여 나중엔 잘 닦이지도 않게 됩니다. 이럴 때 슈퍼에서 쉽게 구할 수 있는 유리 세정제를 사용해 보십시오. 단순히 물걸레만을 사용하는 것보다 훨씬 깨끗하게 모니터를 닦을 수 있습니다. 그리고 유리 세정제를 구하기 힘들다면 약국에서 파는 알코올을 사용해도 좋습니다. 모니터를 닦을 때는 모니터 아래 명암 조절 스위치와 밝기 조절 스위치를 함부로 돌리지 않도록 주의하십시오.

키보드는 사용자의 부주의로 가장 지저분해지기 쉬운 부분입니다. 특히 담배를 피우는 사용자라면 키보드 글쇠 틈새로 담뱃재를 떨어뜨리기 십상입니다. 만약 담뱃재가 들어갔다면 일단 키보드를 거꾸로 들고서 담뱃재를 털어내고 글쇠 사이는 작은 붓을 이용하시면 됩니다. 그러나 이런 방법으로는 완전히 털어내는 것이 힘듭니다. 이럴 땐 공구만 전문으로 취급하는 곳에서 먼지 제거제를 구입해서 사용하시면 확실한 효과를 볼 수 있습니다.

키보드에서 발생할 수 있는 또 한 가지 문제는 키보드 위에 커피나 콜라 같은 음료수를 쏟는 경우입니다. 많이 쏟았을 때는 그냥 닦지 말고 새로 하나 구입하는 편이 좋을 겁니다. 왜냐하면 설탕이 들어간 음료는 마르면 끈적끈적해져서 글쇠가 제대로 눌러지지 않기 때문입니다. 하지만 조금 쏟았을 경우라면 흡수력이 좋은 휴지나 면봉을 사용해서 물기를 재빨리 닦아내면 사용하는 데 큰 지장은 없을 겁니다. 키보드를 보다 확실하게 보호하고 싶다면 얇은 비닐로 되어 있는 키보드 보호 필름을 사용하십시오. 보호 필름을 키보드에 씌워 놓으면 물을 아무리 쏟아도 문제가 없습니다.

마우스는 바닥에 조그만 볼이 달려 있어서 이것의 움직임을 컴퓨터가 감지하는 것입니다. 그러다 보니 오래 사용하면 바닥의 지저분한 먼지가 볼에 달라붙어 잘 움직이지 않게 됩니다. 이럴 땐 마우스를 뒤집어서 바닥의 볼을 꺼낸 후 알코올로 닦으면 효과가 있습니다. 그밖에 머리카락이 마우스 속으로 말려들어가서 엉키는 것에도 주의해야 합니다.

플로피 디스크 드라이브는 3.5인치와 5.25인치 두 가지 종류가 있습니다. 이 두 가지 모두 자성체를 입힌 원판에 자기 헤드를 이용해서 데이터를 기록하는 방식이므로 비디오나 카세트 테이프와 기본적인 원리는 같습니다. 그래서 오래 사용하면 드라이브의 내부 헤드에 불순물이 끼게 되므로 주기적으로 닦아주어야 합니다.

드라이브의 헤드를 닦으려면 클리닝 세트라는 특별한 도구가 필요한데 이건 컴퓨터 가게에 가면 쉽게 구할 수 있습니다. 클리닝 세트는 3.5인치용과 5.25인치용이 따로 있으며 겉모양은 일반 디스켓과 똑같이 생겼습니다. 그러나 검은색의 자기 원판이 아니라 헤드를 닦을 수 있는 부직포가 들어 있어서 여기에 함께 제공되는 약을 한두 방울 떨어뜨린 후 15~30초 정도 공회전을 시켜 주면 됩니다.

다음의 예는 여러 가지 설명의 방법으로 설명하고 있다.

여러분! 사람을 외모만으로 판단할 수 있습니까?

사람은 남자의 정자와 여자의 난자가 만나 맺어진 수정란에서 태어납니다. 초기 단계의 수정란은 세 층으로 형성되어 있습니다. 속에서는 위와 폐 등이 발달하고, 가운데에서는 뼈·근육·관절·혈관 등이 발달하고 밖에서는 피부와 신경조직 등이 발달합니다.

정상적인 사람은 이 세 층이 거의 균형 있게 발달하여, 두뇌·근육·소화 기관을 갖추게 됩니다. 그러나 어떤 수정란은 어느 한 층이 다른 층보다 더 발달하여 태아가 되었을 때, 두뇌보다 창자가 또는 근육보다 두뇌가 더 발달된 상태에 이르게 되기도 합니다.

이런 경우, 더 발달된 층이 뒤에 개인의 행동에 영향을 주게 됩니다. 우리는 정상적인 사람이 균형 잡힌 데 비해, 어떤 사람들은 내장형이라느니 근육형이라느니 두뇌형이라느니 합니다. 내장형이라고 하는 사람은 뚱뚱한 인상을 주고, 근육형이라고 하는 사람은 우락부락한 인상을 주고, 두뇌형이라고 하는 사람은 홀쭉한 인상을 줍니다. 이런 인상을 주는 사람은 실제로 뚱뚱하거나 우락부락하거나 홀쭉하다는 것이 아니라 우리의 마음에 와 닿는 느낌이 그렇다는 말입니다.

의학자들은 이 세 가지 유형을 내배엽형, 중배엽형, 외배엽형이라고 합니다.

우리들이 늘 대하는 사람들이 어떤 형인지 생각해 보면 흥미 있을 것 같습니다. 그런데, 지금까지 사람을 이런 유형으로 나눈 것은 남성을 대상으로만 이루어져 왔습니다.

어떤 사람이 뚱뚱한 인상을 준다면, 그는 풍부한 가슴과 커다란 위를 가지고 있으며 원만하고 부드러운 사람일 것입니다. 그는 숨 쉬는 것보다 먹는 것을 좋아할 것입니다. 넓적한 얼굴, 짧고 굵은 목, 비대한 넓적다리와 삼두박근 그리고 자그마한 손과 발을 가졌을 것입니다. 그의 가슴은 지나치게 발달하여 풍선을 한껏 부풀린 것 같고, 그의 피부는 매끄럽고 부드러우며 머리는 벗겨졌을 것입니다. 이런 유형의 가장 좋은 예로는, 항상 어떤 일을 한바탕 벌이려고 입에 시가를 물고 있는 작달막하고 호탕한 홍안의 정치인일 것 같습니다. 그는 모임, 목욕, 수면을 즐기며 항상 태평스럽고 여유 있는 자세로 모든 사람을 포용할 것입니다.

그는 많은 창자를 가지고 있어 배가 유달리 나온 것 같이 보입니다. 그는 모든 것을 받아들이기를 좋아하는 사람입니다. 그는 식도락가이며 정력적이며 남의 부탁을 받아들이기 좋아하는 사람입니다. 그는 자신을 좋아하는 사람들과 파티를 할때, 즐거운 시간을 가지려 합니다. 이런 내배엽형인 사람이 정신의학자를 찾아온다면, 위에서 말한 그들의 성격을 참고하면 많은 도움을 얻을 수 있을 것이다.

어떤 사람이 우락부락한 인상을 준다면, 그는 억세고 많은 근육을 가졌을 것입니다. 그는 잘 발달된 팔뚝과 다리를 가졌을 것이며, 가슴은 배보다 더 크고 견고할 것입니다. 그는 먹는 것보다는 숨 쉬는 것이 더 필요할 것입니다. 그는 머리통이 앞뒤로 튀어 나오고, 어깨가 넓고, 턱이 네모졌을 것입니다. 그의 피부는 두껍고 거칠고 탄력성 있으며 햇볕에 쉽게 탈 것입니다. 그의 머리가 벗겨진다면 앞부분부터 시작될 것입니다. 이런 유형의 사람들은 힘을 과시하기 좋아하며 모험하기를 좋아하고 운동을 좋아하고 싸움을 좋아합니다. 그들은 대담하고 감정을 억제하지 않습니다. 그들은 주위의 사람이나 사물을 장악하기를 좋아합니다. 정신의학자가 이런 중배엽형 사람을 만족시키려면, 왜 그들이 어떤 상황에서 적절하지 못한 행동을 하는가를 이해할 수 있어야 합니다.

어떤 사람이 홀쭉한 인상을 준다면, 그는 가냘픈 뼈와 근육을 가졌을 것입니다. 그의 어깨는 축 처지는 경향이 있고 위가 줄어들어 납작한 배를 가졌을 것입니다. 그의 다리는 길고 가늘 것입니다. 그의 목과 손가락은 길고, 얼굴은 긴 달걀모양일 것입니다. 그의 피부는 약하고 건조하며 창백할 것입니다. 그리고 머리는 벗겨지지 않았을 것입니다. 그는 마치 얼빠진 교수같이 보일 것입니다. 이러한 사람들은 신경질적이라 하더라도, 힘을 축적하며 애쓰고 주위를 왔다 갔다 하면서 공상하지 않습니다. 그들은 오히려 혼자 조용히 앉아서 고통을 이겨내려 합니다. 그들의 친구는 그를 잘 이해하지 못합니다. 그들은 갑자기 움직이고 갑자기 느낍니다. 이런 외배엽형의 사람들이 쉽게 불안해지는 까닭을 이해하는 정신의학자는 내배엽형과 중배엽형인 사람들의 사회적이고 진취적인 면을 참고로 하여 그들을 좋게 만들 수 있다고 합니다.

어떤 사람들이 위에서 말한 세 가지 유형 중 하나 이상의 유형에 속하는 경우에, 그들의 외모로부터 그들의 성격에 관한 많은 것을 알 수 있습니다. 인간의 마음이 내적 또는 외적 갈등에 사로잡힐 때, 그 갈등을 해소하는 개인적인 방법은 그가 어떤 유형에 속하는가에 따라 결정됩니다.

그가 내배엽형이라면, 자신의 일에 도움이 될 때에는 좋은 친구들이 있고 먹고 마실 것이 있는 모임에 가려고 할 것입니다. 그가 중배엽형이라면, 자신이 하는 일이 바보스럽고 적절하지 않다 하더라도 좋은 친구를 만나서 갈등을 해소해 보려고 애쓰지 않고, 스스로 포기하고 곰곰이 생각만 할 것입니다. 이러한 개성들은 작은 수정란의 어느 층이 발달되었느냐에 달린 것이기 때문에 변화하기는 매우 어렵습니다.

그렇지만, 개인이 이런 유형에 관한 정보를 알고 있다는 것은 중요합니다. 적어도 주위에 있는 사람들이 자기에게 무엇을 기대하고 있는가에 대한 암시를 받을 수 있고, 인간의 여러 가지 성격을 참작할 수 있고, 자신의 성향을 통제할 수 있기 때문입니다. 이런 것을 알게 되면, 사람은 자신의 갈등을 극복하는 데 시행착오를 거듭하지 않게 될 것입니다.

▶ 박경현, '국어표현론' 고침

2) 시범

시범은 어떤 과정을 밟아 나가는 절차를 효과적으로 청중에게 알려주기 위하여 연사가 직접 행동으로 보여주는 것을 말한다. 이런 말하기는 어떤 물건의 제작하는 과정이나 조작하는 방법, 태권도·수영 등의 실기 강습, 기술 연수 등에서 주로 많이 쓰인다.

시범 발표는 청중이 연사와 똑같이 행동할 수 있게 하는 것이 가장 중요하므로 각종 보조 자료를 최대한 활용하는 것이 좋다.

(1) 시범 보일 때의 유의점

시범을 보일 때 유의할 점은 다음과 같다.

① 내용을 전달할 때에는 청중에게 필요한 준비물을 알려 준 다음, 실제 행하기에 가장 편리한 순서대로 하나씩 시범을 보이는 것이 필요하다.
② 청중이 저지를 수 있는 실수에 대해서도 미리 고려하여 정확한 재현이 가능하도록 한다.
③ 모든 청중이 연사를 볼 수 있도록 청중의 수효와 좌석 배치에 유의하도록 한다.
④ 보조 자료를 적절히 활용하도록 한다.

(2) 시범의 예

다음은 시범을 보이는 예이다.

사람의 본래 호흡은 깊고 길게 배로 하는 것입니다. 환경과 심리적 영향을 받지 않은 어린 아기는 깊고 길게 배로 호흡합니다. 깊이 잠이 든 어른들도 그렇게 호흡합니다. 그러나 복잡한 일상생활 속에서 사는 여러분들은 거의 모두 얇고 짧게 가슴과 허파로 호흡합니다. 이와 같은 호흡은 산소의 흡수량이 적고 스트레스에도 약한 심신을 만듭니다. 그래서 모든 건강법에서는 깊고 긴 심호흡을 권장하고 있습니다.
이제부터 여러분들의 불완전한 호흡법을 바로잡을 수 있는 호흡법을 시범으로 보여 드리겠습니다. 이렇게 결가부좌나 반가부좌로 앉으십시오. 그 다음 숨을 들이마시기 전에 고요히 숨을 토하십시오. 허리는 똑바로 한 자세를 해야 합니다.

　먼저 아랫배에 의식을 집중하고 숨을 들이마시며 배를 이렇게 불립니다. 다음으로 의식을 늑골 여기 갈비뼈에 집중하고 늑골의 양쪽으로 펴 폐의 가운데에 숨을 채웁니다. 다음에는 의식을 폐의 위쪽에 집중하고 가슴 위쪽의 긴뼈를 치켜들어 폐의 상부에 숨을 채웁니다.

　지금까지의 방법을 부드럽게 연결시키면서 숨을 들이마셔 보세요. 들이마신 숨을 잠시 동안 지긋이 멈추십시오. 잠시 멈추었다가 숨을 토하십시오. 들이마실 때와 같이 하부, 중부, 상부의 순서로 가늘게, 고요히, 길게 토하십시오. 들이마시는 숨과 멈추는 숨과 토하는 숨의 시간은 대체로 1 : 2 : 3이나 1 : 1 : 2 정도가 좋습니다. 될 수 있는 대로 긴 것이 좋습니다.

3) 묘사

　묘사란 어떤 대상의 모양이나 소리, 움직임 등을 구체적으로 그림을 그리듯이 표현하는 말하기이다. 묘사의 목적은 대상으로부터 받은 강렬한 감각적 인상을 청자의 마음에 떠오르도록 하는 데 있다.

　묘사를 하는 데 가장 기초가 되는 것은 관찰이다. 아무리 풍부한 상상력이라도 사실보다 완벽할 수는 없다. 묘사를 잘 하기 위해서는 대상을 정확하고 세부적으로 관찰하고 관찰자가 가장 강하게 느낀 인상을 중심으로 이야기해 나가야 한다. 이러한 인상을 빨리 포착하여 그 개성과 특징을 간결하게 파악하여야 한다.

　묘사의 방법으로 이야기를 전개할 때, 그 대상을 어떠한 관점에서 묘사할 것인가를 정해야 한다. 묘사의 관점은 고정적 관점과 이동적 관점으로 나눌 수 있다. 고정적 관점이란 고정된 위치에 서서 어떤 방향을 좇아 대상의 특징을 묘사하는 방법이고, 이동적 관점은 한 곳에서 다른 곳으로 이동하면서 대상의 특징을 묘사하는 방법이다.

(1) 묘사할 때의 유의점

묘사의 방법으로 발표할 때는 다음과 같은 점을 고려한다.

① 청중들의 머리 속에 적절한 영상이 떠오르게 하여 시각적 경험을 재구성하게 한다. 예컨대, 어떤 물건의 크기가 1m 80cm라고 하기보다 연사의 키와 비교하여 말하는 방식이 더욱 명확하고 효과적이다.

② 묘사하는 내용 중에서 가장 중요한 일부분에 중점을 두어, 청중들이 그 부분에 집중할 수 있게 한다. 예컨대, 미술 선생님이 그림의 세부적인 것을 모두 묘사하지 않고 그림의 구도 등을 설명하는 경우가 이에 속한다.

③ 내용을 전달할 때는 일정한 공간 순서에 따라 전개하면 청중들이 머리 속에 그림을 그리기 쉽다. 따라서 연사는 한 점에서 시작하여 반대편 또는 종점까지 순차적인 방법으로 연설을 하는 것이 필요하다.

(2) 묘사의 예

다음은 어떤 학생이 교문에서 교무처까지 걸어오면서 관찰한 것을 묘사하며 연설한 예이다.

돌탑 같은 교문을 들어서자마자 눈에 들어오는 것은 푸른 잔디가 숨
쉬고 있는 넓은 운동장이었습니다. 운동장 가장자리에 가지런히 줄지
어 서 있는 버드나무는 담 너머 강으로부터 불어오는 바람에 하늘거리
고 있었습니다. 발길은 어느덧 본관 앞에서 멈추었습니다. 빙판같이
잘 닦여진 복도를 미끄러지듯 걸어가, '교무처'라고 쓰인 작은 푯말이
걸려 있는 문 앞에 섰습니다. 문을 열기 전 "이제부터 나는 이 학교의
학생이 되는구나."하는 생각에 가슴이 더욱 두근거렸습니다.

4) 보고

보고는 보고자가 조사하거나 연구한 결과를 청중에게 구두로 발표
하는 것을 말한다. 그 예로는 여론조사, 시장조사, 학술연구 등의 결과
를 들 수 있으며, 직장에서 자주 이용되는 '브리핑'(briefing)도 짤막한
보고이다. 보고의 목적은 청중이 알고 싶어 하며 보고자가 알리고 싶
은 것을 발표하는 것이다. 그런데 청중이 우선 알고 싶은 것은 결과이
고 진행 과정은 그 다음의 문제이므로 보고할 때에는 결과부터 말하
는 것이 좋다.

(1) 보고할 때의 유의점

보고할 때는 다음과 같은 점에 유의한다.

① **청중이 알기 쉽게 보고한다.**

알기 쉽게 보고하려면 다음과 같은 점에 유의한다.

첫째, 보고할 순서를 미리 정해 놓는다. 가령, 전체적인 개관을 먼저 말하고 다음으로 부분적인 것을 말하거나, 중요한 정보나 시급한 사항을 먼저 보고하거나, 우선 순위 없이 항목별로 발표하거나 사전에 순서를 정해서 발표한다.

둘째, 청중의 반응에 적절히 대처한다. 청중과 눈맞춤을 하거나 질문을 던져서 반응을 확인한다. 그에 따라 적절한 표현을 하거나 신체 언어 또는 보조 자료를 활용한다.

② **간결하게 보고한다.**

주제를 명확하게 한다. 그러기 위해서는 주제를 한 문장으로 표현할 수 있도록 한다. 도입이 너무 길거나 똑같은 내용을 여러 차례 반복하거나, 좋지 못한 말버릇이 나오지 않도록 한다.

③ **사실을 왜곡해서는 안 된다.**

닭을 그리는데 머리와 꼬리를 잘라 버려서는 안 되며, 크게 그려서 칠면조가 되고 작게 그려서 병아리가 되어서는 안 된다. 작든 크든 닭은 닭이어야 한다는 점을 명심하여야 한다.

④ **보고 내용을 구체화한다.**

보고해야 할 사항을 정확히 이해하여 추상적인 보고가 되지 않도록 6하 원칙을 따른다.

⑤ **자료의 선택에 신중을 기해야 한다.**

자료는 사실이나 실제로 있었던 것, 구체적인 것, 자신이 직접 체험하고 느낀 것, 보고할 가치가 있는 것, 상대방의 관심을 끌 수 있는 것

등으로 하는 것이 바람직하다.

⑥ **전문가의 의견과 자신의 의견을 구별한다.**

정보의 출처는 전문 서적인 경우가 대부분인데, 이를 인용하여 전문
가의 의견을 자신의 의견인 것처럼 보고하면 보고자의 신뢰도가 떨어진
다. 따라서 전문가의 의견을 인용할 때는 출처를 분명히 밝혀야 한다.

⑦ **상대방에게 말을 하듯이 보고한다.**

보고할 내용은 개요로 작성해 두었다가 미리 읽어보고, 발표할 때에
는 개요에 너무 집중하지 말고 상대방을 바라보며 말을 하듯이 하는 것
이 바람직하다.

⑧ **보조 자료를 활용한다.**

사진, 그림, 도표, 슬라이드 등의 시각적 자료를 이용한다. 눈이 귀보다
수용하는 힘이 강하므로, 시각 자료를 써서 하는 보고가 더 효과적이다.

⑨ **결론을 분명히 한다.**

보고를 끝낼 때에는 수집한 정보에서 추론되는 결론을 말하고, 예상
되는 새로운 사태와 문제에 대하여 언급한다. 그리고 문제의 해결안을
제시한다.

(2) 보고할 때의 내용 조직

보고의 내용에 따라 그 조직 방법은 다소 다를 수 있으나, 다음과
같은 것을 기본으로 하면 적절할 것이다.

① 배경을 설명한다.

"왜 이런 조사나 연구를 하게 되었는가?"라는 물음에 답하듯, 조사나 연구의 배경과 목적을 설명한다.

② 진행 과정을 밝힌다.

"어떤 방법으로 어떤 절차를 거쳐 조사나 연구를 실시하였는가?"에 답하듯 일의 진행방법, 절차 등을 말한다.

③ 결과를 보고한다.

조사나 연구를 통하여 알아낸 사실을 말한다.

(3) 보고의 예

지난 번 무료상담 때 어떤 분이 찾아와서 상담을 요청했습니다. 내용인즉 아들이 자동차 정비업소 직원이 운전하는 자동차에 치여서 큰 부상을 입었다는 겁니다.

그런데 정비업소 사장은 재산이 없어서 소송을 하기 곤란하므로, 자동차 소유주를 상대로 소송을 할 수 있겠느냐고 물어왔습니다.

상담자가 설명한 당시 상황은 이랬습니다. 자동차 소유자가 엔진오일을 교환하려고 정비 업소에서 약간 떨어진 공터에 자동차를 주차시켰습니다. 그리고 종업원에게 자동차 키를 차 안에 꽂아 두었으니 엔진오일을 교환해 달라고 부탁하고 근처에 있는 음식점에 식사를 하러 갔습니다. 종업원은 자동차를 작업대 위에 올려놓으려고 운전면허도 없이 자동차를 후진시켰습니다. 그런데 후방을 잘 살피지 않아 자동차 뒤에서 자전거를 타며 놀고 있던 어린이를 치어 뇌진탕을 입혔습니다.

자동차손해배상보장법 제3조에 의하면, "자기를 위하여 자동차를 운행하는 자는, 그 운행으로 말미암아 다른 사람을 사망하게 하거나 부상하게 한 경우에는 그 손해를 배상할 책임을 진다."라고 규정되어 있습니다. 이 규정에 의하면 얼핏 자동차 소유자가 그 배상책임이 있는 것으로 보입니다. 실제로 하급심에서는, 자동차 소유자가 종업원에게 자동차를 주차 장소에서 작업대까지 운행하도록 의뢰했으므로, '자기를 위하여 자동차를 운행하는 자'로서 손해배상책임이 있다고 판결했습니다.

그러나 대법원에서는 다른 판시를 내렸습니다. 즉, 정비업자에게 차량의 엔진오일 교환을 의뢰하는 법률관계는, 엔진오일 교환 작업의 완료를 목적으로 하는 도급계약이라고 보았습니다. 엔진오일 교환 작업 중인 차량의 지배권은 엔진오일 교환업자에게 있다는 것입니다. 따라서 종업원이 차량을 작업대 위에 올려놓기 위해 운전하는 행위는 엔진오일 교환작업의 일부라는 것입니다. 그러므로 차량을 주차시킨 장소가 정비 업소에서 약간 떨어진 장소라도 정비업소의 영업 장소라고 볼 수 있으므로, 종업원이 차량을 주차장소에서 작업대까지 운전한 행위는 엔진오일 교환 작업의 일부였다고 하는 것입니다. 결국 이 사고는 엔진오일 교환 작업을 의뢰받은 정비 업소의 작업 도중에 생긴 사고일 뿐, 그 의뢰인을 위한 운행으로 사고가 생겼다고 볼 수 없다고 판시하고 원심 판결을 파기했습니다.

그렇다면 여기에서 짚고 넘어가야 할 것이 있습니다. '자기를 위하여 자동차를 운행하는 자'의 자격 여부를 무엇에 따라 결정하느냐 하는 것입니다. 이것은 보통 자동차나 자동차 키의 관리 상태, 소유자의 의사와 관계없이 차가 운행이 된 경위, 소유자와 운전자의 인적 관계, 운전자의 차량 반환 의사 유무 등 여러 사정을 종합적으로 평가하여 판단하도록 되어 있습니다. 그런데 이와는 다른 판례 하나를 들어 보겠습니다. 한 차량 소유자가 세차장 건너편 공터에 차를 주차시키면서,

차 키를 편의상 세차장에 보관했습니다. 그런데 세차장 종업원이 그 키를 꺼내 운전하다가 교통사고를 냈습니다. 이 경우 차량 소유자가 손해배상책임을 지게 되었습니다. 왜냐하면 '자기를 위하여 자동차를 운전하는 자'가 차량 소유자가 되기 때문입니다.

　자동차 사고는 누가 사고를 냈느냐 하는 점에만 초점을 맞추면 해결되지 않습니다. 자동차 소유자도 함께 책임을 질 상황이 얼마든지 있는 것입니다. 그러므로 자가운전자들은 자동차 키를 남에게 맡길 때, 행여라도 민사책임을 부담하지 않도록 잘 따져보고 맡기는 지혜가 필요한 것입니다.

↘ 이경택, '정비업소에서 발생한 교통사고, 차량 소유자가 질 수도 있다' 고침

5) 강의

　강의란 학문이나 기술의 일정한 내용을 체계적으로 설명하고 가르치는 것을 말한다. 우리는 가르치는 입장이 되어 배우는 사람에게 강의를 해야 할 경우가 적지 않다. 강의의 준비나 진행도 앞에서 공부한 여러 가지 화법의 원리에 따라 하면 된다. 그러나 이왕 강의를 맡았으면 누구나 자신의 강의가 명강의(名講義)라는 평가를 받고 싶어 한다.

　여기에서는 좋은 강의를 할 수 있는 요건에 대하여 살펴보고자 한다.[12]

---

12) 황정규(1990), '명강의란 무엇인가?', 한국대학교육협의회 참조.
　　박한준(1995), '훌륭한 강의는 연출의 예술이다.', 상경사 참조.

(1) 철저한 준비

좋은 강의는 말의 기교로 되는 것이 아니라 노력과 열성을 가지고 철저히 준비하는 데 달려 있다. 딱 한 번의 강의 준비가 충실하지 못하면 그것은 그대로 학생들에게 반영되고 신뢰감을 상실하게 된다. 강의에 대한 평판이 나빠지는 것은 한 번의 불충실로 족하지만, 이것을 만회하는 데는 오랜 시간과 노력이 요구된다.

(2) 내용의 체계적 조직

강의 내용을 나열식으로 제시하거나 두서없이 구성하면 학생들이 흥미를 잃거나 이해하기 어렵게 된다. 어떤 내용이건 그것을 면밀히 관찰하면 그 속에는 조직 원리가 있기 마련이다. 따라서 강사는 학생을 가르치기 전에 이 조직 원리를 먼저 파악하고 그것을 뼈대로 하여 살을 붙이고 맥이 통하도록 하여야 한다.

학습 원리에서 밝혀 주고 있는 중요한 법칙 중의 하나가 학생에게 제시하는 학습 내용을 얼마나 잘 조직했느냐 하는 정도에 따라 학습 능률이 비례적으로 상승한다는 것이다.

(3) 명쾌한 제시와 설명

강의를 처음 해 보는 사람이 흔히 범하는 실수 중의 하나가 자기가 준비해 간 내용을 모두 학생에게 전달해 주려고 하는 일이다. 강의 노트에 잔뜩 써 가지고 가서 그것을 일일이 학생에게 전달하다 보면, 어떤 경우에는 시간이 부족해서 모두 다 강의하지 못하고 나오는 경우도 있다. 열성은 있어야 하지만 과욕은 금물이다. 오히려 한 시간에 다루어야 할 분량은 약간 부족한 듯하게 준비하는 것도 현명한 방법이다. 강의 도중에 원래는 의도하지 않았던 화제를 끌어 들일 경우도 있고, 학생 측의 질문이나 토론이 있을 경우도 생기기 때문에 어떤 면에서는 '여백을 남겨 두는 것'이 현명한 일이다.

제시와 설명을 잘 하는 비결은 강의 내용의 줄거리를 잘 엮어 내는 능력에 있다. 그것은 복잡하고 이해하기 어려운 내용을 충분히 소화해서 그 속에서 강조해야 할 부분과 가볍게 다루어야 할 부분을 잘 간추려서 제시하는 일이다. 자기가 강의하려고 하는 내용을 다양한 학생 수준에 맞게 설득력 있는 수준으로 제시하거나 설명하지 못하는 강사의 강의는 졸강(拙講)이 되기 쉽다. 또한, 간결하게 내용을 제시·설명하여야 한다. 가능한 한 쉬운 말로 개념을 설명하고 전문 용어를 설명할 때에는 그 정의를 분명히 밝힌다.

(4) 동기 부여 방법 개발

강의가 시작될 때 학생의 흥미를 자극하고 적극적인 기대를 표시하며 학습 동기를 유발한다.

동기를 부추기는 방법 중에 "이것은 시험에 출제할 가능성이 있다."는 식의 방법을 동원하기도 하는데 이런 방법은 좋지 않다. 효과적인 방법은 학생의 일상생활에 관련된 예시를 적절히 이용하는 것이다. 강의 내용을 실생활과 관련시켜 제시하면 학생 측에서는 이해하기 쉽고 재미있기 때문에 경청하게 된다. 따라서 강사는 항상 필요에 따라 활용할 수 있는 많은 예시와 에피소드를 준비하고 있는 것이 바람직하다.

강의를 시작할 때 질문으로 시작해 보는 방법도 좋은 동기 부여의 방법이다. "요즈음 우리는 왜 이렇게 천방지축으로 흔들린다고 생각하는가?"라는 질문을 끌어들이고, 이것을 단서로 경기 변동에 관련된 어려운 개념과 이론을 끌어들일 수도 있다. 각자의 전공 영역과 강의의 주제에 따라 끌어들일 수 있는 질문은 무한하다. 때로는 가상적인 질문을 할 수도 있다.

또한 학생들이 풀어야 할 과제 형태를 제시하고, 함께 생각하면서 풀어 나가는 방법도 동기 유발의 좋은 방법이다. 어떤 경우이든 이러한 방법은 학생들이 강의의 흐름에 동참한다는 의식을 유도하는 힘이 있어야 한다. 그러기 때문에 학생들의 잘못된 반응, 신통찮은 대답, 엉뚱한 반응, 때로는 듣기에 불쾌한 반응도 동기 유발의 수단으로 이용하려는 태세를 항상 갖추고 있을 필요가 있다.

(5) 다양한 전달 매체 활용

강의할 때에는 말하기, 판서, 시각 보조 자료의 제시, 때로는 신체 언어, 영상매체 등 전달매체를 다양하게 사용하는 것이 효과적이다. 대개 인문과학이나 사회과학 분야의 강사는 '분필과 목청'에 의존하는 경우가 많은데 이러한 고식적인 방법은 지양되어야 한다.

(6) 강의 시간 준수

시간의 변화에 따라 강사의 능률과 학생의 능률이 어떻게 변화하는지를 연구한 결과, 강의의 효율성은 50분이 되면 가장 적절하다는 것이 밝혀졌다. 이것은 곧 90분 혹은 100분씩 계속 연강(連講)하기보다

45~50분씩 나누어 두 번에 강의하는 것이 훨씬 능률적이라는 것을 보여 준 것이다. 또한 강의 내용을 정해진 시간에 끝을 내야 좋은 강의가 된다.

(7) 잦은 피드백과 교정

사람은 누구나 자기 학습의 결과를 확인하고 싶어 한다. 이러한 심리 때문에 자기 스스로 항상 자기의 학습 결과가 어떠한지를 은연중에 확인하려는 경향이 있다. 이 경우, 강사가 강의를 통하여 수시로 학생의 학습 결과를 점검하고 그 결과를 학생에게 피드백(feedback)시켜 주는 노력을 한다면 강의의 질은 훨씬 좋아진다. 여기에 덧붙여 피드백의 내용이 학생의 반응이나 응답에 무엇이 잘못되어 있는지를 알려 주는 정보가 함께 제시되면 더욱 학습에 효과적이라는 것이 학습 원리이다.

강의 도중에 다음과 같은 방법을 십분 활용하면 효과적일 것이다.

첫째, 학생들에게 적절한 기회에 수시로 질문을 던지는 일도 한 가지 방법이다. 오히려 강사가 학생들의 질문을 유도해낸다면 더욱 효과적이다. 강의 도중에 일절 질문을 못하게 하는 강의법은 학습에도 도움이 되지 않고 학생의 학습 동기도 낮아진다.

둘째, 강사가 학생의 학습 상황에 대하여 관심 있는 시선이나 미소, 고개를 끄덕임과 같은 행동을 보여줌으로써 피드백의 효과를 거둘 수도 있다. 강사가 공감적 이해에 충만한 눈동자를 학생에게 보내거나, 의미 있는 미소를 은근히 보내는 일, 혹은 고개를 끄덕이거나 몸짓으로 표시해 주는 일은 피드백의 수단으로 대단히 효과적이다.

셋째, 강의의 연출 속에 학생을 끌어 들여 참여를 유도하는 길을 찾아본다. 필요할 때 학생에게 발표를 시키거나 계획된 과제를 발표하게 하거나, 연구나 조사를 해 오도록 유도할 수도 있다. 더욱이 사고력이나 문제 해결력이 주된 강의의 목표인 경우 이 원리는 더욱 중요하다.

넷째, 시험이나 과제 제출은 피드백의 효과 중 가장 중요한 것이다. 학생의 성적을 평가하기 위한 목적이 아니라 학생의 학습 능률을 향상시키기 위한 동기 유발의 수단으로 강의 시작 전이나 도중에 간략한 시험을 치르는 것은 대단히 효과적이다. 그러나 이 경우 학생의 반응에 대한 평가 결과를 가능하면 자세한 강평을 곁들인 형태로 학생에게 되돌려 주어야 학습 효과 및 강의 효과가 극대화된다. 이러한 원리에 비추어 보면 시험이나 리포트의 평가 결과를 거의 되돌려 주지도 않고 되돌려 준다고 해도 그저 평점만 매겨주는 교수, 교사 등 강사들의 오랜 관행은 개선되어야 한다.

(8) 효과적인 정보의 제시

강의 내용 속에는 전달하고자 하는 정보가 수없이 복잡하게 얽혀 있다. 이러한 정보 가운데 학생의 기억에 가장 쉽게 남는 정보가 어떤 특징을 띤 정보인지를 이해하고 있으면 강의에 크게 도움이 된다.

첫째, 마지막에 제공한 정보가 가장 기억에 남고,[13] 맨 처음 제공

---

13) 계열적으로 제시된 정보 중에서 가장 나중에 준 것이 가장 최신의 정보이기 때문에 그러한 효과를 거둘 수 있다고 하여 이를 '최신성 효과'(recency effect)라고 한다.

한 정보가 그 다음으로 잘 회상되며,[14] 중간 부분에 제시한 정보가 가장 효과가 적다. 만약 강의에서 특별히 강조하고 싶은 내용이 있다면 마지막 부분에서 강조하거나 서두 부분에서 강조해서 제시하는 것이 효과적이다.

둘째, 여러 가지 정보 중에서 현저한 것이 잘 회상된다.[15] 특별히 인상적인 내용이거나, 학생들에게 특별히 의미 있게 느껴진 것이거나, 재미있는 삽화가 곁들여 있었거나, 여러 번 반복해서 강조했거나, 시각 매체를 제공했거나 등 여러 가지 형태로 정보를 두드러지게 제공할 수 있다. 이러한 현저성 효과를 거두려면 자기가 하는 강의의 성질에 따라 적절한 방법을 적극적으로 개발해야 한다. 실험적으로 한 시간 강의를 하고 나서 학생의 노트를 한 번 거두어 살펴보는 것도 좋다. 강사가 강의에서 중요하게 강조한 부분과 그렇지 않은 부분이 어느 정도 학생의 노트에 반영되고 있는지를 비교해 보면 자기의 강의 방법을 개선하는 데 크게 도움이 될 것이다.

셋째, 강의 내용이 사실에 관한 정보를 제시하는 것이 아니라 쟁점이 있을 수 있는 문제를 제시하는 경우, 강사는 대개 자기가 옳다고 생각하거나 정당하다고 생각하는 '한쪽'의 정보만을 제시하거나 강조하는 경향이 있다. 이런 경우에는 '양쪽' 주장에 관련된 정보를 제시해 주는 것이 학습에 효과적이라고 한다. 더욱이 학생이 어느 한쪽의 의견에 몰입되어 있거나 지적으로 우수한 학생인 경우에는 더욱 그러하다. 결론은 강사가 내려야 할 경우도 있지만, 학생 스스로 찾게 하거나 여백으로 남겨 두는 것도 효과적이다.

---

14) 가장 먼저 준 것은 먼저 접한 첫인상이 오래 남는 지각의 원리 때문이며, 이를 '초두성 효과'(初頭性效果, primacy effect)라고 한다.
15) 이것을 '현저성 효과'(vividness effect)라고 한다.

(9) 개성 있는 강의 스타일 개발

지금까지 위에서 제시한 원리들은 효과적인 강의를 위한 일반론일 뿐이다. 물론 이러한 원리를 잘 이용하기만 하면, 현재의 강의보다는 훨씬 잘 할 수 있게 될 것이다. 그러나 강의는 어디까지나 강사 개개인의 개성이 드러날 때 더욱 효과를 발휘할 수 있다. 개성 있는 강의 스타일을 개발하려면 자신의 장점과 단점, 자기 전공 분야의 특징, 그리고 학생들의 특성을 잘 파악해서 점진적으로 만들어 나가야 한다.

04 | 토의

지도자는 토의(討議)를 주관하거나 참여할 기회가 적지 않다. 토의는 두 사람 이상이 모여서 어떤 문제의 해결책을 마련하고자 논의하는 화법 유형이다. 토의는 이해 당사자나 전문가가 문제를 여러 가지로 검토하면서 잘잘못을 따져 여러 가지 대안들 중에 가장 나은 안을 마련하는 데 초점이 있다. 토의는 문제 해결이 목적이므로 일방적으로 자기 안만을 고집할 수 없다. 다른 안에 내 안을 조율하여 문제를 해결하고자 하는 양보와 배려의 정신이 필요하다. 토의의 목적은 참가자들이 다양한 의견을 자유롭게 교환함으로써 문제에 대해 다각적으로 접근하고, 다면적으로 사고하여 최선의 문제 해결안을 모색하고 결정하는 데 있다.

1) 토의의 효용성

토의는 어떤 내용이든 도움이 될 만한 것은 모두 들어 보자는 의도를 바탕으로 한다. 결과도 중요하지만 그 과정 자체를 중시한다는 점에서 민주적인 의사소통의 전형적인 화법이다.

토의는 참가자 전원이 숙의를 하는 과정을 통해서 참가자 상호간에 심리적 거리를 좁히고 이해를 높여 의견의 통일을 꾀할 수 있다. 또한 각자의 경험이나 지식을 나누어 가질 수 있으며 원만한 대인 관계와 협동 정신까지 드높일 수 있다. 또한 토의에서는 소수의 의견이라 하여 무시되지 않는다. 아무리 소수의 의견이라 하더라도 그 속에 소중한 진실과 아이디어가 들어 있을 수 있기 때문이다.

토의는 민주사회에 꼭 필요한 화법 유형이다. 민주주의 사회에서는 더욱 더 나은 결론을 얻기 위하여 여러 사람이 의논을 하는 경우가 많기 때문이다. 토의의 목적은 최선을 탐구하는 데 있으므로, 건설적인 의견을 서로 존중하여 시간을 낭비하는 일이 없어야 한다. 이런 점에서 지도자는 토의를 하면서 문제해결, 협력, 협동, 양보, 배려, 조율, 합의, 민주주의 등의 덕목을 익힐 수 있다.

2) 토의의 절차

토의 참가자는 진행을 방해하는 발언의 독점, 발언 도중의 이의 제기, 협박에 의한 강압적인 분위기 형성 등은 삼가야 한다. 사회자는 토의의 목적과 과제 및 토의 참가자들의 관심 분야, 성격, 특징 등 토의에 영향을 줄 수 있는 모든 요소를 사전에 파악해야 한다. 또한, 토의를 질서 있게 진행하려면 토의의 목적에 관계없는 문제 제기나 발언은 제한해야 한다. 또, 소극적인 회원을 격려하여 토의에 적극적으로 참여하게 하고, 자신의 의견은 드러내지 말아야 한다. 이따금씩 토의 진행 상황을 요약해 회원들에게 다시 풀어 이야기해서 동의를 구하고 최종적인 결론이나 해결을 유도해야 한다.

토의의 절차는 유형과 상황 전개에 따라 다소 차이는 있으나 기본적인 절차는 다음과 같은 순서로 진행한다.

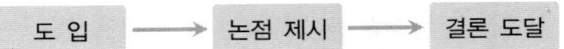

(1) 도입

① 참가자들이 서로 신뢰하는 가운데 원만한 토의가 이루어질 수 있도록 친숙한 분위기를 만든다.
② 의제를 소개하고 토의의 목적과 배경을 설명한다.
③ 필요한 정보를 사전에 참가자들에게 제공한다.
④ 필요한 경우 토의의 규칙을 정한다.

(2) 논점 제시

① 참가자에게 질문을 던져 의견을 끌어낸다.
② 필요한 자료를 배포한다.
③ 그림, 그래프, 도표 등 보조 자료를 제시한다.
④ 실례를 소개한다.

(3) 결론 도달

① 제시된 의견을 비교하고 검토한다.
② 그 장단점을 따져 참가자 전원의 의견을 모아 결론을 맺는다.

3) 토의의 유형

토의의 유형은 토의 목적이나 참가자의 수, 청중의 성향 등에 따라 여러 가지로 구분된다. 여기에서는 가장 널리 활용되는 유형을 알아보기로 한다.

(1) 문제 해결식 토의

어떤 문제를 해결하려면 의도적이든 비의도적이든 다음과 같은 순서를 밟는 것이 효율적이다.

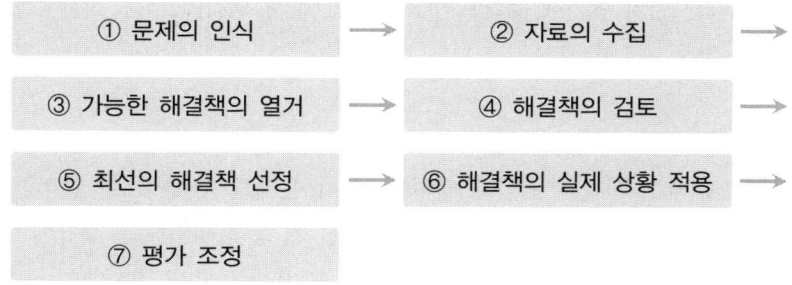

❶ 문제의 인식

어떤 문제를 해결하려면 토의에 참가한 사람들은 각자 그것에 대하여 다음과 같은 점을 인식하고 있어야 한다.

    ㉠ 나는 왜 이 문제를 해결해야 하는가?
    ㉡ 문제 해결에 장애가 되는 것이 무엇인가?
    ㉢ 나는 어느 정도까지 해결할 수 있는가?

이와 같은 물음에 답할 수 있다면 이미 절반은 해결된 것이나 다름이 없다.

이러한 문제를 인식하기 위해서 고려하여야 할 점은 다음과 같다.

    ㉠ 반대의 결과를 생각해 본다.

가로놓인 장애가 제거되지 못하였을 때 일어날 현상을 예측한다. 그러한 경우를 상상한다면 개인적 또는 집단의 손실이 있는 경우도 있을 것이고 개인과는 전혀 무관한 결과도 예측될 것이다. 이와 같이 반대의 결과를 미리 예측해 봄으로써 현실적인 문제 인식에 더욱 적극성을 띨 수 있다.

    ㉡ 문제의 원인을 밝힌다.

문제가 제기된 원인을 살펴봄으로써 문제를 구체적으로 분석할 수 있게 된다. 문제의 잘못된 점이나 변경할 점 등을 파악한다. 문제에 따라서는 그 원인이 판단 착오 또는 오해로 말미암아 생긴 것이라면 쉽게 제거될 경우도 있을 것이다. 시간이 다소 걸리더라도 철저히 원인 분석을 한다.

ⓒ 문제를 자기 능력 범위 안에서 다룰 수 있도록 제한한다.

만일 문제를 시간적인 제한이나 능력을 고려하지 않고 크게 잡는다면 그 해결책은 피상적이 되기 쉬우며 또 너무 적게 잡으면 가치가 없게 될 것이다. 자기 능력을 가장 잘 알고 있는 사람은 자기 자신이다. 따라서 그 문제를 어느 정도까지 다룰 수 있는가를 잘 아는 사람도 자기 자신이다.

ⓔ 문제 해결에 대한 잠정적인 안을 제시한다.

자신이 설정한 범위 안에서 어떻게 원인을 제거할 것인가 잠정적으로 대안을 제시해 본다. 이러한 대안은 언제나 수정·보완할 수 있다. 조급한 해결책은 잠시 유보한다.

❷ 자료의 수집

풍부한 자료를 모은다. 자료가 빈약하면 최선의 문제 해결책을 얻을 수 없다. 모은 자료 중 문제와 관련 있는 것만을 다음과 같이 분류한다.

ㄱ 증명할 수 있는 것
ㄴ 사실인 것과 사실이 아닌 것
ㄷ 해결 방안이 도출된 뒤에 적용할 수 있는 기준

❸ 가능한 해결책의 열거

수집·정리된 자료를 바탕으로 하여 찾을 수 있는 해결책을 모두 도출해 본다. 그러려면 참가자 전원이 기탄없이 의견을 제시하고, 각자의 해결책에 대한 비판을 삼간다.

얼토당토하고 황당무계하며 실행 가능성이 적은 듯 보이더라도 모두 기록한다. 이 단계에서는 논리적 또는 비논리적 사고를 총동원하여 새로운 안을 만들어내야 한다. 제시된 해결책에 대한 평가나 비판을 해서는 안 된다. 이런 일을 하면 훌륭한 안이 편견에 의해 묻혀버릴 우려가 있기 때문이다. 가능한 문제 해결책을 찾으려면 틀에 박힌 사고방식을 과감히 벗어나 창조적인 사고를 해야 한다.

❹ 해결책의 검토

토의에서 도출된 여러 가지 해결안을 일정한 기준에 따라 검토해 본다. 여러 각도에서 각 해결책들의 장단점을 충분히 검토한다. 그러려면 참가자 전원이 반드시 발언에 참여해야 하고 서둘러 표결하는 것은 삼가야 한다.

❺ 최선의 해결책 선정

여러 가지 해결책 중 시간, 비용, 신뢰도, 안정도, 난이도, 필요한 도구 등을 기준으로 삼아 누구나 동의하고 해결하기에 용이한 최선의 결론을 결정한다.

❻ 해결책의 적용

최선의 해결책을 결정한 뒤 이를 실제로 적용하는 데 필요한 행정적 조치를 고려해 본다. 이 때 고려할 사항은 다음과 같은 것이다.

ㄱ 상부에서의 인가 여부
ㄴ 시행 책임자, 시기, 장소
ㄷ 적용에 필요한 지시 사항
ㄹ 적용 계획과 결과 평가 방법

⑩ 감독 계획

❼ **평가 및 조정하기**

　　해결책만을 평가하는 데 그치지 말고, 시행 과정에서의 문제점도
파악한다.

(2) 단상 토의

　　단상 토의는 하나의 문제를 놓고 여러 분야의 권위 있는 전문가
3～5명이 여러 각도에서 의견을 발표하고 난 뒤에 청중이 참여하여
질의를 하거나 의견을 제시하는 토의 방식이다. 흔히 이 방식을 '심포
지엄'(symposium)이라고 한다. 심포지엄이라는 말은 플라톤의 대화록에
서 유래한 말로 '함께 술을 마신다', '함께 벌이는 향연'을 뜻한다. 심
포지엄의 목적은 청중들이 하나의 문제에 관해 여러 분야 사람들의
다양한 의견을 들을 수 있게 하는 데 있다. 따라서 주최 측에서는 다
루어질 문제에 대한 권위 있는 전문가를 초빙하여야 한다.

　　발표자는 발표할 내용을 철저히 준비하여, 발표할 시간에 알맞은
분량으로 조절한다. 그리고 자신이 맡은 분야의 입장에서 대표적인 의
견을 말하도록 한다. 발표자 상호간의 질의 응답을 하는 경우는 없다.

　　사회자는 토의할 문제에 대해 다방면으로 잘 알아야 한다. 토의할
문제를 잘 분석하고 발표할 내용을 미리 검토하여 발표자들에게 할당
하고 각 발표자들에게 발표 범위를 확실하게 알려 주며, 발표 시간도
정해 준다. 그리고 독단적인 견해에 빠져 있는 사람은 그 분야를 대표
할 수 없을 뿐만 아니라, 청중을 실망시키므로 발표자로 선정하여서는
안 된다. 사회자는 토의할 문제를 소개하고 그것의 중요성을 지적하

고, 청중들이 각 발표자의 견해를 정확히 파악하도록 청중에게도 미리 토의할 내용과 참고 서적을 알려 준다.

　사회자는 실제로 회의가 진행되면 청중에게 발표자들을 개인별로 소개하여 각 분야에서는 전문가이며 권위자임을 알려 주고 그들 사이의 차이점도 알린다. 또, 발표가 끝날 때마다 발표 내용을 요약하고 이전의 발표 내용과의 관련성과 문제되는 점 등을 정리해 준다. 그리고 발표자가 할당된 시간을 지키게 하고 이야기 중에도 시간경과를 알려 주며, 시간이 지나면 적절한 방법으로 이야기를 중단시킨다. 발표자들의 이야기가 모두 끝난 다음에는 청중에게 질문이나 발언하게 한다.

　청중의 질문이나 발언은 되도록 짧게 하도록 하고, 전체 회합의 줄거리를 정리 요약하여 그 회합의 의의를 명백하게 하는 것으로 회의를 마무리한다.

　심포지엄은 대체로 다음과 같은 절차에 따라 진행된다.

① 사회자가 문제와 발표자를 소개한다.
② 발표자는 사전에 정해진 순서에 따라 발표한다.
③ 발표가 끝날 때마다 다른 발표자와 질의 응답을 할 수 있다. 발표 시 자료를 미리 보고 질문할 것을 준비하면, 논의를 심도 있게 하는 데 효과적이다.
④ 사회자가 발표 내용을 요약·정리한다.
⑤ 발표자와 청중이 질의·응답한다.
⑥ 사회자가 논의된 내용을 정리한다.

　심포지엄을 할 때 주의할 점은 다음과 같다.

① 사회자는 의제 내용과 목적 분명히 하고, 미리 참석자의 이해 얻어 둔다. 가능하면 요점을 정리해 둔다.

② 발표가 너무 길어지지 않도록 한다. 10~15분 간 또는 10분씩 2번으로 나누어 하게 한다.

③ 사회자는 각 발표자의 발언 요약 능력, 각 발언 상호 관계와 위치 잘 밝혀 나갈 수 있어야 한다.

④ 시작에 앞서 청중에게 예비지식을 줄 필요가 있다.

⑤ 전체 시간의 반쯤은 청중 위해 남겨 놓아야 한다. 끝나면 각 발표자의 발언을 간결하게 요약 제시하여 참석자의 질의를 구한다.

⑥ 청중석 발언은 되도록 짧게 유도한다.

⑦ 마지막에 사회자는 전체 토의 요점을 종합해서 약술하고, 심포지엄의 의의를 다시 한번 강조한다.

(3) 공개 토의

공개 토의란 공공의 장소에서 공공의 문제를 공개적으로 질의·응답하는 토의 방식이다. 이를 '포럼'(forum)이라고도 한다. 포럼은 고대 로마에서 재판이나 공적 문제에 대하여 공개 토의를 개최한 공공의 광장을 뜻한 데서 유래되었다.

포럼은 심포지엄처럼 연사가 먼저 발표를 하고 난 뒤에 청중이 토의에 참여하는 것이 아니라 청중이 처음부터 토의에 참여한다. 포럼에서는 연사의 간단한 주제 발표만 있을 뿐 심포지엄처럼 연사가 연설이나 강연을 하지 않는다. 즉, 포럼이란 서로 상충되는 입장을 대표하는 사람들이 한 사람씩 발표를 하고, 청중과 토의자가 서로 질의 응답하여 그 문제에 대한 의식을 넓히고 해결책을 모색하는 것을 말한다. 시사 문제나 사회 문제에 관한 방송 토론회, 도시개발계획 공청회, 대학입시제도 공청회, 교통정책 등에 관한 여론을 수렴하여 반영하려고 할 때 포럼 형식이 많이 선택된다.

포럼을 준비할 때에는 청중의 범위를 정하는 일에 신중을 기해야 한다. 이 토의는 처음부터 끝까지 청중과 더불어 진행되기 때문에 청중의 성향에 신경을 써야 한다. 대체로 토의할 문제와 관련되는 업무에 종사하는 사람이나 관심을 가지고 있는 사람들로 정하는 것이 좋다. 포럼에서는 강력한 이해 대립이나 의견의 불일치가 예상되는 논제에 대해서는 사회자가 서면으로 질의서를 제출하도록 청중에게 권한다. 그러면 관계위원회에서 질의서를 모으고, 그 가운데에서 가장 간결하고 중요한 것을 선택하여 토의의 의제로 택한다.

토의자는 사전 준비를 철저히 하여 문제의 핵심을 간결하고도 정확하게 발표할 수 있도록 한다. 그리고 청중의 질문에 정확히 대답한다. 사회자는 발표 내용을 미리 알아 두어야 할 뿐만 아니라 잘 듣고 정리하여 서로의 요점을 명확하게 알아야 하며, 부드러운 분위기로 토의를 진행시킬 수 있는 능력을 갖추어야 한다. 또, 청중에게 질의 응답 통제 규정을 미리 알려 주며, 청중의 질문 및 토의자의 응답을 잘 정리해서 전달하고, 요점을 분명히 하기 위하여 적절히 질문을 해야 한다.

사회자는 토의 시간을 조절하되, 예정 시간이 넘도록 청중의 질문이 계속될 경우에는 개별적으로 질문하도록 한다. 이 때, 첨예한 이해 관계로 맞서거나 혹은 의견의 대립이 심각할 때에는, 청중에게 서면 질의를 요청할 수 있다. 이 질의서는 관계위원회에서 수집·정리하여 가장 중요하고 간결한 것을 뽑아 질의할 수 있다. 그리고 서면 질의만으로도 그 내용에 대한 질문을 종결시킬 수 있다.

청중은 정해진 규칙은 없지만, 질문을 할 때에는 논제와 관련된 것으로 요점을 분명하게 드러내야 한다. 그리고 질문을 혼자 독점해서는 안 되며, 질문 자체가 또 하나의 발표처럼 되지 않도록 주의한다.

포럼은 다음과 같은 단계로 진행한다.

① 사회자가 의제를 소개한다.
② 토의자들이 각자 차례대로 발표한다.
③ 청중과 질의 응답을 한다.

(4) 배심 토의

배심 토의란 토의할 주제에 관심이 있거나 경험이 있는 사람이 배심원(陪審員)으로 선정되어 청중 앞에서 먼저 토의하고 난 뒤, 사회자의 유도에 따라 청중이 토의하는 방식이다. 그래서 '패널'(panel)이라고도 한다. 패널이라는 말은 '건물 벽에 붙이는 판자'를 뜻하는 것으로, 이 판자로 둘러싸인 장소에서 서로 이야기한다는 데서 유래했다는 설도 있다.

패널은 보통 4~8명의 배심원과 청중, 그리고 사회자로 구성된다. 배심원들 사이의 1차적인 토의가 끝난 뒤, 다시 청중과의 질의·응답이 뒤따른다. 청중은 의제에 대하여 충분히 생각한 뒤에 질문을 해야 한다. 손을 들어 사회자의 지명을 받게 되면 일어서서 자기의 이름을 댄 후, 의제에 벗어나지 않게 질문을 해야 한다. 질문은 이미 한 이야기를 반복하거나 자신의 지식을 과시하지 말고 질문의 요점만 분명히 제기하도록 한다. 질문은 한 번에 한 가지만 하도록 하되 간단히 자신의 의견을 덧붙이는 것이 좋다. 발언은 되도록 한 번만 하고, 시간은 1분 이내로 하는 것이 좋다.

이 토의는 토의자들이 각자의 지식이나 정보 등을 서로 교환함으로써, 그 문제에 대한 깊은 이해와 앞으로의 행동 지침을 여러 각도에서 찾는 것이 특징이다.

패널은 시사 문제나 특정 분야의 전문적인 문제들을 해결하는 데에 주로 사용되는 형식으로, 찬성과 반대가 명백한 성질의 것이기보다 서로 다른 의견을 조정하는 수단으로 의회나 일반 회의에서 많이 사용된다.

패널에서는 배심원이 매우 중요한 비중을 차지한다. 배심원은 주어진 문제와 관련된 경험이나 정보가 많거나, 특별히 의제에 관심이 많은 사람이 선정되어야 한다. 배심원들은 토의에 들어가기 전에 미리 논제의 성격, 범위, 방향 등에 대해 상의하여 그 윤곽을 알고 있어야 한다. 그리고 발언할 때는 상대방을 공격하는 것이 아니라 자신의 의견을 개진하되, 간결하면서도 정확하게 하여야 한다. 또, 청중의 질문을 다 같이 듣고 질문에 대한 응답을 간결하게 하도록 해야 한다.

사회자는 배심원들에 대해 미리 잘 알아 두고 그들에게 이야기할 때에는, 이름을 불러서 나중에 청중이 참가할 때 편리하도록 하여야 한다. 또, 토의의 논제에 대해 잘 알고 있어서 결론을 향해 잘 이끌어 나가야 하며, 논의 내용을 분명히 하기 위하여 배심원들에게 질문을 하되, 자신의 의견은 말하지 않도록 주의한다. 사회자는 항상 청중을 의식하며 청중과 함께 사고하도록 이끌어 가야 한다. 그리고 불필요한 질문은 제한하여 토의 시간과 토의 범위를 제한한다.

패널은 일반적으로 다음과 같이 진행한다.

① 사회자는 토의 과제를 설명하고 배심원을 소개한다.
② 배심원은 차례로 자신의 입장을 설명하면서 서로의 의견과 지

식·정보 등을 자유로이 교환한다.

③ 토의가 어느 정도 진행되면 사회자가 토의 내용을 요약하고, 청
중에게 질의할 기회를 준다.

④ 배심원과 청중이 질의 응답한다.

⑤ 여러 각도에서 결론을 찾고 정리한다.

패널을 진행하면서 유의할 점은 다음과 같다.

① 가능한 한 배심원과 일반 청중이 서로 가까워질 수 있을 만한 좌
석 배치한다.

② 배심원과 참석자는 서로 마주 보도록 한다. 연단 따위를 설치하
는 것은 금물이다.

③ 배심원은 자신을 소개하든가 아니면 사회자에 의해 소개 받은 다
음 자기가 특별히 조사, 연구하고 문제에 따라 발언하고자 하는
내용이 무엇인가를 간단히 밝힌다.

④ 각 배심원을 사회자는 순서대로 지명한다.

⑤ 지명 발언이 끝나면 각자 자유스럽게 질문이나 요지 설명을 덧붙
인다.

⑥ 패널 토의에 주어지는 문제는 찬반이 분명히 갈리는 것보다 결론
이 여러 각도에서 이루어지는 성질의 것이 적합하다.

(5) 원탁 토의

원탁 토의(圓卓討議)라는 말은 10명 안팎의 소규모 집단이 둥근 탁
자에 둘러앉아서 모두가 동등한 자격으로 이야기할 수 있다는 데에서
유래되었다. 이 토의는 진행 형식에 그다지 구애받지 않고 서로 자유

롭게 발언하는 것을 특징으로 하므로 '자유 토의'라고도 한다. 사회자가 없는 것이 보통이지만 원만한 진행을 위해 사회자를 따로 뽑을 때도 있다.

이 토의의 의제는 일상적인 것에서 사회적 현안에 이르기까지 그 범위가 다양하다. 가족회의나 반상회와 같이 10명 이내의 소수의 구성원이 어떤 의제에 대해 비슷한 정도의 지식과 관심을 가지고 있으면 이루어질 수 있다.

특별한 절차나 규칙을 정하지 않고 자유롭게 의견을 제시하고 해결책을 마련할 수 있다. 토의자들이 자유로운 분위기에서 자신의 의견을 활발히 개진할 수 있다는 장점이 있는 반면에, 토의의 기본 요령이나 방법에 익숙하지 않으면 산만해지고 문제 해결에 시간을 낭비하게 되기도 한다. 그러므로 하나의 화제에 대한 논의가 일단락된 후에 다른 화제에 대해 논의하도록 하여 토의 내용이 우왕좌왕하지 않도록 한다.

원탁 토의는 다음과 같은 절차를 밟으며 진행하는 것이 보통이다.

① 과제의 설정 : 토의 과제를 분명하게 결정한다.
② 과제의 조사 : 과제에 대한 참고사항을 조사한다.
③ 해결안이나 가설의 도출 : 과제에 직·간접으로 관련되는 해결안을 모색하고 제안한다.
④ 해결안의 평가 : 해결안이 과제에 적합한 것인가, 타당한 것인가, 실천 가능한 것인가의 여부를 평가한다.
⑤ 해결안의 실행

(6) 질의식 토의

질의식(質疑式) 토의는 대개 강연 혹은 강의가 끝난 뒤에 강사가 한 말을 중심으로 질의 응답하는 것이며, 흔히 '세미나'(seminar)라고 한다. 세미나는 원래 "못자리[苗床]에서 무엇이 자란다."는 뜻으로, 권위자의 지도 아래 왈가왈부하던 토의를 일컫는다.

세미나는 우선 다음과 같은 것을 준비하여야 한다.

> ① 강사는 다루려는 문제를 전문적으로 연구하는 권위 있는 사람으로 정해야 한다.
> ② 다루는 문제는 청중이 꼭 필요한 문제라고 느끼는 것이어야 한다.

세미나에서 강사와 청중이 질의할 때는 다음과 같은 점을 유념한다.

> ① 강사의 말이 끝난 후 질의한다.
> ② 질의할 사람은 강사의 말을 들으면서 의문 나는 점, 질의할 문제를 종이에 적어 둔다.
> ③ 질의는 구두로 할 수 있는데, 이 경우 질의가 있을 때마다 강사는 즉시 답변해야 한다.
> ④ 질의를 지면으로 받을 경우는 나온 문제를 종합 분류하여 강사가 답변할 수 있다.

세미나는 대체로 다음과 같이 진행한다.[16]

---

16) 권이종(1990), 대학에서의 집단토론 교수법, 한국대학교육협의회 참조.

소요시간	활동내역	활동의 주목적
약 15~30분	주제 발표자 또는 진행자의 발표, 보고	주제에 대한 개괄적·입문적 지식, 정보를 제공한다.
약 10~30분	세미나 참석자들의 주제 관련 발표와 보고 및 참고자료의 개진, 검토	주제에 관련된 몇몇 중점 하위 부문에 관한 정보를 심화·제공함으로써 구성원 각자의 관점과 견해를 공유하고 개진한다.
약 5분	질의 응답	각각의 발표, 개진된 내용을 명료화하고 이를 명확히 이해한다.
약 20~30분	집단 토의	각각의 발표 내용을 종합, 정리하고 주제의 각 관련된 부분들에 대한 토의를 통해 생각을 결집시킨다.
약 10~15분	주제 발표자 또는 진행자가 종합 정리 발표	진행자에게 지금까지 제시된 모든 견해를 종합, 결집시키고 이를 수정, 보완하고 명료화하여 다음 번 토의나 연구를 장려하도록 하는 기회를 준다.
약 15분	종합 기획 및 과제 할당	이후의 세미나 활동계획 및 후속 연구 수행계획을 수립하고 이에 관한 구성원의 과제와 역할을 적정 분배, 할당한다.

세미나의 장단점은 다음과 같다.

① 짧은 시간에 문제 핵심 잡을 수 있고 문제의 새 지식 얻고 문제 분석, 해석할 수 있다.
② 결론/결정에 속히 도달할 수 있다.
③ 회원들이 익숙하지 못한 문제를 다룰 수 있다.
④ 강사가 말하는 동안 회원들이 딴 생각 하기 쉽다.
⑤ 강사가 다룰 문제에 전문 지식이 없거나 편견적인 견해를 가지고 있을 때 옳지 않은 결론을 내리게 된다.
⑥ 강사와 청중 사이에 유대감을 갖기 어렵다.

(7) 분반식 토의

분반식(分班式) 토의는 참가자가 많을 경우 소집단으로 분반하여 토의한 후, 각 소집단의 대표가 전체 회의에서 토의하는 방식이다. 흔히 '분임 토의'라는 용어를 사용하기도 한다.

'워크숍'(work-shop)이라고 하여 커다란 집단을 소집단으로 나누어 회의하는 것도 이에 속한다. 또 다른 방식으로 '버즈 세션'(buzz session)이라고 하여, 소집단별로 여기저기서 벌 떼처럼 '붕붕'하며 토의하는 것도 이에 속한다. 그밖에 '필립스 66'(phillips 66)라 하여 원칙적으로 6명이 6분 동안 토의를 하는 방식도 있다. 이 회의는 전체 토의에 들어가기 전 단계의 예비적 토의로서 문제점을 찾아내는 데 효과적이다.

분반식 토의는 5~6명으로 짜인 소집단마다 지도자를 정해 주어진 의제를 토론해 결론을 내는 방식이 일반적이다. 분반식 토의가 끝난 후 각 반에서 토의된 것을 각기 선출된 대표가 전체 종합 발표회에서 발표, 보고하게 하고, 그 결론을 대표자 간에 토론하거나 참석자 전원에게 질의 응답을 행한다.

분반식 토의를 할 때 유의할 점은 다음과 같다.

① 사회자를 정하고, 토의 내용을 기록하였다가 전체 종합 발표회에 보고할 서기를 선정한다.
② 모든 회원이 자유롭게 자기 의사를 발표한다.
③ 다른 회원의 의견을 비판하거나, 자기 의견만 옳다고 하는 논쟁은 금물이다.
④ 회원의 의견은 어떤 것이든 그대로 받아 기록해 두고 비슷한 것만 종합하여 보고한다.
⑤ 각 반의 서기가 보고한 내용을 전체 회의 서기가 받아서 기록한다.

⑥ 각 반 보고가 끝나면 제시된 의견 중 같은 성질의 것을 합쳐 놓는다.
⑦ 정리된 후 그 하나하나를 가지고 질문 형식으로 재론한다. 용어의 뜻을 분명히 한다.
⑧ 의견을 종합한 후 다시 문제 제시하고 분반할 때는, 각 반마다 문제를 하나씩 지적하여 그 문제만 다시 토의해서 전체에 보고하게 한다.

분반식 토의의 장단점은 다음과 같이 생각할 수 있다.

① 참석한 전원이 참가할 수 있다.
② 각자 역할과 책임을 분배할 수 있다.
③ 신속하게 합의에 도달할 수 있다.
④ 큰 집회들이 빠지기 쉬운 권태나 단조로움을 극복할 수 있다.
⑤ 토의와 결론이 소수 사람에 따라 의해 지배되는 것을 막을 수 있다.
⑥ 개인이나 집단 회원들의 경험과 지식 끌어내는 일 제외하고는 정보 수집하는 데는 별 가치 없다.

(8) 문제 해결 토의

문제를 해결하려고 토의를 할 때 틀에 박힌 사고를 과감히 벗어나 창조적인 사고를 해야 한다. 그러나 다음과 같은 자세를 지니게 되면 창조적 사고는 유발되지 않는다.

❶ 창조적 사고의 장애 요인
▌현실 안주
"지금까지도 별로 지장이 없지 않았느냐?"라는 태도로 개선이나 변화를 주저하거나 반항하며 무사 안일의 틀 속에 안주하면 창의적 사고는 떠오르지 않는다.

▮ 의심

"과연 그런 생각이 쓸모가 있을까?" 처음부터 당치도 않은 생각이라고 의심하는 자신 없는 태도로는 창의적 사고가 일어나지 않는다.

▮ 과소 평가

"이런 변변치 않은 생각을 남에게 알릴 필요가 있을까?"하며 스스로를 과소 평가해서는 곤란하다. 매우 평범하고 상식적인 것 같은 생각에도 크게 쓸모가 있는 경우가 얼마든지 있다.

▮ 맹종

다른 사람이 제안한 것이 괜찮으면 그대로 따라가면 된다는 소극적인 태도를 취하면 창의가 생겨날 수 없다.

▮ 책임 공포증

"내 생각이 채택되어서 일이 잘못되면 나만 책임지는 것이 아닌가? 차라리 가만히 있는 것이 현명하지."라고 생각하면, 자기 자신은 물론 소속 집단도 발전하지 못할 것이다.

▮ 자기 위주 판단

"좋은 생각이긴 한데 시기적으로 적절치 못하고 실정에 맞지 않는다."라고 단정하고 뒤로 미루면 창의적 의견을 내기 어렵다.

▌이해관계

"이것이 그대로 실현되면 나에게는 불리하다."라고 생각하면, 비록 자기에게는 다소 불리할지언정 공익(公益)이 증대된다는 점을 간과하는 것이 된다.

▌소질 빙자

"창조적인 의견은 소질이 있는 사람만이 낼 수 있는 선천적 능력이야."라고 생각하면, 이는 착각이다. 창조적 사고는 누구나 노력하면 지닐 수 있는 것이다.

❷ 창조적 사고 장애의 제거책

앞에서 살펴본 창조적 사고를 방해하는 요인을 제거하려면 다음과 같은 노력을 하여야 한다.

㉠ 많은 지식과 경험을 쌓는다. 직접 경험뿐만 아니라 많은 참고문헌을 접하고 강의나 강연 등을 들음으로써 지식과 경험을 쌓는다.

㉡ 문제점을 발견한다. 흔히 시도해 보지도 않고 지레짐작으로 안 될 것이라고 체념해 버려서는 안된다. 매사에 적극적인 의욕을 가질 때 여러 가지 해야 할 일이나 고쳐야 할 일이 눈에 띈다.

㉢ 상식을 의심해 본다. 어제까지의 상식이 반드시 오늘에도 통용된다고 볼 수 없다. 과학문명의 발달과 문화의 발전은 상식 밖의 사고를 하게 한다. 문제의 정답은 하나만이 아니다. 규칙이나 규정에 너무 얽매이지 않는다. 틀려도 상관없다.

㉣ 직감을 중시한다. 무엇에 대하여 골똘히 생각하다가 번개같이 머리에 스쳐 지나가는 직감을 놓치지 않을 때 문제 해결의 실마리를 찾을 수도 있다. 애매한 것은 그대로 둔다.

ⓜ 상상을 해 본다. 상상은 창조적 사고의 원천이 된다. 상상한다는 것은 그 방면에 충분한 지식과 경험이 있을 때 가능한 것이지 완전히 백지 상태에서 떠오르는 것은 아니다. 생각이 반드시 논리적이 아니라도 좋다. 바보스러운 생각이라도 해본다.

ⓑ 계속적으로 생각을 이어 간다. 한번 생각해 낸 생각도 시간이 흐름에 따라 사라질 수 있기 때문에 계속적으로 생각을 이어가야 한다.

ⓢ 적극적으로 실천한다. 직감으로 떠오른 생각이거나 심사 숙고해서 얻은 생각이거나 이를 실천하지 아니하면 아무런 소용이 없다. 어떠한 난관이나 부작용이 있더라도 이를 극복하고 실천할 수 있는 의지가 있을 때 창조가 가능해진다. 그것은 "내 전문 분야가 아니다."라는 생각을 하지 않는다.

❸ 창조적 사고 개발의 기법

구체적으로 지금까지 개발된 창조적 사고를 불러일으키는 방법으로는 다음과 같은 것들이 있다.

▌브레인 스토밍(Brain storming) 기법

이 기법은 어떠한 논쟁이나 비판을 배제하고 아이디어들을 내놓고 기록하는 과정이다. 어떤 특정한 문제에 대하여 머리에서 폭풍이 휘몰아치듯이 떠오르는 모든 아이디어를 창출(創出)해내는 기법이다. 영감(靈感), 엉뚱한 생각, 창조적 집단사고, 기상천외(奇想天外)의 기발한 발상 등을 장려한다. 이런 방법은 좋은 결론뿐 아니라 참가자에 의한 지혜의 상승작용(上乘作用)도 일으킨다.

㉠ 기본 규칙

브레인 스토밍의 기본적인 규칙은 다음과 같다.

- 남의 아이디어를 비판하지 않는다.

  다른 사람이 제안한 아이디어를 비판하거나 평가하지 않는다. 내 의견에 대해서도 회의를 갖거나 주저하지 않는다.
- 자유 분방한 생각을 권장한다.

  아이디어를 내놓는 분위기에 억압이 없어야 한다. 엉터리라고 웃음거리가 될 아이디어도 잘 이용하면 활용 가능한 아이디어가 될 수 있다.
- 아이디어를 될 수 있는 대로 많이 모은다.

  아이디어의 수가 많으면 많을수록 좋다. 양이 질을 결정한다는 믿음을 가진다.
- 결합과 조합을 통해 아이디어를 발전시킨다.

  남의 아이디어를 자기 아이디어와 또는 회의에서 나온 아이디어와 결부시키거나 개선한다. 남의 의견에 편승하기도 한다.

㉡ 진행 방식

브레인 스토밍의 진행 방식은 라운드-로빈(round-robin) 방식과 팝콘(pop-corn) 방식이 있다. 라운드-로빈 방식에서는 참가자들이 차례대로 돌아가며 자신의 아이디어를 말할 수 있고 만약 없다면 건너뛰어 다음 사람이 말하면 된다. 팝콘 방식에서는 참가자들이 순서 없이 더 이상 아이디어가 나오지 않을 때까지 계속해서 발표한다.

참가자들이 서로 내성적이고 서먹한 사이어서 주어진 틀과 규칙을 잘 따를 때는 라운드-로빈 방식이 효과적이다. 참가자들이 활발하게 활동할 때는 팝콘 방식으로 많은 발표 기회를 제공하는 것이 좋다.

일반적인 진행 방식은 다음과 같다.

- 인원은 5~10명이 좋다. 참가자는 가능한 한 다양한 분야의 사람으로 구성한다.
- 시간은 30분 정도이고 길어도 1시간 이내로 한다.
- 시기는 기분이 좋은 오전 중이 좋고 하루 일이 끝난 뒤가 좋다.
- 회의실은 조용하고, 다른 일로 방해가 되지 않는 곳, 전화가 없는 방이 좋다.
- 진행자와 서기를 둔다.
- 회의실에는 큰 칠판이나 용지를 준비한다. 착상이 나오는 대로 전원이 볼 수 있도록 기입한다.
- 작은 벨(bell)을 준비하고 참가자의 누군가가 기본적인 규칙을 어기면 벨을 울려서 통제한다.
- 문제는 될 수 있으면 수일 전에 알려서 착상을 생각해 두도록 의뢰한다.

ⓒ 진행자가 할 일

진행자는 다음과 같은 구실을 한다.

- 자유롭고 경쾌한 분위기를 만든다.
- 비판이 나오면 벨을 울려서 경고한다.
- 발언하지 않는 사람에게도 지명해서 발언시킨다. 혹은 순번으로 발언 시키는 것도 좋다.
- 자신은 원칙적으로 착상을 내지 않으나 유도하는 것은 좋다.
- 착상의 결합, 개선을 장려한다.
- 착상의 흐름이 끊어지지 않도록 한다. 같은 착상이 나오더라도 받아준다.

- 발언을 간결하게 정리해서 서기에게 전달한다.

㉣ 서기가 할 일

서기는 다음과 같은 구실을 한다.

- 발언을 간결하게 모두가 볼 수 있도록 재빨리 깨끗하게 기입해 간다.
- 아이디어가 한꺼번에 많이 나와서 기록할 수 없을 때에는 진행자에게 조정을 요청한다.
- 2명이 기록할 경우에는 좌우로 나누어서 교대로 기입한다. 끝나면 진행자와 협력해서 아이디어를 분류하여 프린트한다.

㉤ 브레인 스토밍의 사례

다음과 같은 사안을 브레인 스토밍에 의해 해결하는 것을 살펴보자.

영하 20여 도의 날씨에 갑자기 폭설이 내려 서울에서 부산까지의 전선에 엉켜 붙었다. 방금 눈은 그쳤다. 그러나 빨리 손을 쓰지 않으면 전기줄이 끊어져서 정전이 되고 도시기능이 마비되어 혼란이 일어난다. (실제 뉴욕에서 강간, 약탈 사건 등이 생겼다.) 송전탑 사이의 간격은 5km씩이다. 어떻게 하면 얼어붙은 눈을 빨리 쉽게 제거할 수 있을까?
ㄱ 상식적인 착상, 엉뚱한 착상, 타인의 착상에 편승, 개선 결합, 과학적인 방법을 선택해 본다.
ㄴ 생각나는 대로 자유롭게 이야기해 본다.

가령, 다음과 같은 생각을 떠올린다.

- 소방 헬리콥터를 이용한다.
- 제설제를 살포한다.
- 압축 공기를 분무한다.
- 중간 중간에 받침대를 설치한다.
- 로프를 이용해 걸쳐서 줄을 흔든다.
- 새로운 전선을 가설한다.
- 줄을 이용해서 위에서 잡아 당긴다.
- 과부하를 걸어 가열한다.
- 고리를 껴서 왕복 운동을 하게 한다.

ⓒ 진행자는 어떻게 하는 것이 빠르고 효율적인가를 생각해 본다.

- 헬리콥터에 로프를 연결하는 경우는 전기 줄과 헬기가 상극관계에 있어 곤란하다.
- 그러므로 불연제 로프를 사용한다.
- 로프 끝에 고리를 연결하면 마찰열을 일으킨다.

▌스캠퍼(SCAMMPER)

아이디어를 발전시키는 방법으로 하나의 사안(事案)에 대하여 다음과 같은 점을 생각해본다.

ⓐ 다른 것으로 바꾸어 본다.(Substitute)
ⓑ 다른 것과 결합해 본다.(Combine)
ⓒ 다른 것 중에 이것과 비슷한 것을 찾아본다.(Adapt)
ⓓ 수정하여 새롭게 꾸며 본다.(Modify)

   ⓜ 크게 확대해 본다.(Magnify)

   ⓗ 다른 데 활용할 수는 없는가를 생각해 본다.(Put to other uses)

   ⓢ 작게 하거나 생략하거나 쪼개 본다.(Eliminate)

   ⓞ 순서를 바꾸어 보거나 부품을 교체해 본다.(Rearrange)

▎피엠아이(PMI, Plus Minus Interest)

특정 문제에 대한 긍정적인 면(Plus)과 부정적인 면(Minus)을 각각 기록한 다음, 각각에 대한 제 나름대로의 판단에 의해 이익이 되는 점(Interest)을 찾는 기법이다.

   ⓠ 아이디어에 대한 좋은 점은? 왜 그것을 좋아하는가?(Plus)

   ⓛ 아이디어에 대한 나쁜 점은? 왜 그것을 좋아하지 않는가?(Minus)

   ⓒ 좋지도 싫지도 않고 흥미 있는 점은?(Interest)

즉각적인 판단보다는 가능성을 찾아, 모든 아이디어의 활용도(活用度)를 판단하는 데 유용하다.

＊ 아이디어 : 모든 버스의 좌석을 떼어내야 한다.

  P : 더 많은 사람이 탈 수 있다.

     타고 내리기가 더 쉽다.

     생산비와 유지비가 더 적게 든다.

  M : 갑자기 정차하면 승객들이 넘어질 것이다.

     노약자들은 버스를 이용할 수 없을 것이다.

     아이들을 데리고는 버스를 이용할 수 없을 것이다.

I : 좌석이 있는 것과 없는 것 두 가지 종류의 버스를 만드는 것이
흥미 있다.
같은 버스인데도 서로 다른 점이 흥미 있다.
버스 안에서 안락함을 중시하지 않는 생각이 흥미 있다.

▎코든(Cordon)법

추상적인 개념을 과제로 각자의 아이디어를 서로 발표하게 하는
토의 방식이다. 가령, '자른다'는 개념만을 참석자에게 주고 사고의 촉
진을 시킨다. '자르는 방법으로는 어떤 것이 있는가'를 유발했다고 하
면, '입으로, 가위로, 칼로, 도끼로, 불로, 물로……' 등을 떠올린다.
'무엇을 자를 수 있는가'를 유발했다면, '옷감, 종이, 가죽, 머리……'
등을 생각해 본다. 그리고 나서 '물로 머리를 자른다, 도끼로 종이를
자른다, 가위로 혹을 자른다' 등을 유발해 그 실행 여부를 곰곰이 생
각해 본다.

▎명목상 집단 기법(Nominal Group Thechnique)

참가자는 진행자에게만 이야기할 수 있고 참가자들끼리는 서로 의
견을 교환할 수 없다. 그러므로 이들은 명목상의 집단일 뿐이다. 이
방법은 참가자들이 한 자리에 모이지 않고 서면 제출로도 진행할 수
있기 때문에 참가자들의 일정을 맞추기 힘든 경우 사용하면 좋다.
이 방법은 대체로 다음과 같은 순서를 밟는다.

ㄱ 참가자들은 각자 메모지에 자기의 아이디어를 적어 제출한다.
ㄴ 진행자는 참가자들의 아이디어를 취합한다.

ⓒ 진행자는 중복되거나 유사한 아이디어를 통합하여 아이디어 목록을 만든다.

ⓔ 이 목록을 모든 참가자가 볼 수 있게 보드나 칠판 등에 나열한다. 아이디어를 명확하게 하기 위해 제안자와 질문 응답을 한다. 그러나 평가나 비판을 허락하지 않는다.

ⓜ 참가자들은 각자 5개 정도의 아이디어를 선택해 가장 좋다고 생각한 것부터 순위를 매겨 제출하도록 한다.

ⓗ 각 아이디어에 대한 평균 점수를 산출하고 가장 높은 점수를 얻은 아이디어를 최선의 방안으로 채택한다.

ⓢ 최고 점수를 받은 아이디어가 가질 수 있는 장점과 단점에 대해 자유로운 토론을 한다. 토론은 합의가 이루어지거나 투표에 부쳐지면 끝이 난다.

제거법(Waste not method)

이것은 창조적 에너지를 어떻게 하면 절약하여 보다 필요하고 생산을 집중시킬 수 있는 곳에 투여하는가에 초점을 맞추는 기법이다. 창조적 제거팀을 구성하여 현재 진행되는 것이나 미래를 대비하여 계획된 것 중 불필요한 것을 제거하려고 노력한다. 그러면 경영 혁신에 큰 도움을 줄 수 있다. 이 방법에서는 어느 것도 성역이 될 수 없다. 일반적으로 비용 항목이 맨 먼저 공격 대상이 된다.

창조적 제거팀은 보통 세 가지 문제에 초점을 맞춘다.

ⓐ 그것이 전부 제거될 수는 없는가?

ⓑ 그것이 일부라도 제거될 수는 없는가?

ⓒ 비용이 더욱 적게 드는 다른 대안은 없는가?

❹ 창조적 사고를 유발하는 대화

　　이런 창의적인 사고를 유발하기 위해 진행자는 다음과 같은 말을
사용하는 것이 좋다.

> "아주 잘 진행되고 있지."
>
> "불가능이란 말을 없애버리자고."
>
> "기대하고 있다구, 잘 해주시오."
>
> "그것도 했으니까 이것도 할 수 있을꺼야."
>
> "다른 각도에서 또 한번 생각해 볼 수 없을까?"
>
> "조금만 더하면 될 것 같아, 끝까지 해보자구."
>
> "목표가 크면 클수록 능력이 더욱 개발되는 거야."
>
> "창의력이란 연령이나 학력에 관계가 없는 것이야."
>
> "응 그것도 그럴 듯하네, 한번 같이 생각해 봅시다."
>
> "좋소, 책임은 내가 질 테니, 할 수 있는 데까지 해 보시오."

　　그러나 다음과 같은 말은 창조적인 생각을 가로막는 말들이다.

> "시기상조야."
>
> "사람이 없어."
>
> "변화가 너무 커."
>
> "시키는 일만 해."
>
> "당분간 보류하지."
>
> "현실에 맞지 않아."

"지금 실행할 때가 아냐."

"그 생각은 너무 앞선 거야."

"이건 우리에겐 맞지 않아."

"지금까지 해 본 일이 아닌데……"

"시시한 얘기 꺼내지도 마."

"신임 직원은 잘 모를꺼야."

"네가 무엇을 안다고 그래."

"무엇 때문에 바꾸려고 하나."

"그렇게 하면 변화가 너무 커."

"시간은 많으니까 걱정하지 마."

"그건 안돼, 해보지 않아도 알아."

"그렇게 하지 않고도 잘 해왔잖아."

"아무리 훌륭한 생각이지만, 글쎄……"

"예산이 너무 많이 들어, 돈이 없어."

"이론은 좋아, 그러나 실행은 어려워."

"그건 윗분이 못하게 해, 들어주지도 않아."

4) 질의 응답 요령

토의·회의·토론에서는 사회자와 참석자 또는 참석자 간의 질의 응답이 핵을 이룬다. 질문을 세련되게 하는 것은 매우 중요한 의사 전달의 수단이 된다.

(1) 질의 요령

❶ 질의의 유형

질문은 회의의 생명으로 질문 없이는 회의의 진행이 무미건조해진다. 모든 참석자가 주어진 과제에 대하여 생각할 수 있는 것을 질문함으로써 그들의 지식과 경험을 이끌어낼 수 있도록 해야 한다.

질문의 유형은 다음과 같은 것이 있다.

▌전원 대상 질문

대답할 사람을 지정하지 않고 참석자 전원에게 던지는 방법이다. 이 방법은 주로 회의 첫머리에서 회의에 들어가기 쉽게 하기 위하여 누군가에게 이야기를 시작하기를 바랄 경우에 한다.

> "이 문제에 대하여 여러분들은 어떻게 생각하십니까?"

또는 참석자들에게 새로운 의견을 요청하는 경우에 하는 것이 효과적이다.

> "이런 점에 대하여 말씀해 주실 분 없습니까?"

한 사람이 독점 발언하는 것을 통제하고자 할 경우에 사용한다.

> "지금 말씀하신 분 외에 다른 의견을 가지신 분은 없습니까?"

❙복수 대상 질문

참석자 전원을 대상으로 하는 것이 아니고, 그 가운데 일부 소집단의 의견을 묻는 방법이다.

> "이 문제에 대해 ○○그룹의 조사가 참고될 것 같습니다.
> 조사 결과를 말씀해 주시기 바랍니다."

> "○○동에서 오신 분들께 여쭙겠습니다."

❙지명 질문

특정 개인을 지명해서 던지는 질문이다.

> "○○○씨, 지금 나온 주장을 어떻게 생각하십니까?"

이 질문은 스스로 의견을 발표하지 않는 소극적인 사람을 북돋아주어 발언이 일방적이 되지 않도록 하기 위해 사용한다. 또는 전문 지식이나 경험을 가진 사람을 지명해 그 사람의 지식이나 경험을 들어 다른 참여자에게 전파하고자 할 때 사용하면 효과적이다. 이밖에 딴 생각을 하고 있는 것 같은 사람, 의견 발표가 서툰 사람, 위축되어 궁지에 몰린 사람 등을 지명해 주의를 환기시키는 데 사용해도 좋다.

이 질문은 전원 대상 질문을 던진 다음 사이를 두고 시도하는 것이 효과적이다. 경우에 따라서는 곧바로 특정인을 지명하여 질문을 던지기도 한다. 지명 질문을 당하고서도 거기에 답변을 하지 못하는 사람은 퍽 당황해 하기 쉽다. 이런 경우 상대방이 난처해지지 않도록 세심한 배려가 필요하다.

▌중계 질문

참석자가 질문을 하였을 때 사회자가 그에 대하여 직접 응답하지 않고, 그 질문을 다른 참석자에게 다시 던지는 방법이다. '릴레이'(relay) 질문이라고도 한다. 사회자 스스로가 질문에 대하여 즉시 답변하면 참석자로 하여금 생각할 여유를 주지 못하므로 다른 사람에게 대신 대답시킴으로써 질문을 중계하는 방식이다. 다른 사람에게 질문을 던질 때에는 전원 대상 질문, 복수 대상 질문, 지명 질문 등 어느 방법이든 택할 수 있다.

> "○○○씨의 질문에 대해 ○○○씨(저쪽에 계신 분들, 여러분들은)는 어떻게 생각하십니까?"

이 질문은 사회자에게 도전적인 참석자나 의장의 의견이나 대답을 묻기를 좋아하는 사람에게 사용하면 효과적이다. 이 방법은 의장이 잘 모르는 사항을 질문 받았을 때 위기를 넘기는 요령으로 활용되기도 한다. 중계 질문은 회의 분위기에 활력을 불어넣고, 참석자의 사고 기능을 자극시키는 데 이점(利點)이 있다.

▌반대 질문

반대 질문은 참석자로부터 질문을 받았을 때, 그 질문에 대한 대답을 질문 당사자에게 되묻는 방식이다.

> **"좋은 질문 하셨는데, ○○○씨, 당신은 어떻게 생각하십니까?"**

이 방법은 참석자가 의장을 평가하려 하거나 골탕 먹이려 할 경우, 의장의 의견이나 생각을 물을 경우, 스스로 생각하지 않고 자기 의견을 일부러 감추고 질문을 던지는 경우에 잘 활용하여 참석자의 사고력을 유발하고 참여 의식을 불러일으키는 데 활용하면 효과적이다.

❷ 질의할 때의 유의점

질의를 할 때는 다음과 같은 점에 유의한다.

  ㉠ 참석자를 골탕 먹이기 위한 공격적인 질문은 피한다.
  ㉡ 한꺼번에 몇 개나 되는 질문을 하지 않는다.
  ㉢ "예, 아니오"식 질문은 피한다.
  ㉣ 말끝마다 "그렇죠?, 이건 왜 그럴까요?" 등 연속적인 질문을 하지
     않는다.
  ㉤ 참석자가 생각할 여유를 주고 질문한다.
  ㉥ 특정인에게 질문을 계속 던지지 않는다. 참석자와 1 : 1의 대화는
     피한다.
  ㉦ 같은 질문을 거듭 반복하지 않는다.
  ㉧ 답할 수 없는 질문은 피한다.

ⓩ 대답을 못하거나 시원치 않다고 무시하거나 무안을 주지 않는다.

ⓒ 참석자를 궁지에 몰지 말고 빠져나갈 여지를 준다.

ⓚ 질문에 대한 대답은 참가자 전원에게 정확하게 한다.

ⓣ 대답을 할 수 없을 때는 "모른다, 생각해 보지 못했다" 등 솔직히 답하고 변명을 하거나 속임수를 쓰지 않는다.

ⓟ 대답을 하고 반드시 질문자에게 가부를 물어 확인한다.

ⓗ 답이 질문의 의도와 일치하지 않든가, 감정이 개재될 경우에는 뒤에 개인적인 대화로 돌리고 질의를 중단한다.

(2) 응답 요령

❶ 원칙론에 일치시킨다

"선생님의 말씀이 대체로 옳습니다. 그러나……."

❷ 상대방 의견의 일부분과 일치시킨다

"그런 점에 대해서는 동감입니다. 그러나……."

❸ 많은 사람들이 그의 의견과 일치된다는 것을 인정한다

"다른 분들도 선생님께서 하신 말씀처럼 생각하고 있습니다. 참으로 지당한 말씀입니다. 그러나……."

❹ 상대방이 그릇되게 생각하고 있는 점을 정면에서 부정하지 않는다

"물론 이런 문제는 선생님의 전문 분야에서는 일어날 수 없는 일이지만……."

"선생님 혼자만의 문제라면 별것 아니지만……."

❺ 상대방의 의견을 중요하게 다루면서 평가한다

"귀중한 의견이라고 생각합니다. 저도 충분히 검토해 볼 문제라고 생각합니다. 그런데……."

❻ 상대방의 반대 의견을 공격하기 전에 의견을 생각해 낸 그의 능력을 칭찬해 주어야 한다

"그런 생각을 하시다니 참으로 놀랍습니다. 역시 선생님의 예리한 판단에 손 들었습니다."

❼ 상대방의 의견을 받아들이는 척하면서 교정하도록 한다

"잘 알겠습니다. 선생님의 의견은 이런 것이군요, 어쩌면 제 생각과 꼭 같습니까? 실은 저도 얼마 전까지는 그렇게 생각했습니다. 그런데……."

❽ 상대방이 고집을 부리기 전에 선수를 친다

"저에게도 선생님과 같은 너그러운 양보심이 절반이라도 있었으면 좋겠습니다. 저는 언제나 제 자신의 주장에 대해서 고집을 피울 때가 많이 있습니다."

05 | 회의

지도자는 자주 회의(會議)를 주재하고 참여하게 된다. 회의는 토의의 한 종류다. 회의는 기본적으로 여러 대안 가운데 가장 좋은 안을 선택하는 과정이다. 이 과정에 협력적 사고가 필수적으로 요구된다. 회의는 협력적 사고를 하여 서로 인정하고 양보하여 합의에 도달하기 위해 노력하지만 제대로 합의가 되지 않을 때 다수결의 방법에 의해 강제 합의를 이끌어 낸다. 강제 합의는 검토하는 주제가 주어진 시간 내에 반드시 결정을 내야 하는 문제일 경우이다.

회의만 하다가 하루를 다 보내는 경우가 적지 않다. 계장회의, 과장회의, 참모회의, 기관장회의, 대책회의 등 그 종류도 여러 가지다. 하도 회의가 많으니까 '회의를 줄이기 위한 회의'를 해야 할 판이라는 우스갯소리도 간혹 들린다. 이제 그 많은 회의가 과연 진정한 의미의 회의인가를 생각해 볼 일이다. 회의가 무엇인가를 분명히 모르고 진행하면, 회의라는 이름 아래 비생산적·비효율적 모임에 그치기 쉽다. 회의는 단순한 의사소통의 수단으로서뿐 아니라, 모두가 자기 의견을 발표하는 과정 속에서 모두가 새로운 생각이나 결론을 끄집어내는 힘을 실현시키는 터전이며, 여럿이 모이면 좋은 지혜가 생겨나게 하는 화법이다.

여러 사람의 아이디어가 필요하거나 업무 조정이 까다로울 때, 정보를 공유할 필요가 있을 때에는 회의를 열어 분명한 메시지를 서로에게 전달해야 한다. 중간 과정을 거치면 전달 사항이 왜곡될 염려가 있는 내용을 논의할 때도 회의를 열어야 한다. 그러나 당면한 문제에 빠른 결정이 필요한 경우, 회의 자체가 난항을 거듭할 우려가 있는 경우, 다른 사람의 제안이 필요 없는 업무를 수행할 경우에는 굳이 회의를 소집할 필요가 없다. 그런데 별다른 주제 없이 관례에 따라 조회니 석회니 하며 회의를 하는 경우가 많다. 이런 경우의 회의는 회의 주재자의 의견을 일방적으로 참석자에게 전하는 것으로 끝나기 쉽다. 텔레비전에 비치는 회의 장면을 보면 회의 주재자가 일방적으로 발언을 하고 참석자들은 학생들처럼 메모하기 바쁜 모습이 자주 보게 되는데 그것이 과연 회의인가 의문이 든다.

회의는 다음과 같은 성격을 지닌다.

❶ 회의는 여러 사람이 모여서 하는 것이다

여러 사람은 대체로 동일한 목적을 추구하는 회원의 성격을 지닌다. 회의는 의장이나 상사 위주여서는 안 된다. 참석자 모두가 동등한 입장에서 참가하여야 한다. 참석자들이 자기중심적 자세만을 보이면 회의는 실패하게 된다. 참석자들은 가능하면 각자 비슷하나 동일하지는 않은 의견을 발표하여 갖가지 중지를 모은다. 위계 질서를 중요시하는 우리 문화에서는 개인적인 대화에서 대등의 원리를 지키기 어렵다. 의사소통 상황에 힘의 논리가 존재하기 때문이다. 그러나 모든 사람이 참여하여 문제를 해결하기 위해서는 대등의 원칙을 지켜야 한다. 이를 위해 의사소통 상황에서 각자가 사용한 시간의 총량을 정해 놓고 말을 하는 훈련이 필요하다. 의사소통에 참여하는 사람들은 서로 대등한 위치와 관계를 유지한다. 자기의 생각이나 의견을 말할 수 있는 권한을 갖게 한다. 자기 의견을 드러내지 않은 채 남의 의견을 강요하는 태도, 내 의견만을 일방적으로 밀어붙이는 태도는 의사소통을 원활하게 할 수 없다. 문제를 해결하기 위해서는 모든 사람의 의견을 들어야 하고 모든 사람이 각각 자기 몫을 가지고 참여하여야 한다.

❷ 회의는 어떤 공통의 문제를 탐구하여 해결하기 위해 하는 것이다

회의의 목적은 문제를 해결하기 위한 것이다. 문제 해결이 없으면 회의 무용론(無用論)이 대두된다. 회의는 참석자들이 서로 이해하고 신뢰하는 인간관계를 형성할 수 있다. 회의는 잘만 운영하면 민주사회 건설의 중요한 수단이 될 수 있다. 회의에는 다수결에 의해 자신들이 동의(動議)한 안이 채택되지 않았을지라도 반드시 결정에 동의(同議)하여 참여한다는 기본 정신이 있다. 회의에서 항상 긍정과 부정의 두 안이 존재하는 것이 아니라 단일안이 존재할 수 있다. 더구나 자기의 안건을 끝까지 고집하는 것이 아니라 합의를 위하여 수정 동의안으로 조정 또는 양보할 수 있다.

❸ 회의는 참석자가 자신의 의견이나 정보를 적극적으로 교환하는 것이다

회의란 어느 한 사람의 주장대로가 아닌 집단사고[group thinking]로 의사를 교환하는 것이다. 따라서 회의 참석자는 침묵하거나 방관해서는 안 된다.

❹ 회의는 공통의 이해로써 의견의 일치를 꾀하는 것이다

회의는 최선의 해답이나 결론을 얻는 것이다. 따라서 회의는 참석자들이 서로 이해와 신뢰를 바탕으로 한 인간관계를 꾀하게 한다. 바로 회의는 잘만 운영하면 민주사회 건설의 중요한 수단이 될 수 있다. 의견의 일치는 다수결의 원칙을 따른다.

❺ 회의는 그 결과대로 참가자들이 행동하게 하는 담합(談合)인 동시에 회합(會合)이다

회의에서는 실제적인 행동을 결정해야 한다. 그렇지 않으면 이른바 탁상공론(卓上空論)으로 끝나기 쉽다. '결정한 것을 실행하지 않고, 실행하고서 책임지지 않는 것'은 회의의 본래 사명에서 빗나간 것이다.

441

우리가 조직 생활을 하면서 그 많은 회의를 왜 하는가, 회의를 해서 어떤 이득이 있는가 곰곰이 생각해 볼 필요가 있다.

1) 회의의 효용성

회의를 하면 다음과 같은 효용을 거둘 수 있다.

❶ 회무 전반에 관한 사항이 홍보되어 생산성이 높아진다

회의에 참석하게 되면 "아, 그게 그렇게 만들어지고, 그럴 수밖에 없구나. 이제 알았다."라고 할 정도로 회무 전반에 대하여 알게 된다. 따라서 회의에는 각 분야의 사람들을 고루 참석시키는 것이 좋다.

❷ 소속감과 일체감을 형성해 조직 내에 원만한 인간관계가 이루어진다

구성원끼리 서로 인정하고 이해하는 조직 내의 팀웍(team work)을 경험하게 된다. 따라서 회의는 조직 관리의 중요한 수단이라 할 수 있다.

❸ 구성원들이 연대의식과 책임의식을 갖고 협동하게 하며 참여하고자 하는 욕구를 충족시킨다

회의는 참석자가 서로 다른 주장이나 의견을 제시한 뒤, 조정을 거쳐 통일된 결론을 도출하게 하는 것이기 때문이다.

❹ 자기 발전의 계기와 능력을 개발하는 계기를 마련할 수 있다

회의에 참석해 보면 자신의 미숙하고 부족한 점을 깨닫게 된다. 따라서 회의는 상호 학습의 장(場)이 될 수 있다. 베이컨은 "책읽기는 완전한 사람을 만들고, 회의는 유연한 사람을 만들고, 글쓰기는 정확한 사람을 만든다."라고 한 바 있다.

❺ **타인의 경험과 지식을 들음으로써 관습적인 자신의 업무 스타일을 개선할 수 있다**

심리학자들은 "사람은 다른 사람의 말과 행동을 알고 싶어 한다."라고 말하고 있다.

❻ **집단적 사고로 새로운 발상이나 결론을 도출할 수 있다**

미처 생각하지 못한 점이 회의에서 거론됨으로써 새로운 발상이 떠오른다. 집단적 사고가 개별적 사고보다 생산적임을 경험하게 된다. 참석자는 독불장군처럼 행동해서는 안 된다. "백지장도 맞들면 낫다."라는 속담이 있듯이, 집단 사고는 유능한 개인의 사고를 능가할 수 있다. 집단적 사고는 개인의 일방적인 사고가 범하기 쉬운 오류를 피하게 하고, 다양성을 유발하여 새로운 것의 창조에 이바지한다. 어떤 뛰어난 사람의 지혜가 다른 많은 사람이 짜낸 결론보다 훌륭하더라도 중지(衆智)를 선택하는 것이 최선의 방법이다.

3) 회의의 절차

(1) 회의의 규칙

회의는 많은 사람이 참석해서 이루어지는 토의이므로, 회의 규칙을 잘 지키지 않으면 논의의 전개가 어렵게 된다. 회의 참가자가 지켜야 할 규칙은 다음과 같다.

❶ 정족수(定足數)의 원칙

회의에서 의제를 심의하고 그것을 의결하는 데 필요한 일정한 인원을 갖추어야만 회의가 성립한다.

❷ 발언 자유의 원칙

참가자는 규칙을 어기지 않는 한 누구나 자신의 의사를 자유롭게 말할 수 있다.

❸ 다수결의 원칙

찬성과 반대 어느 쪽이든 인원이 많은 쪽으로 의사를 결정한다.

❹ 단일 의제의 원칙

한 번에 하나의 의제만을 다루어야 한다. 의장이 하나의 의제를 선포한 다음에는 토의를 거쳐서 그 의제에 대한 의사가 결정되기 전까지는 다른 의제를 동시에 상정할 수 없다.

❺ 참가자 평등의 원칙

참가자는 누구나 동등한 자격을 가지고 의사 결정 과정에 참여한다. 계급이나 지위에 따라 비중이 달라지는 일은 민주적 회의에서는 있을 수 없다.

❻ 폭력 엄금의 원칙

회의 진행 과정에서 의견이 다르다고 해서 물리적인 힘으로 상대를 제압하려 하거나, 인격을 모독하는 행위를 해서는 안 된다.

❼ 일사부재의(一事不再議)의 원칙

일단 의결된 의안은 그 회기 중에는 다시 상정하지 않는다.

(2) 회의의 진행

회의는 일정한 순서에 따라 진행한다. 높은 건물에 올라가기 위해서는 한 계단 한 계단 밟아 올라가듯 순서에 따라 하는 것이 효과적이다. 느닷없이 여는 회의나 무턱대고 여는 회의는 회의 공해만 가져올 뿐 소득이 없다.

회의에서는 분명한 목표를 가진 안건을 설정하고 철저한 사전준비를 한 다음, 간결하고 작은 규모로 실천을 위한 결정을 이끌어내야 한다.

❶ 회의 준비

회의를 시작하기 전에 다음과 같은 사항을 준비한다.

▌목적 결정

회의의 목적을 결정하고 타당성을 충분히 검토한다. 가령, 사원 야유회를 가질 것에 대하여 회의할 때 그 목적이 오락을 위한 것인지 또는 체력 단련, 견문, 단합, 친목 등 이 모든 것을 겸한 것인지를 분명히 해야 한다. 그래야만 시기, 장소, 경비 등을 미리 고려하여 야유

회의 효과를 극대화할 수 있을 것이다.

회의의 목적은 참석자 전원이 합의하거나 사회자가 일방적으로 결정한다. 가령, "오늘 회의에서는 이번 직원 야유회의 목적을 어디다 둘 것인가에 대하여 토의하고자 합니다."와 같이 하여 결정한다.

필요에 따라서는 목적을 노골적이 아닌 우회적, 부탁조로 제시한다. 가령, 동창회비 인상 문제에 대하여 회의할 경우, 조급히 인상 금액을 제안하지 말고, "지금 우리 동창회의 활동이 위축되고 있습니다. 물가가 많이 올랐습니다. 여러분의 열성적이고 희생적인 도움이 필요합니다."와 같이 제안한다.

▌의제 선정

의제는 참석자가 관심을 두고 있는 것을 간결하게 표현하되, 말할 거리가 있는 것이라야 한다. 가령, '교통비 20% 절감하기 위한 대책'이라는 의제는 말할 거리가 별로 없다. '교통비 절감 대책'하면 말할 거리가 있다.

▌참석 범위 결정

같은 부서끼리 또는 관련 부서까지도 참석 범위에 포함할 것인가를 결정한다. 또한 참석 인원도 결정한다.

▌일시 및 소요 예정 시간 결정

요일, 시간은 바이오 리듬(biorhythm), 식곤증, 월요병, 준비 기간 등을 고려하여 정한다. 또한 제한 시간, 회의 연장 여부 등을 미리 정하도록 한다.

회의 장소 선정

회의장은 뜻밖에 회의에 미치는 영향이 크다. 참석자들 사이의 집단 심리를 형성하는 외적 자극을 줄 수 있고, 참석자의 기분과 피로에 영향을 주고, 채광, 음향 등의 조건에 따라서 생리적인 면을 좌우하기도 한다.

㉠ 참석자 수에 맞추어 가장 적합한 넓이의 장소를 선택한다.

㉡ 참석자가 마음 놓고 말하고 듣기 쉽고 조용하며 집중할 수 있는 장소를 선정한다. 광선과 조명이 적당하며 주위의 소음이 없고 통풍이 잘 되어 냄새가 나거나 습기가 차지 않는 곳을 선정한다. 또한 밖에서 들여다보이거나 방해받지 않도록 배려한다.

㉢ 좌석 배치는 발언자의 모습이 어디에서나 잘 보이게 한다.

㉣ 회의장이 참석자 이외의 사람들도 드나들 수 있는 장소이면, 되도록 통용문 하나만 사용하고 그 문에 '회의 중'이라는 표시를 해 관계없는 사람이 접근하지 못하도록 한다.

㉤ 참석자에게 필요한 회의 자료, 필기용구, 음료수 등을 책상마다 비치하여 회의 도중 불필요한 출입이 없도록 하여야 한다. 괘도 및 괘도 걸이, 칠판, 칠판닦이, 분필, 영사 시설, 환등기, 전화, 재떨이 등을 미리 준비하여 회의 진행 중 불필요한 시간을 낭비하지 않도록 한다.

소집 통지

회의 소집 통고는 문서 또는 유선으로 하되 다음과 같은 내용을 미리 알려 참석자들에게 시간적 여유를 준다.

㉠ 회의의 종류

  © 참석자와 참석 범위
  © 일시와 소요 예정 시간
  © 주요 의제와 부수 사항
  © 장소
  © 준비할 서류와 자료
  © 기타 회비와 장소 안내

❷ 회의 진행

대체로 회의는 다음과 같은 순서로 진행한다.

  ㉠ 개회
  ㉡ 전 회의록 통과
  ㉢ 의장 인사
  ㉣ 특별 일정
  ㉤ 서기의 보고와 회계의 보고
  ㉥ 임원회 및 위원회 보고
  ㉦ 전 회의에서 심의 미결된 의사
  ㉧ 새로운 의사
  ㉨ 폐회

 회의의 종류나 제한된 시간 등을 고려하여 몇 가지 단계는 생략하고 '개회→ 의장 인사→ 경과 보고→ 안건 토의와 처리→ 결정 사항 낭독→ 폐회' 순으로 진행할 수도 있다.

▌개회
 ㉠ 참석자가 자리에 착석한다.

ⓛ 서기가 출석 인원을 확인한다. 이는 참석자의 자격을 심사하고, 의사 정족수와 의결 정족수를 확인하고, 참석 인원수를 확인하여 표결 성립이 되는 기준선을 확인하기 위한 것이다.

ⓒ 서기가 회의에 필요한 정족수가 이루어졌는지를 의장에게 보고한다.

ⓔ 의장이 "지금부터 제○차 ○○ 회의를 시작하겠습니다."라고 개회를 선언한다. 만일 참석자가 정족수에 미달할 경우는 유회(流會)를 선언한다.

▎ 전 회의록(前會議錄) 통과

㉠ 서기가 전번 회의록을 낭독한다.

ⓛ 낭독이 끝나면 의장은 참석자들을 향해 "방금 낭독한 회의록에 틀린 내용이나 빠진 내용 그리고 정정할 의견은 없습니까?"라고 질문을 던진다.

ⓒ 이의가 없을 경우에는 "이의 없습니다."라는 의견이 참석자로부터 나오든지, 잠시 동안 기다려도 아무 의견이 제시되지 않으면 "이의가 없으므로 전 회의록은 통과되었습니다."라고 선포한다.

ⓔ 만일 잘못 기록된 내용이나 누락된 사실이 있을 때에는 참석자는 그 항목을 지적하여 정정을 요청한다. 의장은 전 회의 시간에 회의 운영의 사실에 비추어 그 정정 요구가 타당할 경우에는 참석자의 요구와 같이 정정하고 나서 회의록 통과를 선포한다. 그러나 정정 요구가 타당하지 않을 경우에는 전 회의 운영 사실을 지적하여 정정을 거부한다.

ⓜ 참석자가 사회자의 거부를 받아들일 수 없을 경우, 참석자는

회의록 정정 동의를 제안하고 표결에 붙여서 정정 여부를 결정한다.

ⓑ 회의록이 통과되면 의장과 서기는 회의록의 서명란에 날인한다.

▌의장 인사

㉠ 의장은 이번 회의가 열리게 된 배경을 설명하고, 의사 일정이 어떻게 잡혀 있는지, 의제가 무엇인가를 말하고 회의 안건으로 채택할 것인지에 대하여 동의를 얻는다.

㉡ 의장은 중립적이어야 하고 회의 도중 동의를 낼 수 없으므로 이 기회를 이용해 자신의 소신을 피력한다.

㉢ 전 회의와 현 회의 사이에 긴급한 문제가 생겨서 의장이 독단으로 처리한 문제가 있으면 참석자에게 보고하여 승인을 얻는다.

▌특별 일정

특별히 중요한 문제는 그 회의에서 당장 심의하지 않고 기한부 연기 동의를 내서 다음 번 회의로 연기할 수 있다. 이러한 동의는 반드시 순서를 명시하도록 되어 있으므로 차기 회의 중에서 '의장 인사 후'라고 명시되었으면 의장은 우선적으로 특별 일정으로 돌려 두었던 의안의 심의를 선언한다.

▌서기의 보고와 회계 보고

㉠ 회의의 심의 안건과 연관되는 문서나 서류가 있으면, 전체 참석자에게 승인을 얻는다. 그러나 그 자리에서 처리할 수 없는 문제는 위원회에 회부하든지 보류하여 시간이 많이 걸리지 않도록 한다.

ⓛ 수입과 지출에 관해 보고한다. 보고서는 승인된 후에 감사에
  회부한다.

▌임원회의 보고

ⓖ 임원회의나 각종 위원회 회의에서 결정된 사항을 각 회의의 대
  표가 보고하여 본회의 승인을 얻어야 한다.
ⓛ 보고 내용으로 개인적인 견해를 말해서는 안 된다.
ⓒ 보고 내용은 임원회나 위원회의 경과 및 결과인데, 결과에 대
  해서는 특히 분명하게 보고하여야 한다.

▌심의 미결된 의사(議事)

임원회의, 각종 위원회의 보고에 이어서 부득이 중단되었거나 기
한부 연기 동의에 의해 현 회의가 미루어졌던 동의를 심의한다. 이 때
의장은 그 동의 내용을 알린 후 의제로 삼음을 선포한다.

▌새로운 의사

위와 같은 순서로 표결이 안 된 안건, 곧 미결 안건이 처리되면 그
회의가 목적하고 있던 새로운 의안의 심의에 들어가게 된다. 이 새로
운 의안은 이미 소집에서 통지되었던 것으로 제한되어 있다.

새로운 의안 제출에서 표결 결과 선포까지의 순서는 다음과 같다.

ⓖ 발언권을 얻는다

어떤 회의에서나 자기의 의견을 제안하고 싶은 사람은 누구나 거
수 또는 기립을 하고 '의장!'하고 큰 소리로 부른다. 의장은 발언권을
얻고자 하는 참석자가 있으면 발언을 허락해야 한다. 의장의 허락이

있으면 그 사람은 발언권을 얻게 된다. 발언권을 얻기 위하여 다른 사람의 발언 중에 고함을 치거나 의장석으로 뛰어오르거나 하는 사람이 있는데, 이러한 행동은 회의 진행 원칙에 위반되는 것이어서 그 사람은 발언권을 얻을 자격이 없다.

ⓛ 동의를 제안한다[원동의(原動議)]

회의에서 발언권을 얻는 것은 동의를 제안하기 위한 것이다. 발언권을 얻으면 동의를 될수록 간략하게 추려서 제안한다.

동의 제안은 "나는……하기를 동의합니다."라고 한다. 그런데 동의가 복잡하고 내용이 너무 길 경우 사회자가 제안자에게 서면으로 제출하도록 요구할 수 있다.

ⓒ 동의를 지지한다[재청(再請)]

동의가 제출되고 나서 의장은 참석자들에게 동의의 찬성 여부를 묻는다. 곧 "방금 ○○○님께서 ……하자고 동의를 제안하셨는데 이에 대한 찬성이 있습니까?"하는 식으로 묻는 것이다.

이에 대하여 동의를 의제로 삼는 것을 찬성하는 사람은 "찬성이오!" 또는 "재청이오!" 라고 소리치면 된다. 이러한 지지 찬성은 동의를 제안한 사람 외에도 적어도 한 사람이 그 동의에 관심을 가졌거나 지지하는 사람이 있음을 표시하는 것으로 회의의 능률상 매우 중대하다. 찬성하는 사람이 한 사람도 없을 때에는 그 동의를 의제로 상정할 수 없다.

의제로 상정될 수 있는 찬성자 수는 회의 규칙에 규정되어 있는 경우 외에는 대개 참석자가 30명인 경우 제안자 외에 2명, 30명 이상 60명 이하인 경우는 제안자 외에 3명 이상으로 규정하는 것이 일반적이다.

㉣ 동의 채택을 선언한다[의제의 상정]

동의에 대한 지지 찬성이 있으면 사회자는 곧 "지지 찬성이 있으므로 ○○○님이 제안한 ……을 하자는 동의는 의제로 성립되었기에 상정을 선포합니다."라고 선언하며 그 동의를 의제로 상정한다. 이 동의는 기본이 되는 것이므로 원동의(原動議) 또는 주동의(主動議)라고 한다.

㉤ 제안 이유를 설명한다

동의가 의제로 선포되면 의장의 지시로 제안자는 제안한 이유를 설명한다. 이 때 제안자는 제안한 것에 대하여 참석자가 의문을 갖지 않도록 노력하여야 하며 반대하리라고 생각되는 참석자를 설득하는 데 최선을 다하여야 한다.

㉥ 질의한다

제안 이유를 설명하고 나면 의장은 "이에 대하여 의문 나는 점이 있으신 분은 질의해 주시기 바랍니다."라고 전 참석자를 향해 질문할 것을 요구한다.

이 때 주의할 것은 질문의 형식을 빌려 반대의견 따위를 말해서는 안 된다는 점이다. 이 질의에서는 잘 모르는 점에 대한 질문만을 해야 한다. 질의는 3명으로 제한하고, 제안자는 질의 내용에 성심껏 응답하여 참석자가 충분히 이해할 수 있도록 한다.

㉦ 토론한다

의장은 "이제 질문은 더 없습니까?"라고 물어서 없을 경우 "지금부터 토론에 들어가겠습니다. 의견이 있으시면 말씀해 주십시오."라고 말한다. 이 때 참석자는 동의에 대한 반대나 찬성 의견을 발언하게 된다.

의장은 찬성자에게 먼저 발언권을 주는데 대개 6명 정도로 제한하는 것이 효과적이다. 그러나 회의 규칙에 특별히 먼저 발표하도록 되어 있는 경우를 정해 놓았을 때에는 그대로 해야 한다.

그런데 찬반 양론이 토론되는 도중에 여러 보조 동의, 긴급 동의, 특권 동의 등이 자주 나와 회의장이 혼란해지는 일이 있다. 이런 일을 미연에 방지하여 의사를 원만히 진행시키려면 토의의 규칙대로 동의의 순서를 올바로 지켜야 한다.

◎ 수정 동의한다[개의(改議)]

토론 과정에서 찬성 발언의 경우를 보면, 동의를 무조건 찬성하는 자와 찬성은 하나 일부 수정을 요구하는 자가 있다. 이와 같이 수정을 요구하는 찬성자도 있기 때문에 수정 동의가 있게 된다. 수정 동의 또는 개의는 원동의에 원칙적으로는 찬성하지만 그 내용을 조금 수정하는 편이 좋겠다고 생각할 때 제안할 수 있다. 수정 동의에 대하여 지지찬성자가 있으면, 의제 상정, 제안 설명, 질의 토론 등 원동의와 같은 형식으로 진행된다.

㉜ 재수정 동의한다[재개의(再改議)]

수정 동의에는 찬성을 하지만 그 내용을 수정하고 싶을 때 다시 수정 동의를 제안하는 것을 재수정 동의라고 한다. 이 동의가 제안되어 상정되면 또 다른 수정 동의를 할 수 없다. 왜냐하면 계속해서 수정안이 나온다면 회의는 진전되지 않고 한 개의 의제를 가지고 한없이 시간이 지연될 수 있기 때문이다. 그래서 재수정안 다음에는 수정

안을 받지 않는 것이 관례이다.

㉛ 토론을 종결한다

토론을 종결시키는 방법에는 의장이 토론 종결을 제안하는 것과 찬성자가 종결을 제안하는 두 가지 방법이 있다. 어느 쪽으로 토론을 종결하든지 의장은 최후의 발언자에게 결론적인 발언을 할 기회를 주어 그 동안 나왔던 찬성 또는 반대의견에 대하여 정리해 발표할 수 있게 하는 것이 좋다.

의장이 토론 종결을 제안할 경우, 대체로 충분한 토론이 이루어졌다고 생각할 때 "대체로 의견이 다 나온 것 같으니 이의 없으시면 이상으로 토론을 종결하겠습니다. 이의가 없습니까?"라고 묻고 "이의 없습니다."라는 대답이 있거나 침묵할 때 "이의 없는 것으로 보고 토론을 종결하겠습니다."라고 종결을 선언한다.

참석자가 토론 종결 동의를 낼 경우에는, 참석자의 권한 제한에 관한 문제이므로 3분의 2 이상의 참석자가 찬성하여야만 가결된다. 이 가결이 성립되었을 때 종결을 선언한다.

㉢ 표결한다

의제에 대하여 토론이 종결되어 마지막으로 그것을 표결에 붙이게 된다. 표결은 회의의 전체 의사를 결정하는 유일한 방법이며 절차이다.

표결 방법으로는 다음과 같은 것이 있다.

- 묵락(默諾)으로 하는 방법
- 발성 및 박수로 하는 방법

- 거수 및 기립으로 하는 방법
- 점호로 하는 방법
- 투표로 하는 방법

이상 다섯 가지 표결 방법 가운데 동의의 성격을 잘 구별하여 표결 방법에 관한 동의가 나왔을 경우에는 그 동의를 상정하여 찬반을 묻고 난 뒤에 방법을 정해야 한다.

표결할 때 유의할 사항은 다음과 같다.

- 의결 정족수를 확인한다.
- 표결 순서는 재개의, 개의, 동의의 서열로 한다.
- 표결할 때 찬성, 반대, 기권의 순으로 한다.
- 표결의 발표 순서도 찬성, 반대, 기권의 순으로 한다.

ⓔ 표결 결과를 선포한다

의장은 서기로부터 찬반의 인원 수를 보고받고 기입을 하여 그 결과를 발표한다. 사회자는 "○○○님이 제안한 ……하자라는 의안은 가(부)결되었습니다."라고 선포한다.

이상과 같이 회의는 하나의 동의가 복잡한 절차를 통해 가결되어 새로운 사업으로 채택되도록 진행하는 것이다.

ⓟ 폐회

참석자로부터 회의 시간을 연장하자는 동의가 없는 한 의장은 "이것으로 ○○회의를 마치겠습니다."하고 폐회를 선언하며 의사봉을 세 번 두드린다.

❸ 의장[17]이 할 일

　회의가 시작되기 전에 회의를 진행시킬 의장을 먼저 정한다. 의장은 대체로 모임의 대표가 맡게 되지만, 경우에 따라서는 따로 선출하기도 한다. 의장은 회의 내용을 기록할 서기를 회의 전에 선정하는 것이 보통이다.

　회의는 의장의 수완에 따라 성공 여부가 결정된다고 해도 과언이 아니다. 의장은 '교통정리자'의 입장에서 회의를 '의장 주관' 아래 '참석자 우선'으로 이끌어 가야 한다. 곧, 사회자는 회의의 진행을 책임진 여러 의견의 조정자로서 자신의 의견이나 주장을 내세워서는 안 되며, 참석자들의 의견을 수렴하여 바람직한 결론에 도달하도록 하여야 한다.

　㉠ 사전에 회의 준비를 한다.

　의장은 회의가 시작되기 전에 좌석, 마이크, 조명, 이름표, 환기, 온도 등을 미리 점검한다. 또한 회의장 입구에서 참석자를 맞이한다. 이는 친근감을 유발하고 좋은 의견을 부탁하며 지각을 예방하게 한다.

　㉡ 개회 시간을 반드시 지킨다.

　일단 정각에 개회를 선언한다. 시간을 늦추는 것은 지각을 장려하는 것과 다름없다.

　㉢ 불편부당하여 공평하여야 한다.

　㉣ 발언권은 대체로 다음과 같은 순서로 부여한다.

　'처음 발언자 → 반대 의견을 가진 것으로 생각되는 자 → 발언이

---

17) 단체를 통할하는 사람을 흔히 회장, 의장, 사회자, 대표, 총재 등으로 부른다. 여기에서는 이들 모두를 포괄하는 용어로 '의장'이라는 단어를 사용한다.

가장 적은 자 → 상정중인 문제에 관한 경험자로 알려진 자'의 차례로 하는 것이 효과적이다.

ⓜ 침착성과 자제력을 지닌다.

인내와 끈기로 쾌활하고 친절하게 진행한다.

ⓗ 임기응변을 한다.

그때그때 임기응변으로 의제 외의 발언을 하는 것을 막는다.

ⓢ 말하기보다 듣는 것을 위주로 한다.

ⓞ 현학적이거나 극단적인 확언을 삼간다.

자기 자랑을 하거나 자기 주장을 내세워서는 안 된다.

ⓩ 회의를 원만히 진행시킨다.

▎참석자의 발언이 저조할 경우

㉠ '예'나 '아니오'로 대답할 수 있는 질문을 하고, 그 뒤 '어째서'라고 질문해 진행시킨다.

㉡ 모두에게 흥미가 있을 화제를 제공한다.

㉢ 실례, 비유를 인용해 흥미와 관심을 유발시킨다.

㉣ 대답할 수 있는 사람에게 우선 질문을 해 토의의 계기를 마련한다.

㉤ 자극적인 전원 대상 질문을 던진다.

▎내성적인 참석자가 있을 경우

㉠ 그 사람이 대답할 수 있는 질문을 한다.

㉡ 좋은 의견이 나오면 칭찬한다.

㉢ 좋은 의견이 아니더라도 어쨌든 의견을 말하면 채택한다.

❙ 탈선했을 경우

⊙ 탈선한 내용이 의제와 어떤 관계가 있는지 묻는다.

ⓒ 탈선된 토의를 잠깐 동안 인정한다.

ⓒ 토의된 내용을 요약해서 끝맺는다.

❙ 의견이 충분히 나오지 않을 때

⊙ 다른 관점에서 문제를 제기한다.

ⓒ 암시를 준다.

ⓒ 불분명한 점을 지적한다.

❙ 추상적인 의견이 나왔을 때

6하 원칙을 이용해 구체화하도록 한다.

❙ 한꺼번에 여러 가지 내용을 포함한 의견이 나왔을 때

의장이 조목조목 정리해 발언자에게 확인한다.

❙ 뒤얽혀 시끄러울 경우

⊙ 잠깐 동안 방치한다.

ⓒ 시선을 보내 조절한다.

ⓒ 일어섬으로써 주의를 환기시킨다.

ⓔ 영향력 있는 참석자에게 질문을 던져 시끄러워진 장면을 조정
할 수 있는 발언을 유도한다.

ⓜ 경우에 따라 휴회한다.

▌참석자끼리 말다툼을 시작했을 때

㉠ 의장이 발언으로 중재한다.

㉡ 양자가 냉정해지도록 잠깐 방치한다.

㉢ 다른 참석자의 의견을 듣는다.

㉣ 말다툼의 내용이 의제에 도움이 되는 것이면 칠판에 써 가면서 다같이 검토한다.

▌의장에게 저항하는 참석자가 있을 경우

㉠ 다른 참석자에게 발언을 시킴으로써 통제한다.

㉡ 그 참석자가 하고자 하는 말을 충분히 하도록 한다.

㉢ 억지로 복종시키려 해서는 일시적 효과를 거둘 뿐이다.

▌의장이 말하는 결론을 인정하려고 하지 않는 경우

㉠ 표현이 달라도 같은 의미의 결론이 참석자의 입에서 나오도록 주의 깊게 유도한다.

㉡ 중계 질문을 사용해 다른 참석자의 입에서 그 참석자에 대해 말하도록 한다.

㉢ 표결한다.

▌상습적인 반대자가 있을 경우

㉠ 될 수 있는 대로 상대방의 입장에 서서 생각하도록 한다.

㉡ 중계 질문을 사용해 여러 사람의 의견을 알게 한다.

㉢ 반대 질문을 함으로써 그 사람이 말하고 싶은 것을 말하게 한다.

▎상급자가 회의에 출석한 경우

㉠ 다른 참석자와 동등하게 취급한다.

㉡ 상급자에게 결론적인 이야기를 하지 않도록 미리 부탁한다.

㉢ 참석자를 위축시키거나 상급자에게 잘 보이려는 발언을 하지 못하도록 한다.

㉣ 상급자가 메모하는 것을 삼가도록 한다.

▎회의 이외의 일로 참석자가 동요하거나 토의에 열이 식을 경우

㉠ 원인 제거에 힘쓴다.

㉡ 그 원인을 회의 진행에 교묘히 이용하여 역으로 토의 분위기를 조성한다.

㉢ 휴회에 들어가든가 뒷날 다시 회의를 개최할 것으로 변경한다.

❹ 참석자가 할 일

의장이 회의의 성패를 좌우하는 데 큰 비중을 차지한다는 것은 의심할 여지가 없다. 그러나 참석자는 인원이 다수이기 때문에 그들의 목적을 성공시키려는 태도에 따라 회의가 진행될 수 있는 것이다.

㉠ 의제에 대하여 미리 연구한다.

미리 알려진 의제에 관하여 아무런 준비도 없이 즉흥적 발상을 발언해서는 회의의 의의가 퇴색된다. 전문가의 의견을 미리 듣고 여러 각도에서 생각해 본다. 자기의 발언 내용을 메모지에 요령 있게 정리한 뒤 발언하면 말하고자 하는 내용을 빠뜨리는 실수 없이 충실한 발언을 할 수 있다.

㉡ 남의 말을 인내력을 가지고 끝까지 듣는다.

461

다른 참가자의 발언 내용을 들으면서 그 요점을 메모하면 이해하기 쉽다.

ⓒ 자기 의사를 충분히 발표한다.

주어진 발언 시간을 적절히 조절하며 발언한다.

ⓔ 회의 규칙을 준수한다. 진행의 책임은 의장과 함께 지는 것이다.

ⓜ 발언은 의장의 허가를 받고 해야 한다.

의장은 허가 없이 발언하는 참석자에게 발언 중지 명령을 할 수 있다.

ⓗ 다른 사람이 발언하는 중에는 발언하지 말아야 한다.

발언 중인 사람을 방해하는 자가 있으면 '발언 중'이라고 외쳐서 그를 제지할 수 있다.

ⓢ 발언은 의제의 범위를 벗어나지 말아야 한다.

ⓞ 인신공격이나 무모한 주장은 삼간다.

ⓩ 의장을 향하기보다 모든 참석자를 향하여 알아들을 수 있게 발언한다.

ⓒ 회의 중에는 옆 사람과 소곤거리지 않는다.

ⓚ 가능한 한 회의장을 떠나지 않는다.

의장이 결론으로 이야기한 것이 다른 사람에 의해서도 같은 것으로 확인될 때까지 회의장을 지킨다.

06 | 토론

지도자는 자기와 다른 견해를 가진 사람들과 토론(討論)을 하여야 한다. 토론이란 어떤 문제에 대해 찬성하는 쪽과 반대하는 쪽이 각기 논리적인 근거를 대며 자기 쪽 의견의 정당성과 상대 쪽 의견의 부당성을 주장하여 최선의 결론을 이끌어내고자 하는 화법이다. 토론의 목적은 단순히 자기 쪽의 의견이나 주장을 관철시키는 데 있는 것이 아니라, 참가자들이 서로 논쟁하는 과정을 통하여 논제에 대한 가장 바람직한 해결안을 이끌어내는 데 있다. 그래서 토론은 경청하는 것이고 설득하는 것이며 설득당하는 것이라고 말할 수 있다.

　우리 사회는 토론 부재의 상황이라고들 한다. 생산적인 토론이 있어야 할 국회에서 여야의 극한 대립으로 토론이 실종되고, 노사 간의 대화에서 진정한 토론 과정이 잘 지켜지지 않고 있다. 우리 사회에는 토론을 막는 문화적 장벽이 존재한다. 수직적인 사회 구조에서 상사의 지시와 부하의 복종을 당연한 것으로 받아들이는 상명하달식의 문화가 아직도 상존한다. 연령에 따라 사회 구성원을 서열화하여 연장자의 지혜와 경륜만을 존중하다 보면, 젊은 층은 제대로 자신의 의견을 밝히지 못하는 때가 여전히 있다. 나와 다른 의견을 가진 상대방을 무조건 배타하여 편을 가르는 경향이 있다. 사람과 사람, 일과 일의 관계가 합리적으로 이루어지지 않고 혈연, 지연, 학연 등과 같은 코드(cord)로 연결되는 일이 적지 않다. 자신이 저지른 위법·탈법·불법 행위를 큰 목소리와 억지를 쓰거나 협박을 하여 문제를 해결하려는 흐름도 있다.

　토론은 민주성·합리성·역동성·관용성을 바탕으로 진행된다. 토론에서는 찬반 양쪽이 발언 기회와 발언 시간을 대등하게 가진다[민주성]. 논제와 관련된 지식과 정보를 철저히 준비하여 충분한 근거와 타당한 이유를 제시하여 자신의 의견을 합리적·이성적인 방법으로 전달한다[합리성]. 자신의 논리만을 고수해서는 아니 되고 상대방 논리의 문제점을 찾아 역동적으로 질문하고 응답한다[역동성]. 문제의 대안과 해결책을 제시하면서 자연스럽게 상대방이 생각을 바꿀 수 있도록 부드럽게 의견을 제기하고 설득한다[관용성].

1) 토론의 효용성

토론은 여러 가지 측면에서 유용한 가치가 있다.

❶ 토론을 하면 객관적 분석 능력이 배양된다

우리는 사물을 볼 때 어느 한 면만을 보기 쉽다. 그렇게 해서는 사물의 본질을 분명히 파악하기 어렵다. 이와 마찬가지로 우리는 자기에게 유리한 면만 생각하는 경향이 있다. 더 나아가 자기가 좋다고 생각하면 남도 좋을 것이라고 생각하게 된다. 한번 생각이 굳어지면 좀처럼 양보하거나 바꾸려 하지 않는다. 토론에서는 그러한 독선을 허용하지 않는다. 왜냐하면 쟁점이 되는 논제의 어느 한 면만을 우겨서는 상대 쪽을 이길 수 없기 때문이다. 한 가지 문제의 여러 측면을 봄으로써 자기 의견의 결점도 알 수 있게 되고, 상대방의 주장도 이해할 수 있게 된다. 따라서 토론은 사물을 객관적으로 관찰하고 분석하는 능력을 기르는 데 안성맞춤이다.

❷ 토론을 하면 정보수집 능력이 향상된다

재판에서 증거나 증인이 없어서는 안 되는 것처럼, 토론에서 자신의 주장을 뒷받침할 증거 자료는 꼭 필요하다. 따라서 토론을 제대로 하기 위해서는 폭넓은 정보를 수집하여야 한다. 토론은 논제에 관련된 다양한 자료들을 철저히 분석하는 것을 전제로 하기에 시사 문제에 대한 관심과 관련 지식을 통합하여 종합적으로 파악할 수 있는 능력을 함양시킨다.

❸ 토론을 하면 논리적 사고를 하게 된다

　토론에 이기기 위해서는 자기 주장의 정당성을 내세울 뿐만 아니라 상대 쪽의 반론에 반박하는 것도 필요하다. 그러기 위해서는 상대방 주장의 모순, 허위나 억지, 논리의 비약은 없는가 등을 찾아내는 훈련이 필요하다. 토론은 현상의 양면을 분명하게 인식하게 하여 균형 있는 시각을 가질 수 있게 하고, 대립되는 논리와 관점을 비교·분석하는 과정을 통해 비판적 사고력과 객관적인 판단력을 연마할 수 있다.

❹ 토론을 하면 의사소통 능력이 향상된다

　토론은 긍정 쪽과 부정 쪽 그리고 청중 사이의 의사소통 행위이다. 어느 쪽이 청중을 더 잘 설득할 수 있는가가 승패의 갈림길이다. 정연한 논리는 간결명료한 구성과 뛰어난 설득력이 뒷받침되었을 때 더욱 빛나게 된다. 따라서 토론을 통해서 의사발표 능력을 숙달할 수 있다. 토론을 통해 상대방의 시각을 잘 이해하게 되고 토론과정을 통해 상대방의 이야기를 주의 깊게 집중해서 경청하는 훈련을 통해 합리적으로 의견을 나누는 쌍방향 의사소통 능력이 향상된다.

❺ 토론은 남의 말을 듣는 능력을 향상시킨다

　토론은 사물의 다양한 면을 보는 습관을 키워주기 때문에, 스스로 남의 견해를 관용하는 마음을 지니게 한다. 상대방의 말을 경청하여 자세히 파악한 다음 말을 한다면 상대방을 더 잘 이해시킬 수 있다. 더 나아가 타인을 배려해 주는 태도와 상대방 의견을 존중하고 이해하려는 성실한 자세를 지니게 된다.

❻ 토론을 하면 협상능력을 키울 수 있다

토론을 하면서 반대 신문에 익숙해지면 복잡한 이해관계로 얽혀 있는 사안에 대한 교섭을 자기 쪽에 유리하게 이끌 수 있으며 예상 밖의 질문에도 유연하게 대처할 수 있는 협상능력이 향상된다. 토론의 승패는 경우에 따라서 중대한 이해와 관련될 수 있다. 국가적인 이익을 좌우하는 국제적 협상 테이블에서 이루어지는 토론에서 국가의 대표자가 유능하게 대처하지 못한다면 국가 경제에 상당한 손해를 입히게 된다.

❼ 토론을 하면 민주사회의 토대를 마련할 수 있다

토론은 민주사회의 근간이 되는 합리적인 의사결정을 위한 최선의 수단이다. 토론은 수평적 관계를 전제로 서로가 다름을 인정하는 것에서 출발한다. 물리적인 힘겨루기가 아니라 상호 설득하는 과정에서 상충하는 문제를 평화적으로 해결함으로써 공동체를 형성하고 발전시켜 나갈 수 있다.

❽ 토론을 하면 상생적(相生的) 사고를 하게 한다

토론을 할 때는 "자기가 반드시 옳은 것도 아니며 그렇다고 상대방이 반드시 틀린 것도 아니다"는 입장을 가져야 한다. 토론은 상대방의 입장에서 자신을 보는 것을 요구하고 상대방 역시 나의 입장에서 자신을 돌아볼 것을 기대하는 '역지사지(易地思之)'의 정신에 기반이 된다. 다른 사람의 의견과 감정을 배려하는 마음을 갖고 자신의 의견을 용기 있게 나타내는 것이 중요하다. 토론은 뒤로 한 발자국도 물러날 수 없는 벼랑 끝 결투가 아니라 상대의 옳음을 받아들일 수 있는 타협의 화법이다.

❾ **토론은 조직의 시너지(synergy) 효과를 일으킨다**

토론은 대립적인 이해관계를 가진 당사자들 간의 차이를 전제로 상호 이익을 추구하는 창조적 협력의 사고를 통해 더 나은 결과를 창출한다. 상호 합의된 장기 목표를 갖고 대립된 의견을 토론을 통해 공개적으로 검토하면서 효과적인 대안을 모색한다.

2) 토론의 절차

토론을 시작하기 전에 다음과 같은 일반적인 규칙을 염두에 두어야 한다.

① 논제는 하나의 주장만 들어있는 긍정 명제여야 한다.
② 사전에 양쪽에 공평하게 발언 시간, 발언 순서, 발언 횟수를 규정한다.
③ 논박 시간은 긍정 쪽과 부정 쪽에 똑같이 배정한다.
④ 긍정 쪽부터 발언시키며 마지막 발언도 긍정 쪽이 한다. 이것은 일반적으로 토론에서 긍정 쪽이 여러 모로 불리한 점이 많기 때문이다.
⑤ 토론이 끝나면 판정하고 결과에 승복한다.

토론은 대개 다음과 같이 진행한다.

논제 설정 → 주장 제시 → 주장에 대한 반박 → 합리적인 방안 도출

(1) 논제 설정

논제는 논쟁점이 분명히 드러나고 어떤 정책이나 사실에 관한 긍정과 부정의 견해가 명백하게 성립될 수 있는 것이 좋다. 논제가 분명하지 못하면 시간만 낭비하는 무의미한 토론이 되기 쉬우며, 기대한 만큼의 성과를 거두기도 힘들게 되기 때문이다.

논제를 선택할 때에는 다음과 같은 조건을 충족시키는 논제를 정하는 것이 바람직하다.

❶ 찬성과 반대 양론이 성립되는 것이어야 한다

이미 결과가 확정된 논제는 토론의 대상이 되지 않는다. "세계는 넓다.", "제주도는 우리 땅이다." 등은 논제가 될 수 없다.

❷ 과제는 하나이어야 한다

토론을 탁구에 비유한다면 논제는 탁구공과 같은 것이다. 탁구 경기에서 여러 개의 공을 동시에 사용할 수 없듯이, 한 토론에서 2개 이상의 과제를 동시에 다룰 수는 없다. "대학 총장은 교수들이 직접 선거로 선출하고, 그 임기는 일정한 제한을 두어야 한다."와 같은 논제는 2개의 과제가 포함되어 있다. 이 경우에는 전자와 후자는 별개의 문제이므로 한꺼번에 토론할 수 없다.

❸ 표현이 객관적이어야 한다

감정이 개입된 논제는 긍정 쪽이나 부정 쪽 어느 한쪽을 유리하게 할 가능성이 있다. "성범죄자의 모든 신상은 공개되어야 한다."와 같은 논제는 청중에게 긍정 쪽에 유리한 선입관을 줄 가능성이 있다.

❹ 내용은 구체적이고 분명해야 한다

"지방자치제도는 개선되어야 한다."와 같은 논제는 지나치게 추상적이다. 이러한 경우 실질적인 토론이 이루어지기 어렵게 되므로, "지방자치단체장 출마자의 정당 공천을 배제하여야 한다."와 같은 구체적인 논제로 바꾸어야 한다. 또, 논제의 내용이 분명해야 하고 사용하는 용어가 명료하지 못하면, 사전에 그 해석에 일치를 보아야 한다.

❺ 토론자가 자기 주장을 입증할 수 있는 것이어야 한다

토론자가 주장하는 바를 증명하는 것이 토론의 근본 원칙이다. 토론자는 반론이 나오기 전까지는 자기 주장이 정론(正論)이라는 것을 입증할 책임을 가진다.

(2) 주장 제시

논제가 결정되면 참가자는 논제의 초점을 명확하게 파악하고, 그것에 대하여 충분히 생각한 뒤, 논제에 대한 자신의 입장을 정한다. 그 다음 정해진 입장에 따라 그것을 뒷받침할 논거를 바탕으로 간결하고 분명하게 자신의 의견을 제시하여야 한다.

논거는 실례(實例), 통계, 전문가의 의견, 신문이나 잡지의 논평 등

의 믿을 만한 자료를 제시한다. 논거가 설득력을 가지면 다음과 같은
물음에 합당한가를 살펴야 한다.

① 결론과 관련이 있는 것인가?
② 충분한 분량인가?
③ 최근의 것인가?
④ 신뢰할 수 있는 것인가?
⑤ 자료 내부의 모순은 없는가?

토론 참가자들은 자기 주장을 사실과 사실의 해석을 바탕으로 다
음과 같은 점을 유념하면서 추론하여 발표한다.

① 사실과 실례에 근거한다.
② 사실과 실례에 따라 해석한다.
③ 유추에 의해 전개해 나간다.
④ 사실과 추론을 분명히 구분한다.
⑤ 인과관계를 분명히 밝힌다.
⑥ 권위자의 의견이나 통계 수치를 이용한다.
⑦ 특수한 사례에도 적용되는 보편적인 것이어야 한다.

(3) 주장에 대한 반박

남의 주장을 반박할 때에는 상대방의 주장의 부적절한 면을 분명
히 파악하고 있어야 한다. 그러기 위해서 상대방 쪽에 우선 반대 질문
을 한다.
반대 질문은 다음과 같은 점을 파악하기 위해 하는 것이다.

① 상대 쪽의 발언 가운데 불분명한 점을 확인한다.

② 상대 쪽의 발언에 모순이나 오류가 없는가를 들추어낸다.

③ 상대 쪽을 반박할 때 자기에게 유리한 언질을 유도해낸다.

흔히 반대 질문은 상대방의 말꼬리를 잡으려는 공격적인 것이 되기 쉽다. 그러나 상대방의 주장에 불분명한 점이 있으면 우선 확인하는 것이 좋다.

질문을 하는 쪽은 다음과 같은 점에 유의한다.

① 사전에 논제의 문제점을 충분히 검토한다.

② 질문을 빙자해 자기 의견을 개진하지 않도록 한다.

③ 논제의 범위를 벗어나는 질문을 하지 않도록 한다.

④ 상대 쪽의 대답이 짧게 나오도록 질문한다.

⑤ 상대 쪽의 대답을 반박 자료로 이용한다.

⑥ 상대 쪽의 감정을 자극하거나 인신공격적인 발언을 삼가고 예의 바르게 질문한다.

대답하는 쪽은 다음과 같은 점에 유의한다.

① 예상되는 질문을 미리 생각해 둔다.

② 질문자에게 역으로 질문하지 않는다.

③ 짧고 요령 있게 질문한다.

④ 타당하다고 볼 수 없는 질문에는 답하지 않아도 된다.

⑤ 대답 도중 자기 쪽에게 말을 걸거나 지원을 요청해서는 안 된다.

⑥ 예의바르게 청중을 향해 말한다.

반박의 방법은 증거에 대한 것, 추론에 대한 것, 특별한 것 등이 있다.

증거에 대한 반박은 대체로 다음과 같은 점을 따져본다.

① 상대방이 내세운 증거가 편향적인가 평균적인가?
② 증거의 출처는 충분한 타당성이 있는가?
③ 증거는 최신의 것인가?

추론에 대한 반박은 대개 다음과 같은 점에 유의하며 한다.

① 인용된 예가 전형적인 것인가? 결론을 정당화하는데 충분한가?
② 유추는 적절한가?
③ 사실의 전후 관계를 인과관계로 혼동하고 있지 않은가?

그 밖에도 특별한 방법으로는 다음과 같은 것이 있다. 토론의 경우에 따라 그 상황에 어울리는 것을 골라 사용하도록 한다.

❶ 질문법

상대방이 어떻게 대답하든 그 주장을 상대방에게 불리하게 작용하도록 하는 방법이다. 가령, 금연을 실시하고 있는 회사의 간부가 어떤 사원이 여전히 담배를 피우고 있다는 소문을 들었다 하자. 간부가 이 소문을 확인하기 위해 사원에게 "이젠 담배 끊었습니까?"라고 질문했다면 바로 이 논법을 이용한 것이라 할 수 있다. "네"라고 대답하면 지금까지 담배를 피우다가 이제 금연했다는 자백이 되어 그 소문이 사실이 되는 것이다. "아닙니다"라고 답하면 지금도 계속 피고 있다는 것을 시인하는 것이 되어 역시 소문이 근거 있었다는 것이 된다.

❷ 자가 당착법(自家撞着法)

겉으로는 논리 정연한 상대방의 주장을 다른 사례에 적용시켜서, 그 주장의 허점이 드러나도록 반박하는 방법이다. 가령, "담배 판매는 금지해야 합니다. 건강에 해롭기 때문입니다."이라는 주장에 대하여, 이 방법을 활용해서 "담배가 건강에 해롭기 때문에 판매를 금지해야 한다는 주장을 잘 들었습니다. 그러나 우리나라의 사회 구조로 볼 때 그 생각은 타당하다고 할 수 없습니다. 알코올도 몸에 해롭습니다. 나날이 알코올 중독자가 늘어나고 있습니다. 그러나 우리나라에서는 금주법을 정한 적이 없습니다. 자동차 사고로 수많은 사상자가 생기고 있습니다. 그런데도 자동차를 판매하지 말라는 주장이 나오지 않고 있습니다. 이와 같이 사회는 유해한 것으로부터 우리들을 지키기 위해 있는 것이 아닙니다. 오히려 우리 한 사람 한 사람이 필요한 것을 선택할 권리와 자유를 제공해 주고 있는 것입니다."라고 반박하는 것이다.

❸ 소거법(消去法)

논제에 대한 여러 가지 경우를 제시하고 하나하나 부정해 나가면서 맨 나중에 오직 한 가지 경우만이 바람직함을 주장하는 방법이다.

가령, "특별한 경우에는 낙태를 합법화하여야 한다. 모체가 위험하다고 판단될 경우나 성폭행으로 임신이 된 경우이다. 전자는 인명을 존중하고자 하는 데 있으며 후자는 태어나는 아이가 증오의 대상이 되거나 버려지는 것을 방지하기 위한 것이다."라는 주장에 대하여, 소거법을 이용해서 "낙태 문제는 세 가지 방법을 생각할 수 있습니다. 첫째는 낙태를 전혀 인정하지 않는다, 둘째는 특별한 경우에만 인정한다, 셋째는 모든 경우를 다 인정하는 것입니다. 첫째의 경우는 인도적 차원에서 문제가 있을 수 있습니다. 낙태하면 모체의 생명만이라도 건질 수 있는 경우가 있지 않습니까? 둘째의 경우는 명백한 모순입니다. 낙태가 살인이기 때문에 인정해서는 안 된다고 주장하면서 인명 존중을 위해서는 특별한 경우에는 살인을 인정해야 한다고 주장하기 때문입니다. 낙태가 살인이라면 어떤 경우에도 인정해서는 안 됩니다. 따라서 셋째 경우가 타당합니다. 곧 모든 여성에게 낙태 선택권을 주는 것입니다."라고 주장하는 것이다.

❹ 역이용법(逆利用法)

상대방이 사용한 자료를 역으로 이용한다. 가령 "이번 여행을 중지합시다. 요즈음 비행기 사고가 너무 잦습니다. 그러므로 우리가 탈 비행기도 사고를 당할 가능성이 있습니다."라는 주장에 대하여, "요즈음 비행기 사고가 잦은 것은 사실입니다. 사고가 잦으면 조종사들이 평소보다 더 굉장히 조심합니다. 그러므로 지금이야말로 비행기로 여행을 할 때입니다."라고 상대가 사용한 자료를 역으로 이용하는 것이다.

(4) 합리적인 방안 선택

논제에 대한 찬성과 반대의 의견이 개진되었으면 사회자는 지금까지 논의된 사항을 요약 정리하여 청중에게 알려 준다. 이를 바탕으로 청중은 어느 쪽의 주장이 옳은지 자기 나름대로 판단하게 된다. 이때, 청중은 토론자의 설득력, 주장의 일관성, 제시된 자료의 정확성, 결론의 명확성, 발표 태도 등을 판단 기준으로 삼는다.

토론을 진행하면서 사회자, 토론자, 청중이 해야 할 일을 각자 잘 지켜야, 토론이 원만하게 이루어질 수 있다.

(1) 사회자가 할 일

토론에서 사회자의 구실은 대단히 중요하다. 사회자가 해야 할 일은 다음과 같다.

① 토론자에게 토론의 규칙과 내용을 미리 알려 주어, 토론이 본궤도를 벗어나지 않도록 한다.
② 중간 중간에 참가자들에게 토론의 중심점을 숙지시켜 논점이 흐려지지 않도록 한다.
③ 인신공격이나 협박, 발언권의 남용 등의 부당한 방법이 사용될 때에는 이를 차단하기도 한다.
④ 부적절할 때 중요한 의견이 나오거나 중요한 사항을 토론자들이 거론하지 않을 때, 이를 메모하여 적절한 때에 문제로 삼아 해결하려는 노력을 한다.
⑤ 찬성 의견을 먼저, 반대 의견을 나중에 나오도록 유도한다.
⑥ 보드나 차트를 이용하여 참가자들이 진행 과정을 알도록 한다.
⑦ 어떤 사람이 말한 것이 다른 사람에게 잘 알려지지 않았을 경우에는 그 말을 알아듣도록 다시 말하여 주고, 질문과 발언 내용에 대한 요약을 그때그때 삽입해서 토론의 진행을 돕는다.
⑧ 결론에 이르면 그것을 정리해서 분명히 한다.
⑨ 주어진 시간 내에 결론에 이르지 못하면 토론한 범위와 문제점을 정리해서 토론을 종식시킨다. 이 때, 사회자는 무엇보다도 양측에 대해 공정해야 한다.

사회자는 참가자 발언에 감정적 대응을 해서는 안 된다. 참가자 누구에게나 자신의 입장·주장이 있으므로 항상 공평을 유지하고 편파적이어서는 안 된다

(2) 토론자가 할 일

토론자는 자신의 의견이 옳다는 것을 주장하기 위하여 미리 많은 준비를 해야 한다. 먼저 자신의 의견을 뒷받침해 줄 만한 자료를 모아 정리해 두고, 논제와 관련 있는 여러 가지 정보를 가능한 한 많이 알아둔다. 또한, 여러 가지 전달 방법을 연구하고, 이를 효과적으로 활용할 수 있도록 많은 연습을 해 놓아야 한다.

이러한 사전 준비가 끝나면 토론자는 다음 사항에 유의하여 성공적인 토론이 되도록 노력하여야 한다.

① 토론 규칙을 지켜야 한다.
② 주장의 대립점이 무엇인지를 분명하게 알고 있어야 한다.
③ 너무 오랜 시간 발언을 독점하지 않는다.
④ 침착한 태도로 말하고, 감정에 치우치지 않도록 한다.
⑤ 상대방의 발언을 경청한다.

토론자는 쌍방 주장의 대립되는 점을 분명히 알아야 한다. 논제에 대해서는 다른 사람의 의견과 기타 필요한 자료를 다방면에서 수집 정리하고, 주장은 충분히 생각한 것과 검토된 타당한 증거를 바탕으로 한다. 자기 주장은 명확하고 논리적으로 표현할 수 있도록 여러 가지 논법을 사용한다.

토론자는 적절한 논법을 사용하여 상대방의 입장을 여러 각도에서 문제시하고, 그 부당성을 주의 깊게 고찰하여 근거를 들어 지적한다. 그러나 옳은 것은 일단 인정한다. 특히, 논제와 무관한 인신공격을 한다거나 상대방의 말을 트집을 잡는다거나 상대방의 논의를 웃음거리로 만들어 토론을 유리하게 끌어가려고 해서는 안 된다. 자신의 주장의 요점을 상대방과 청중이 알 수 있도록 명백히 요약해서 되풀이한다. 이것은 토론의 마무리 부분에서 특히 중요하다.

토론자는 다음과 같은 기본적인 예절을 지켜야 한다.

① 회의와 관련 없는 자료를 읽지 않으며 사적인 대화를 하지 않는다.
② 졸고 있거나 발표 시 거친 언행을 사용치 않는다.
③ 다른 사람이 발표하고 있는데 실없이 웃지 않는다.
④ 개인의 신상 발언을 하거나 비판·공격하지 않는다.
⑤ 분별없이 자주 토론장을 출입하지 않는다.
⑥ 정리되지 않는 의견으로 횡설수설하지 않는다.
⑦ 참석자들 간 상호 존중하며, 직책이나 직급을 의식해서는 안 된다.
⑧ 회의 전체의 품위를 존중하고 회의 규칙을 지킨다.
⑨ 이해나 감정에 절대 치우치지 않는다.
⑩ 발언 시 반드시 의장의 허가를 받고 발언시간을 절대 준수한다.
⑪ 토론회 시작과 종료시간에 적극 협조한다.

토론을 하면서 삼가야 할 말도 유념해야 한다.

- "잘 모르겠으니 적당히 결정하세요."
  - 자신의 확고한 의견 없이 단순히 토론에 참석함으로써 회의를 경시하는 발언이다.
- "이런 것도 모르십니까?"
  - 자신이 조금 안다고 상대방을 무시하는 것은 결국 자신의 천박함과 무식함을 만 천하에 드러내는 것이다.
- "내가 말하려고 했던 것은!"
  - 이야기 한 내용을 부연 설명하는 등 설교적인 태도나 언행은 참석자들의 반발을 사게 된다.
- "결정사항을 납득할 수 없으니, 저 나름대로 하겠습니다."
  - 토론회에서 협의를 하여 결정한 사항을 이런 식의 발언으로 무력화시키는 것은 안하무인격 태도로 회의 자체를 부정하는 것이다.
- "○○씨, 어떻게 생각해."
  - 토론장에서는 서로의 호칭에 주의해야 한다. 아무리 절친한 사이라도 반드시 경어를 사용하는 등 상호 존중하는 태도가 중요하다.

(3) 청중이 할 일

청중은 다음과 같은 점에 유의하여 토론을 지켜보는 것이 좋다.

① 자신의 입장에 얽매이지 말고 보다 객관적인 입장에서 사실과 의견을 구분해서 듣는다.
② 사실에서 도출된 의견이 타당한지, 또는 제시된 근거가 타당한지를 판단하여 공정한 판결을 내린다.

③ 판결 기준으로는 대체로 설득력, 논지의 일관성, 자료의 정확성, 결론의 명확성, 규칙이나 발언 시간의 준수 여부 등을 들 수 있는데, 이는 논제에 따라 달라진다.

3) 토론의 유형

(1) 2인 토론

2인 토론은 두 명의 토론자와 한 명의 사회자로 이루어지는 유형이다. 이 토론은 논제에 대하여 긍정하는 사람이 먼저 자기 주장을 말하고 나면 그것을 부정하는 사람이 논박하고 자신의 주장을 내세운다. 그리고 긍정자가 다시 부정자의 주장을 논박하고 자기의 주장을 다시 강조하며 끝을 맺는 형식으로 진행한다. 이 토론은 논제가 짧은 시간에 효과적으로 결론에 도달할 수 있는 것일 경우 적합하다.

이 토론에서 긍정자와 부정자에게 주어지는 시간은 같아야 한다. 가령, 각 토론자에게 15분씩 시간이 주어졌을 경우 다음과 같은 순서로 진행한다.

① 긍정자의 주장 : 10분
② 부정자의 논박 : 15분
③ 긍정자의 논박 및 재주장 : 5분

(2) 직파식 토론

직파식(直破式) 토론은 두 사람이 한 팀이 되어 논제를 긍정하는 쪽과 부정하는 쪽으로 나누어, 서로의 논거를 직접 반박하여 논파하는 방식으로 진행하는 유형이다. 이 토론은 광범위한 쟁점 가운데 핵심이 되는 것을 찾아 하나씩 밝혀 나가는 것이다. '2인조 토론'이라고도 한다.

직파식 토론의 전형적인 진행 방법은 다음과 같다.

① 긍정 쪽 제1 토론자 : 주장, 용어의 정의, 긍정 이유 등을 말한다.(6분)
② 부정 쪽 제1 토론자 : ①을 반박하고 부정 이유를 밝힌다.(6분)
③ 긍정 쪽 제2 토론자 : 부정 쪽과 상충되는 논점을 분명히 밝힌다.(3분)
④ 부정 쪽 제2 토론자 : 긍정 쪽과 상충되는 논점을 분명히 밝힌다.(3분)

그리고 나서 심판은 논점 중 다룬 부분과 빠진 부분을 조절해서 논쟁에서 다루어야 할 논점을 다시 언급해 준다.

① 긍정 쪽 제1 토론자 : 단 하나의 논점만을 지지한다.(4분)
② 부정 쪽 제1 토론자 : 같은 논점에 대해서 반박한다.(4분)
③ 긍정 쪽 제2 토론자 : 제2의 논점을 지지한다.(2분)
④ 부정 쪽 제2 토론자 : 같은 논점에 대해서 반박한다.(2분)
⑤ 긍정 쪽 제1 토론자 : 하나의 논점을 선택하여 지지하고 요약한다.(2분)
⑥ 부정 쪽 제1 토론자 : 같은 논점에 대해서 반박하고 요약한다.(2분)
⑦ 심판 : 토론의 결과를 요약하고 결론을 선포한다.

심판은 결론이 나왔다고 생각되면 어느 순간에라도 토론을 끝낼

수 있다. 이 때, 토론자들에게는 심판의 지시와 판정에 따를 의무가
있다.

(3) 반대신문식 토론

반대신문식(反對訊問式) 토론은 주어진 논제를 중심으로 긍·부정의
입장에 있는 토론자에게 상대 쪽의 토론자가 질문을 통해서 논지를
반박함으로써 토론의 승부를 가리는 방식이다.

이 토론의 장점은 철저한 연구와 준비 기간 동안 계속해서 자극이
주어진다는 점이라고 할 수 있다. 그리고 다양성과 흥미를 희생시키지
않고서 깊이 있는 논의를 하고 나아가 부당한 결론의 도출을 방지한
다는 점도 장점이다.

이 토론은 토론자의 준비와 역할 수행의 방법에 많은 영향을 받는
다. 그러므로 토론이 효율적으로 이루어지기 위해서는 유능하고 성숙
한 토론자들이 참여해야 한다. 토론자는 논제에 대한 본질적인 증거와
추론 과정을 잘 다룰 수 있어야 할 뿐만 아니라 그의 생각을 수정하고
상대방의 질문에 따라 그 자신의 주장을 신속히 재조직할 수 있어야
한다. 그렇지 못한 토론자들은 중요하지 않은 사소한 문제에 열중하거
나 불필요한 언쟁을 하기도 하므로 토론의 효율을 떨어뜨리게 된다.

반대신문식 토론은 대체로 다음과 같은 절차에 따라서 진행된다.

    ① 긍정 쪽 : 입장을 발표한다.(10분)
    ② 부정 쪽 : 긍정 쪽에 대하여 질문한다.(5분)
    ③ 청중 : 긍정 쪽에 대하여 질문한다.(5분)
    ④ 부정 쪽 : 입장을 발표한다.(10분)

⑤ 긍정 쪽 : 부정 쪽에 대하여 질문한다.(5분)

⑥ 청중 : 부정 쪽에 대하여 질문한다.(5분)

⑦ 부정 쪽을 찬성하는 자가 발표한다.(3분)

⑧ 긍정 쪽을 찬성하는 자가 발표한다.(3분)

07 | 인터뷰와 브리핑

현대 사회에서의 지도자는 각종 매체에서 인터뷰[회견(會見), interview]를 하거나 브리핑(briefing)을 해야 할 기회가 적지 않다. 인터뷰는 언론 매체에서 원해서 이루어지는 반면, 브리핑은 조직의 요구와 필요에 따라 하는 경우가 많다. 인터뷰는 1 : 1로 이루어지지만 브리핑은 1 : 다수로 이루어지는 것이 상례이다. 인터뷰나 브리핑은 기자들의 질문에 답변을 제공하기 위해 마련되는 것이다. 질문과 답변 과정을 통해 시책을 국민 앞에 여과하는 검증의 기회를 가질 수 있다.

1) 인터뷰

언론사의 요청에 따라 인터뷰를 수락하게 되면 다음과 같은 점에 유의하면서 인터뷰를 한다.[18]

① 먼저 질문자의 신분을 확인한다.

질문자에게 다시 전화를 걸어 본다.

---

18) 국정홍보처(2005), 정책성공을 위한 홍보 매뉴얼, 참조

② 답변 여부를 결정한다.

질문의 목적이나 내용에 따라 답변하지 않을 수도 있다. 다만 답변하지 않거나 거절할 때도 반드시 전화로 연락하여 사유를 설명한다.

③ 답변을 반드시 즉각적으로 할 필요는 없다.

취재진이 제기하는 이슈(issue)나 문제점을 조직의 입장에서 효과적으로 정리하고, 예상 질문을 미리 상정하여 답변 자료를 충분히 검토한다. 사실을 확인하고 질문의 의미를 분석할 시간을 확보해야 한다. 기습 인터뷰에 대처하기 위해서는 의연한 자세가 필요하다.

④ 정확한 사실만을 말한다.

사실이 아닌 경우에는 사실이 아님을 즉각적이고 명확하게 지적한다. 설령 자신의 신상이나 자신이 속한 집단에 화가 미칠 경우라도 진실을 말해야 한다. 그 까닭은 뒷날 진실이 밝혀져 신뢰가 땅에 떨어지고 더 큰 화를 자초하기 쉽기 때문이다. 사실을 과장하거나 축소해서는 안 된다. 솔직한 대답은 추측, 과장보도를 막는 지름길이다. 기자나 시청자는 거짓말을 결코 잊거나 용서하지 않는다. 거짓이 밝혀졌을 때는 폭로성 보도가 되기 쉽다. 취재진에게 거짓말을 하는 것은 독자나 시청자, 나아가 국민에게 거짓말 하는 셈이 된다. 잘 모르는 것을 아는 척하거나 허풍을 떨어서는 안 된다. 역시 수많은 독자나 시청자, 국민을 상대로 아는 체하는 것과 같다.

⑤ 대답과 표현 방법을 연습한다.

주제의 요점을 준비하고 끝까지 초점을 잃지 않는다. 예상 질의 문답을 준비하여 다른 사람 앞에서 연습하고 교정한다. 서두에 응답의 핵심을 이야기한다. 보통 녹음, 녹화 등에서는 한 답변에 30초 이상은 방송되지 않는다. 마이크와 카메라가 앞에 놓인 방송중인 상황을 설정하여 연습한다. 완곡어법과 추상적인 표현은 피한다. 실수와 실패는 많은 동료와 조직에 피해를 줄 수 있음을 잊지 말아야 한다.

⑥ 자제력을 기르고 의연하게 대처한다.

기자가 문제점을 지적할 때는 부인하지 말고, 그런 문제점을 알고 있으며 그것을 해결하려고 어떤 조치를 지금 취하고 있으며, 앞으로의 계획은 무엇인지를 알려주는 등 발전 지향적으로 답변한다.

천천히 분명하게 말한다. 답변에는 어떠한 위협과 협박도 없고, 그대로 방송되며 모든 장면이 커트되지 않는다고 생각한다. 화를 내거나 신경질을 내는 장면, 당황해 하는 모습을 언론이 기대할지도 모른다. 카메라를 가리거나 당황해 하는 모습은 '혐의 있음'으로 해석된다. 모욕적이거나 도발적인 질문은 그 표현을 바꾸어 말함으로써 격한 감정으로부터 벗어날 수 있다. 신중한 단어의 선택은 언론인과의 충돌을 완화시켜 줄 수 있음을 잊지 말라.

⑦ 질문 내용을 명확히 인식한 후 답변한다.

질문의 핵심을 잡아내야 한다. 좀 더 자세히 설명하려는 욕심이 앞서다 보면 오히려 요점이 흐려질 수 있다. 이해되지 않는 부분은 질문을 한다. 복잡한 질문은 구분해서 응답하고 한 가지씩 대답한다. 무조건 '예', '아니오'로 답하지 말고 "제 말은 …… 뜻입니다."라고 스스로의 표현으로 답변한다. 불분명한 질문을 받으면, 대답하기 전에 질문자에게 되물어 질문을 명확히 한다.

⑧ 기자에게 말할 때에는 청중에게 말한다고 생각한다.

발표는 10분을 넘기지 말고, 질의 응답 위주로 진행한다. 답변은 짧게 핵심을 말한다. 인용되면 곤란한 말은 아예 하지 않는다. 간단명료하게 말해야 한다. 그렇지 않으면 기사 작성 시 왜곡되기 쉽다. 중학교를 졸업한 정도 사람이라면 이해할 수 있게 말한다.

중요한 요점은 되풀이 강조해 말함으로써 유추 해석을 막을 수 있다.

⑨ 장면 전환을 최대한 활용한다.

밀리는 현재 상황에서 당신이 원하는 유리한 장면으로 전환시킨다. 미소를 지으며 기술적으로 이동한다. 그러나 의도적으로 웃기려고 노력하지 않는다.

⑩ 특정 기자에게만 특종 기사를 제공하지 않는다.

낙종된 기자에게 서운한 감을 주기 쉽다. 특정 기자가 관심 있게 취재하고 있는 사항을 다른 기자에게 누설해서는 안 된다.

⑪ 답변은 간결하고 명확하게, 결론부터 먼저 말하는 것이 좋다.

⑫ 오프 더 레코드(off the record)는 존재하지 않는다. 보도되기를 원하지 않으면 절대로 이야기해서는 안 된다.

⑬ 공익과 국민 편의에 지대한 관심을 강조한다.

⑭ 질문 내용의 옳고 그름, 좋고 나쁨 등을 평가하지 않고 성실하게 답변하려고 애쓰는 모습을 보여주어야 한다.

⑮ 전문적인 용어는 피하고 알기 쉬운 용어로 표현하되 정확한 의미 전달에 유의한다.

⑯ 개인적인 의견이나 입장을 말해서는 안 된다.

⑰ 어떻게 보도할 것인가를 물어보아서는 안 된다. "관심을 기울여 주셔서 고맙습니다. 잘 부탁드립니다."는 정도로 예의를 갖춘 인사를 한다.

⑱ 기사는 언론의 시각에서 중대성과 청중의 흥미성을 축으로 하여 작성된다는 것을 유념한다.

⑲ 인터뷰 내용은 뒷날을 위해 필히 녹음해 둔다.

⑳ 내용에 미흡한 점은 전화 등으로 즉각 연락해 정정·보완한다. 배경 자료를 제공한다.

방송 매체에서의 인터뷰는 개인은 물론 조직의 이미지에도 큰 영향을 미친다. 따라서 방송 인터뷰나 출연할 때는 신문과는 달리 말하는 태도, 용어, 복장 등에 세심한 주의를 기울여야 한다.

방송 매체에서 인터뷰할 때는 대체로 다음과 같은 요령을 유의하는 것이 효과적이다.

① 먼저 해당 프로그램의 주요 시청자나 청취자가 누구인지 파악한다.
② 미리 프로그램을 보고 진행 형식과 스타일을 익혀 둔다.
③ 사전에 질문 내용을 파악한다.
④ 인터뷰 도중 기자나 진행자와 논쟁하지 않는다.
⑤ 난처한 질문을 받았을 때 우물쭈물하지 말고 "당신은 어떻게 생각하십니까?" 등과 같이 거꾸로 물어 재치 있게 대처한다.
⑥ 가능하면 표준말을 사용하고 외국어, 속어, 은어 등을 사용하지 않도록 유념한다. 방송은 공적인 성격을 띠는 것이므로 반드시 표준어로 말해야 한다.
그리고 불특정 다수를 상대로 말하는 것이므로 누구나 알아들을 수 있는 어휘를 선택해야 한다.
⑦ 소리는 평상 시 어조로 품위 있는 어투로 한다. 권위적이거나 거들먹거리는 것처럼 보여서는 안 된다.
⑧ 진행자나 기자를 보면서 말하지 카메라를 쳐다보지 않는다.
⑨ 말과 행동은 카메라와 마이크가 항상 작동하고 있다고 생각하고 해야 한다.
⑩ 메모한 것을 볼 때는 곁눈질을 하지 말고 떳떳하게 본다.
⑪ 말하기 시작하면 움직이지 않는다.
⑫ 마이크에 입을 너무 가까이 대거나 마이크를 훅훅 불지 않도록 한다.
⑬ 습관적인 헛기침이나 '애-, 그리고-, 마, 저-, 뭐냐.' 등과 같은

군말을 피한다. 자연스러운 눈깜박임을 한다. 특히 목에 힘을 주지 않는다.

⑭ TV에 출연할 경우에는 의상, 용모 등에도 유의하여야 한다.

⑮ 사전에 연습을 많이 할수록 좋다.

2) 브리핑

언론을 상대로 하는 브리핑은 언론에 충분한 취재 보도 기회를 제공하고자 하는 경우에 실시한다. 이런 브리핑은 대체로 다음과 같은 요령으로 진행한다.

① 취재진과 눈을 맞춘다.

브리핑에 참석한 취재진과 일일이 눈을 맞춘다. 그들과 마주 앉아 대화를 나누는 기분으로 진행해 나간다. 신체 언어를 적절히 활용한다. 연단과 마이크 앞에서 금붕어처럼 입만 벙긋대거나 발표문을 일방적으로 읽어 내리는 식의 브리핑 태도는 삼간다.

② 질문에 긴장하거나 질문자를 경계하지 않는다.

질문을 받으면 긴장하거나 질문자를 경계하는 듯한 인상을 주지 않는다. 질문자 앞으로 한 발짝 다가가거나 친밀하고 자신감 있게 질문자와 눈을 맞추며 질문 내용을 경청한다. 질문 내용을 반복해 내용이 맞는지도 확인한다.

③ 취재진이 브리핑 도중에 자료를 읽지 않도록 유의한다.

중요한 브리핑 도중에 취재진이 브리핑하는 사람의 하는 말을 경청하지 않고 나누어 준 자료를 읽지 않도록 한다. 자료를 미리 나누어 주든가 계획된 시간에 배포한다. 적절한 타이밍을 계획을 미리 세워 둔다.

④ 질문을 유도한다.

전달할 사항을 일방적으로 발표하고 질문을 줄이면 전달 내용 중 오해를 불러일으키거나 잘못 전달될 수도 있다. 발표 후 질문을 유도해 그러한 우려를 극소화한다.

⑤ 추가 자료를 요청할 경우 즉각 제공하고 별도의 준비가 필요할 때는 자료 준비 사항을 수시로 알려준다.

⑥ '노 코멘트'라고 하지 말고 반드시 답변할 수 없는 이유를 설명하고 이해시킨다.

⑦ 끌려 다니지 말고 끝까지 상황을 주도한다.

⑧ 가능한 시청각 자료를 활용한다.

⑨ 해당 사안은 짧게 발표하되 배경 자료는 충분히 제공한다.

⑩ 언론 매체를 차별하지 않는다.

⑪ 취재진의 반론에 말려들지 않도록 한다.

⑫ 특정 언론사의 독주를 막는다.

⑬ 참고 자료를 미리 나누어 주어 제한된 시간을 지킨다.

⑭ 사안과 관련 없거나 엉뚱한 질문은 정중히 거절한다.

⑮ 취재진이 사안을 잘 모른다고 해서 무시하거나 가르치려는 태도를 보여서는 안 된다.

08 | 회담과 협상

1) 회담

회담(會談)은 공식적인 입장을 띤 다수가 대등한 위치에서 상호 간의 이익 도모나 입장 절충을 위해서 대화 형식으로 의견을 나누는 화법 유형이다. 국가 원수의 정상회담, 무역실무회담 등이 그 대표적인 예이다.

회담의 목적은 모두에게 유익한 공동 기반을 마련하기 위한 것이지만, 이해가 상충되는 부분도 생기기 때문에 무엇을 양보하고 무엇을 얻을 것인가 하는 회담의 요점을 사전에 명확히 해 두어야 한다.

성공적인 회담이 되기 위해서는 다음과 같은 준비가 필요하다.

① 상대방의 요구와 그 근거는 무엇이며, 그 요구를 어떻게 처리할 것인지를 미리 예상하여 준비해 둔다.
② 상대방이 좋아하는 것과 싫어하는 것 등의 성향, 양보하게 할 수 있는 조건 등을 알아둔다.
③ 상대방이 우리에 대해 갖고 있는 지식, 정보, 선입견 등을 조사해 둔다.
④ 위의 세 가지 사항을 바탕으로 하여 목적을 달성할 수 있는 전략을 마련한다.

회담은 다음과 같은 절차로 진행된다.

① 흥미 있는 화제로 시작한다.
② 분위기를 조성한다.
③ 본격적인 논의의 화제를 제시한다.
④ 화제에 대한 필요성과 문제점을 개진한다.
⑤ 상대방이 제안하는 정황을 이해한다.
⑥ 해결책을 제안한다.
⑦ 양보할 것과 취할 것을 판단한다.
⑧ 회담을 마무리한다.

⑨ 회담의 성과를 정리한다.
⑩ 다음 회담을 약속한다.

2) 협상

협상(協商)이란 개인이든 조직이든 국가든 규모에 상관없이 모두 자기 자신이 어떤 이익을 얻고자 하는 데에서 생기는 갈등을 풀고 합의에 도달하려는 화법 유형이다. 지금 우리 사회에는 '노사 협상, 인질 협상, 대테러 협상, 위기 협상, 무역 협상, 재협상, 추가 협상' 등 실제적인 집단의 갈등을 대화로 풀어갈 수 있는 협상 능력이 필요하다.

사람과 사람 사이, 집단과 집단 사이에 갈등이 존재하는 것은 자연스러운 현상이다. 사람들은 각기 다른 가치를 가지고 있고 다르게 행동하기 때문이다. 갈등이 있는가 없는가보다는 갈등을 어떻게 해결하느냐가 중요하다. 갈등 자체에 문제가 있는 것이 아니라 갈등을 어떻게 풀어나가느냐가 더 중요하다.

그 동안 갈등은 나쁘고 피해야 하며 바람직하지 못한 인간의 행위라고 부정적인 견해가 있어 왔다. 그러나 최근에는 갈등은 조직의 구조 요인 때문에 필연적으로 발생하는 것이고 보통 예견할 수 있으며 변화의 과정에 필수적이라는 관점이 지배적이다. 따라서 어느 정도의 갈등은 조직의 발전에 도움을 줄 뿐만 아니라 창조적이고 열정적인 사람들을 자극하는 데 필수적이라고 본다(임칠성 역, 1995). 갈등은 인간 관계의 신뢰감을 약화시키며 때로는 관계를 악화시키거나 단절시키는 원인이 되기도 한다. 그러나 이것은 갈등 자체가 나빠서라기보다는 갈등을 관리하는 방법이 미숙했기 때문이라고 보는 것이 옳다. 효과적으로만 처리할 수 있다면 오히려 많은 긍정적인 결과를 얻어 낼 수 있는 것이 갈등이다(Hocker & Wilnot, 1991). 상대방과의 갈등을 대화로 풀어 가는 중요한 자세로 다음과 같은 것을 들고 있다(임칠성, 2004).

① 진실을 밝히려는 강박관념을 버리라.
② 상대방의 선한 의도를 찾으라.
③ 상대방의 잘못을 지적하지 말라.
④ 비난하지 말라

갈등 연구가들은 갈등을 통합적으로 해결하기 위해서는 적어도 일곱 가지 원칙을 지켜야 한다고 한다(Robert, 1982).

① 성급한 판단을 피하고 묘사적 표현을 한다.
② 현재 지향적인 방법으로 접근한다.
③ '너' 메시지를 피하고 '나' 메시지를 사용한다.
④ 말을 신중하게 선택하라.
⑤ 상대의 말을 경청하라.
⑥ 즉각적으로 대응하지 말라.
⑦ 자신의 잘못을 인정할 줄 알라.

협상은 언제나 타협을 지향한다. 타협은 협상의 결과이다. 밀고 당겨서 일이 원만하게 이루어진 상태를 나타내는 것이 타협이다. 타협을 전제로 하지 않는 협상은 요구나 부탁이지 협상이라 할 수 없다. 협상은 '이익, 갈등, 집단,[19] 타협 지향성'을 특성으로 하는 화법이다(임칠

---

19) 임칠성(2008)에서는 개인 간의 갈등에서는 '협상'이라는 표현 대신에 '타협, 의논' 등의 표현이 자연스럽고, 개인과 집단 간에 공식적 갈등이 발생하면 '타협, 의논'

성, 2008).

협상은 갈등으로 부각된 문제를 '나'의 방식이 '우리'의 방식으로 풀어내려는 사회적 상호작용이라는 점에서 상생 지향적인 의사소통이다. 협상의 궁극적 목표가 갈등을 해결하고,[20] 다양한 개성을 지닌 사회 구성원들이 다 함께 더불어 살아가는 데 있다는 점에서, 협상은 좋은 삶을 지향하는 활동으로 볼 수 있다.

성공적인 협상 전략은 서로의 체면을 세워주고 서로에게 만족을 줄 수 있는 win-win 협상 즉 호혜적(互惠的) 협상이라고 한다(Thomas, 2005). 이 협상은 속임수, 거짓말, 반칙, 그 밖에 어떤 수단을 써서 부정행위도 하지 않으며 상대방의 실책을 틈타 이익을 얻으려고도 하지 않는다. 호혜적 협상에서는 한 쪽이 다른 쪽에 굴복하는 대신 '양보'를 하며, 일방적인 '내어 주기' 대신에 '교환'을 한다. 이렇게 하여 협상 과정에서 서로의 체면을 세워주게 되고 협상 결과를 신뢰하고 만족스럽게 여겨 양쪽 모두가 목표를 이루게 된다.

호혜적 협상을 이끌어 내는 일반적인 원리로는 다음과 같은 것을 제시한다(김문수, 2008).

❶ 화기애애한 분위기를 유지한다

협상은 불가피하게 양쪽의 이해관계가 충돌하는 갈등 상황을 전제

이라는 표현과 함께 '협상'이라는 표현을 쓴다고 하였다. 그러면서 "어떤 경우이든 협상은 집단이 참여자로 들어간다. 영화 'Negotiator'에서 경찰이 다른 범죄로 오해받는 경찰과 협상하는 경우도 개인 대 개인의 만남이 아니라 범죄로 오해받는 경찰과 경찰 집단을 대표하는 경찰의 만남이다. 집단이 참여자로 들어가기 때문에 협상은 공식성을 띤다."하였다.

20) 임칠성 역(1995 : 387-96, 443-50)에서는 '협상에서의 갈등 처리 전략'으로 ① 거북이 스타일의 회피 전략 ② 상어 스타일의 공격 전략 ③ 여우 스타일의 타협 전략 ④ 곰 인형 스타일의 약화 전략 ⑤ 올빼미 스타일의 호혜 전략을 제시하고 있다.

로 한다. 그런 갈등 속에서도 분위기를 화기애애하게 유지할 수 있다면 합의를 도출을 원만하게 할 수 있다.

이런 분위기를 만들려면, 우선 선입관을 버려야 한다. 상대방을 적이라 생각해서는 안 된다. 그 쪽 사람은 단순히 안건을 논의하려는 대리인일 뿐이다. 협상에서 다루는 문제와 그 문제를 다루는 사람을 분리하여, 문제는 엄격하게 다루되 사람은 관대하게 맞아야 한다. 다음으로, 상대방을 편안하게 해주고 우호적으로 대할 때 더 많은 양보를 얻어낼 수 있다. 상대방과 친숙해져 서로 호감을 느끼게 되면 동의와 협조를 얻어내는 것이 쉬워진다.

상대방과 공통점 발견하기, 칭찬하기, 눈을 자주 맞추며 맞장구를 치며 경청하기, 밝은 표정과 미소 짓기 등의 방법을 활용해 보면 효과를 얻을 수 있다.

❷ 첫 제안은 높게 시작한다

일반적으로 충분한 근거를 바탕으로 첫 제안을 좀 더 높게 제시하는 사람이 좋은 결과를 얻다. 첫 제안은 협상에서 반드시 관철시키려는 것이 아니다. 상대방에게 협상할 수 있는 여지를 남겨 둘 수 있는 것이어야 한다. 뒤로 갈수록 밀고 당기면서 적절한 수준에 다다랐을 때, 이쪽이 상대방에게 많은 것을 양보했다는 것을 깨닫게 해줌으로써, 그 대가로 상대방에게 다른 것을 양보를 받아낼 수 있다.

❸ 상대의 첫 제안을 절대로 받아들이지 않는다

상대방이 처음 제시하는 제안은 바로 수용하지 않는 것이 좋다. 그 제안이 아무리 좋아보여도 그대로 받아들이지 말고 정중히 거절한다. 계속 협상을 하면서 더 좋은 조건을 요구하는 것이 자신과 상대방 모두에게 유익한 결과를 가져온다.

❹ 일방적인 수용이나 거절 대신 양보를 교환한다

상대방의 제안을 일방적으로 수락하거나 노골적으로 거절하지 않는다. 상대방의 제안을 들어 주고 그 대가로 내가 원하는 것을 요구한다. 그래야 서로 호혜를 베푸는 것이다. 따라서 협상에 나오기 전에 상대방에게 무엇을 내어주고 상대방에게 무엇을 양보 받을 것인지를 잘 생각해 두어야 한다.

❺ 첫 양보의 폭은 크게, 그 다음부터는 폭을 줄인다

상대방에게 거절당할 것을 알면서도 첫 제안을 높게 제시한 다음 첫 번째 양보를 아주 크게 하면 상대방에게 많은 것을 베풀어 준 것처럼 된다. 그렇게 되면 상대방도 그에 상응하는 수준의 양보를 하게 된다. 그리고 이후 계속 양보의 폭을 줄여 나가면 상대방은 이제 양보할 것이 거의 남아 있지 않을 것이라고 생각해 더 이상의 무리한 요구는 하기가 어렵게 된다.

❻ 덤으로 끝낸다

덤이란 협상을 마감하기 직전에 얻어내는 작은 양보를 이른다. 협상의 마지막 몇 분간은 대단히 중요한 시간이다. 아직 협상이 완전히 마무리를 짓지는 않았지만 사람들은 긴장이 풀어져서 마치 협상이 타결된 것처럼 행동한다. 그래서 이 시간대에 작은 양보를 부탁하면 거의 대부분 수락을 받을 가능성이 높다. 왜냐하면, 협상이 거의 타결되었다는 안도감으로 긴장이 느슨해져 다소 양보할 수 있다는 마음의 여유를 갖게 되기 때문이다. 또한 지금까지 오랫동안 공들여 협상을 진행해 왔는데 마지막에 나온 조그마한 덤 하나 주고받는 문제로 모든 것이 수포로 돌아가게 해서는 안 된다는 강박감을 느끼게 되기 때문이다. 협상을 완전히 끝나기 전에 상대방에게 크게 부담이 되지 않는 범위 내에서 작은 양보를 덤으로 요구하면, 양쪽이 다 함께 만족할 수 있는 성공적 협상이 된다.

말에 관한 명언

- 벽에도 귀가 있다.

- 혀가 길면 손은 짧다.

- 사람을 보고 법(法)을 설(說)하라.

- 혀는 강철은 아니나 사람을 벤다.

- 늙은이의 말 들어 손해가는 일 없다.

- 관 속에 들어가도 막말은 말라.

- 말의 노예가 되지 말라. 〈카알라일〉

- 수다스러운 사람은 대개 거짓말쟁이다.

- 입술의 30초가 가슴의 30년이 된다.

- 듣기 좋은 말은 아직도 무료이다. 〈하이네〉

- 말을 옳게 사용하는 사람은 과오를 범할 일이 없다.

- 말이 이치에 맞지 않으면 말하지 않는 것만 못하다.

- 어리석은 자라도 현명한 말을 할 때가 있다. 〈영국 격언〉

- 짧은 말이 오히려 많은 지혜를 감추고 있다. 〈소포클레스〉

- 현명한 사람은 긴 귀와 짧은 혀를 가지고 있다. 〈영국 격언〉
- 어리석은 자는 자기 혓바닥을 조절할 줄 모른다. 〈초오서어〉
- 생각이 얕은 사람일수록 자기 주장을 많이 내세운다. 〈몽테스키〉
- 마음에서 우러나온 말이라야 마음을 움직일 수 있다. 〈서양 격언〉
- 거칠고 독살스러운 말은 그 근거가 약하다는 것을 시사한다. 〈위고〉
- 말은 날개를 가지지만, 생각하는 곳으로 날아가지 않는다. 〈엘리어트〉
- 지혜로운 자의 말은 은혜로우나 우매한 자의 말은 자기를 삼킨다. 〈구약성서〉
- 냉수 한 모금보다 부드러운 말 한마디가 마음을 움직일 수 있다. 〈이스라엘〉
- 명심하라. 새들은 자기 발에 걸리고 사람은 자기 혀에 묶인다.
- 가장 중요한 일은 끊임없이 질문을 하는 것이다. 〈알베르트 아인쉬타인〉
- 당신이 관심을 갖지 않는다면 재미있는 것은 아무것도 없다. 〈헬렌 맥킨스〉
- 화가 나면 말하기 전에 열을 세어라. 그래도 화가 나면 백을 세어라. 〈토마스 제퍼슨〉
- 말로 입은 상처는 칼에 맞아 입은 상처보다 더 아프다. 〈모로코〉
- 말해야 할 때에 가만히 있고 가만히 있어야 할 때에 말하지 말라. 〈싸디〉
- 입씨름은 누구나 할 수 있는 놀이지만 양쪽 모두 승리할 수는 없는 놀이다. 〈프랭크린〉
- 모든 답을 알고 있는 것보다 몇 가지 질문을 하는 것이 훨씬 더 좋다. 〈제임스 씨버〉
- 가장 좋은 말은 오래 생각한 끝에 한 말이다. 그렇기 때문에 사람은 말을 할 때에는 침묵보다 더 좋은 것이어야 한다.
- 입이 바로 화(禍)의 문이니 입을 지키기를 병 입 지키듯 하고, 그런 뒤에 말하라. 〈한용운〉
- 사람의 감정은 그 사람의 지식에 반비례한다. 적게 알면 알수록 격정적이 된다. 〈버트런드 러셀〉
- 사람이 깊은 지혜를 가지면 가질수록 자기 생각을 나타내는 말은 한층

단순하게 되는 것이다. 〈톨스토이〉

- 성자는 그리스 사람을 설득할 땐 자신이 그리스인처럼, 유태인을 설득할 땐 유태인처럼 했다. 〈비이처〉

- 의심스러우면 회의를 열어라. 문제가 생기면 위원회를 만들어라. 〈쿠퍼의 법칙〉

- 말이 당신의 입 안에서 놀고 있을 때 그 말은 당신의 노예이지만 일단 밖으로 튀어 나오면 당신의 주인이 된다.

- 말의 노예가 되지 말라. 남과의 언쟁에서 화를 내기 시작하면 그것은 자기를 정당화시키기 위한 언쟁이 되고 만다.

- 능변의 첫째 요소는 진실, 둘째 요소는 양식, 셋째 요소는 우려, 그리고 넷째 요소는 기회이다. 그리고 처음 세 가지는 아무라도 다소는 할 수 있다. 〈템풀〉

- 눈은 둘, 귀도 둘, 그런데 입은 하나이니만큼 많이 보고 많이 듣고, 그런 다음에 조금만 떠들어라. 〈영국 격언〉

- 그대의 주장을 강조하지 말고 말하라. 그리고 다른 사람들이 그대가 말한 바가 무엇인가를 발견하도록 내버려두라. 〈쇼펜하우엘〉

- 자기 자랑을 하는 것은 남을 욕하는 것보다 낫다.

- 좋아하는 남자의 멋대로 지껄이는 말이라 해도, 싫어하는 남자의 분명한 사랑의 말보다 더 마음을 어지럽힌다. 〈라파엘 부인〉

- 접시는 그 소리로써 그 장소에 있나 없나를 알고, 사람은 말로써 그 지식이 있나 없나를 판단할 수 있다. 〈데모스테네스〉

- 회의의 길이와 관계없이 모든 중요한 결정들은 점심시간 5분 전 혹은 회의 종료 전에 내려질 것이다. 〈카슨의 법칙〉

- 만일 당신이 시간이 오래 걸리는 회의를 많이 한다면, 회의에서 풀어야 할 문제보다 회의를 더 중요하게 여기는 것이다. 〈헨드릭슨의 법칙〉

- 당신이 하고 싶은 말을 잘 검토하라. 별 다른 생각없이 한 말이라도 눈덩이처럼 점점 불어나 마침내는 인생의 행복을 파괴해 버리는 일이 있을지

도 모르기 때문이다. 〈슈덴베르크〉

- 남을 이롭게 하는 말은 따뜻하기가 햇솜과 같고, 남을 해치는 말은 날카롭기가 가시와 같다. 한마디의 짧은 말이 귀중하여 천금의 값이 있기도 하고, 한마디의 말이 남을 헤쳐 아프기가 칼로 베는 것과 같기도 하다. 〈명심보감〉

- 말은 돈에 비유될 수 있다. 과장된 말은 인플레 같고, 약속을 실천하지 못하는 말은 부도 수표와 같고, 의식적인 거짓말은 위조 지폐와 같은 것이다. 그렇기 때문에, 말은 신용이 있어야 하고 그중에서도 공직자의 말은 보증 수표와 같이 정확해야 한다. 〈강원룡〉

- 내가 표현한 생각들은 나 혼자만의 것이 아니다. 나는 소크라테스에게서 빌려오기도 했고, 체스터필드에게서 훔쳐오기도 했고, 예수님에게서 받은 것이기도 했다. 그리고 나는 그것을 책으로 엮었다. 만일 당신이 그들의 말씀을 좋아하지 않는다면, 누구의 말씀을 사용하겠다는 말인가? 〈데일 카네기〉

- 말이 많고 쓸데없는 생각이 많은 것이 마음가짐에 가장 해롭다. 그러나, 일이 없으면 마땅히 조용히 앉아서 마음을 가라앉히고, 사람을 대하면 마땅히 할 말을 가려서 간단하고 신중하게 하라. 때를 맞추어 말을 하면 말이 간단하지 않을 수 없고, 말이 간단하면 도리에 가깝다. 〈격몽요결〉

- 유머는 참된 민주주의다. 〈존슨〉

- 유머는 대화의 음식이 아니라 소금이다. 〈해즐릿〉

- 인생이 엄숙하면 엄숙할수록 그만큼 유머가 필요하다. 〈위고〉

- 얼굴을 찡그리는 데는 43개의 근육을 움직여야 한다. 그러나 웃는 데는 겨우 17개뿐이다.

- 유머의 중요성을 잊어서는 안 된다. 유머의 센스는 우리의 문화 생활의 내용을 바꾼다. 현대인은 너무나도 생활을 지나치게 심각하게 생각한다. 〈임어당〉

- 말을 할 때를 아는 사람은 침묵을 할 때를 안다. 〈영국 속담〉

- 마음에 없는 말을 하기보다는 침묵을 하는 편이 더 좋다. 〈몽테뉴〉

- 노래를 부르면 모든 사람들은 듣는다. 한숨을 쉬면 아무도 듣지 않는다. 〈러시아 속담〉
- 침묵을 지키는 사람과 흐르지 않는 물은 깊고 위험하다. 〈영국 속담〉
- 좀처럼 말하지 않는 사람과 좀처럼 짖지 않는 개는 조심하라. 〈영국 속담〉
- 말을 하려거든 침묵보다 더 나은 것을 말하라. 그렇지 않으면 가만히 앉아 있는 편이 낫다. 〈독일 격언〉
- 적게 말하고 더 분명하게 말하면, 사람들은 더 많이 더 오래 기억할 것이다. 〈우드〉
- 모든 재능 가운데 가장 가치 있는 것은 한마디로 가능한 말을 절대로 두 마디로 하지 않는 것이다. 〈토마스 제퍼슨〉
- 민주주의는 다수의 의견에 따라 결정을 내린다. 이 때 구성원의 이해관계와 의견이 상충될 경우 서로의 의견을 충분히 나누어 서로 이해하는 과정이 필수적이다. 만약 자신의 의견을 개진하지 않고 침묵만 지킨다면 자신의 의견이 반영되지 않아 다수의 의견에 따라 의사가 결정되더라도 거기에 승복하기 어렵다.
- 조용히 듣기만 하면서 침묵을 지키는 것이 오히려 말을 하는 것 이상의 효과를 보이는 경우도 있다. 논쟁이 벌어지는 상황에서 침묵의 자세를 유지하면서 경청하고 있는 사람을 상상하여 보라. 불필요한 논쟁, 잘못 발전하면 감정적인 충돌로 이어질지도 모르는 상황 같은 경우에는 경청하는 자세와 침묵이 오히려 달구어진 감정을 가라앉히고 마음의 여유를 가지게 만들어 준다. 1분의 침묵이 10분의 말하기보다 효과가 더 클 수 있는 것이다.
- 말은 몸의 무늬이다. 〈좌전〉
- 한 쪽 말만 들으면 자칫 서로 멀어지게 된다. 〈명심보감〉
- 차라리 밑 빠진 항아리는 막을 수 있을지언정 입은 막기 어렵다. 〈명심보감〉
- 지도자의 말은 적고 알맹이가 있으나, 소인배의 말은 많기만 하고 내용이

없다.

- 실행을 잘 하는 자가 반드시 말도 잘 하는 것은 아니다. 말을 잘하는 자가 반드시 실행에 잘 옮기는 것은 아니다. 〈사기〉
- 귀로는 남의 잘못만 듣지 말고 눈으로는 남의 단점만 보지 말고 입으로는 남의 허물만 말하지 않아야, 겨우 지도자로서의 자격을 갖추는 것이다. 〈명심보감〉
- 남을 평가하고자 하거든 반드시 스스로 그럴 자격이 있는가 생각하라. 남의 마음을 아프게 하는 말은 도리어 자신을 다치게 하는 수가 있다. 입에 피를 머금고 뿌린들 먼저 자신의 입이 더럽혀진다. 〈태공〉
- 믿음직한 말은 아름답지 아니하고 아름다운 말은 믿을 수 없다. 〈노자〉
- 함께 더불어 의논할 수 있는 사람과 의논하지 아니하면 그것은 사람을 잃는 것이 되고, 함께 말이 통하지 않는 사람과 더불어 말을 하게 되면 그것은 말을 잃는 일이다. 슬기로운 사람은 말도 잃지 않고 사람도 잃지 않는다. 〈논어〉
- 말할 때는 몸을 흔들지 말며, 머리를 흔들지 말며, 손을 흔들지 말며, 무릎을 흔들지 말며, 발을 흔들지 말며, 눈을 깜박이지 말며, 눈알을 굴리지 말며, 입술을 벌룩이지 말며, 침방울이 튀지 않게 하며, 턱을 괴지 말며, 수염을 문지르지 말며, 혀를 내밀지 말며, 손뼉을 치지 말며, 손가락을 튀기지 말며, 팔을 부르걷지 말며, 얼굴을 쳐들지 말며, 자리를 문치적거려 옷을 찢지 말며, 부채의 머리쪽이나 앞면을 거꾸로 세우거나 던지지 말라. 〈이덕무〉
- 여러 사람이 앉아 이야기할 때, 어느 한 사람하고만 속삭이지 말라. 〈이덕무〉
- 말을 번거롭고 경솔하게 하는 것은 마음의 밑바닥이 안정되지 않았기 때문이니 삼가고 간결하게 말하는 것이 화법의 요체이다. 〈이 이〉
- 쌓인 의문을 물을 것이요, 그 의문을 해결해 주는 대답이면 좋다. 억지로 묻게 하고, 억지로 대답하게 하는 것은 무슨 재미가 있겠는가? 〈이 이〉

참고문헌

강미은(2008), 간결하면서도 명쾌한 커뮤니케이션 불변의 법칙, 원앤원북스

국립국어원(2010), 이런 말에 그런 뜻이.

권성호(2000), 하드웨어는 부드럽게 소프트웨어는 단단하게, 양서원.

김문수(2008), 협상의 의사소통, 2008 사회인을 위한 효과적 의사소통 교육 연구, MBC·
　　　　국립국어원.

김미숙·전미란·김현진(2005), 영재의 리더십 육성을 위한 기초 연구 및 프로그램 개발(1) :
　　　　영재 리더십의 사회적 기대와 구성 요인 분석, 한국교육개발원 연구보고서.

김상대(1997), 동양 언어관의 특성, 국어교육 95, 한국국어교육연구회.

　　　(1998), 언어의 진실성에 대하여, 국어교육연구 제5집, 서울대국어교육연구소

김상대 교수 정년퇴임 기념 논총 간행위원회(2003). 언어와 진실, 국학자료원.

김상대·성낙희(2003), 동양 고전의 이해, 국학자료원.

김상윤(2002), 욕설의 특징에 관한 연구, 화법연구4, 한국화법학회.

김승용(1994), 성공하는 사람의 말하는 기술, 도서출판 신라원.

김양호(1993), 스피치 대백과사전, 교육서관.

김영국(1993), 설득의 원리·원칙, 신세대.

김정오 외(1995), 지성·덕성·리더십 함양을 위한 대학교양교육 개선방안, 한국정신문화연
　　　　구원.

김종률 외(2002), FBI 면담·신문기법, 법무연수원.

김종률(2004), 수사심리학, 학지사.

김종률(2004), 현행 형사소송법상 피의자신문, 법률신문 제3244.

김중술(1984), 신 사랑의 의미, 서울대학교 출판부.

김태훈(1999), 덕 교육론, 양서원.

나은미(2007), 효과적인 프레젠테이션의 조건 및 평가에 대한 고찰, 화법연구11, 한국화법
　　　　학회.

노은희(2002), 청자의 맞장구 유형과 기능 연구, 화법연구4, 한국화법학회.

노형남(2003), 조직 내 대인 화법 분석을 위한 이론구성, 화법연구6, 한국화법학회

문화체육부(1995), 바람직한 토론문화.

민현식(2001), 교수화법론, 화법연구3, 한국화법학회.

　　　(2004), 표준어 정책과 표준어 교육, 화법연구6, 한국화법학회.

_____(2005), 국어교육과 국가경쟁력, 국어교육117, 한국어교육학회.

_____(2006), 국어교육에서의 지도력(리더십) 교육 시론, 화법연구9, 한국화법학회.

박갑수(1994), 우리말 사랑 이야기, 한샘출판사.

_____(1994), 올바른 언어생활, 한샘출판사.

_____(1996), 한국방송언어론, 집문당.

_____(2004), 표준어 정책의 회고와 반성, 새국어생활 2004 봄호, 국립국어원.

박경현(1980), 듣기교육에 관한 이론적 고찰, 한국국어교육연구회 논문집 16.

_____(1992), 국어표현론, 한샘출판사.

_____(1992), 바른 말 바른 태도, 서울특별시지방경찰청.

_____(1993), 청해교육론, 한국국어교육연구회 논문집 50.

_____(1995), 언어를 통한 경찰 이미지 개선 방안, 경찰대학 치안연구소

_____(1999), 군자의 언어생활에 대한 고찰, 논문집 19집, 경찰대학.

_____(2000), 경찰대학생 인성교육 교육과정 개발 시안, 논문집 20집, 경찰대학.

_____(2000), 리더의 화법, 삼영사.

_____(2000-2), 말 잘 듣는 경찰(2000.04), 정겨운 사투리 정갈한 표준어(2000.05), 친절이
　　　　　 개혁의 열쇠(2000.06), 거짓말공화국(2000.07), 마음을 열어야 생각이 바뀐다
　　　　　 (2000.09), 욕설과 상소리의 심리(2000.10), 언어예절(2001.02), 은근한 꾸짖음
　　　　　 (2001.03), 칭찬의 고품격 문화(2001.04), 충성의 뜻매김(2001.06), 군자와 소
　　　　　 인(2001.07), 나는 상사인가 보스인가(2001.08), 이런 부하에 그런 상사
　　　　　 (2001.09), 눈맞춤의 신비(2001.10), 가장 행복한 사람(2001.11), 떳떳한 상 마
　　　　　 땅한 벌(2001.12), 법 밑에서 법 몰라서야(2002.02), 이름을 남기고 싶거든
　　　　　 (2002.03), 사라져 가는 직장 예의(2002.04), 나는 도덕적인가 아닌가(2002.06),
　　　　　 부하를 설득하려면(2002.08), 구패(九敗)(2002.11) 등 수연칼럼, 수사연구.

_____(2001), 언어폭력 예방을 위한 국어교육의 방향, 논문집 21집, 경찰대학.

_____(2001), 경찰관 인성교육 프로그램 시안 개발, 치안논총17, 치안연구소

_____(2003), 교사의 설득 화법, 화법연구5, 한국화법학회.

_____(2003), 군자의 화법, 언어와 진실, 국학자료원.

_____(2004), 인권침해적 언어사용의 실태와 대책, 논문집 24집, 경찰대학.

_____(2005), 학교에서의 청소년비행 조사방법(1), 경대논문집 제25집, 경찰대학.

_____(2006), 한국 사회 지도자의 언어행위 탐구, 논문집 26집, 경찰대학.

_____(2007), 리더의 기본화법 탐색, 화법연구10, 한국화법학회.

박경현·이석주·이주행·민현식·이충우·김혜숙·박재현·나은미(2006), 리더와 말말말, 역락.

박기현(2005), (악인들의) 리더십과 헤드십, 김&정.

박노환(2005), 경청으로 시작하라, 삶과꿈.

박재현(2004), 한국의 토론 문화와 토론 교육, 국어교육학19, 국어교육학회.

_____(2007), 리더의 설득 커뮤니케이션 본질 연구, 화법연구10, 한국화법학회.

박한준(1995), 훌륭한 강의는 연출의 예술이다, 상경사.

법무연수원(1998), 수사기법연구.

사법연수원(2001), 수사절차론.

서정수 · 노대규(1983), 말과 생각, 한양대학교 출판원.

송길원(2007), 질문10계, http://www.iccm.net/bbs/.

송창섭 편저(1993), 현대 스피치의 요령과 실제, 양서원.

신기상(1992), 우리말 욕설 연구, 국어교육 79 · 80, 한국국어교육연구회.

신응섭 외(2002), 리더십의 이론과 실제, 학지사.

심영택(2004), 설득의 원리와 전략 및 설득 논법에 관한 연구, 화법연구6, 한국화법학회.

_____(2009), 2007 개정 국어과 화법 교육과정 중 '협상' 담화형에 관한 연구, 화법연구
        14, 한국화법학회.

양창삼(2004), 예수 리더십, 진흥출판사.

염철현(2004), 교사의 리더십, 문음사.

윤치영(2005), 설득 경청 논박의 기술, 일빛.

오두범(1994), 조직 커뮤니케이션 원론, 서울대학교 출판부.

이도영(1999), 유머 텍스트의 웃음 유발 장치, 텍스트언어학7, 텍스트언어학회.

이연택(2003), 토론의 기술 : 포용의 리더십과 대화법, 21세기북스

이옥련 · 민현식 외(1996), 무슨 말을 어떻게 할 것인가, 숙명여대 출판부.

이응백 · 이주행(1992), 말을 어떻게 할 것인가, 현대문학.

이은희(2003), 상사와 부하간의 화법, 화법연구6, 한국화법학회.

이응백(1988), 개화기 이전의 언어생활 교육에 관한 연구, 속 국어교육사연구, 신구문화사.

이정숙(1998), 준비된 말이 성공을 부른다, (주)가야미디어.

이주행(1983), 화법의 원리와 실제, 경문사.

_____(1986), 화법의 교수 · 학습론, 유아출판사.

_____(2000), 방송화법, 역락.

_____(2002), 공자와 그의 제자들의 화법관에 대한 연구, 화법연구4, 한국화법학회.

_____(2004), 토론 교육의 내용과 방법, 화법연구6, 한국화법학회.

이주행 · 구현정 · 김상준 · 민현식 · 박경현 · 심영택 · 유동엽 · 윤희원 · 이석주 ·

이은희 · 이창덕 · 임칠성 · 전은주(2004), 화법 교육의 이해, 박이정.

이준형(2002), 리더와 리더십, 인간사랑.

이창덕 · 임칠성 · 심영택 · 원진숙(2000), 삶과 화법, 박이정.

이창덕 · 임칠성 · 심영택 · 원진숙 · 박재현(2010), 화법 교육론, 역락.

이형래(2007), 직장에서 요구되는 국어능력에 관한 조사 연구, 국어교육122, 한국어교육학회.

임영환 외(1996), 화법의 이론과 실제, 집문당.

임태섭(1997), 스피치 커뮤니케이션, 연암사.

임칠성(2008), 화법 교육과정의 담화유형에 대한 범주적 접근, 화법연구12, 한국화법학회.

임칠성·원진숙·심영택·이창덕(2004), 말꽝에서 말짱되기, 태학사.

전영우(1994), 국어화법론, 집문당.

_____(1994), 바른말 고운말, 집문당.

전은주(2007), 대학 화법 교육의 목표 설정 방향, 새국어교육76, 한국국어교육학회.

전정미(2005), 설득 화법의 원리와 방법, 화법연구8, 한국화법학회.

丁文俊(1997), 訊問心理語言硏究, 警官教育出版社, 北京.

정민주(2008), 협상 화법의 교육 내용 연구, 서울대학교 대학원 교육학박사학위논문.

정현숙(2008), 의사소통 교육의 필요성과 방향, 2008 사회인을 위한 효과적 의사소통 교육
    연구, MBC·국립국어원.

조관일(1993), 강의·강연·연설 이렇게 하라, 21세기북스

조선일보사·국립국어연구원(1991), 우리말의 예절, 조선일보사.

최근덕(1990), 논어인간학, 열화당.

최현섭(2004), 상생화용론서설, 국어교육 113호, 한국국어교육연구학회.

최현섭·박인기·이창덕·고대혁·박병기·최인자·서홍교·정혜승·정현선(2007),   상생화
    용, 새로운 의사소통 탐구, 커뮤니케이션북스.

하병학(2003), 토론과 설득을 위한 우리들의 논리, 철학과현실사.

함윤근(2004), 韓美 兩國의 被疑者 訊問技法 比較—신문시 기망의 사용과 관련하여—, 검
    사연구 [2004]1-9, 법무연수원.

胡關祿 主編(2002), 偵查訊問學, 中國公安大學出版社, 北京.

황주홍·고경민(2002), 지도자론 : 한국의 리더와 리더십, 건국대학교 출판부.

김광수 역(제임스 헌터 저)(2002), 서번트 리더십1(내 안의 위대한 혁명), 시대의 창.

김 성 역(존 맥스웰 저)(2005), 당당한 리더로 키우는 청소년 리더십, 비전코리아.

김성환·김중근·홍석우 공역(2006), 지성과 감성의 협상 기술, 한울아카데미.

도로시 리즈(Dorothy Leeds), 노혜숙 옮김(2002), 질문의 7가지 힘, 더난출판사.

박영환 역(2009), Yes를 이끌어내는 협상법, 장락.(Fisher, R, Ury, W. & Patton, B. 1991,
    Getting to Yes : Negotiating Agreement Without Giving In. Houghton
    Miffin Company.)

박일봉 역저(1992), 대학·중용, 동양고전신서 3, 육문사.

박정숙 옮김(2002), 설득의 법칙, 비즈니스북스.(Roger Dawson, 1992, Secrets of power
    persuasion, prentice-Hall, Inc.)

윤관희 역(조이스 허기트 저)(2006), 경청, 사랑플러스

이동환 역(1979), 명심보감, 현암신서 6, 현암사.

이현우(1996), 설득의 심리학, 21세기북스(Cialdini, R. B., 1988, Influence Sience and
    Practice, Glenview, Illinois : Scott, Foresman and Company.)

임칠성 역(1995), 대인관계와 의사소통, 집문당.(Gail E. Myers & Michele Tolela Myers,
    1985, The Dynamics of Human Communication : Laboratory Approache,

McGraw-Hill, Inc.)

임칠성 역(1997), 대인 의사소통, 한국문화사.(Reardon, K, K. 1987, Interpersonal Communnication : Where Minds Meet, Wadsworth Publishing Company.)

조천제 역(켄 제닝스·존 슈탈−베르트 공저)(2004), 섬기는 리더, 넥서스Biz.

최요한 역(마이클 J. 마쿼트 저)(2006), 질문 리더십, 흐름출판.

Gerard Egan, 서미진 옮김(2005), 상담기술연습서, 시그마프레스

Martin Bryan, 윤희원 역(1995), 좋은 화법과 화법 지도, 교육과학사.

松本道弘, 한국디베이트연구소 역(1987), 디베이트 입문, 한국산업훈련연구소

堀川直義 박달규 역(1989), 설득학, 한국산업훈련연구소

永崎一則, 김은혜 옮김(1991), 대화로 성공하는 인간관계, 오상.

森岡健二·藤永 保, 郭永喆 옮김(1994), 언어와 인간, 한양대학교 출판원.

Auren Uris, 이재옥 역(1981), Techniques of Leadership(통솔), 소명사.

Dale Carnegie, 정성호 옮김(1990), 효과적인 대화와 인간관계(How to win friends & influence people), 삼일서적.

Chance, P. L. & Chance, E. W.(2002), Introduction to Educational Leadership and Organizational Behavior: Theory into Practice, Eye on Education.

Davies, B., Ellison, L. & Bowring-Carr, C.(2005), School Leadership for the 21st Century : Developing a strategic approach, Routledge Falmer.

Davies, B.(Ed.)(2005), The Essentials of School Leadership, Paul Chapman Educational Publishing.

Fred E. Inbau, John E. Reid & Joseph P. Buckley(1986), Criminal Interrogation and Confession, Williams & Wilkins.

Leech, G.(1983), Principles of pragmatic, London, Longman.

Leithwood, K., Louis, K. S., Anderson, S. & Wahlstrom, K.(2004), How Leadership Influences Student Learning, Center for Applied Research and Educational Improvement and Ontario Institute for Studies in Education.

Jo Sprague & Douglas Stuart(1984), The Speaker's Handbook, Harcourt Brace Jovanovich, Publishers.

James Legge(1892), The Four Books(Confucian Analects, The Great Learning, The Doctrine of the Mean, The Works of Mencius), 皇家圖書有限公司, 中華民國 72年.

Larry A. Samovar & Jack Mills(1968), Oral Communication, Wm. C. Brown Company Publishers.

Ross R. S.(1986), Speech Communication, Prentice Hall, Englewood Cliffs.

Thomas, J.(2005), Negotiate to win, the 21 Rules for Successful Negotiating. 이현우 역(2008), 협상의 기술, 세종서적.

찾아보기

508

510

ㅎ

저자 박경현

서울대학교 사범대학 국어교육과 졸업
문학박사
시인
수필가

한국교육개발원 연구원
서울대학교 강사
캐나다 토론토대학 객원교수
한국화법학회 회장 역임
현재 경찰대학 교수

저서
- 국어표현론(한샘)
- 현대국어 공간개념어 연구(한샘)
- 리더의 화법(삼영사)
- 국어의미론(공저)
- 국어학개론(공저)
- 리더와 말말말(공저)
- 대중 매체와 언어(공저)
- 화법 교육의 이해(공저)
- 교사 화법의 이론과 실제(공저)
- 고등학교 화법·작문·독서(공저)
- 경찰관의 화법
- 언어를 통한 경찰이미지 개선방안

지도자의 화법

초판 인쇄 2010년 8월 16일
초판 발행 2010년 8월 26일

지은이 박경현
펴낸이 이대현
편 집 이소희
펴낸곳 도서출판 역락
　　　　　주소 서울 서초구 반포4동 577-25 문창빌딩 2층
　　　　　전화 02-3409-2058(영업부), 2060(편집부)
　　　　　FAX 02-3409-2059
　　　　　이메일 youkrack@hanmail.net
　　　　　등록 1999년 4월 19일 제303-2002-000014호

ISBN 978-89-5556-852-3 93320
정 가 35,000원

* 잘못된 책은 교환해 드립니다.